Sol Stein

Über das Schreiben

SOL STEIN

Über das Schreiben

Aus dem Amerikanischen
von Waltraud Götting

Zweitausendeins

Deutsche Erstausgabe.
1. Auflage, Oktober 1997.
2. Auflage, November 1997.
3. Auflage, April 1998.
4. Auflage, Dezember 1998.
5. Auflage, August 1999.
6. Auflage, August 2000.
7. Auflage, Juli 2001.
8. Auflage, Mai 2003.
9. Auflage, April 2005.

Die englische Originalausgabe ist 1995 unter dem Titel
»Stein on Writing« in der St. Martin's Press, New York, erschienen.

Lektorat: Ekkehard Kunze und Martin Weinmann, (Büro W), Wiesbaden.
Umschlaggestaltung: Fritz Fischer & Sabine Kauf.
Satz und Herstellung: Dieter Kohler GmbH, Nördlingen.
Druck: Gutmann + Co GmbH, Talheim.
Einband: G. Lachenmaier, Reutlingen.
Printed in Germany.

Dieses Buch gibt es nur bei Zweitausendeins im Versand, Postfach, D-60381 Frankfurt am Main, Telefon 069-420 8000, Fax 069-415 003.
Internet www.Zweitausendeins.de, E-Mail service@Zweitausendeins.de.
Oder in den Zweitausendeins-Läden in Berlin, Düsseldorf, Essen, Frankfurt am Main, Freiburg, 2× in Hamburg, in Hannover, Köln, Mannheim, München, Nürnberg, Stuttgart.

In der Schweiz über buch 2000, Postfach 89, CH-8910 Affoltern a. A.

ISBN 3-86150-226-7

Inhalt

Vorwort

Vor einigen Jahren hielt ich einen Vortrag vor der südkalifornischen Sektion des National Writers Club. Es war ein Tag, an dem es wahrscheinlich sinnvoller gewesen wäre, mit einem Ruderboot zum Veranstaltungsort zu fahren als mit dem Auto. Der sintflutartige Regen schien den Pazifischen Ozean um das Gebiet eines Bundesstaates vergrößern zu wollen, den man mir einmal als »vorwiegend Wüste« beschrieben hatte. Ich schaffte die hundert Meter vom Parkplatz zum Hotel, ohne zu ertrinken. Im Veranstaltungssaal hatte ich eigentlich gähnende Leere erwartet. Statt dessen traf ich zu meiner großen Freude auf ein volles Haus: Achtundachtzig Sachbuchautoren und -autorinnen, Journalisten und Journalistinnen waren gekommen, um sich meinen Vortrag über das Romaneschreiben anzuhören. In diese Runde von Unentwegten, die den Unbilden des Wetters getrotzt hatten, stellte ich die Frage: »Wer von Ihnen möchte *den* großen amerikanischen Roman schreiben?«, worauf achtundachtzig Hände in die Höhe schossen.

Sollte es in den Vereinigten Staaten einen Sachbuchautor geben, der nicht etliche hundert Seiten eines Romanentwurfs in der Schublade oder doch zumindest im Kopf hat, so bin ich ihm bisher nicht begegnet. Umgekehrt habe ich aber auch noch keinen Romanschriftsteller kennengelernt, dem es an Gelegenheiten gefehlt hätte, Sachtexte zu schreiben. Denjenigen Autoren und Autorinnen, die sich zumindest vorerst nur für einen Bereich, entweder Romane oder Sachtexte, interessieren, möchte ich zur schnelleren Orientierung einen Wegweiser durch mein Buch geben.

Die Inhaltsangabe liefert einen allgemeinen Überblick über die behandelten Themenfelder. Teil I mit den Grundlagen richtet sich an alle. Teil II befaßt sich mit der Kunst der erzählenden Literatur. Zaungäste aus den Reihen der Sachbuchautoren sind hier willkommen. In Teil III geht es um Themen, die wieder für alle interessant sind. Teil IV beleuchtet die Möglichkeit, Sachtexte mit Hilfe von Erzähltechniken zu verbessern. In Teil V geht es um den literarischen Anspruch des Schreibens sowohl im fiktionalen wie im nichtfiktionalen Bereich. Teil VI widmet dem Verfassen von Roman- und Sachtexten jeweils ein eigenes Kapitel.

Meine Leser und Leserinnen werden feststellen, daß ich häufig auf Beispiele von Autoren zurückgreife, die ich kenne oder mit denen ich zusammengearbeitet habe, weil ihre Texte mir vertraut sind. Gelegentlich zitiere ich auch aus meinen eigenen Büchern – zum einen, weil es keine Copyright-Probleme aufwirft, zum anderen aber auch, um zu zeigen, daß ich das, was ich theoretisch vermittle, auch in der Praxis anwende. Wenn ich häufig aus der *New York Times* zitiere, so geschieht dies nicht nur aus Bequemlichkeit oder weil ich sie täglich lese, sondern auch unter inhaltlichen Gesichtspunkten. Die *New York Times* steht an der Spitze der Publikationen, die sich bemühen, journalistische Texte mit literarischen Mitteln anspruchsvoller zu gestalten.

Unter meinen Studenten, Lesern und Freunden sind Frauen zahlreicher vertreten als Männer. Ich bin sicher, daß sie mir verzeihen, wenn ich die männliche Form für beide Geschlechter verwende. Es würde mich selbst ebenso wie meine Leser vom Wesentlichen ablenken, wenn ich ständig beide Formen aufführen würde.

Als ich einmal zu einer Tagung nach Seattle fuhr, schenkten mir drei Leute unabhängig voneinander einen Regenschirm für die Reise. Es regnete nicht ein einziges Mal. Ich hoffe, dieses Buch hält einige Überraschungen für Sie bereit.

Sol Stein

Scarborough, New York, Mai 1995

I
Grundlagen

1
Die Arbeit eines Autors ist vielleicht ganz anders, als Sie denken

Dieses Buch handelt nicht von Theorien des Schreibens, sondern es bietet praktische Lösungen an, beispielsweise wie man einen verunglückten Text repariert, wie man einen guten Text noch verbessert und wie man es überhaupt anstellt, einen interessanten Text zu verfassen.

Sechsunddreißig Jahre lang habe ich Autoren beraten, deren Arbeit an vertraglich vereinbarte Termine gebunden war. Dabei richtete sich mein Hauptaugenmerk darauf, den Autoren zu zeigen, wie sie redaktionelle und textgestalterische Probleme lösen konnten, ohne mit ihrer Terminplanung in Verzug zu geraten. Ich konnte den Autoren nicht zu anderen Genen, einem feineren Ohr oder einer bisher nicht vorhandenen Begabung verhelfen. Was ich aber an sie weitergeben konnte, war die handwerkliche Kunst, die sich andere darin angeeignet hatten, ihre Manuskripte veröffentlichungsreif zu gestalten.

Als Lektor und Verleger wurde ich immer wieder mit der Behauptung konfrontiert, es sei Aufgabe des Lektors, dem Autor seine Intentionen bewußt zu machen. Das ist sicher richtig, wenn man einmal davon absieht, daß viele Autoren möglicherweise die falschen Intentionen verfolgen. Zu den falschen Motiven, die man mir als Grund für den Wunsch zu schreiben am häufigsten genannt hat, gehören die folgenden vier: »Ich möchte mich selbst ausdrücken«, »Ich habe etwas zu sagen«, »Ich will von den Lesern geliebt werden« und »Ich brauche Geld«. All das kann sich als zufälliges Nebenprodukt aus der richtigen Intention des Schreibens ergeben, und die besteht darin, daß dem

Leser eine Erfahrung vermittelt wird, die über sein alltägliches Erleben hinausreicht. Wenn der Leser außerdem mit Einsichten belohnt wird, so ist dies häufig nicht der Weisheit des Autors zuzuschreiben, sondern vielmehr seiner Fähigkeit, Bedingungen zu schaffen, aus denen heraus die Freude an der Erbauung wächst.

Der Autor kommt zum Lektor und bringt sein Talent, seine Erfahrung und mit dem Manuskript seine Hoffnung mit. Der Lektor hat seinen distanzierten Blick, seine Erfahrung mit anderen Schreibern und das Handwerkszeug zu bieten, womit man sich das frustrierende Herumprobieren nach dem »Trial-and-Error-Prinzip« ersparen kann. Ich hatte das Glück, mit einigen erfolgreichen Schriftstellern zu arbeiten, und ich habe viel von ihnen gelernt. Was sie mir beigebracht haben und was sie vielleicht selbst dabei gelernt haben, ist in diesem Buch zusammengetragen.

In meinen hoffnungsvollen und überheblichen Jahren als junger Schriftsteller hatte ich mich glücklicherweise der Weisheit und dem strengen Regiment einiger hervorragender Lehrer zu fügen. Dazu gehörten Wilmer Stone, Theodore Goodman, Jacques Barzun, Lionel Trilling und Thornton Wilder. Das Wichtigste, was ich von ihnen gelernt habe, möchte ich gern an meine Leser und Leserinnen weitergeben.

Wilmer Stone war Fakultätsmitglied der DeWitt Clinton High School in der Bronx in New York, damals eine der bekanntesten höheren Schulen in den Vereinigten Staaten. Er fungierte als wissenschaftlicher Berater der schuleigenen Literaturzeitschrift *The Magpie.* In jenen bemerkenswerten Tagen wurde die DeWitt Clinton High School nicht nur von Schülern aus der Nachbarschaft besucht, sondern Eltern aus dem gesamten Stadtgebiet von New York schickten ihre Kinder dorthin. Eines von ihnen war James Baldwin, der Tag für Tag die lange Strecke von Harlem in Manhattan zur DeWitt Clinton im obersten Zipfel der Bronx mit der U-Bahn zurücklegte. Aus der Kameradschaft unserer Jugendclique entstand sein großartiger Roman *Notes of a Native Son*, von dem er später behauptete, er habe ihn auf mein Drängen hin zur Veröffentlichung angeboten.

Jeden Freitagnachmittag um drei, wenn sich die anderen Schüler auf den Heimweg machten, gingen im Magpie-Redaktionsturm hoch über dem rechteckigen Schulkomplex die Lichter an. Dort trafen sich Wilmer Stone und Richard Avedon, damals noch ein Dichter, der später einer der berühmtesten Fotografen der Welt werden sollte, sowie Emile Capouya, der Herausgeber, Jimmy Baldwin, ich selbst und ein paar andere, deren Namen die Zeit in Vergessenheit geraten ließ. Was sich dann in diesem Turm abspielte, war eine unendlich qualvolle Prozedur. Wilmer Stone las uns unsere Texte mit so monotoner Stimme vor, als wären es die Seiten eines Telefonbuchs. Und mit jedem schmerzhaften Stich begriffen wir, daß die Stimmung einer Geschichte nicht durch die vom Leser subjektiv hinzugefügte Betonung, sondern durch das geschriebene Wort selbst transportiert werden muß.

Der eintönige Rhythmus von Wilmer Stones Stimme klingt mir noch heute im Ohr, wenn ich meinen Studenten rate, sich ihre Textentwürfe von denjenigen Freunden vorlesen zu lassen, die das wenigste schauspielerische Talent besitzen und Worte so lesen können, als hätten sie keinen Sinn.

Da meine Familie durch die wirtschaftliche Depression verarmt war, konnte ich mich nur an einem College bewerben, dessen Gebühren das Nullniveau nicht wesentlich überschritten. Damals nahm das College von New York City, besser bekannt unter der Abkürzung CCNY, die fünfzehn Prozent aller High-School-Abgänger der Stadt auf, die mit den besten Noten abgeschlossen hatten. Diese Schüler mußten lediglich die Kosten für gebrauchte Lehrbücher und das Fahrgeld für die U-Bahn aufbringen. Theodore Goodman, der dort unterrichtete, hatte einen so ausgezeichneten Ruf, daß jeder, der sich zum Schreiben berufen fühlte, in seine Kurse drängte. Um uns an das Schreiben von Kurzgeschichten heranzuführen, ließ er uns wieder und wieder »Die Toten« von James Joyce lesen. Durch diese Übung lernte ich, wie hilfreich es ist, einen Text so lange immer wieder zu sezieren, bis er seine Geheimnisse preisgibt.

Die wichtigste Lehre, die Teddy Goodman mir mit auf den Weg gab, erhielt ich gleich zu Beginn der einen Privataudienz, die jedem Studenten zustand. Ich war schon damals einen Kopf größer als Goodman, aber für uns alle war er Napoleon. Er starrte mich böse an und sagte: »Sehen Sie sich mal an, wie Sie angezogen sind.«

Ich blickte an mir herunter und konnte nichts anderes entdecken als das, was ich am Morgen im Spiegel gesehen hatte: Anzug, Hemd und Krawatte, wie es für Studenten damals üblich war.

»Ihr Anzug ist blau«, sagte er, »Ihr Hemd ist blau, und Ihre Krawatte ist blau. Denselben Fehler machen Sie beim Schreiben.«

Als ich die Tortur hinter mir hatte, schlich ich mich aus Goodmans Kämmerchen, um über die Uniformität meines Schreibens nachzudenken und etwas über die Tugend der Abwechslung zu lernen. Etwas länger brauchte ich dagegen, um die zweite Lehre aus dieser Episode zu begreifen – nämlich, daß ein Schriftsteller, ob schüchtern oder nicht, ein dickes Fell haben muß. Denn man kann über alle schriftstellerische Erfahrung der Welt verfügen und auf der Karriereleiter ganz oben stehen, die Kritik eines Profis schmerzt dennoch bis ins Mark. Man lernt, sie auszuhalten und an sich zu arbeiten, und sei es nur, um dem Peiniger die Stirn zu bieten.

An der Columbia University absolvierte ich ein Hauptseminar bei William York Tindall, der nach derselben Methode verfuhr wie Goodman. Er brachte uns bei, ein bestimmtes Werk genau zu analysieren und auf dieser Grundlage andere Texte verstehen zu lernen und zu lesen. Dieses Seminar weckte meine Neugier auf ein Doktorandenseminar, das damals sicherlich zu den meistbeachteten in den Vereinigten Staaten gehörte und in streitlustiger Gemeinschaft von zwei außergewöhnlichen Männern geleitet wurde, nämlich von Jacques Barzun und Lionel

Trilling, die als Schriftsteller wie als Lehrer Maßstäbe gesetzt haben.
Das Thema des Seminars hieß: »Hintergründe des Denkens und der Kultur unserer Zeit«. Aber eigentlich hätte es lauten müssen: »Ihr glaubt also, ihr könnt schreiben? Das wollen wir doch mal sehen.« Es war nicht einfach, in diesem Seminar einen Platz zu ergattern. Fünfunddreißig Studenten wurden aufgenommen, und nur acht von ihnen hielten das Studienjahr bis zum Ende durch. Wir mußten pro Woche ein bestimmtes Buch lesen und eine Arbeit darüber schreiben. Dieser Text wurde dann so sorgfältig geprüft, wie es selbst der gründlichste Lektor wohl kaum je mit einem Manuskript tun würde.
Der gute Sol Stein wollte es ganz gewitzt anstellen und seine Lehrer austricksen, indem er ihnen die Schreibmaschinenabschrift eines Textes vorlegte, der bereits als Leitartikel in einer wissenschaftlichen Zeitschrift veröffentlicht worden war. Die Bemerkungen, die Barzun und Trilling mir auf den Seitenrand kritzelten, waren fast ebenso umfangreich wie der Text selbst. Was die Zeitschrift anstandslos akzeptiert hatte, genügte den hohen Ansprüchen meiner Lehrer noch lange nicht. Was ich aus der Demontage meiner Arbeit lernte, waren die zwei einfachen Devisen des Prosaschreibers, sich klar und präzise auszudrükken. Präzision und Klarheit des Ausdrucks wurden zu meiner Maxime, die mir zur Selbstkontrolle diente und mich leitete, als ich sechs oder sieben Jahre später Texte von Barzun und Trilling für die Zeitschrift *Mid-Century* zu redigieren hatte.
Lange bevor ich anfing, Romane zu schreiben, betätigte ich mich schon als Stückeschreiber. 1952, ein Jahr vor der Bühnenpremiere meines ersten Stücks, wurden mir nacheinander Autorenstipendien für Yaddo, die Künstlerkolonie in Saratoga Springs, New York, und für die McDowell Colony in Peterborough, New Hampshire, angeboten. Zu meiner Verwunderung stimmte mein damaliger Dienstherr, das US-Außenministerium, meiner Beurlaubung zu, so daß ich beide annehmen konnte. In Yaddo bewohnte ich das als Carson McCullers Cottage bekannte

Häuschen, dessen Schwingungen allerdings nicht dem Geiste Carson McCullers zuzuschreiben waren, sondern dem Schwarm von zweitausend Bienen, der sich in den Hohlräumen der Wände eingenistet hatte. Bei meiner Ankunft in McDowell erwartete mich eine für einen jungen Stückeschreiber noch größere Überraschung. Obwohl die meisten Stipendiaten dort Komponisten und Maler waren, gab es noch einen zweiten Stückeschreiber, nämlich Thornton Wilder. Was für eine unglaubliche Chance: einer der erfolgreichsten amerikanischen Theaterautoren des Jahrhunderts und ein blutiger Anfänger, der an seinem ersten Stück schrieb, in denselben Gefielden vereint!

Von Thornton Wilder lernte ich zwei Dinge. Zunächst die Notwendigkeit, mir schlechte Stücke bis zum Ende anzusehen, das Husten und die Unruhe im Publikum über mich ergehen zu lassen, mit aufmerksam gespitzten Ohren herauszufinden, wo der Fehler lag, zu beobachten, wie ungnädig die Zuschauer auf einen Ausrutscher reagieren, wie der Zauber einer Stunde durch zehn Sekunden Langeweile zunichte gemacht wird. Ich nutzte schon bald die Vorteile einer Mitgliedschaft im New Dramatists Committee, einem Verband, der es mir bei freiem Eintritt ermöglichte, in knapp zwei Jahren über sechzig Theatervorstellungen zu besuchen. Die peinlich schlechten Stücke hatten für mich einen größeren Lerneffekt als die wenigen bemerkenswerten, denen ich mit gebannter Aufmerksamkeit folgte. Heute empfehle ich meinen Studenten, sobald sie ihr Handwerk zu beherrschen beginnen, ein paar Kapitel aus John Grishams *Die Firma* oder aus einem anderen unserer kurzlebigen Bestseller zu lesen und zu sehen, was sie aus den Fehlern von Schriftstellern lernen können, die nicht auf die exakte Bedeutung der von ihnen benutzten Worte achten. Und sie lernen auch, die Werke preisgekrönter Autoren so zu lesen, daß sie die wenigen unbemerkten Kunstfehler darin aufspüren. Indem sie mit dem Auge des Schreibers lesen, entwickeln sie ihre Fähigkeit, die Texte anderer und ihre eigenen Manuskripte zu lektorieren.

Und noch etwas lernte ich von Wilder. Er nahm mich mit in

einen Gemeindesaal, wo wir von einer menschenleeren Empore aus einer Country-Square-Dance-Veranstaltung zusahen, und machte mich auf Dinge aufmerksam, für die ein Schriftsteller ein Auge haben sollte. Die Leute von New Hampshire tanzten hier in Familienformationen - Mütter, Väter und heranwachsende Kinder. Von unserem Beobachtungsposten auf der Empore aus machte mich Wilder auf das kaum wahrnehmbare erotische Wechselspiel aufmerksam, das sich im Verlauf des Tanzabends zwischen Vätern und Töchtern und zwischen Müttern und Söhnen entwickelte. In den fünfziger Jahren, dieser dumpfen Epoche, in der so vieles tabu war, lehrte mich Wilder, daß das Thema des Schriftstellers das Unausgesprochene ist, das, was die Menschen insgeheim betrachten oder empfinden. Es ist unsere Aufgabe, in der Sachliteratur wie im Roman, Worte nebeneinanderzustellen, die offenbaren, was zuvor vielleicht verschwiegen wurde, und Einsichten zu ermöglichen, die durch Konventionen und Schamgefühl blockiert waren.

* * *

Das Jahrhundert, in das ich gehöre, hat nicht das Ende von Kriegen und Gewalt erlebt. Es hat weder das Problem der Armut gelöst, noch das Wesen der Menschen verbessert. Aber es hat, soviel können wir unserem Jahrhundert zugute halten, das öffentliche Bewußtsein dafür geweckt, daß Sexualität ein für beide Partner befriedigendes Erlebnis sein muß. Dasselbe gilt für das Schreiben von Sachtexten und erzählender Literatur: Es muß eine gute Erfahrung für beide Partner sein, für den Autor wie für den Leser, und es tut mir weh, wenn ich sehe, wie wenig sich die Schreibenden oft um die Lust ihrer Partner kümmern.

Das Vergnügen des Autors und das Vergnügen des Lesers sind eng miteinander verknüpft. Der erfahrene Autor, der beim Schreiben von Sach- wie von Erzähltexten auf sein Können vertraut, bezieht aus seiner Arbeit einen zunehmenden Lustgewinn. Der Leser, in den Händen eines Autors, der sein Handwerk versteht, macht eine bereichernde Erfahrung.

Wenn ich Vertreter der schreibenden Zunft bitte, mir den Unterschied zwischen fiktionaler und Sachliteratur zu nennen, so sind die meisten von ihnen dazu nicht imstande. Und wenn sie es versuchen, so höre ich aus einem hundertköpfigen Publikum derartig unterschiedliche Antworten, daß man meinen könnte, sie kämen von hundert verschiedenen Sternen und nicht vom selben Erfahrungshintergrund. Bringen wir den Unterschied auf den Punkt:

Sachliteratur vermittelt Informationen.

Fiktionale Literatur ruft Gefühle hervor.

Weil die damit verfolgten Ziele so unterschiedlich sind, unterscheidet sich auch der jeweilige geistige Blickwinkel, unter dem man einen fiktionalen oder einen Sachtext verfaßt. Wenn in einem Roman die Informationsvermittlung in den Vordergrund rückt, setzt das Erleben der Erzählung aus. Die sachliche Information, mit der der Autor in die Geschichte tritt, wird als Störung empfunden. Der Autor erzählender Literatur muß alles vermeiden, was den Leser auch nur für einen kurzen Augenblick aus seinem Erleben herausreißt. Die Nichtbeachtung dieses Unterschieds zwischen fiktionaler und Sachliteratur ist einer der häufigsten Gründe, aus denen ein Roman keine Gnade vor den Augen der Verleger findet.

Auch wenn es das offensichtliche Ziel von Sachtexten ist, Informationen zu vermitteln, so wirkt das Geschriebene unbeholfen, wie schwarzweiße Fakten in einer bunten Welt, solange diese Informationen im Rohzustand präsentiert werden. Der Leser ist bald angeödet und sehnt sich nach Bildern, Anekdoten, Charakterisierungen und der spitzen Feder, die einen informativen Text lebendig macht. In dieser Hinsicht können die Techniken des Romanschreibens für den Verfasser von Sachtexten überaus hilfreich sein.

Im Laufe vieler Jahre habe ich die Beobachtung gemacht, daß die Mißerfolge von Romanautoren oft auf eine einseitige Prägung zurückzuführen sind. Wir alle lernen das Schreiben von klein auf. Am häufigsten üben wir uns im Schreiben von Sachtexten – Schulaufsätze, Briefe an Freunde, Protokolle für Kollegen –, mit denen wir Informationen weitergeben wollen. Unsere Erziehung vermittelt uns ein sachorientiertes Denkvermögen. Selbst wenn wir Liebesbriefe schreiben, teilen wir eher mit, wie wir uns fühlen, als daß wir versuchen, beim Empfänger oder bei der Empfängerin eine Empfindung zu wecken, obwohl das wahrscheinlich unseren Absichten viel eher entsprechen würde.

In früheren Jahrhunderten, als das Briefeschreiben noch eine Form des persönlichen künstlerischen Ausdrucks war, hatten Briefe eher eine emotionale Wirkung auf ihre Leser als heute, selbst auf diejenigen, für die diese Briefe nicht bestimmt waren, wie uns die Lektüre der Briefe bedeutender Persönlichkeiten zeigt, die in Buchform veröffentlicht wurden.

Wir können die im Laufe eines Lebens erworbene Gewohnheit, nur dann zu schreiben, wenn wir Informationen weitergeben wollen, ablegen, indem wir uns auf die wichtigste Aufgabe des Romanautors konzentrieren, die darin besteht, *dem Leser ein Gefühlserlebnis zu vermitteln.* Der Romanschreiber gleicht dem Orchesterdirigenten, der mit dem Rücken zum Publikum steht und für die Menschen, die er nicht sieht, ein Musikerlebnis heraufbeschwört. Der Schreibende aber muß das Werk nicht nur dirigieren, er muß auch noch die Musik komponieren und sämtliche Instrumente selbst spielen – eine Aufgabe, die leichter zu bewältigen ist, als man meinen könnte. Es erfordert lediglich den bewußten Einsatz der Technik, dem Leser ein außergewöhnliches Erlebnis zu vermitteln und ihn so vergessen zu lassen, daß er eigentlich nur Worte auf Papier sieht.

Noch etwas anderes steht zwischen dem Autor und dem Erfolg. Mit den Worten, die wir täglich an unsere Mitmenschen richten, geben wir nicht nur Informationen weiter, sondern wir versuchen gleichzeitig, etwas aus unserem Kopf heraus- und in das Bewußtsein des Zuhörers hineinzutransportieren. Wenn wir schreiben, bringen wir zu Papier, was wir denken, wissen oder glauben, und achten wenig darauf, welche Wirkung dies auf den

Leser haben wird. Das ist unhöflich im wirklichen Leben und bringt uns auch beim Schreiben nicht weiter.
Wir üben unsere Kunst aus, um dem Leser, nicht aber unserer Psyche einen Dienst zu erweisen. Das Material, das wir verarbeiten, kann unseren Beobachtungen und Einsichten entnommen sein. Als Schreibende wandeln wir dieses Rohmaterial so um, daß es dem Leser das gibt, wonach er sich am meisten sehnt, nämlich ein Erlebnis, das anders und reicher ist als das, was er im Leben täglich über sich ergehen läßt. E. L. Doctorow hat das einmal so ausgedrückt: »Von einem gut geschriebenen Text erwarten wir, daß er beim Leser eine Empfindung wachruft, nicht die Tatsache, daß es regnet, sondern das Gefühl, klatschnaß zu werden.«
Erfreulich ist, daß sich die Einstellung der Sachtextautoren langsam wandelt. In den letzten Jahren haben ambitionierte Journalisten und Sachbuchautoren in zunehmendem Maße Erzähltechniken übernommen, um das Vergnügen bei der Lektüre ihrer Texte zu steigern. Im Journalismus war dieser Wandel revolutionär. Zu Beginn unseres Jahrhunderts wurde einem Journalisten beigebracht, die Leser bereits im ersten Absatz über das Wer, Was, Wann, Wo und Warum seiner Story zu informieren. Die Folge war, daß der Leser den ersten Absatz las und sodann, da seine Neugier befriedigt war, zum Anfang der nächsten Geschichte überging. Wie frustrierend muß es für Journalisten gewesen sein, einen längeren Artikel zu schreiben, bloß um feststellen zu müssen, daß sich die Leser schon nach dem ersten Absatz verabschiedeten. Heute macht man das anders. Ein guter Journalist weckt die Neugier seiner Leser im ersten Absatz und reizt sie dadurch, sich mit der ganzen Geschichte zu befassen.
Im amerikanischen Fernsehen, das seine Zuschauer mit ständig neuen und oft kurzlebigen Programmen überschwemmt, ist die wöchentlich von Zigmillionen verfolgte Sendung *60 Minutes* eine Ausnahmeerscheinung, eine journalistische Glanzleistung, die in dem Vierteljahrhundert ihres Bestehens nichts an Attrak-

tivität eingebüßt hat. Don Hewitt, der Schöpfer dieser Sendung, sagt dazu: »Fernsehen ist nicht dann gut, wenn wir es sehen oder hören, sondern wenn wir es fühlen.« Obwohl die Sendung *60 Minutes* Fakten präsentiert, appelliert sie wie ein Spielfilm an die Gefühle ihrer Zuschauer.

Don Hewitts Erfolgsrezept beruht darauf, daß er den Charakter der Menschen freilegt. Schicht um Schicht werden ihre Maskeraden abgetragen, bis das zum Vorschein kommt, was die Interviewten lieber verschweigen würden, bis das Verborgene zutage kommt und die Menschen beginnen, über Dinge zu sprechen, die sie entlarven, belasten oder die schmerzlich für sie sind. Die Sendung kehrt oftmals die dunklen Seiten der menschlichen Natur hervor und ruft beim Publikum damit oft ein Bewußtsein für das Gegenteil, nämlich für Gerechtigkeit und Güte, hervor. *60 Minutes* setzt, mit anderen Worten, das in die Tat um, was beim kreativen Schreiben angestrebt wird.

Es kann niemanden verwundern, daß *60 Minutes* Nachahmer gefunden hat, denen die Imitation nicht gelingt: Skandal- und Tratschprogramme, überfrachtet mit Gefühlsduselei und aufdringlicher Melodramatik. Leider hält sich das Gros der heutigen literarischen Eintagsfliegen an dasselbe Rezept.

Auch wenn Sachtexte heute viele Elemente der erzählenden Literatur aufweisen, gibt es ein paar wesentliche Unterschiede. Die Sachliteratur stützt sich auf Fakten, und alle Bemühungen, bei der Leserschaft Gefühle zu wecken, können sie nicht von ihren Wurzeln lösen – oder sollten es zumindest nicht. Sachliteratur kann in uns ein Gefühl für etwas Geschehenes erzeugen, aber sie darf kein Geschehen erfinden. Ein Sachtext kann eindrucksvoll beschreiben, was Menschen tun, und auf diese Weise an unsere Emotionen rühren, aber er darf diese Handlungen nicht erfinden. Ein Sachtext kann berichten, was Menschen sagen, aber er darf keine Vermutungen darüber anstellen, was sie dabei gedacht haben. Sehen wir uns ein Beispiel an, das den grundlegenden Unterschied zwischen Nichtfiktionalem und Fiktionalem verdeutlicht:

NICHTFIKTIONALER TEXT (KONVENTIONELL): In New York City gibt es mehr als 1400 Obdachlose.
NICHTFIKTIONALER TEXT (VERBESSERT): Der Mann, der die Bank an der Ecke 88ste Straße und Park Avenue mit Beschlag belegt hat, ist einer der 1400 Obdachlosen von New York City.
FIKTIONALER TEXT: Mit seinem rostfarbenen Gesicht sitzt der Mann auf der Parkbank, neben sich die Tüte mit seinen Habseligkeiten, und starrt zu den erleuchteten Fenstern im Apartmenthaus auf der anderen Straßenseite hinüber, zu der fremden Rasse der Menschen, die noch Hoffnung haben.
Beim Übergang von der sachlichen Information zur Erzählung verzichten wir auf die statistischen Angaben und konzentrieren uns auf das Individuum. Da der Schreibende die Person erfunden hat, kann er auch mitteilen, was diese denkt.

Widmen wir uns zur Orientierung einen Augenblick der Beziehung zwischen Autor, Buch und Leser. Der Autor schreibt natürlich das Buch. Dann wirkt das Buch ganz ohne sein Zutun auf den Intellekt und die Gefühle des Lesers. Tatsächlich könnte der Autor, sobald er seine Arbeit beendet hat, von der Erdoberfläche verschwinden, und das Buch würde trotzdem nicht aufhören, auf den Intellekt und die Gefühle des Lesers zu wirken. Der Schriftsteller ist in dieser Phase entbehrlich. Nun liegt alles bei dem Werk selbst.
Kann ein Romanautor oder der Verfasser eines Zeitungsartikels schon beim ersten Entwurf eines Texts bewußt auf die Gefühle des Lesers hinzielen? Leicht ist das sicher nicht, und es erfordert lange Übung und großes Können. Aber der weniger erfahrene Autor kann das Abenteuer seines Lesers jeweils vorausplanen, bevor er eine Szene schreibt; und indem er diese Szene nach einem gewissen zeitlichen Abstand mit dem unbestechlichen Blick des Lektors überprüft, kann er herausfinden, auf welche Weise das Leseerlebnis noch zu steigern ist.
Was ist von einem Sachbuchautor zu halten, der sich ausschließlich als Vermittler von Fakten versteht und die Vorstellung, auf

die Gefühle seiner Leser einwirken zu sollen, weit von sich weist? Wissenschaftliche Texte, Verhandlungsprotokolle, Geschriebenes, das in uns weder Anteilnahme noch ein Bedürfnis zum Weiterlesen weckt, bezeichnen wir manchmal als »trocken«. Damit meinen wir, daß es kein Bild vor unseren Augen entstehen läßt. Es berührt uns nicht, und, wichtiger noch, es regt unseren Intellekt nicht zu tieferen Einsichten an, wie es doch sein vorgeblicher Zweck ist. Tausende von wissenschaftlichen Aufsätzen und Büchern, Hunderttausende von juristischen Schriftsätzen und Millionen von Geschäftsmitteilungen, die jährlich veröffentlicht werden, drücken nichts anderes aus als die Verachtung der Verfasser für ihre Leser, und gerade darum verfehlen sie ihr Ziel. Die Menschen, die da zu Worte kommen, sind sich weder der Macht der Sprache bewußt, noch beherrschen sie die Techniken des Umgangs mit ihr.

Die Gefühle eines Publikums zu wecken, hat das nicht auch einen unangenehmen Beigeschmack? Es kennzeichnet einige der größten Verbrecher unseres Jahrhunderts, daß sie Menschen in ihren Bann gezogen haben, indem sie ihre Gefühle manipulierten. In alten Wochenschauen können wir sehen, wie Hitler im Nürnberger Stadion oder Mussolini auf seinem Balkon ihre Zuhörerschaft, die ihren Verstand längst gegen emotionale Reaktionen eingetauscht hat, zum Rasen bringt. Aber auch weniger finstere Gestalten wie Lincoln, Churchill oder Roosevelt können, vor allem in Krisenzeiten, etwas in uns bewegen. Sie beziehen ihre Wirkung aus der Sprache, in der sie sich mitteilen. Über Abraham Lincoln, den wohl am meisten bewunderten unter den dreien, schrieb der Historiker Shelby Foote einmal: »Lincoln war hochintelligent. Fast alles, was er tat, zielte bewußt auf Wirkung ab.« Diese Bemerkung sollte sich jeder Autor an den Spiegel stecken: »Fast alles, was er tat, zielte bewußt auf Wirkung ab.«

Wir gefallen uns in der Vorstellung, daß unser Handeln durch Fakten und Vernunft bestimmt ist, lehnen aber Politiker ab, die zwar die Fakten richtig benennen, uns aber mit einer Sprache anöden, die flach, voller Klischees und durch ihre fantasielose Nüchternheit aller Wirkung beraubt ist. Sie wollen, daß wir ihnen zustimmen; aber was wir empfinden, ist tödliche Langeweile. Forscher, Wissenschaftler und Akademiker aller Richtungen präsentieren ihre Fakten auf einem höheren Niveau, aber indem sie die emotionelle Kraft der Sprache außer acht lassen, erreichen sie nur ihresgleichen mit dem Sermon ihrer trockenen Worte, mit denen sie sich gegenseitig befruchten.

Bei allem angeblichen Respekt für die Fakten an sich, sieht die Wahrheit so aus, daß unser Adrenalinspiegel am heftigsten ansteigt, wenn uns diese in ansprechender Form präsentiert werden. Wenn ein Autor oder Redner die elektrisierende Wirkung eines treffenden Vergleichs, einer blühenden Metapher kennt, verleiht seine Wortwahl unseren Gefühlen Kraft; seine Sprache findet unser Interesse, unsere Zustimmung und bewegt uns zum Handeln. Wenn Shakespeare spricht, wenn Lincoln eine Rede hält, so bewegt uns nicht das, was sie uns mitteilen, sondern die großartige Weise, in der sie sich ausdrücken. Allein, im Schein einer Leselampe in unserem Wohnzimmer sitzend, gehen wir ganz in der Lektüre auf, weil der Autor seine Geschichte in wunderbaren, auf unverwechselbare Weise angeordneten Worten erzählt. Ein wirklich hervorragender Text kann uns dazu verlocken, uns mit Themen und Wissensbereichen zu befassen, die wir als völlig uninteressant abgetan hätten, wären wir nicht dem Reiz der Sprache, in die sie gekleidet sind, erlegen.

Im vorliegenden Buch geht es um beide Formen des Schreibens, um fiktionale und um nichtfiktionale Literatur. Die Autoren dieser beiden literarischen Gattungen gehen unterschiedlich an ihre Arbeit heran. Meiner Erfahrung nach sind Romanschriftsteller und Kurzgeschichtenschreiber auch dann noch daran interessiert, ihren künstlerischen Ausdruck zu verbessern, wenn sie schon auf zahlreiche Veröffentlichungen zurückblicken können. Die Verfasser von Sachtexten dagegen, die keine lebendigen Charaktere erfinden müssen, lehnen sich oft schon nach kurzer Zeit selbstgefällig zurück und begnügen sich mit dem, was sie können, zumal in ihrer Zunft die Chancen zur Veröffentlichung besser stehen und das Geld regelmäßiger fließt. Vielleicht kann dieses Buch den einen oder anderen Sachtextautor inspirieren, auf einer höheren Warte im Bücherschrank nach Schätzen zu suchen.

Das Erzählwerk kann ebenso wie der Sachtext von der Vorstellungskraft und auch vom Erinnerungsvermögen des Autors profitieren. Die Erinnerung des Geschichtenschreibers an bestimmte Ereignisse in seinem Leben muß mehr sein als ein Akt der Berichterstattung. Sie ist ein Sprungbrett, von dem aus er eintaucht – nicht in das, was geschehen ist, sondern in das, was hätte geschehen können. Und genau das ist es, was die Lektüre der Geschichte für uns zu einem außergewöhnlichen Erlebnis macht.

In der Sachliteratur kann die Berichterstattung so wirklichkeitsgetreu sein wie eine Fotografie, die der bloßen Dokumentation dient. Aber wirklich gute Sachliteratur bringt das, was sie sieht, in einen Bezug zu Dingen, die an einem anderen Ort oder zu einer anderen Zeit geschehen sind. Und während die berichteten Ereignisse an uns vorüberziehen, hebt sich ein Vorhang und gibt den Blick in eine andere Dimension frei; die Ausleuchtung bringt unsere Aufmerksamkeit auf den Punkt, aus der Ansicht wird Einsicht, die Berichterstattung wird zur Kunst. Das alles wird das vorliegende Buch unter Beweis stellen.

Vorweg eine kleine Warnung an die Autoren, die es in ihrer Kunst zur Meisterschaft bringen wollen!

Stellen Sie sich vor, wie Sie als Kind zum ersten Mal ein Fahrrad besteigen. Sie haben gesehen, wie sich jemand in kerzengerader Linie auf diesem zweirädrigen Gefährt vorwärtsbewegte. Und Sie haben sich vielleicht gefragt, wie es der Radfahrer anstellte, das Gleichgewicht zu halten, warum das Fahrrad nicht umkippte. Neben Ihnen steht ein geübter Radfahrer, der Ihnen erklärt, wie es gemacht wird. Sie erfahren, daß sich das Rad vorwärtsbewegt, ohne umzukippen, wenn Sie den Lenker gerade halten und schnell in die Pedale treten. Man erklärt Ihnen, daß Sie das Rad elegant steuern und Fußgängern und anderen Hindernissen ausweichen können, indem Sie den Lenker mit Gefühl drehen und das Vorderrad in die gewünschte Richtung bringen - solange Sie dabei weiter in die Pedale treten. Sobald Sie zu langsam werden, verliert das Fahrrad an Stabilität. Sie kommen ins Schlingern, und das Rad fällt um. Sie erfahren, daß Sie, um anzuhalten, die Handbremse auf eine bestimmte Weise anziehen und darauf vorbereitet sein müssen, einen Fuß zum Abstützen auf den Boden zu stellen, wenn das Fahrrad zum Stillstand kommt.

Damit kennen Sie die Grundlagen des Fahrradfahrens, aber das heißt noch nicht, daß Sie das Radfahren beherrschen. Was Sie dazu brauchen, ist Übung. Sie lernen, Ihre Bewegungen zu koordinieren. Sie finden heraus, wie schnell Sie die Pedale treten müssen, um das Rad in Gang zu halten, und wie man den Lenker gefühlvoll dreht, wenn man in eine Kurve fahren will. Nur durch häufige Wiederholung lernen Sie, wie man das Rad bremst und anhält, ohne umzukippen. Wenn Sie das Radfahren erst einmal beherrschen, werden Sie es ein Leben lang nicht mehr vergessen. Sie können das Rad in die Ecke stellen und nur noch Auto fahren, aber wenn Sie es nach Jahren wieder hervorholen, um sich sportlich zu betätigen, werden Sie feststellen, daß Sie innerhalb von Sekunden völlig koordiniert dahinrollen, weil Ihr Gehirn auf das reagiert, was Sie vor langer Zeit in Ihren Übungsstunden gelernt haben.

Genauso ist es mit dem Schreiben.

Nur daß die Schreibenden selbst vor das Erlangen solcher Kunstfertigkeit ein gewaltiges Hindernis stellen. Der Ballettänzer übt sich in der Technik seiner Kunst. Der Pianist nutzt die Tasten seines Instruments mit täglichen geduldigen Fingerübungen ab. Der Maler bemüht sich um die Perfektion eines Stillebens, indem er das Objekt aus verschiedenen Perspektiven zeichnet; er übt sich darin, die beste Perspektive herauszufinden, er experimentiert mit Farben und Strukturen, fertigt Skizzen an, bevor er ein Bild in Öl malt. Durch Übung lernt man, das in die Praxis umzusetzen, was man theoretisch begriffen hat. Nur die Literaten scheinen zu erwarten, daß sie es auch ohne Übung zur Meisterschaft bringen können.

Sträuben sich alle Autoren dagegen, sich die Techniken ihrer Kunst durch beharrliches Üben anzueignen? Nein. Einige greifen in ihrem brennenden Wunsch nach Veröffentlichung die Ratschläge eines jeden auf, der als maßgebliche Autorität gilt oder über genügend Überzeugungskraft verfügt. Andere finden alle möglichen Ausreden dafür, daß sie nicht täglich zur selben Zeit schreiben, scheuen davor zurück, das Geschriebene immer und immer wieder zu überprüfen, oder entschuldigen sich damit, daß ihr Leben voller Probleme sei. Für derartige Ausflüchte habe ich kein Ohr, seitdem ich mit einem Schriftsteller zusammengearbeitet habe, der wie kein zweiter benachteiligt war: Christy Brown, der nichts hatte, außer daß er seinen Verstand gebrauchen und seinen linken kleinen Zeh bewegen konnte. Als er einmal als scheinbar völlig hilfloses Kleinkind auf dem Küchenboden im elterlichen Häuschen in Irland lag, beobachtete seine außergewöhnliche Mutter, wie er den linken Fuß ausstreckte und es schaffte, mit seinem einen funktionsfähigen Zeh einen Stift aufzuheben, der einem seiner Geschwister heruntergefallen war. Das war die Geburtsstunde eines Schriftstellers. Später konstruierte jemand bei IBM eine Spezialschreibmaschine für Christy, die es ihm ermöglichte, die Tasten mit dem kleinen Zeh zu bedienen. Ich habe fünf Bücher von Christy herausgegeben, von denen eines den Sprung in die Bestsellerlisten des Landes schaffte. Ich kann Ihnen nur empfehlen, sich den wunderbaren Film *Mein linker Fuß* anzusehen. Für seine Rolle des Christy Brown wurde Daniel Day-Lewis mit einem Oscar ausgezeichnet. Dieser Film wird Sie vielleicht davon abbringen, weiter nach Ausflüchten dafür zu suchen, daß Sie nicht schreiben.

In Kalifornien erhielt ich einmal einen Brief von einer Sachbuchautorin, die unbedingt einen Roman schreiben wollte, sich

aber fragte, ob sie mit sechzig nicht schon zu alt für einen solchen Neubeginn sei. Ich sagte ihr, daß Elia Kazan seinen ersten Roman mit siebenundfünfzig Jahren geschrieben hatte und daß ich im Verlauf eines einzigen Jahres die Bücher von vier überaus rührigen Achtzigjährigen herausgegeben hatte: Es waren dies der Lexikograph Eric Partridge, J. B. Priestley, Hannah Tillich und Bertram Wolfe. Ein Schriftsteller wird von niemandem in den Ruhestand geschickt. Er macht nicht einfach nur weiter, sondern die Tätigkeit des Schreibens selbst hält ihn lebendig.
Chaucer, der große englische Schriftsteller des Mittelalters, hatte vor über einem halben Jahrtausend das folgende über die Arbeit des Schriftstellers zu sagen:

> Das Leben so kurz, so lange zu lernen die Kunst,
> Die Mühe so hart, so übermächtig der Sieg.

Das Leben ist kurz, sagt uns Chaucer, es dauert lange, die Kunst zu lernen, man muß hart dafür arbeiten, aber wenn es gelungen ist, erlebt der Schriftsteller einen Triumph ohnegleichen. Kaum einer unter den zeitgenössischen Schriftstellern hat dieses Glücksgefühl so treffend ausgedrückt wie Kate Braverman nach der Vollendung ihrer großartigen Kurzgeschichte »Tall Tales from the Mekong Delta«:

> Schreiben ist wie eine Jagd. Da gibt es bitter kalte Nachmittage, und nichts ist in Sicht, nur der Wind und dein brechendes Herz. Dann der Moment, in dem du etwas Großes zur Strecke bringst. Das ist stärker als ein Rausch. Sobald Lenny zu reden anfing, wußte ich, daß ich ins Schwarze getroffen hatte. Es war ein Gefühl, als wäre ich im Cockpit angeschnallt, die Sterne im Gesicht und hinter meinem Rücken das unendliche All. In meinen Augen ist das die einzige Art, in der ein Schriftsteller reisen sollte. Als ich mit »Tall Tales« fertig war, dachte ich, das ist etwas Dauerhaftes. Es ist eine Trophäe, mitgebracht aus dem fernen Gefilde der ewig glitzernden Nacht, in dem wir uns selbst durch und durch kennen. Dies hier wird einen Platz an der Wand bekommen.

Denken Sie, während Sie an der Vervollkommnung Ihrer Kunst arbeiten, an das Glücksgefühl, endlich loszufahren mit dem Fahrrad und seinem Ziel entgegenzuradeln, ohne auch nur einen Gedanken an die Technik zu verschwenden, die man nun wie von selbst beherrscht. Erleben Sie die Freude, das richtige Wort, die richtige Formulierung, den richtigen Satz zu finden und schließlich den Triumph, eine Trophäe für die Wand errungen zu haben.

2
Der richtige Anfang: Der erste Satz, der erste Absatz

Fiktionale Literatur

Von Elia Kazan, dem großartigen Theater- und Filmregisseur, der in seinen späteren Jahren auch als Romanautor erfolgreich war, habe ich die Weisheit, daß das Publikum einem Film sieben Minuten gibt. Wenn es innerhalb dieser Zeitspanne nicht in den Bann der Figuren oder der Handlung gezogen wird, hat der Film beim Zuschauer verloren. Dieser ist gekommen, um etwas zu erleben. Der Film enttäuscht ihn.

Die ungeduldigen Leser unserer Zeit geben einem Roman noch weniger als sieben Minuten. Vor einigen Jahren habe ich an einer Studie mitgearbeitet, in der es um die Kaufgewohnheiten von Leuten ging, die ihre Mittagspause nutzten, um in den Buchhandlungen im Zentrum von Manhattan herumzustöbern. In der Belletristikabteilung sah das Verhaltensmuster gewöhnlich so aus, daß der Kunde den vorderen Klappentext las und dann die erste Seite aufschlug. Keiner der Leser blätterte weiter als bis Seite drei, bevor er das Buch entweder zur Kasse trug oder es zurücklegte und den nächsten Titel zur Hand nahm.

Seither mußte ich jedem Autor, der mir erzählte, sein Roman komme auf Seite zehn oder zwanzig oder dreißig so richtig in Schwung, die traurige Nachricht verkünden, daß sein Buch höchstwahrscheinlich ein Flop werden würde – es sei denn, er schrieb es so um, daß es den Leser schon auf den ersten drei Seiten fesselte und so in seinen Bann zog, daß er für die Stunden der Lektüre alles andere vergaß.

Seit der Zeit dieser Studie sind die Leser kein bißchen geduldiger geworden. Der erste Satz und die erste Seite geben immer häufiger den Ausschlag dafür, ob ein wie auch immer geartetes literarisches Produkt das Interesse der rastlosen Leser unserer Zeit erregen kann.

Die Natur kennt die Erregung als Stimulus für die Vermehrung der menschlichen Spezies. Der nicht erregte männliche Vertreter unserer Art ist für diesen Zweck so wenig geeignet wie ein Wurm. Die Erregung kann sich früher oder später einstellen, aber sie muß erreicht werden.

Genauso ist die Erregung der Stimulus, den der Autor für seinen Leser bereithält. Wenn der Leser am Anfang keine Erregung spürt, zweifelt er daran, daß er das Erlebnis genießen wird, das ihm der Autor verspricht. Im Idealfall erfüllt die erste Seite folgende Voraussetzungen:

- Sie macht den Leser neugierig, am besten auf einen Protagonisten oder eine Beziehung.
- Sie führt in einen Handlungsrahmen ein.
- Sie gibt der Geschichte Resonanz.

Lange, bevor ich Budd Schulbergs Lektor wurde, erschien sein Erstlingsroman *Lauf, Sammy, lauf!*, ein Buch, dessen Einleitung ich immer wieder gern zitiere. *Sammy* war 1941 ein grandioser Erfolg. Und so beginnt der Roman:

> Als ich ihm das erste Mal begegnete, kann er nicht älter als sechzehn gewesen sein, ein kleines Frettchen von einem Jungen, aufgeweckt und schnell. Sammy Glick. Erledigte die Kopierarbeiten für mich. War immer am Rennen. Sah immer durstig aus.

Um zu beweisen, daß Autoren wissen, wie man Wirkung erzielt, auch wenn sie von diesem Wissen in ihrer eigenen Arbeit keinen Gebrauch machen, bitte ich die Besucher meiner Seminare, das wichtigste Wort in Schulbergs Einleitung zu benennen. Versuchen Sie selbst, ob Sie es im oben zitierten Abschnitt herausfinden können.

Die meisten Autoren finden die richtige Antwort innerhalb

kürzester Zeit: »Frettchen«. Das Wort charakterisiert den sechzehnjährigen Sammy sekundenschnell.

Als nächstes frage ich nach dem zweitwichtigsten Wort. Wissen Sie die Antwort?

Diesmal dauert es vielleicht ein bißchen länger, aber nach kurzer Überlegung kommen die meisten meiner Zuhörer auf die Lösung »durstig«, womit auf originelle Art gesagt wird, daß Sammy hungrig, das heißt ehrgeizig ist.

Die Formulierung »War immer am Rennen« offenbart sofort, daß Sammy ein Gauner ist.

Dieser Romanbeginn ist beispielhaft für einen prägnanten Charakterentwurf, und er zeigt, wie man das Interesse des Lesers weckt, weil er uns mit wenigen Worten die Ahnung eines schwelenden Konflikts vermittelt. Der Erzähler weiß, daß Sammy übertrieben ehrgeizig ist. Was will dieser Junge? Er will alles!

Genau das ist ein Schlüsselaspekt. Eine Person, die etwas unbedingt will, interessiert uns als Leser sofort.

Und das Interesse steigert sich noch, wenn wir erfahren, daß der Erzähler Sammys Chef ist. Wird er Sammys hektisches Tempo weiter ertragen? Wird er Sammy feuern? Wird Sammy am Ende den Sieg davontragen, und wenn ja, wie stellt er das an? Schon in den ersten paar Sätzen nimmt die Geschichte Tempo auf. Wir wollen wissen, wie es weitergeht.

Als Schulberg den Roman *Lauf, Sammy, lauf!* schrieb, war er noch kein erfahrener Meister. Er war ein junger Autor am Anfang seiner schriftstellerischen Karriere. Wer das Prinzip der Spannungserzeugung begreift, braucht keine jahrzehntelange Erfahrung.

Mein Freund James T. Farrell, der mit seinem Roman *Studs Lonigan* berühmt wurde, gab mir einmal eine Sammlung seiner Kurzgeschichten zu lesen, die unter dem Titel *French Girls are Vicious* erschienen war. Die Titelgeschichte beginnt mit einem interessanten Überraschungsmoment. Die erzählende Person beginnt mit den Worten: »Ich mag keine französischen Mädchen. Vielleicht liegt es an meiner puritanischen Erziehung ...«

Wir gehen davon aus, daß der Ich-Erzähler ein Mann ist. Aber zu Beginn des zweiten Absatzes erwartet uns eine Überraschung. Die erzählende Person ist eine Frau! Eine so überraschende Wendung dessen, was wir erwarten, macht uns unweigerlich neugierig.

Es ist erstaunlich, welche Wirkung die ersten Worte eines Romans oder einer Geschichte auf Lektoren, Rezensenten und Leser haben. Sie sind der Angelhaken, den der Autor nach seinen Lesern auswirft und mit dem er uns einen Hinweis gibt, was für eine Art von Buch uns erwartet.

Thornton Wilder, der Lehrmeister meiner ersten Versuche als Bühnenautor, hat sich auch als Romanschriftsteller einen Namen gemacht. Sein berühmtester Roman, *Die Brücke von San Luis Rey*, beginnt so:

> Freitag, den 20. Juli 1714, um die Mittagsstunde riß die schönste Brücke in ganz Peru und stürzte fünf Reisende hinunter in den Abgrund.

Er macht präzise Angaben zum Datum und zur Tageszeit der Katastrophe und zur Zahl der davon betroffenen Personen. Aber der Schlüssel für unser Interesse findet sich in den Worten »die schönste Brücke«. Brücken sind vom Verfall bedroht. Viele sind gefährlich. Aber diese Brücke, die mit einem Schlag fünf Menschen in den Tod gerissen hat, war »die schönste«. Wir wollen wissen, was passiert ist und warum.

Ein weiteres Beispiel:

> Eines nachts schlief Yank Lucas spät ein und ließ das Gas in der Kochnische brennen.

Wir wollen mehr wissen. Die Einleitung stammt aus John O'Haras 1967 erschienenem Roman *Danke für gar nichts.*

In der Geschichte »Des Menschen nackte Haut« weckt James Baldwin das Interesse seiner Leser mit der folgenden nüchternen Einleitung:

> »Was ist denn mit dir los?« fragte sie.

Eine ganz ruhige - aber Neugier weckende - Einleitung liefert einer der großen Meister unseres Jahrhunderts, Graham Greene, in einem seiner frühen Romane, *Ein Sohn Englands* (1935):

> Sie hätte auf ihren Liebhaber warten können.

Maxine Hong Kingston ködert das Interesse ihrer Leser in *Die Schwertkämpferin* auf eine Weise, die fast immer wirkt:

> »Du darfst niemandem verraten«, sagte meine Mutter, »was ich dir jetzt gleich erzählen werde.«

Sehen wir uns nun an, wieviel uns Irwin Shaw im ersten Satz seiner Geschichte »The Eighty-Yard Run« erzählt:

> Es war ein hoher, weiter Paß, und er sprang danach und spürte ihn auf seine Handflächen aufklatschen, während er den Halfback, der nach ihm hechtete, mit einem Schwung der Hüfte abschüttelte.

Anthony Burgess genießt es, die Aufmerksamkeit seiner Leser zu wecken, indem er sie schockiert. Mit dem folgenden provozierenden Satz beginnt sein zweiundzwanzigster Roman, *Der Fürst der Phantome*:

> Am Nachmittag meines einundachtzigsten Geburtstags, als ich mit meinem Buhlknaben im Bett lag, kam Ali und sagte, der Erzbischof sei da und wolle mich sprechen.

In diesem ersten Satz erfahren wir, daß der Erzähler alt ist, daß er mit einer Person gleichen Geschlechts im Bett liegt, daß dies ein gewohnter Bestandteil seines Lebens ist und daß er an diesem Tag durch den Besuch eines Erzbischofs in seiner Beschäftigung gestört wird! Der Leser ist unweigerlich gespannt, zu welcher Art von Konfrontation es jetzt kommen wird.
Ein weiteres Beispiel:

> An dem Tag, an dem Walter Van Brunt seinen rechten Fuß verlor, hatten ihn sporadisch Spukgestalten der Vergangenheit heimgesucht.

Es ist kein alltägliches Ereignis, einen Fuß zu verlieren. Vom ersten Satz an ist uns klar, daß wir einen wichtigen Tag im Leben des Walter Van Brunt erleben werden. Und Van Brunt wird von den »Spukgestalten der Vergangenheit« verfolgt. Wer oder was sind diese Spukgestalten?

Dieser erste Satz leistet eine ganze Menge. Er stammt aus dem 1987 veröffentlichten Roman *World's End* von T. Coraghessan Boyle, der als »einer der begnadetsten Schriftsteller seiner Generation« bezeichnet worden ist.

Der mit dem Nobelpreis für Literatur ausgezeichnete Saul Bellow greift oft auf das Mittel der Charakterisierung zurück, um das Interesse seiner Leser zu wecken. Vier seiner Romane beginnen mit den folgenden Sätzen:

> Wenn es darum ging, seine Schwierigkeiten zu vertuschen, zeigte Tommy Wilhelm nicht weniger Geschick als jeder andere.
>
> Warum mache ich eigentlich diese Reise nach Afrika?
>
> Wenn ich den Verstand verloren habe, soll's mir auch recht sein, dachte Moses Herzog.
>
> Kurz nach Tagesanbruch, oder was bei einem normalen Himmel Tagesanbruch gewesen wäre, musterte Mr. Artur Sammler mit seinem buschigen Auge die Bücher und Papiere seines auf der Westseite gelegenen Schlafzimmers und empfand den starken Argwohn, daß es die falschen Bücher, die falschen Papiere waren.

Diese Sätze stammen, ihrer Reihenfolge nach, aus Bellows erstem Roman, *Das Geschäft des Lebens*, aus *Der Regenkönig*, aus seinem berühmtesten Roman, *Herzog* und aus *Mr. Sammlers Planet*. Bezeichnenderweise wecken alle seine Romane, mit Ausnahme des *Regenkönigs*, die Aufmerksamkeit des Lesers dadurch, daß sie gleich im ersten Satz eine Charakterbeschreibung liefern.

Gut und schön, werden Sie sagen, das sind alles bekannte Schriftsteller, preisgekrönte Autoren, aber was ist mit Schreiberlingen wie mir? Ein verständlicher Einwand. Ich will Ihnen ein paar Beispiele aus den Arbeiten meiner Studenten vorstellen, die bisher noch nichts veröffentlicht haben:

> Ich hätte Mutter am liebsten erwürgt, aber dazu hätte ich sie anfassen müssen.

Das stammt von Loretta Hudson. Die Erzählerin äußert den Wunsch, eine Tat zu begehen, die verboten und strafbar ist, worauf aber der Leser reagiert, ist das, was sie daran hindert, dies zu tun, nämlich der Ekel, die Person anfassen zu müssen, die sie erwürgen möchte. Ich habe erlebt, daß das Publikum hörbar nach Luft schnappte, wenn dieser einleitende Satz vorgelesen wurde.

Eine andere Geschichte derselben Autorin beginnt mit einem ganz anders gearteten Reizelement:

> Es wäre nett gewesen, wenn mich der Storch im richtigen Haus abgegeben hätte.

In dieser bildhaften Eröffnung wird uns das Problem der Erzählerin - die falschen Eltern! - auf spannungerzeugende Art vor Augen geführt. Wie abstrakt würde dieselbe Anfangsinformation dagegen klingen, wenn es hieße: »Ich wurde von den falschen Eltern in die Welt gesetzt.«

Auch das folgende Beispiel stammt von einem blutigen Anfänger:

> Das Klingeln des Telefons mitten in der Nacht ist kein willkommenes Geräusch.

Inzwischen dürfte eines klar geworden sein: Alle Autoren - gleichgültig, wie unterschiedlich ihr Talent oder ihre Erfahrung ist - bemühen sich darum, die Neugier des Lesers von Anfang an zu wecken. Es gibt ein paar Fragen, die hilfreich sind, wenn es um die Beurteilung eines ersten Satzes geht, den wir selbst geschrieben haben:

- Führt dieser Satz eine interessante Figur oder Handlung ein, über die wir mehr erfahren möchten?
- Könnte man dem ersten Satz mehr Spannung verleihen, indem man etwas Ungewöhnliches einbringt, vielleicht etwas Schockierendes oder etwas, das den Leser überrascht?

Ihre ganze Geschichte, Ihr ganzer Roman hängt vielleicht davon ab, ob der erste Satz darin das Interesse des Lesers gewinnt. Ein großartiger Satz auf der zweiten Seite nützt gar nichts, wenn der Leser das Buch schon nach der ersten zuschlägt.

Ist es wirklich unbedingt notwendig, daß der Leser vom ersten Satz an gefesselt wird? Im folgenden Beispiel wird im ersten Satz lediglich gesagt, wie der Erzähler heißt. Der Rest des Absatzes wirkt, oberflächlich betrachtet, ziemlich konventionell, aber ist er es wirklich? Die Passage ist der Titelgeschichte von John Cheevers Kurzgeschichtensammlung *The Housebreaker of Shady Hill* entnommen.

> Mein Name ist Johnny Hake. Ich bin sechsunddreißig Jahre alt, messe zwei Meter achtzig ohne Schuhe, wiege zweiundsiebzig Kilo ohne Kleider und bin, sozusagen, im Augenblick nackt und spreche in die Dunkelheit. Ich wurde im Hotel St. Regis gezeugt, im presbyterianischen Krankenhaus geboren, in der St.-Bartholomew-Kirche getauft und konfirmiert, und ich habe mich mit den Knickerbocker Greys abgerackert, im Central Park Football und Baseball gespielt, am Geländer unter den Markisen der Apartmenthäuser der East Side meine ersten Klimmzüge gemacht und meine Frau (Christina Lewis) bei einer dieser pompösen Tanzveranstaltungen im Waldorf kennengelernt. Ich habe vier Jahre bei der Marine gedient, habe inzwischen vier Kinder, und lebe in einem Vorort namens Shady Hill. Wir haben ein hübsches Haus mit Garten und Grillplatz, und wenn ich an warmen Sommerabenden mit den Kindern dort sitze und Christina in den Ausschnitt schaue, während sie sich vorbeugt, um die Steaks zu salzen, oder auch nur die Lichter am Himmel betrachte, dann reizt mich der Gedanke an schwierigere und gefährlichere Abenteuer, und ich stelle mir vor, daß das mit dem Schmerz und der Süße des Lebens gemeint ist.

Direkter kann man es nicht sagen. Da ist Johnny Hake, der dem Leser eine komprimierte Zusammenfassung seines Lebens präsentiert. Aber Cheever ist ein mit allen Wassern gewaschener Meister seines Fachs. Im zweiten Satz bemerkt sein Erzähler ganz nebenbei, daß er »im Augenblick nackt ist und in die Dunkelheit spricht«. Nicht gerade das, was man in einer Zusammenfassung normalerweise erwähnen würde. Ein paar Sätze weiter schaut er in »den Ausschnitt von Christinas Kleid, während sie sich vorbeugt, um die Steaks zu salzen«. Die Bemerkung steht mitten in einem Satz, scheinbar ein völlig beiläufiges Fragment, aber in Wirklichkeit ein Angelhaken, der nach dem Leser ausgeworfen wird. Ein Könner wie Cheever würzt auch die konventionellste Einleitung noch mit einer Prise Überraschung, die ausreicht, um die Neugier des Lesers zu wecken.

John Fowles gehört zu den Meistererzählern unseres Jahrhunderts. Seine Karriere begann mit der Veröffentlichung des relativ einfach strukturierten Romans *Der Sammler.* Sollten Sie ihn noch nicht gelesen haben, rate ich Ihnen dringend dazu. Sehen wir uns einmal an, wie das Buch beginnt:

> Wenn sie nicht im Internat war, sah ich sie manchmal fast täglich, weil sie genau gegenüber dem Rathausanbau wohnte. Sie und ihre jüngere Schwester gingen ständig aus und ein, häufig mit jungen Männern, was mir natürlich mißfiel.

Der Schluß des zweiten Satzes läßt bereits ahnen, was sich dann als eine außergewöhnlich spannende Lektüre entwickelt. Und so geht es im ersten Absatz weiter:

> Wenn mir die Bücher und Akten einmal Zeit ließen, stand ich am Fenster und blickte über den Milchglasrand zur anderen Straßenseite hinüber, und dann sah ich sie manchmal. Am Abend trug ich es dann in mein Beobachtungsbuch ein, zunächst mit einem X, und als ich ihren Namen kannte, mit einem M. Einmal stand ich in der Leihbücherei unten an der Crossfield Street in einer Schlange genau hinter ihr. Sie sah mich nicht ein einziges Mal an, aber ich betrachtete ihren Hinterkopf und den langen geflochtenen Zopf ihrer Haare. Sie waren ganz hell und glänzend, wie Seidengespinst. Zu einem einzigen Zopf geflochten, der ihr, manchmal über den Rücken, manchmal über die Brust, bis fast auf die Taille fiel. Manchmal trug sie ihn auch hochgesteckt. Nur einmal bevor sie hier mein Gast wurde, kam ich in den Genuß, sie mit offenem Haar zu sehen, und mir stockte der Atem, so schön war sie, wie eine Meerjungfrau.

In diesem langen ersten Absatz werden zwei Hauptfiguren des Romans vorgestellt, nämlich der Erzähler und sein Opfer. Achten Sie darauf, wie viele konkrete Informationen die Passage enthält. Ich möchte den Absatz wiederholen und die Stellen hervorheben, die ein drohendes Unheil ahnen lassen.

> Wenn sie nicht im Internat war, sah ich sie manchmal fast täglich, weil sie genau gegenüber dem Rathausanbau wohnte. Sie und ihre jüngere Schwester gingen ständig aus und ein, häufig mit jungen Männern, **was mir natürlich mißfiel**. Wenn mir die Bücher und Akten einmal Zeit ließen, stand ich am Fenster und blickte über den Milchglasrand zur anderen Straßenseite hinüber, und dann sah ich sie manchmal. **Am Abend trug ich es dann in mein Beobachtungsbuch ein, zunächst mit einem X, und als ich ihren Namen kannte, mit einem M.** Einmal stand ich in der Leihbücherei unten an der Crossfield Street in einer Schlange genau hinter ihr. Sie sah mich nicht ein einziges Mal an, aber ich betrachtete ihren Hinterkopf und den langen geflochtenen Zopf ihrer Haare. Sie waren ganz hell und glänzend, wie Seidengespinst. Zu einem einzigen Zopf geflochten, der ihr, manchmal über den Rücken, manchmal über die Brust, bis fast auf die Taille fiel. Manchmal trug sie ihn auch hochgesteckt. Nur einmal **bevor sie hier mein Gast wurde**, kam ich in den Genuß, sie mit offenem Haar zu sehen, und mir stockte der Atem, so schön war sie, wie eine Meerjungfrau.

Was erfährt der Leser in diesem ersten Absatz?

- Der Erzähler hatte etwas dagegen, daß sich »M« mit anderen Männern traf, obwohl sie ihn nicht einmal kannte!
- Er führte ein »Beobachtungsbuch«. Er fand heraus, wie sie hieß.
- Einmal stand er unmittelbar hinter ihr. Sie bemerkte ihn nicht, aber er betrachtete ihr Haar, als sei er im Begriff, ihr Liebhaber zu werden.
- Und »bevor sie hier mein Gast wurde«? In Wirklichkeit wird sie seine Gefangene!

Noch subtiler geht der meisterhafte Erzähler Vladimir Nabokov ans Werk. Folgendermaßen beginnt er seinen berühmtesten Roman:

> Lolita, Licht meines Lebens, Feuer meiner Lenden. Meine Sünde, meine Seele. Lo-li-ta: die Zungenspitze macht drei Sprünge den Gaumen hinab und tippt bei Drei gegen die Zähne. Lo.Li.Ta.

Im zweiten Absatz fährt er fort:

> Sie war Lo, kurz Lo, am Morgen 1,50 m groß in einem Söckchen. Sie war Lola in Hosen. Sie war Dolly in der Schule. Sie war Dolores von amtswegen. Aber in meinen Armen war sie immer Lolita.

Scheinbar ist dies die Einleitung zu Vladimir Nabokovs Roman *Lolita*, der bei seinem Erscheinen im Jahre 1955 wie eine Bombe einschlug. »Scheinbar« deshalb, weil noch vor dieser Einleitung ein Vorwort steht, das von einem gewissen Dr. John Ray jr. verfaßt ist. Nabokov trieb gern seine Späße mit den Lesern, und darum stellte er seinem eigentlichen Roman eine angeblich von einem Wissenschaftler verfaßte Einführung voran. Diese Einführung ist ebenso faszinierend wie der Anfang des eigentlichen Buches. Sie präsentiert uns den Roman als ein persönliches Bekenntnis, informiert uns, daß der Autor im Gefängnis gestorben ist, nennt konkrete Einzelheiten - eine Diagnose, ein Datum, den Namen eines Anwalts - und läßt uns ganz nebenbei wissen, daß der Verfasser dieses Vorworts mit einem Preis für ein bescheidenes Werk ausgezeichnet wurde, das »gewisse Krankheitsbilder und Perversionen« zum Thema hat. Man kann sagen, daß Nabokov den Roman *Lolita* zweimal begonnen hat und daß er mit beiden Anfängen, auf unterschiedliche Weise, das Ziel hatte, das Interesse des Lesers zu erregen.

Die ersten Sätze des eigentlichen Romans - das Spiel mit dem Klang des Namens Lolita und die Eröffnung, daß der Protagonist eine Affäre mit einem Schulmädchen hat - sprechen den Leser in zweierlei Hinsicht an: durch die skandalträchtige Thematik und weil sie ihm das Gefühl geben, es mit einem Schriftsteller zu tun zu haben, der kunstvoll mit der Sprache spielt.

Ich meine, daß es hilfreich sein könnte, den Gedanken eines Autors beim Entwurf eines Romananfangs zu folgen. Da ich kein Hellseher bin, berufe ich mich auf meine eigene Erfahrung. Der Anwalt George Thomassy ist eine Figur, die in meinen Romanen *Der junge Zauberer*, *Aus heiterem Himmel* und *Tür an Tür* eine wichtige Rolle spielt. Als es an der Zeit war, ihn in *Ein Hauch von Verrat* wieder in Erscheinung treten zu lassen, wollte ich dies so beginnen, daß Thomassy einen Gerichtssaal überblickt, in dem er einen wichtigen Fall vertreten soll. Mit diesem Anfang wollte ich die Wirkung erzielen, die ich an früherer Stelle schon erläutert habe:

- Der Geschichte Resonanz zu verleihen.
- Neue Leser mit Thomassys Persönlichkeit vertraut zu machen und ihn denjenigen Lesern, die ihm schon früher begegnet waren, wieder ins Gedächtnis zu rufen.
- Die Szenerie eines Gerichtssaals zu entwerfen.

> Am Ende mußte man sterben. Und dann war da vielleicht ein Gerichtssaal wie dieser, dachte Thomassy; das ganze solide Holz weiß gebleicht, der Richter taub gegen alle Einwände, weil Ihm das Haus gehörte. Er war das Gesetz, das Rechtssystem war außer Kraft gesetzt.
> Wenn es einmal so sein sollte, wollte Thomassy lieber ewig leben, denn hier auf der Erde konnte man sich wehren, ob Gott es wollte oder nicht.

Der Gerichtssaal, den Thomassy vor sich sieht, ist Teil seiner Fantasie. Er stellt sich den Schauplatz des Jüngsten Gerichts vor. Der Leser weiß, daß »Er« der Richter ist, und »Ihm gehörte dieser Ort. Er war das Gesetz.« Offensichtlich ist Thomassy die Macht der Richter ein Dorn im Auge. Thomassy wünscht sich eine Arena, in der er sich zur Wehr setzen kann. Es ist sein bezeichnendster Charakterzug, unter allen Umständen als Sieger hervorgehen zu wollen, aber es ist ihm unmöglich, dieses Ziel weiter zu verfolgen: Dazu müßte er ewig leben.

Hier ist eine Menge in wenige Zeilen gepackt. Ich hoffte, daß der Leser meine Absicht im wesentlichen durchschauen und zumindest eine Ahnung von dem Gerichtsdrama bekommen würde, das sich später abspielt.

Was kann der noch ungeübte Schreiber im ersten Absatz erreichen? Eine Menge. Mit der folgenden Passage fängt ein Roman über eine Malerin an, den eine Studentin meines Fortgeschrittenenseminars für kreatives Schreiben verfaßt hat:

> Shoshana stürmte durch die stille Wohnung. Mason, du elender Hurensohn! Wo bist du? Ihr Instinkt sagte ihr: Mason hatte das Weite gesucht. Du armseliger Feigling, tobte sie. In ihr Atelier zurückgekehrt, tauchte Shoshana den Pinsel, den sie in der Hand hielt, heftig in einen Behälter mit Terpentin. Da versucht man nun einmal, für eine Stunde Selbstbestätigung in der eigenen Arbeit zu finden. Keine Chance!

Die Schreiberin, Anne Mudgett, benutzt das Mittel der Handlung, um ihre Figuren zu charakterisieren. Darüber hinaus zeigt sie einen Konflikt zwischen der Protagonistin und Mason auf und versetzt den Leser in Shoshanas Gemütszustand.

Wir haben gesehen, wie James T. Farrell das Überraschungselement benutzt. Dasselbe Mittel der Überraschung verwendet auch der Student Steve Talsky in einem noch unveröffentlichten Werk:

> Ich bin der Weg, die Antwort und das Licht, durch mich ist alles möglich.
> Diese Worte hatte er einmal im Scherz auf das Kopfteil seines Betts geschrieben.

Beim Leser wird der Eindruck geweckt, daß dies ein ungewöhnlicher Charakter ist, über den es sich lohnt, mehr zu erfahren. Nicht zuletzt hat man hier das Gefühl, daß das Werk dieses Autors Resonanz besitzt.

Der Wert einer gelungenen Einleitung liegt darin, daß sie in dem Leser die Bereitschaft erzeugt, sich für die Dauer der Lektüre in die vom Autor erfundenen Personen hineinzuversetzen.

Inzwischen dürfte klar sein, daß das Element des Ungewöhnlichen dazu beiträgt, das Interesse des Lesers zu wecken, ebenso wie das Moment der Handlung und der Konflikterzeugung. Unendlich viele Autoren kämpfen auf verlorenem Posten, weil sie den Leser für Zusammenhänge zu interessieren versuchen, denen kein Konflikt innewohnt. Die ungeschickteste Art, eine Geschichte einzuleiten, könnte etwa so aussehen: »Sie waren ein wunderbares Paar. Er liebte sie, und sie liebte ihn. Sie stritten niemals miteinander.«

Was auf den Fuß folgt, ist gähnende Langeweile. Und Langeweile ist der gefährlichste Feind für den Leser wie für den Autor.

Drehen wir uns etwa auf der Straße mit offenem Mund nach den netten, normalen Durchschnittsbürgern um, die uns begegnen? Es sind der Zwei-Meter-Mann und der Zwerg, die unsere Aufmerksamkeit auf sich ziehen, der Alte mit dem roboterhaften Wackelgang, das Mädchen, das beim Gehen fröhliche Hüpfer macht. Denken Sie daran, wie die Menschen auf das metallische Scheppern kollidierender Fahrzeuge reagieren. Wie sie hin eilen, um zu sehen, was passiert ist. Lange Staus bilden sich auf den Autobahnen, weil sensationslüsterne Gaffer ihre Fahrt verlangsamen, um einen Blick auf die Trümmer zu werfen. Literaturstudenten müßten eigentlich genau wissen, warum in den Nachrichten immer zuerst über die schlimmen Neuigkeiten, die Katastrophen und Konflikte berichtet wird.

Einen Roman mit einer spannenden Einleitung zu eröffnen ist eine vergleichsweise einfache Methode, den Leser zu fesseln. Aber es gibt auch subtilere Wege, den Leser zu verführen, beispielsweise durch die Erzeugung bestimmter Vorahnungen. Der Leser muß das Gefühl haben, daß »gleich irgend etwas passieren wird«. Wie stellt man das an? Auf den ersten Seiten meines Romans *Der junge Zauberer* beschreibe ich die Stadt Ossining, nachdem es dort einen Monat lang ununterbrochen geschneit hat. In Zweier- und Dreiergruppen schaufeln ein paar Jungen die Bürgersteige vor den Nachbarhäusern frei. Der dritte Satz enthält eine leise Andeutung des Kommenden:

> Hier und da konnte man einen älteren Mann sehen, verarmt oder stolz, der mit der Schaufel in der Hand dem Tod trotzte und die Stufen freischippte, damit man ungehindert ins Haus und wieder hinaus gelangen konnte, oder der mit einem kleinen Gebläse gegen den Schnee in der Auffahrt ankämpfte, in der Hoffnung, daß es seine Frau noch zum Supermarkt und zurück schaffen würde, bevor der Schnee wieder stärker fiel.

»Der dem Tod trotzte« ist ein Omen. Und der Rhythmus der Worte am Ende des Satzes dient dazu, die düstere und unheilverkündende Atmosphäre zu unterstreichen, die sie ausstrahlen.

Der zweite Absatz endet mit einer harten Folge kurzer Wörter:

> Es schien unvorstellbar, daß es je Frühling werden würde und sie als Wasser im steinharten Boden verschwanden, diese klumpigen Massen von schmutzigem Grau.

Dann gebe ich dem Leser ein freundlicheres Bild, indem ich ihm den Anblick »mächtiger, schneebestäubter Nadelbäume« vor Augen führe »und über ihnen das nackte Geflecht von laublosem Silberahorn, das in der Sonne glitzerte«. Wir sehen kleine Kinder, die sich über den Schnee freuen. Eine Rundfahrt bringt uns die Erkenntnis, daß im Stadtzentrum von Ossining zahlreiche Läden leerstehen, obwohl es in einer der wohlhabendsten Gegenden der Vereinigten Staaten liegt. Viele Häuser im Umkreis sind von ihren Bewohnern fluchtartig verlassen worden. Und ein zentrales Thema des Buches schleicht sich als unheilvolle Ahnung ein:

> Ein wesentlicher Anteil der Steuergelder floß natürlich in die Schulen, in denen Gewalt und Brutalität an der Tagesordnung waren.

Ein weiteres Omen folgt auf den Fuß:

> Es war keine ungewöhnliche Stadt in einem Land, das sich nach nur zwei Jahrhunderten auf dem absteigenden Ast befand.

Im nächsten Absatz – immer noch auf der zweiten Seite – erfahren wir, daß das berühmteste Bauwerk der Stadt das weltbekannte Zuchthaus Sing Sing ist. Und dann sehen wir ganz unvermittelt den Protagonisten, einen jungen Mann namens Ed Japhet, wie er vor einem großen Spiegel im Schlafzimmer seiner Eltern Zaubertricks übt. Ich hätte diese Szene natürlich an den Anfang stellen können, aber ich habe es vorgezogen, ganz behutsame Hinweise darauf zu geben, daß irgend etwas faul ist in dieser Stadt, in der die Geschichte spielt, im Land, vielleicht sogar auf der ganzen Welt. Der Leser ist gewarnt: Irgend etwas wird passieren. Und so ist es auch.

Manchmal genügt es, eine einzige winzige Andeutung zu machen, um den Motor des Romans in Gang zu setzen. Ein Roman ist wie ein Auto – er bewegt sich nicht von der Stelle, solange man seinen Motor nicht anwirft. Der Motor beginnt in dem Augenblick zu funktionieren, in dem sich der Leser entschließt, *das Buch nicht wieder wegzulegen.* Und das sollte innerhalb der ersten drei Seiten geschehen, je eher, desto besser.

Der Romanschriftsteller und Collegepräsident Josiah Bunting hatte ein besonderes Auge dafür, an welcher Stelle in den Büchern anderer Autoren der Motor ansprang. Als er das Manuskript zu meinem Roman *Aus heiterem Himmel* las, konnte er mir auf Anhieb den entscheidenden Punkt zeigen. Ich zitiere die Passage als ein Beispiel, wie selbst eine vage Andeutung den Leser veranlassen kann, die Lektüre fortzusetzen.

Auf den ersten beiden Seiten erfahren wir, daß der Bankier Roger Maxwell, der mit seiner Frau und seinen Kindern ein normales und glückliches Leben führt, kürzlich befördert worden ist und sich daher ein neues Haus für die Familie leisten kann. Freunde empfehlen ihm den besten Immobilienmakler in der Gegend um Chappaqua und Pleasantville, einen Mann namens Stickney.

Stickney stellt am Telefon ein paar Fragen. Achten Sie darauf, wie harmlos sie klingen:

> »Kinder?« erkundigte sich Stickney.
> »Vier«, erwiderte Roger. »Einer ist auf dem College, aber wir müssen ein Zimmer für ihn einplanen.«
> »Gäste?«
> »Gelegentlich. Vor allem die Kinder. Sie haben es gern, wenn ihre Freunde bei ihnen übernachten.«

So geht es noch ein paar Zeilen weiter. Stickney blättert unterdessen in seiner Kartei nach Häusern, die in Frage kommen könnten. Schließlich sagt er:

> »Könnten Sie am Sonntag herkommen, sagen wir um zwei?«
> »Natürlich.«
> »Bringen Sie die Kinder mit?«
> »Ja.«
> Stickney war zufrieden. Kinder gehörten zu seinem Plan.

Josiah Bunting zufolge war dieser letzte Satz der Punkt, an dem der Motor ansprang. Ganz nebenbei erfahren wir bald darauf, daß Stickney die Absicht hat, Maxwell ein Kinderheim zu verkaufen, in dem es einen riesigen, über zwei Stockwerke reichenden Schlafsaal gibt, ausgestattet mit aus Kanus gefertigten Kojenbetten und einem Meer von Kuscheltieren. Dieser Roman, der 1975 erschien, lange bevor das Thema Kindesmißhandlung in der Öffentlichkeit Beachtung fand, handelt von dessen Umkehrung, nämlich von der Mißhandlung von Eltern. Hinweise darauf tauchen nach und nach im allernormalsten Zusammenhang auf, bis plötzlich alle Dämme der Geschichte brechen.
Das Thema wird anfangs nur in dem Motto angedeutet, das dem Roman vorangestellt ist. Ein solcher Vorspann, das sei hier betont, kann als Hinweis auf das Kommende überaus nützlich sein. In diesem Fall habe ich einen Ausspruch von Oscar Wilde auf den Kopf gestellt:

> Am Anfang lieben Eltern ihre Kinder; wenn sie älter werden, bilden sie sich ein Urteil über sie; manchmal verzeihen sie ihnen.

Es ist eine sinnvolle Übung für einen Autor, sich einmal in die eigene oder in eine öffentliche Bibliothek zu setzen und die ersten paar Seiten der Bücher durchzulesen, die ihm besonders gut gefallen haben, um herauszufinden, an welcher Stelle genau der Motor anspringt, ab wann der Leser das Buch wahrscheinlich nicht mehr aus der Hand wird legen wollen.
Es gibt vielerlei Methoden, das Interesse des Lesers am Anfang einer Geschichte oder eines Romans zu wecken. Beispielsweise kann eine Figur etwas Wichtiges wollen, sie kann es unbedingt und auf der Stelle wollen. Oder eine liebenswerte Person kann in Gefahr sein. Der Autor kann einen Leser, der Freude an der Sprache hat, durch sein Spiel mit der Sprache fesseln, aber die Spannung wird nicht lange vorhalten, wenn er nicht gleichzeitig am Leben eines Charakters teilhaben kann, der für ihn bald interessanter ist als die Mehrzahl der Menschen, mit denen wir es im wirklichen Leben zu tun haben.

Wer auf die Veröffentlichung seines Werks Wert legt, ist gut beraten, eine Szene an den Anfang zu stellen, die sich der Leser plastisch vorstellen kann. An welcher Stelle läßt man diese Szene beginnen? So dicht wie möglich an ihrem Höhepunkt, sofern Sie den Leser sehr schnell zum Beteiligten machen wollen.

Sachliteratur

In der Sachliteratur verfolgt der Schreibende anfangs dasselbe Ziel wie der Romanautor: Er will den Leser so neugierig machen, daß dieser begierig ist, auch den Rest zu lesen. Dieses Prinzip gilt sowohl für Texte, die nur kurzfristig aktuell sind, als auch für die langlebigere Sachliteratur.

Beispielsweise haben die meisten Zeitungsbeiträge naturgemäß nur für kurze Zeit Aktualität; sie werden gewöhnlich an einem Tag geschrieben, am nächsten gelesen und verschwinden dann wieder von der Bildfläche. Die meisten Autoren von Büchern, Aufsätzen und ähnlichem hoffen dagegen, daß das, was sie schreiben, von Dauer ist. Die Kategorien überschneiden sich. Vieles, was in gebundener Form veröffentlicht wird, verschwindet schnell wieder. Und mancher Text, der für schnellebige Medien verfaßt wurde, findet Eingang in das kulturelle Erbe, das von Generation zu Generation weitergereicht wird.

Zwar waren die meisten Autoren, die ich betreut habe, von dem Ziel beseelt, dauerhafte Werke zu schaffen, aber ich war auch beeindruckt von dem Ehrgeiz einiger Journalisten und Berichterstatter, ihre eigentlich kurzlebigen Texte lebendiger, aussagekräftiger und amüsanter zu gestalten. Die einstmals »gute, graue« *New York Times* ist längst nicht mehr grau, sondern bunt und lebendig.

Das Überraschungsmoment ist auch hier die leichteste Methode, um das Interesse des Lesers zu wecken. Sehen wir uns zwei Beispiele aus der *Times* an; das erste stammt aus der Feder von Stephen Manes, das zweite aus der von Keith Brasher:

> Wenn es um den Kauf eines Computers geht, funktioniert das wichtigste Peripheriegerät bei 37 Grad Celsius und ist uns als Freund bekannt.
>
> Hier auf einer steinigen Wiese im Westen von Texas, am Ende eines 10 Meilen langen ungepflasterten Weges durch eine büffelgrasüberzogene, von Kojoten wimmelnde Strauchlandschaft, haben sich einige hundert Besitzer einer für die Vereinigten Staaten von Amerika strategisch wichtigen Ware versammelt.
> Es sind Ziegen.

Gegen den Trend, einen Artikel so zu beginnen, sperren sich einige Autoren, die der Ansicht sind, ein lebendiger Schreibstil sei irgendwie unlauter. Ihnen möchte ich ein Bild vor Augen halten, das ich auch in meinen Seminaren benutze. Man stelle sich eine durchgezogene Linie vor, an einem Ende das Leben, am anderen der Tod.

Leben .... Langeweile .... Tod

Auf dieser Linie steht die Langeweile – der Erlebnisverlust – dicht beim Tod. Ein gelungenes Werk verhilft dem Leser zu gesteigertem Erleben – emotionaler oder intellektueller Art oder beides –, das ihm mehr gibt als das Leben um ihn herum. Ein langweiliger Text verschafft ihm kein Vergnügen. Und alle Information und Einsicht, die er enthält, erschließt sich nur denjenigen, die bereit sind, sich mühsam durch langweilige Prosa zu quälen.
Diesen Puristen gebe ich zu bedenken, daß viele wissenschaftliche Texte ihr Bildungsziel verfehlen, weil die darin enthaltenen Informationen für die Mehrzahl der Rezipienten ungenießbar sind durch die trockene Art, in der sie vermittelt werden. Geoffrey Cotterell soll einmal gesagt haben: »In Amerika zählt nur der erfolgreiche Schriftsteller, in Frankreich sind alle Schriftsteller bedeutend, in England ist kein Schriftsteller von Bedeutung, in Australien muß man erklären, was ein Schriftsteller ist.« Diese maßlose Übertreibung ist unterhaltsam, und darum bringt sie das Wesentliche viel besser auf den Punkt, als es eine nüchternsachliche Abhandlung zum gleichen Thema je könnte.

Wenn die Leser Gelegenheit hätten, dem Autor etwas zu erwidern (was sie manchmal tun, indem sie seine Bücher nicht lesen), so könnten sie vielleicht sagen: »Würden Sie etwa wissentlich zu einem Arzt gehen, der sein Handwerk nicht richtig beherrscht? Würden Sie ein schlecht dirigiertes Konzert besuchen, nur weil sich Ihnen die Gelegenheit dazu bietet? Würden Sie Ihr Auto zum Einstellen der Zündung zu einem Mechaniker bringen, der Feineinstellung für eine Zeitverschwendung hält?« Der Leser vertraut darauf, daß der Schreibende sein Bestes tut. Wenn er nur sein Zweitbestes tut, darf er sich nicht wundern, wenn sich die Leserschaft einen anderen Autor sucht.

In den sechsunddreißig Jahren meiner Tätigkeit habe ich als verantwortlicher Verleger etwa hundert neue Titel pro Jahr auf den Markt gebracht. Die meisten davon waren Sachbücher; einige entwickelten sich zu Standardwerken. Es gibt keinen ersichtlichen Grund, warum Sachliteratur – einschließlich journalistischer Texte – nicht ebenso spannend und amüsant sein kann wie ein Roman. Informationen kommen dann am besten an, wenn sie so verpackt sind, daß sie an die Gefühle des Lesers rühren. Ein Journalist, ein Biologe oder ein Historiker, der sich der Mittel der erzählenden Literatur bedient, um seinem Publikum ein lebendigeres Leseerlebnis zu verschaffen, muß nicht unbedingt auch Romanschriftsteller sein.

Wie kann ein Journalist, der das ganze Wer, Was, Wann, Wo und Warum schon im ersten Absatz auftischt, vom Leser erwarten, daß er sich noch für den Rest des Artikels interessiert? Nackte Tatsachen genügen nicht, um den Leser bis zum Schluß bei der Stange zu halten. Der Rahmen, in dem sie präsentiert werden – der Text, der Behälter der Informationen – gibt den Fakten Farbe und eine nachhaltige Bedeutung. Der Verfasser von Sachtexten hat das Recht – wenn nicht gar die Pflicht –, die Wunder der Erzählkunst für sich zu erschließen, um seine Texte zu einer interessanten und vergnüglichen Lektüre zu machen.

Früher war man im Journalismus der Meinung, die verantwortliche Nachrichtenübermittlung müsse sich auf die trockenen

Fakten beschränken, und man gestand nur den Verfassern von Kolumnen und Reportagen das Recht zu, die Wirkung ihrer Texte durch lebendige Beschreibungen, Metaphern und sogar Übertreibungen zu vertiefen. Ich habe einmal, als ich einen Vortrag zu diesem Thema zu halten hatte, nach dem Zufallsprinzip den Leitartikel der *New York Times* von diesem Tag herausgepickt, um zu beweisen, wie wenig eine solche Einschätzung auf den heutigen Journalismus zutrifft. Es erübrigt sich, zu sagen, daß es in anderen Städten ebenso seriöse und interessante Zeitungen gibt, aus denen ich mein Beispiel hätte wählen können. Und so liest sich der erste Absatz des Leitartikels, als dessen Verfasser Calvin Sims genannt ist:

> Ein 87 Jahre altes Hauptwasserrohr platzte gestern kurz vor Beginn des morgendlichen Berufsverkehrs vor dem Grand-Central-Bahnhof und entfesselte eine Flutwelle, die eine neu renovierte U-Bahnstation zerstörte und die Pendler in ein Chaos aus überschwemmten U-Bahngeleisen und pulverisiertem Asphalt stürzte. Das 50-Zentimeter-Rohr, das entlang der 42sten Straße zwischen der Park und der Lexington Avenue nach Osten und Westen führt, platzte gegen 5 Uhr 45. Das Wasser sprudelte mit solchem Druck nach oben, daß die 42ste Straße zu einem kleinen Gebirge aufgeworfen wurde, dann stürzte es in einer Vielzahl von Wasserfällen die Treppen und Entlüftungsschächte hinunter und überflutete die darunterliegenden U-Bahnschienen. Die Reparaturarbeiten verzögerten sich um Stunden, weil das Umweltamt der Stadt den Schaden zuerst an der falschen Stelle vermutete und versehentlich die falsche Hauptleitung abstellte.

Man beachte die lebhafte Übertreibung, die unbekümmert von den reinen Tatsachen abschweift. Der Asphalt war nicht wirklich zu Pulver zermalmt (»pulverisiert«), sondern in Platten und Stücke zerborsten. Und die 42ste Straße wurde auch nicht wirklich zu einem »kleinen Gebirge« aufgeworfen, das in meinem Lexikon definiert wird als »eine Landmasse, die sich zu großer Höhe erhebt. Insbesondere werden Erhebungen von über 2500 Metern so bezeichnet.«

Offensichtlich hatten die Verleger keine Bedenken gegen die

Übertreibungen und Metaphern, deren sich ihr Reporter bediente. Diese einleitenden Sätze sollten die Leser dazu animieren, weiterzulesen.
Auf derselben Titelseite wie der oben zitierte Artikel findet sich ein weiterer Bericht zum Thema unter einer dreispaltigen Überschrift mit Untertitel:

> **Ein Tag, an dem New York besser im Bett geblieben wäre**
> Schnellstraßen stecken fest, U-Bahnen stolpern und Busse torkeln

Die beiden Überschriften leiten den Bericht ein, sie haben die Funktion, den Leser zu ködern. Natürlich bleiben Schnellstraßen nicht, wie im Untertitel behauptet, stecken, das tun nur Autos; weder kann eine U-Bahn stolpern, noch können Busse torkeln. Aber diese farbenfreudige Ungenauigkeit – von der nichts wirklich wörtlich zu nehmen ist – vermittelt die Information mit einem Anflug von Humor und zieht den Leser in eine Geschichte hinein, in der Busse »sich die Straßen hinauf und hinunter schleppten« und »Taxis in einem Tempo irgendwo zwischen Schildkröte und Schnecke dahinkrochen«. Entscheidend ist, daß der Leser nicht nur erfährt, was geschehen ist, sondern dabei auch unterhalten wird und daß er durch die Vergleiche, Metaphern und Übertreibungen nicht in die Irre geführt wird.
Ein guter Anfang überzeugt nicht nur die Leser, sondern auch die Zeitungsverleger und die Gremien, die für die Vergabe von Preisen verantwortlich sind. Ein großartiger Schluß erreicht die Leser nicht, wenn diese gleich durch einen miserablen Anfang vergrault wurden, und das ist auch der Grund, warum ich gerade angehenden Autoren diesen Punkt so eindringlich ans Herz lege. Was kann der Berichterstatter, der Artikel am laufenden Meter produzieren muß, tun, um das Interesse des Lesers zu fesseln?
Anläßlich der Verleihung des Pulitzerpreises an den Journalisten John F. Burns von der *New York Times* wurde 1993 stellvertretend für seine beispielhaften Reportagen ein Bericht über das ehemalige Jugoslawien auszugsweise veröffentlicht:

> Während die 155-Millimeter-Haubitzen heute heulend auf diese in Trümmern liegende Stadt niedersausten und überall in den umliegenden Gebäuden explodierten, klappte ein zerzauster, stoppelbärtiger Mann in feierlicher Abendgarderobe mitten auf der Vase-Miskina-Straße einen Plastikstuhl auf. Er nahm sein Cello aus dem Kasten und stimmte Albinonis Adagio an.

Burns führt uns das Bild einer belagerten Stadt vor Augen, indem er unseren Blick auf eine einzelne Person lenkt, die etwas Exzentrisches und irgendwie Großartiges tut. Einen einzelnen Menschen ins Scheinwerferlicht zu rücken und ihn, wie flüchtig auch immer, zu charakterisieren, ist ein hervorragendes Mittel, um den Leser emotional zu berühren.

Bleibt einem Reporter, der immer unter Zeitdruck arbeitet, überhaupt Raum für solche Dinge? John Burns schrieb im kriegzerrissenen Jugoslawien in weniger als neun Monaten 163 Artikel, 103 davon in Sarajevo zu einer Zeit, als es Fernsehteams unmöglich war, in die Stadt zu gelangen oder ihre Filme aus der Stadt herauszubekommen. Wenn es Burns geschafft hat, innerhalb so kurzer Zeit so viele Artikel zu schreiben und dabei nicht nur Tatsachen zu berichten, sondern seine Leser auch emotional aufzurütteln, indem er sie mit dem Schicksal einzelner konfrontierte, dann sollte sich jeder Journalist, der unter vergleichsweise sicheren Bedingungen schreibt und nicht wenigstens den Versuch macht, dieses Beispiel zum Vorbild nehmen.

Die Arbeit des Lokalreporters sieht natürlich nicht halb so dramatisch aus wie die eines Berichterstatters aus Krisengebieten, das heißt aber nicht, daß er sich nicht derselben Techniken bedienen könnte, um das Interesse des Lesers für seine alltäglichen Geschichten zu wecken. Wir wollen uns ein paar Beispiele ansehen und überlegen, worauf ihre Wirkung beruht:

> Henry Sorbino spazierte gestern morgen mit einem Schirm in den Supermarkt an der 11ten Straße, heraus kam er mit einem Schirm und einer fremden Geldbörse.

Welches Schlüsselelement macht die Wirkung dieses einleitenden Satzes aus? Ist Ihnen aufgefallen, daß die Wiederholung des

Wortes »Schirm« die Tatsache unterstreicht, daß Sorbino mit irgend jemandes Geldbörse aus dem Laden geht? Diese Technik – Wiederholung um der Wirkung willen – steigert den dramatischen Effekt des Geschehens, von dem berichtet wird.
Versuchen Sie, das entscheidende Element in der folgenden Einleitung herauszukristallisieren:

> Punkt 10 Uhr 19 löste gestern die Handtasche eines alten Mütterchens auf einem Förderband im Flughafen von Orange County einen Alarm aus, der zwei Sicherheitsbeamte auf den Plan rief.

Haben Sie auf das Wort »Mütterchen« geachtet? Der Journalist hätte auch ihren Namen, Alice Hackmeyer, nennen können, aber damit hätte er nicht denselben Kontrast zum Ereignis erzeugt, wie er durch die Charakterisierung des »alten Mütterchens« entsteht.
Ist Ihnen außerdem aufgefallen, daß die zusätzliche Handlung – das Auftauchen der zwei Sicherheitsbeamten – den dramatischen Gehalt dieser ersten Szene steigert?
Auch das Folgende ist eine Technik, die man sich leicht aneignen kann. Zuerst die Blabla-Version:

> Heute zog die Familie Buschkowski endlich aus einer Mietwohnung in ein Eigenheim um.

Das klingt nicht wie eine Nachricht. Und ganz bestimmt klingt es nicht interessant, auch wenn die Tatsachen korrekt wiedergegeben sind. Wie könnte man mit einem ersten Satz in diesem Fall die Neugier des Lesers wecken?

> Die Familie Buschkowski brauchte fünfzehn Jahre, um zwei Häuserblocks weiter zu ziehen.

Diese Einleitung zündet den Motor der Neugier, der treibenden Kraft, die den Leser über die ersten paar Sätze hinausträgt.
Ein weiteres Beispiel für einen nichtssagenden Anfang, wie er täglich in Hunderten von Zeitungen zu finden ist, liefert der folgende Satz:

> Heute vormittag wurde Carl Gardhof vor dem Obersten Gericht zu einer achtzehnmonatigen Haftstrafe verurteilt.

Das klingt so, als hätte der Reporter, angeödet von der Berichterstattung über die ewig gleichen Fälle, nunmehr beschlossen, seinerseits die Leser anzuöden. Hätte er sich im Beobachten geübt, so hätte er vielleicht folgenden Wortlaut gewählt:

> Mit erhobenem Kopf, als hätte er nichts Unrechtes getan, wurde Carl Gardhof heute vormittag vor dem Obersten Gericht zu einer achtzehnmonatigen Haftstrafe verurteilt.

Ein bildhaftes Element ist praktisch immer zur Ausschmückung eines einleitenden Satzes geeignet. In diesem Fall vermittelt es die Haltung der betreffenden Person, ohne sich des Klischees »er beteuerte seine Unschuld« zu bedienen. Noch haben wir nicht erfahren, was sich Carl Gardhof zuschulden kommen ließ. Es wäre nett, wenn seine Verurteilung etwa den folgenden Grund hätte:

> Mit erhobenem Kopf, als hätte er nichts Unrechtes getan, wurde Carl Gardhof heute vormittag wegen Diebstahls einer Bibel vor dem Obersten Gericht zu einer achtzehnmonatigen Haftstrafe verurteilt.

Aber gleichgültig, wofür er bestraft wird, ob er einen Polizisten verprügelt hat, zum dritten Mal beim Ladendiebstahl erwischt wurde oder was auch immer, dieser erste Satz ist durch das Bild, mit dem er eingeleitet wird, ein Erfolg, wobei das Bild nicht unbedingt ein hocherhobener Kopf sein muß.

> Carl Gardhof, dem es schwerfiel, dem Richter in die Augen zu sehen, wurde, nachdem er zum vierten Mal in der Öffentlichkeit als Exhibitionist in Erscheinung getreten war, heute vormittag zu einer sechsmonatigen Haftstrafe verurteilt.

Die meisten Vergehen, über die berichtet wird, klingen unspektakulär. Ein bildhaftes Element kann ihnen den Hauch des Besonderen geben und für den Leser ein Anreiz sein, sich auch mit dem Rest der Geschichte zu befassen.
Bedenken Sie, was geschickt angewandte Techniken bei der

Berichterstattung bewirken können, wenn es sogar möglich ist, einer Gerichtsreportage die Langeweile zu nehmen:

> George Brucell wurde vom Präsidenten in den Sitzungssaal geführt.

Schon wieder Blabla.

> George Brucell, ein hochgewachsener Mann, mußte den Kopf einziehen, als er vom Präsidenten in den Sitzungssaal geschoben wurde.

Das Kopfeinziehen ist keine großartige Handlung, aber ein Berichterstatter mit scharfer Beobachtungsgabe kann sich die Vorteile eines Romanautors zunutze machen, indem er von Brucell ein bestimmtes Bild zeichnet und ihm eine, wenn auch unbedeutende Handlung wie das Kopfeinziehen zuschreibt:

> George Brucell, ein hochgewachsener Mann, mußte den Kopf einziehen, als er unter donnerndem Applaus vom Präsidenten in den Sitzungssaal geschoben wurde.

Noch besser, weil hier zusätzlich das akustische Element eingeführt wird.
Die folgenden Beispiele stammen aus der *New York Times.* Achten Sie darauf, wie sie den Leser ins Geschehen einbeziehen, indem sie eine bestimmte Person in den Mittelpunkt rücken:

> Seitdem er im letzten Jahr erfahren hat, daß er an multipler Sklerose leidet, ist Andy Torok zunehmend unsicher auf den Beinen geworden, und seine Sorgen haben sich im selben Maße vermehrt wie die Handabdrücke an den weißen Wänden seiner Wohnung.

Diese Geschichte erschien auf der Titelseite. Eigentliches Thema war die Aussetzung von Gewerkschaftsverhandlungen in der Automobilbranche, weil sich die Arbeiter nicht an den Kosten für die Gesundheitsvorsorge beteiligen wollten. Im Hauptteil des Artikels sind alle Fakten enthalten, aber der Leser, geködert durch eine Einleitung, die sich auf ein Einzelschicksal konzentriert, registriert diese Fakten, während er eine interessante Geschichte liest.

Allerdings sollte man im Journalismus die ausschmückenden Erzählelemente vorsichtig dosieren. Nur allzu leicht mündet das Bemühen um bildhafte Vergleiche in Übertreibung. Der folgenden Passage ist deutlich anzumerken, wie krampfhaft sich der Reporter der *New York Times* bemüht, seine Leser für die manchmal langweilige Materie einer Abstimmung im Repräsentantenhaus zu erwärmen:

> Washington, 5. August [1993]: – Wenn Politik Theater ist, wie Kritiker behaupten, dann kam heute abend ein Hitchcock-Klassiker mit einem reichlichen Schuß Frank Capra zur Aufführung.
> Im Kongreß hingen Bill Clintons Etatpaket und sein Präsidentenamt am seidenen Faden der Glaubwürdigkeit, wie sich einst Eva Marie Saint in »Der unsichtbare Dritte« an die Klippen des Mount Rushmore geklammert hatte. Clintons Befürworter aus den Reihen der Demokraten hielten einen Vorsprung von 216 zu 214 Stimmen.

Im folgenden *Times*-Beitrag ist der Einstieg gelungen:

> Es ist fast 10 Uhr abends, und die Schicht der Kassiererin an der Zahlstelle Manhattan Plaza auf der Triborough Bridge geht zu Ende. Die Frau erledigt ihre Arbeit routiniert, methodisch und mit kühler Effizienz. Mit einem Blick aus dem Fenster erkennt sie Art und Größe des herankommenden Fahrzeugs. Dann drückt sie einen Knopf, und der zu zahlende Betrag erscheint auf einer elektronischen Anzeigentafel.
> Automatisch streckt sie die Hand nach dem Geld aus. Sie reicht das Wechselgeld zurück. Sie tut dies 300mal in der Stunde, drei Sekunden pro Auto, ein endloser Strom haltender und wieder anfahrender Wagen.
> So sieht die Arbeit eines Menschen aus, der zu den unsichtbaren Gestalten unseres Alltags gehört, einer Kassiererin der Triborough-Bridge-and-Tunnel-Verwaltung, die im vergangenen Jahr 653,6 Millionen Dollar Gebühren von 277 Millionen Fahrzeugen eingenommen hat. Der gerade stattfindende Zahlungsvorgang wird von einer Überwachungskamera auf einem grobkörnigen, flackernden Schwarz-Weiß-Monitor festgehalten.
> Die Frau, deren Namen die zuständige Stelle nicht nennen wollte, ist im Begriff, in die Statistiken einzugehen, und zwar als eine der 26 Bediensteten der Brücken-und-Tunnel-Verwaltung,

> die in diesem Jahr mit Waffengewalt beraubt wurden, womit die Zahl der Raubüberfälle im Jahr 1992 bereits um das Dreifache überstiegen ist.
> Ein schwarzer Wagen fährt vor. Ein Mann mit heruntergezogener Skimütze schiebt den abgesägten Lauf eines Gewehrs durchs Seitenfenster. So schnell der menschliche Geist in der Lage ist, die Situation zu erfassen und darauf zu reagieren, schaufelt die Kassiererin Geld in seine Hände. Der Wagen schießt in die Nacht davon.

So weit, so gut. Der Verfasser, Douglas Martin, hat Sie vier Absätze lang mit einem Bericht über Raubüberfälle an Kassenhäuschen bei der Stange gehalten, indem er eine bestimmte Person in den Mittelpunkt rückte. Hier lauert allerdings die Gefahr, die Sache zu übertreiben. Der nächste Absatz liest sich so:

> Die Frau fährt herum und versucht, das Nummernschild zu erkennen. Dann fällt ihr Kopf schwer wie ein Stein auf die Brust, ihre Schultern heben und senken sich krampfhaft, und sie beißt sich auf die Lippen. Ein bewaffneter Polizist ist in 10 Sekunden an ihrem Fenster. Der Räuber wurde nicht gefaßt.

Dieser Absatz bedarf der Überarbeitung. Die Erzählung gleitet hier ins Melodramatische ab. Der Kopf der Kassiererin fällt klischeehaft auf die Brust, ihre Schultern »heben und senken sich krampfhaft« - und unglaubhaft. Klischeehaft beißt sie sich auf die Lippen. Und plötzlich ist ein bewaffneter Polizist an ihrem Fenster. Konnte sie das Nummernschild erkennen? Wir werden es nie erfahren.
Journalisten, die darauf erpicht sind, so viele Informationen wie nur möglich in den ersten Absatz zu packen, sei die folgende Einleitung ans Herz gelegt, die Natalie Angier für den Wissenschaftsteil der *New York Times* verfaßt hat:

> Wie jeder weiß, der wirklich darunter zu leiden hat, kann ein Migräneanfall Schmerzen ohne Erbarmen und ohne Horizont mit sich bringen, Schmerzen, die so unerträglich sind, daß sie Beruf, Familie, das Denken, die Individualität zunichte machen. Aber bei aller galaktischer Kraft, mit der sie zuschlägt, ist die Migräne eine ganz gewöhnliche und alltägliche Krankheit, unter der etwa 12 Prozent der Bevölkerung leiden. Sie wird offenbar

> ebenso leicht von Eltern an ihre Sprößlinge weitergegeben wie schütteres Haar oder Kurzsichtigkeit: Man geht davon aus, daß bei drei Viertel aller Betroffenen die Anfälligkeit für die Krankheit ererbt ist.

Achten Sie auf den bildhaften Sprachgebrauch: »Schmerzen ohne Erbarmen und ohne Horizont«. Dieses »ohne Horizont« ist viel stärker, als es ein »ohne Ende« sein könnte. Auch die »galaktische Kraft« ist bemerkenswert, weil sie dem Leser auf eindrucksvolle und originelle Weise die Schwere des Leidens vermittelt. Gegensätze sind hilfreich. In einem Atemzug wird von der »galaktischen Kraft« und von einer »ganz gewöhnlichen und alltäglichen Krankheit« geredet. (»Alltäglich« hätte voll und ganz genügt. Siehe »Eins plus eins ist die Hälfte«, S. 294.) Statt dem Leser bloß eine »genetische Veranlagung« vorzusetzen, bietet Angier »schütteres Haar und Kurzsichtigkeit«. Sie hat hier eine journalistische Leistung vollbracht, die unsere Neugier auf einen nicht nur informellen, sondern auch literarisch gelungenen Text weckt.

Die folgende kurze Merkliste kann nützlich sein, zum Beispiel, wenn Sie unter Zeitdruck einen Artikelanfang entwerfen müssen:
Weckt der erste Satz Neugier und animiert so zum Weiterlesen?
Was *sieht* der Leser in diesem ersten Satz?
Haben Sie eine bestimmte Person in den Mittelpunkt gestellt?
Haben Sie uns eine bildliche Vorstellung von dieser Person geliefert?
Haben Sie die Person charakterisiert, indem Sie diese etwas tun oder sagen lassen?
Taucht irgendein überraschender oder ungewöhnlicher Aspekt auf, an dem sich die Aufmerksamkeit des Lesers entzündet?
Sehen wir uns einmal an, wie erfahrene Autoren von Dokumentarberichten, Zeitungsartikeln oder Büchern den Anfang eines Textes gestaltet haben.

> Andy Warhol, der Mann der Schuhe entwarf, ist tot, und die Leute, die seinen sterblichen Überresten die Ehre erweisen, kommen in abgetragenen weißen Turnschuhe.

Beachten Sie den bildhaften Vergleich. Ein Nachruf muß nicht langweilig sein. Den oben zitierten Satz hat Stuart Klawans für *Grand Street* geschrieben.

Auch Jay McInerney versteht es, einem Anfangssatz bildliche Kraft zu verleihen:

> Auch noch ein Jahr nach seinem Tod sehe ich Raymond Carver immer wieder vor mir, wie er von Menschen umringt ist, die sich zu ihm hin beugen und sich mit dem Anschein höchster Spannung dem Geschäft des Zuhörens hingeben.

Auch ein origineller Vergleich ist als Köder geeignet:

> Bei der Verleihung des Academy Award ist der Eingang zum Auditorium von vier riesigen Oscarstatuen flankiert, die, so scheint es mir jedenfalls, wie finstere Art-Deco-Nazis wirken.

Der Satz wäre noch besser, hätte der Autor das »so scheint es mir jedenfalls« weggelassen, aber auch so hat der überraschende Vergleich eine starke Wirkung. Er stammt aus einem Text, den Stanley Elkin für die Zeitschrift *Harper's* verfaßt hat. Und noch ein Beispiel:

> Während ich mich mit meinem Freund Kit Herman unterhalte, bemerke ich plötzlich einen kaum wahrnehmbaren Fleck auf seiner linken Gesichtshälfte.

So beschreibt Randy Shilts im *Esquire* einen Schönheitsfehler, der nichts Gutes ahnen läßt.

Der folgende Anfangssatz könnte eine abschreckende Wirkung haben:

> Der Arzt teilte mir mit, daß ich Prostatakrebs habe.

Aber Anatole Broyard war ein ebenso hervorragender wie kühner Autor, und so liest sich der erste Satz seines Essays »Von meiner Krankheit vergiftet« folgendermaßen:

> Das Leben eines Autors beinhaltet so viel selbst auferlegtes Leiden, rhetorisches Leiden, daß ich so etwas wie Erleichterung, ja, Euphorie empfand, als mir der Arzt mitteilte, daß ich Prostatakrebs habe.

Er hebt die harte Wahrheit durch einen Gegensatz, durch Resonanz und durch das Überraschungsmoment hervor. Im Tod Leben.

Kann man mit dem ersten Satz eine neue Einsicht vermitteln? Von Romanautoren sagt man, daß sie Wahrheiten hervorholen, die es ihnen ermöglichen, von innen heraus zu schreiben. Tut es einem Artikel gut, wenn er mit einem freimütigen Bekenntnis begonnen wird, beispielsweise mit etwas Persönlichem, das man sonst der Welt lieber verschweigen würde, das man wahrscheinlich für sich behalten würde, wenn man kein Schriftsteller wäre?

Oder könnte man auch ein vertrautes Ding in neuem Gewand präsentieren, wie es Stanley Elkin getan hat, als er die Oscarstatuen mit Art-Deco-Nazis verglich?

Wir wollen uns ein paar Anfangssätze aus Essays ansehen, die in die Geschichte der Literatur eingegangen sind:

> Heilige sollte man immer für schuldig halten, solange nicht ihre Unschuld erwiesen ist …

Dies ist nur die erste Hälfte des ersten Satzes aus George Orwells Aufsatz »Gedanken über Gandhi«. Es fällt uns normalerweise nicht ein, über Heilige zu urteilen. Und mit der unerwarteten Umkehrung des Grundsatzes »unschuldig, bis die Schuld erwiesen ist«, haben wir in einem halben Satz gleich zwei Elemente, an denen sich unsere Neugier entzündet.

Orwell ist zwar vor allem durch seine Romane *Farm der Tiere* und *1984* berühmt geworden, aber er war auch einer der größten Essayisten unseres Jahrhunderts. Die Lektüre seines Aufsatzes »Politik und die englische Sprache« sollte sich kein Journalist entgehen lassen, ob er sich gewöhnlich mit politischen Themen befaßt oder nicht.

Kann eine naturgeschichtliche Abhandlung den Leser vom ersten Satz an in ihren Bann ziehen? Sehen wir uns ein Beispiel von Loren Eiseley an:

> Seit langem schon bewundere ich den Tintenfisch.

Tintenfisch? Bewundern? Dieser einleitende Satz ist ebenso unerwartet wie amüsant. Man liest weiter, und genau das soll ja auch ein erster Satz bewirken.

Der Anfangssatz kann dazu dienen, effektvoll in ein Thema einzuführen. Nehmen wir zum Beispiel die folgende Einleitung von Robert Warshow aus der Zeitschrift *Encounter*:

> Die erfolgreichsten Schöpfungen des amerikanischen Films sind der Gangster und der Westernheld: Männer mit Pistolen.

Als Beispiel für die wirkungsvolle Gestaltung von Einleitungssätzen in der Sachliteratur habe ich den jeweils ersten Satz zweier Autobiografien von Schriftstellern ausgewählt, die ich gut kannte:

> Ein Autobiograf sieht sich mit vielen Problemen konfrontiert, und ich bin zuversichtlich, daß ich sie nicht gelöst habe.

> Ich sehe keinen Grund, warum sich der Leser für mein Privatleben interessieren sollte.

Beide Einleitungen warten mit einer subtilen Überraschung auf, indem sie das Gegenteil von dem tun, was wir erwarten. Beide erscheinen wie ein Dementi. Sie dienen der Vertuschung eines Mangels. Wir könnten beide als pseudo-offenherzig bezeichnen, was manchmal ebenso wirkungsvoll ist wie Offenherzigkeit. Beide sind als Bucheinstieg interessant und regen uns an, die Lektüre fortzusetzen.

Ersteres ist der Anfang von Sidney Hooks *Out of Step: An Unquiet Life in the 20th Century* (Aus dem Schritt. Ein ruheloses Leben im 20sten Jahrhundert). Das zweite Beispiel stammt aus Bertram D. Wolfes *A Life in Two Centuries* (Ein Leben in zwei Jahrhunderten), einem immerhin so bedeutenden Buch, daß es auf der Titelseite der Literaturbeilage der *New York Times* besprochen wurde.

Gehen wir nun von den jeweiligen Anfangssätzen längerer nichtfiktionaler Texte über zu den ersten Absätzen, und schauen wir uns an, wie diese den Leser animieren können, die Lektüre fortzusetzen.

> Allem Anschein nach hatte vor mir noch nie ein Schwarzer den Fuß in dieses winzige Schweizer Dörfchen gesetzt. Bevor ich dorthin fuhr, sagte man mir, daß ich für die Dörfler wahrscheinlich ein »komischer Anblick« sein würde. Ich deutete diese Bemerkung so, daß Menschen meiner Hautfarbe in der Schweiz selten zu sehen waren und daß Stadtmenschen außerhalb der Stadt im übrigen immer irgendwie einen »komischen Anblick« boten. Mir kam - vermutlich, weil ich Amerikaner bin - nicht in den Sinn, daß es irgendwo Menschen geben könnte, die noch nie einen Neger gesehen hatten.

Dieser einleitende Absatz stammt von einem damals noch unbekannten Autor namens James Baldwin. Der letzte Satz des zitierten Absatzes hätte auch als Köder ganz am Anfang stehen können, aber in diesem Fall hätte die Spannung im Laufe des Absatzes nachgelassen, anstatt sich zu steigern, was wesentlich effektiver ist.

Thema einer anderen Einleitung war Scribners Neuauflage von Peter Flemings erstem Roman, den er im Alter von nur vierundzwanzig Jahren im Anschluß an ein Abenteuer verfaßte. Eine nichtssagende Einleitung hätte so lauten können:

> Peter Fleming war erst vierundzwanzig, als er sein *Brasilianisches Abenteuer* erlebte und niederschrieb.

Und so liest sie sich tatsächlich:

> Kinder, diese energiegeladenen Derwische, sind zu sehr damit beschäftigt, sich mit der Welt zu messen, um die Bedeutung des Wortes Langeweile wirklich zu kennen; mit jedem zerbrechlichen Gegenstand wartet ein aufregendes Abenteuer auf sie. Erst wenn sie heranwachsen, schleicht sich die Langeweile, Zeit ohne Leben, in jeden Tag, der vergeht. Aber ein Heranwachsender mit scharfem Verstand und der Möglichkeit, sich eine Universitätsbildung anzueignen, muß vielleicht erst 24 oder älter werden, bevor das Leben seinen Glanz verliert. Genau so alt war Peter Fleming, als er 1932 auf eine Anzeige antwortete.

Die im letzten Satz enthaltene Information würde normalerweise im ersten Satz auftauchen. Sie wurde aus zwei Gründen an den Schluß des Absatzes gestellt. Zum einen sollte sie den Leser in

den nächsten Absatz hineinlocken. Zum anderen – und wichtiger noch – sollte damit der Erzählton eingeführt werden.
Wenn ich ein Sachbuch zum erstenmal durchlese, stelle ich manchmal fest, daß sich irgendwo an anderer Stelle eine als Vorspann geeignete Passage verbirgt. An den Anfang gestellt, kann sie eine weniger packende Einleitung ersetzen und dafür sorgen, daß der Leser animiert wird, sich das ganze Werk zu Gemüte zu führen.

Der Arzt Thomas Henry Huxley wurde im neunzehnten Jahrhundert aufgrund seiner allgemeinverständlichen Darstellung von Darwins Ideen und anderer wissenschaftlicher Theorien seiner Zeit bekannt. Allgemeinverständlich? Versuchen Sie sich, wenn es Ihnen gelingt, an der folgenden Passage, die seinen berühmten Aufsatz »Die Methode der wissenschaftlichen Forschung« einleitet:

> Die Methode der wissenschaftlichen Forschung ist nichts anderes als der Ausdruck der notwendigen Funktionsweise des menschlichen Verstandes. Es ist einfach die Art und Weise, in der alle Erscheinungen in Frage gestellt, präzisiert und verifiziert werden. Zwischen der geistigen Tätigkeit eines Wissenschaftlers und der eines gewöhnlichen Menschen besteht kein größerer Unterschied, sondern ganz und gar derselbe Unterschied wie zwischen den Handgriffen und Arbeitsweisen eines Bäckers oder Metzgers, der seine Waren auf einer handelsüblichen Waage auswiegt, und der Vorgehensweise eines Chemikers, der mit Hilfe seiner Waage und fein austarierter Gewichte eine schwierige und komplexe Analyse durchführt. Es ist nicht so, daß der Zeiger der Waage in dem einen und die Balanceanzeige der Waagschalen im anderen Fall in ihrem Konstruktionsprinzip oder ihrer Funktionsweise voneinander abweichen, sondern der Gewichtsanzeiger der einen ist auf eine unendlich viel feinere Achse eingestellt als der andere und reagiert natürlich auf eine viel geringere Gewichtszugabe.

Huxleys Aufsatz wird, ob Sie es glauben oder nicht, in manchen Lehrbüchern des zwanzigsten Jahrhunderts als Musterbeispiel angeführt. Er ist, gelinde gesagt, kein Muster an Klarheit, und ganz gewiß ist er nicht interessant zu lesen. Sehen wir uns einmal an, wie ein anderer Autor mit demselben Thema verfahren ist:

> Die wissenschaftliche Forschung ist eine präzise und doch allgemein verbreitete Weise, Informationen zu überprüfen. Wenn ein Bäcker oder Metzger seine Waren auswiegt, leistet er dieselbe Denkarbeit wie ein Chemiker, der mit Hilfe fein abgestufter Gewichte eine schwierige und komplexe Analyse durchführt.

Die überarbeitete Version kommt mit einem knappen Viertel der Worte des ursprünglichen Texts aus und bringt dennoch dessen Sinn deutlich zum Ausdruck. Es geht hier nicht um die knappere Formulierung, sondern darum, daß Huxleys Text durch Abstraktionen aufgebläht und langweilig zu lesen ist. Huxley mag seine Aufgabe als Wissenschaftler erfüllt haben, aber als Autor hat er versagt. Ich wage jedenfalls zu behaupten, daß jeder, der dieses Kapitel aufmerksam gelesen hat, in der Lage ist, eine Einleitung zustande zu bringen, die wesentlich interessanter ist als der Text von Thomas Huxley.

Und damit komme ich zu einem wichtigen Punkt. Die Kunst des Schreibens ist mindestens ebenso komplex wie die wissenschaftliche Arbeit. Unter meinen Studenten ist ein Flugzeugkonstrukteur und ein Geburtshelfer, und beide würden mit Sicherheit sagen, daß zum professionellen Schreiben ebensoviel Können und Geschick gehört wie zur Ausübung ihres Berufs. Niemand würde haben wollen, daß ein Laie in den Operationssaal marschiert und eine Entbindung leitet. Ebensowenig würden wir es gutheißen, wenn das nächste Flugzeug, das wir besteigen, von einem Laien konstruiert wäre. Aber schreiben? Kann das nicht jeder?

3
Willkommen im zwanzigsten Jahrhundert

Stellen Sie sich folgendes vor: Sie befinden sich in einem vollbesetzten Theater. Der Vorhang hebt sich. Das Bühnenbild steht, aber es sind keine Schauspieler zu sehen. Sie hören hinter der Bühne jemanden sprechen, können allerdings die Worte nicht verstehen. Dem Klang der Stimmen nach zu urteilen, tun die Schauspieler irgend etwas. Aber was? Alles spielt sich hinter den Kulissen ab.

Das Publikum wird unruhig. Die Zuschauer wollen, daß die Schauspieler auf der Bühne erscheinen, damit man sie sieht. Das Publikum unserer Tage verlangt nach dem, was wir als das »authentische Erlebnis« bezeichnen, nach Szenen, die sich vor unseren Augen abspielen.

Die Romane und Erzählungen des neunzehnten Jahrhunderts waren voll von solchen – zeitgenössischen oder historischen – Ereignissen hinter den Kulissen, über die im allgemeinen in Form einer Zusammenfassung berichtet wurde. Der heutige Leser empfindet solche narrativen Zusammenfassungen nicht so direkt und spannungsreich wie etwas unmittelbar Erlebtes. Mit gutem Grund. Selbst in weniger technologisierten Gesellschaften ist ein hoher Prozentsatz der in der ersten Hälfte unseres Jahrhunderts geborenen Menschen mit dem Phänomen der bewegten Bilder vertraut, das die Welt der Unterhaltung auch für Analphabeten nachhaltig verändert hat. Um die Mitte des Jahrhunderts hielt mit dem Fernsehen ein visuelles Medium Einzug in unseren Wohnzimmern. Fernseh- und Kinofilme sind von unmittelbaren Handlungsabläufen geprägt, die sich vor unseren Augen abspielen, die wir aus erster Hand miterleben.

Das hat sich viel stärker auf die erzählende Literatur ausgewirkt, als uns vielleicht bewußt ist. Die Rezipienten des zwanzigsten Jahrhunderts wollen das, was sie lesen, auch sehen. Wer sich eingehender mit der Literatur des zwanzigsten Jahrhunderts befaßt, wird feststellen, daß die narrative Zusammenfassung darin fast vollständig durch direkte Handlung verdrängt worden ist. Auch die Beschreibung von Interieurs oder Landschaften, das Innehalten im Erzählfluß, das den ungeduldigen Leser unserer Zeit veranlaßt, ganze Textpassagen zu überspringen, ist in den Hintergrund getreten.

* * *

Für den Sachbuchautor kann es ebenfalls von Nutzen sein, den Unterschied zwischen den drei Hauptkomponenten der erzählenden Literatur – Beschreibung, narrative Zusammenfassung und Handlung – zu erfassen. Wenn er es sich zur Gewohnheit macht, unmittelbare Handlungen einzuflechten, wo immer es möglich ist, wird er sehr bald eine positive Veränderung in der Rezeption seiner Arbeit feststellen. Sachbuchautoren sollten sehr genau auf die drei Formen der erzählenden Literatur – die ich gleich noch einmal definieren werde – achten, denn die darin angewandten Prinzipien gelten für ihre Arbeit gleichermaßen.

Mit der **Beschreibung** wird eine Figur oder eine Örtlichkeit veranschaulichend dargestellt. Das englische Wort »depiction« ist vom lateinischen *pingere* abgeleitet, was soviel heißt wie »abbilden« oder »ein optisches Bild gestalten«.

Die **narrative Zusammenfassung** gibt wieder, was hinter den Kulissen, außer Sicht- und Hörweite des Lesers geschieht, eine Szene, die nicht gezeigt, sondern von der berichtet wird.

Eine **unmittelbare Handlung** spielt sich vor den Augen des Lesers ab, sie ist sichtbar und daher mit der Filmkamera erfaßbar. Dies ist ein wichtiges Kriterium zur Überprüfung. Wenn eine Szene nicht gefilmt werden kann, ist sie nicht unmittelbar. Das Theater, diese wahrhaft beständige Kunst, lebt fast ausschließlich von der unmittelbaren Handlung.

So wie sich jede Form des Schreibens, das eine vergnügliche Lektüre vermitteln möchte, von der Abstraktion entfernt, profitiert das freudvolle Schreiben stets davon, wenn so viel wie möglich vor dem Auge entsteht, ein Geschehen auf der Bühne, nicht hinter derselben.

John Cheever versteht es meisterhaft, sich der Beschreibung so zu bedienen, daß sie mehr als nur eine beschreibende Wirkung hat. Sehen wir uns den ersten Absatz seines Romans *Die Bürger von Bullet Park* an. Darin wird eine Bahnstation so beschrieben, daß man gleichzeitig etwas über den Gemütszustand erfährt, in dem sich der Erzähler am Anfang der Geschichte befindet:

> Dann mal mir einen kleinen Bahnhof, zehn Minuten vor Einbruch der Dunkelheit. Hinter dem Bahnsteig spiegelt sich auf der Wasseroberfläche des Wekonsett River ein melancholisches Abendrot. Der Bahnhof ist ein eigenartig formloses Gebäude, düster, aber nicht feierlich, und er erinnert vor allem an eine Laube, ein Cottage oder ein Ferienhaus, obwohl hier ein Klima mit strengem Winter herrscht. Die Lampen auf dem Bahnsteig brennen mit einer fast greifbaren Traurigkeit. Die Szenerie scheint irgendwie den Kern der Sache zu treffen. Wir unternehmen unsere Reisen immer häufiger mit dem Flugzeug, und doch ist unser Land im Geiste offenbar ein Land der Eisenbahnen geblieben. Man wacht um drei Uhr nachmittags in der Koje eines Schlafwagens in einer Stadt auf, deren Namen man nicht kennt und vielleicht nie erfahren wird …

Cheevers Beschreibung hat nichts Statisches. Sie ist Teil des Erzählens, und genau das ist das Geheimnis der Beschreibung, wie sie von den Könnern unter den Schriftstellern angewandt wird: Sie hat mehr als nur eine Funktion. In seinem Roman *Das Ende einer Affäre* benutzt Graham Greene beispielsweise die Beschreibung eines Zimmers, um die Person zu charakterisieren, der das Zimmer gehört:

> Dieses Zimmer hatte ich noch nie gesehen; ich war stets nur Sarahs Freund gewesen, und als ich Henry kennenlernte, geschah es in ihrem Bereich, in dem Wohnzimmer mit der bunt zusammengewürfelten Einrichtung, von der nicht zwei Stücke zusammenpaßten, demselben Stil angehörten oder planvoll auf-

> gestellt waren, wo alles dem jeweiligen Augenblick anzugehören schien, weil niemals ein Erinnerungszeichen eines vergangenen Geschmacks, eines überlebten Gefühls zurückbleiben durfte. Dort machte die Einrichtung den Eindruck, daß sie benützt wurde, während ich jetzt in Henrys Arbeitszimmer das Empfinden hatte, daß es nie wirklich bewohnt worden war. Ich zweifelte, ob er Gibbons »Römische Geschichte« je aufgeschlagen hatte, und die Gesamtausgabe von Scotts Werken stand wohl nur deshalb da, weil sie – gleich der Bronzekopie des Diskuswerfers – vermutlich aus dem Besitz seines Vaters stammte. Und doch war er in seinem kaum benutzten Zimmer glücklicher, einfach deshalb, weil es sein Eigentum war. Voll Bitterkeit und Neid dachte ich: Wenn man etwas sicher in seinem Besitz weiß, dann braucht man es nie zu benützen.

Die narrative Zusammenfassung kann, sofern sie gut und knapp geschrieben ist, den Leser von einer unmittelbaren Handlung in die nächste versetzen, obwohl dies nicht unbedingt der Fall sein muß. Romanautoren und Journalisten haben neuerdings die Technik des harten Schnitts vom Film übernommen, indem sie ohne eine Überleitung, wie Zeitverschiebung oder Ortswechsel, von einer Szene zur nächsten springen. Wenn eine Verbindung der Szenen erforderlich ist, kann diese in Form einer kurzen narrativen Zusammenfassung erreicht werden. Wie kurz darf sie sein?

> Martin drehte den Schlüssel zweimal im Schloß und ging zur Arbeit. Im Büro ...

Im ersten Teil des Satzes sehen wir vor uns, wie Martin seine Wohnungstür abschließt. Dies ist eine unmittelbare Handlung. »Ging zur Arbeit« ist eine narrative Zusammenfassung. Mit nur drei Worten werden wir von einer Szene in die nächste geführt. Die narrative Zusammenfassung kann, sofern sie kurz gehalten ist, dazu dienen, eine unmittelbare Handlung vorzubereiten:

> Ich liege auf der vertrauten Couch und lausche den Atemzügen Doktor Kochs, der darauf wartet, daß ich weiterrede. Ich hatte ihm von dem beschissenen Wochenende erzählt, von Bill und Thomassy. Ich will nicht mehr reden, weder mit ihm noch mit sonst jemandem. Schließlich sage ich ihm, daß ich die Nase voll

> habe, daß ich keine Therapie mehr will, daß ich zurück will ins Leben.
> »Man hört nicht auf zu leben«, entgegnet er, »wenn man sich die Zeit nimmt, innezuhalten und nachzudenken.«

Wir können uns den Erzähler vorstellen, wie er auf der Couch des Psychiaters liegt und den Atemzügen des Arztes lauscht. In dem Augenblick, in dem der Arzt spricht, befinden wir uns wieder mitten in der Handlung.

Wenn uns ein Autor erzählt, daß Herman an einer Kneipentheke saß und »eine Tasse Kaffee nach der anderen trank, während er auf Jill wartete«, ist das eine narrative Zusammenfassung. Der Leser sieht diese vielen Tassen nicht vor sich. Die Zusammenfassung einer sich wiederholenden Handlung läßt kein deutlich umrissenes Bild entstehen. Aber der Schaden ist leicht zu beheben:

> Während Herman den letzten Schluck seines Kaffees schlürfte, blickte er auf und sah, daß der Kellner am Tresen schon die Kanne bereithielt, um seine Tasse neu aufzufüllen. Als kein Dampf mehr aus der Tasse aufstieg, nippte er wieder daran. Aber als der Kellner sich ihm zum dritten Mal näherte, schüttelte Herman den Kopf und erhob sich von dem Barhocker. Er kramte in der Tasche nach Geldscheinen und knallte zwei Einer auf den Tresen. Jill konnte ihm gestohlen bleiben.

Das bißchen Handlung reicht, damit sich der Autor seinen Lesern nicht mit einer Zusammenfassung aufdrängen muß. Der Leser kann ohne weiteres nachempfinden, wie sich Herman fühlt, als man ihn warten läßt.

Wir hören von Verlegern oft, daß Romanmanuskripte darum abgelehnt werden, weil sie zu viele statische Beschreibungen und narrative Zusammenfassungen enthalten. Selbst eine erfahrene und erfolgreiche Autorin wie P. D. James kann ihre Leser mit ausufernden und für den Fluß der Geschichte abträglichen Beschreibungen auf eine harte Geduldsprobe stellen:

> Da ist die Hartnäckigkeit, mit der P. D. James darauf beharrt, alles akribisch zu beschreiben. ... Ihre szenischen Entwürfe

> dienen nur zu oft keinem anderen Zweck als dem, eine undurchdringliche Atmosphäre zu schaffen. Beispielsweise wird der Schauplatz eines Mittagessens, das Dalgliesh mit einem Freund einnimmt, über Seiten hinweg liebevoll bis ins kleinste Detail beschrieben. ... Aber die Geschichte kommt nie wieder darauf zurück. ... Keine Figur kann einen Raum betreten, ohne sich in dessen Mobiliar zu verlieren. Dadurch geht der Handlung jegliches Tempo verloren.

Diese öffentliche Schelte stammt vom Feuilletonchef der *New York Times*, Christopher Lehmann-Haupt, in einer Rezension ihres 1995 erschienenen Romans *Wer sein Haus auf Sünden baut*. Wenn schon einer erfahrenen Schriftstellerin wie P. D. James solche Ausrutscher passieren können, warum sich aufs Glatteis begeben? Ich rate den Autoren, denen an einer Veröffentlichung ihrer Manuskripte gelegen ist, immer, bei Beschreibungen äußerste Zurückhaltung zu üben und dabei vor allem nicht den Fluß der Geschichte zu unterbrechen. Sie sind ein Erzähler, kein Innenarchitekt.

Obwohl die Leser heute nach der unmittelbaren Handlung als der primären Quelle des Erlebens verlangen, werden Verleger nur allzu oft mit Manuskripten konfrontiert, die eine solche Fülle an narrativen Zusammenfassungen enthalten, daß man meinen könnte, sie wären für die Leser des neunzehnten Jahrhunderts geschrieben. Diese Autoren müssen sich vorhalten lassen, daß sie für eine Leserschaft schreiben, die längst gestorben ist. Der Leser von heute möchte die Figuren auf der Bühne agieren sehen.

Das heißt nicht, daß wir keinen Gefallen an den Werken vergangener Jahrhunderte finden könnten. Ganz und gar nicht. Aber als Kinder unserer Zeit empfinden wir das Tempo früherer literarischer Werke oft als behäbig, die Beschreibungen als langatmig und den Bericht über die Ereignisse hinter den Kulissen als nicht so spannend wie Szenen, die sich vor unseren Augen abspielen. Ein Autor, der den Schriftstellern des neunzehnten Jahrhunderts nacheifert, verringert seine Aussichten auf Veröffentlichung erheblich.

Ich will nun hier keine Lanze für das brechen, was man gemeinhin Action nennt, wie sie in den Unterhaltungsmedien bis zum Überdruß vorgeführt wird. In der erzählenden Literatur wird die Spannung durch das erzeugt, was die Figuren tun und sagen. Hemingway hat das einmal treffend ausgedrückt: »Wir dürfen Bewegung nie mit Action verwechseln.« Ein Streitgespräch ist Action. Ein verbaler Schlagabtausch kann den Leser emotional stärker packen als ein Schwertduell. Wenn Romanfiguren reden, sehen wir sie dabei vor uns, und darum ist der Dialog stets eine unmittelbare Handlung. Theaterstücke bestehen aus unmittelbaren Handlungen. Mit Filmen und neuerdings auch den meisten Romanen verhält es sich nicht anders. Um den Leser zu fesseln, muß ihn der Autor kontinuierlich in das Geschehen einbeziehen. Eine Geschichte ist dann besonders gut gelungen, wenn wir an keiner Stelle aus dem Leseerlebnis herausgerissen werden. Vermutlich reagiere ich aufgrund meiner jahrelangen Erfahrung als Theaterautor besonders empfindlich auf solche Schwachstellen, die das Leseerlebnis unterbrechen. Im Theater registrieren wir es sofort, wenn die Aufmerksamkeit der Zuschauer nachläßt. Theaterbesucher, die auch nur für einen Augenblick aus dem Erleben herausgerissen werden, fangen an zu husten und in den Sitzen herumzuzappeln. Ein Buchautor kann die Reaktion seiner Leser nicht sehen oder hören. Wir müssen uns angewöhnen, jede Unterbrechung des Leseerlebnisses auf Anhieb zu erkennen und auszumerzen. Statische Beschreibungen unterbrechen den Erzählfluß. Dieselbe hemmende Wirkung entsteht, wenn über Ereignisse, die sich zwischen den Szenen hinter den Kulissen oder anderswo abspielen, in einer narrativen Zusammenfassung berichtet wird. Im Idealfall wird das Erlebnis des Lesers nicht einmal für ein paar Sekunden unterbrochen. Womit ich zu einem Fehler komme, der bei unerfahrenen Autoren ziemlich verbreitet ist. Sie entwerfen eine Szene, die der Leser miterleben kann, fühlen sich aber verpflichtet, zusätzliche Informationen zu liefern. Anstatt nun nach einem Weg zu suchen, diese Informationen wie selbstverständlich aus den handelnden Figuren heraus zu vermitteln, geben sie nüchterne Erklärungen dazu ab. Die Szene wird durch die Stimme des Autors unterbrochen.

Wenn ich vor einem Autorenpublikum spreche, halte ich manchmal eine große Glasscheibe hoch. Ich fordere die Zuhörer auf, sich vorzustellen, daß diese Glasscheibe zwischen dem Autor und seinen Lesern steht. Das ganze Erleben der Leser findet auf der anderen Seite der Scheibe statt. Wenn sie die Stimme des Autors auch nur ein paar Zeilen lang vernehmen, werden sie aus ihrem Erlebnis herausgerissen. Eine Information, die nicht von einer Figur der Geschichte, sondern vom Autor selbst zu kommen scheint, ist ein Eindringling von der anderen Seite der Glasscheibe. Der Autor fungiert als Regisseur dessen, was auf der anderen Seite der Glasscheibe passiert. Er ist nicht einer der Akteure.

Wenn Sie also Ihre Chancen auf Veröffentlichung mehren wollen, bringen Sie Ihre Geschichte auf die Bühne und halten Sie sich selbst im Verborgenen.

II
Fiktionale Literatur

4
Wetteifern mit Gott: Die Erschaffung faszinierender Menschen

Denken Sie an Ihre Lieblingsromane. Erinnern Sie sich an eine Figur, mit der Sie Seite um Seite gelebt und sich dabei vielleicht gewünscht haben, das Buch würde niemals enden? Was ist Ihnen am deutlichsten im Gedächtnis geblieben, die Figuren oder die Handlung?

Und nun denken Sie an die Filme, die Sie am meisten beeindruckt haben. Erinnern Sie sich an die Schauspieler oder an die Geschichte?

Es gibt ein Buch mit dem Titel *Characters Make Your Story* (Die Figuren machen die Geschichte). Sie müssen dieses Buch nicht lesen, weil der Titel bereits alles sagt: Eine Geschichte entsteht durch die handelnden Figuren. Wenn die Personen lebendig werden, ergibt sich aus dem, was sie tun, die Geschichte.

Der Verfasser eines literarischen oder belletristischen Werkes beginnt seine Arbeit an einem Buch meist damit, daß er sich eine Figur ausdenkt. Dasselbe trifft auf die Verfasser der populären Kriminalgeschichten zu, in deren Mittelpunkt eine bestimmte Figur steht: Sherlock Holmes, Miss Marple, Hercule Poirot, Kinsey Millhone. Es sind die Hauptpersonen, die als erstes unser Interesse auf sich ziehen und die uns am deutlichsten in Erinnerung bleiben. Die Handlung der einzelnen Bücher wird von bestimmten Episoden in ihrem Leben gebildet.

Einige Autoren der schnellebigen Unterhaltungsliteratur stellen eine bestimmte Figur an den Anfang ihrer Arbeit, aber die Mehrzahl derer, die in einer literarischen Kategorie schreiben (Abenteuer-, Agenten-, Western-, Science-fiction-, Liebesromane) denken sich zuerst eine Handlung aus und beleben sie dann mit Charakteren. Aus dieser Methode ergibt sich gewöhnlich ein kommerzielles Machwerk, und manche Autoren haben es darin inzwischen zu solchem Geschick gebracht, daß sie Millionen verdienen mit Geschichten, die auch ihre begeistertsten Leser als »an den Haaren herbeigezogen« bezeichnen müßten.

Andere Schriftsteller stehen unter dem Zwang, von einem Thema auszugehen, das sie nicht losläßt. Sie erfinden Personen, in deren Leben dieses Thema eine Rolle spielt, oder sie arbeiten zuerst eine Handlung aus. Wenn sie sich dem Entwurf von Figuren verpflichten, hat ihre themenorientierte Geschichte eine bessere Überlebenschance.

Was waren in all den Jahren, in denen ich als Lektor und Herausgeber gearbeitet habe, meine Erwartungen, wenn ich in meinem Büro ein Manuskript zur Hand nahm? Ich wollte mich verlieben, ich wollte mich so schnell wie möglich in das Leben einer Figur hineinversetzen lassen, die so interessant war, daß ich es nicht ertragen konnte, das Manuskript über Nacht in der Schreibtischschublade verschwinden zu lassen. Vielmehr nahm ich es mit nach Hause, wo ich die Lektüre fortsetzte.

Wir wissen, wie es mit der Liebe ist: Wir denken in unmöglichen Momenten an die betreffende Person, wir wollen wissen, wo sie ist, was sie tut, wir wirken ein bißchen verrückt auf den Rest der Welt. Genau so geht es mir, wenn ich mich in die Figur eines Buches verliebe.

Ich bin überzeugt, daß *wir die Insassen eines Autos kennen müssen, bevor wir den Autounfall sehen* – soviel hat mich meine Erfahrung gelehrt. Das Geschehen in einem Roman spricht unsere Gefühle erst dann wirklich an, wenn wir die handelnden Personen kennen. In manchen Büchern ereignen sich Katastrophen, die mich kein bißchen berühren. Die Figuren darin erscheinen als Stereotypen mit einem bestimmten Namen. Warum sollte es mich interessieren, ob ihr Wohlergehen gefährdet ist, wenn sie nicht lebendig sind?

Überprüfen wir einmal die Behauptung, daß die handelnden Personen an erster Stelle stehen:

> Harry sprang von der Brooklyn Bridge.

Die typische Reaktion hierauf ist ein »Na und?« Wer ist Harry? Angenommen, wir fügen ein einziges Wort hinzu, den Nachnamen eines Menschen, den man kennt, eines beliebten Sängers oder Filmstars. Verändert sich Ihre Reaktion auf den Satz, nur weil ein Nachname hinzugefügt wurde?

> Harry Belafonte sprang von der Brooklyn Bridge.

Plötzlich hat der Satz eine Bedeutung. Jeder, der den Sänger Harry Belafonte kennt, kann sich ein Bild von der Figur machen. Warum ist der Mann gesprungen? Ohne weitere Charakterisierung außer dem Namen und nur, weil es jemand ist, den wir kennen, nehmen wir plötzlich Anteil. Natürlich hat dieses Beispiel nichts mit dem echten Harry Belafonte zu tun, dessen Namen wir für diese Demonstration ausgeliehen haben.

Erfolgreiche Thrillerautoren greifen nicht selten zu dem Trick, eine reale Person, beispielsweise einen hohen Staatsmann, in ihren Geschichten auftreten zu lassen. So verfuhr beispielsweise Jack Higgins in dem Roman *Der Adler ist entkommen*, der ihm zum Durchbruch verhalf und in dem Winston Churchill in einer kurzen Szene in Erscheinung tritt. Wenn ein Autor sich dieser Technik bedient, macht er nicht den Versuch, die berühmte Person ausführlich zu charakterisieren. Ein kleiner Gedächtnisanstoß genügt vollkommen. Sehen wir uns an, was in der folgenden Textpassage vorgeht:

> Harry Truman war nicht der Mann, der sich von Vorschriften beherrschen ließ. Während seiner Amtszeit als Präsident pflegte er allmorgendlich einen ausgedehnten Spaziergang zu einem Ziel seiner Wahl zu machen, im Schlepptau stets ein paar Geheimdienstbeamte, die manchmal Mühe hatten, mit ihm Schritt zu halten. Nur wenige Menschen wissen, daß er einmal während eines Besuches in New York entgegen dem Rat seiner Geheimdiensteskorte – er hörte nie auf sie – beschloß, über die

> Brooklyn Bridge zu schlendern. In der Mitte der Brücke erblickte er einen anderen morgendlichen Spaziergänger, einen alten Mann, der seinen Hut fast bis zu den Augen ins Gesicht geschoben hatte und im Begriff war, sich auf das Geländer hochzuziehen. Truman, der von allen Präsidenten des vergangenen halben Jahrhunderts die größte öffentliche Bewunderung genoß, erkannte augenblicklich, daß der alte Mann nichts anderes im Sinn haben konnte, als zu springen.

Das Verhalten des Mannes, der im Begriff ist, von der Brücke zu springen, interessiert uns, weil wir den Beobachter kennen. Was wird Harry Truman tun? Der Motor der Geschichte ist angekurbelt. Unsere Neugier ist geweckt. Wir wollen mehr erfahren.

Wenn uns ein Nachbar Tratsch über Menschen zuträgt, die wir kennen, reagieren wir mit einem Gefühl prickelnder Neugier, manchmal auch mit Anteilnahme. Der Schriftsteller darf sich nicht auf ein »Manchmal« verlassen. Seine Charaktere müssen so angelegt sein, daß sie bei den unterschiedlichsten Lesern eine Gefühlsreaktion hervorrufen. Wie stellt er das an? Er erlernt die Kunst der Charakterbeschreibung, der er durch Details Tiefe verleiht, so daß eine Figur entsteht, die uns am Ende vielleicht so vertraut ist wie sonst nur der allerbeste Freund.

Gehen wir aber Schritt für Schritt vor. Wie charakterisiert der Autor eine Figur mit einfachen Mitteln?

Im wirklichen Leben ist unser Handeln von Trägheit geprägt. Wir sagen das, was uns als erstes in den Sinn kommt. Nehmen wir einen Kartenverkäufer im Kino. Ein Strom von Menschen zieht an ihm vorüber. Er kann sich nur ein rasches, verallgemeinerndes Bild machen. Dieser Mann ist groß, jene Frau ist mager. Wie geht ein Schriftsteller mit solchen Informationen um?

> Frank ist so groß, daß er den Raum betrat, als erwartete er, gegen den Türrahmen zu stoßen; er wirkt wie ein Mensch mit chronisch steifem Nacken.

Der Mann ist nicht einfach nur groß, seine Größe wird *durch eine Handlung* deutlich gemacht. Und die magere Frau? Wie teilt der Schriftsteller diese Information mit?

> Sie posierte sich immer seitwärts, damit jeder sehen konnte, wie dünn sie war.

Auch hier wird nicht einfach nur beschrieben, sondern die Charakterisierung geschieht *durch eine Handlung*. Wir unterscheiden die einzelnen Charaktere anhand ihrer Handlungen und Worte, nicht dadurch, daß uns der Autor etwas über sie mitteilt. Halten Sie nie im Erzählfluß inne, um eine Figur zu charakterisieren. Hüten Sie sich davor, Ihren Lesern zu sagen, wie eine bestimmte Figur ist. Die Leser müssen sehen, wie Ihre Figuren etwas sagen oder tun.

Sehen wir uns anhand einiger Beispiele an, wie die Autorin Nanci Kincaid in ihrem ersten vielversprechenden Roman *Am anderen Ende der Straße* Personen charakterisiert:

> Einmal spähten wir durchs Fenster in Patricias Zimmer und sahen sie im Unterrock stehen ... Zuerst hielt sie einen Spiegel in der Hand und bürstete sich die Wimpern. Dann nahm sie aus heiterem Himmel einen Lippenstift, malte sich an und küßte den Spiegel. Küßte ihn. Sie drückte ihm kleine Kußmünder auf und betrachtete sie ganz eingehend, studierte sie. Sie war mit tödlichem Ernst bei der Sache. Jimmy wurde böse. Er wollte nicht, daß wir weiter zusahen und scheuchte uns von den Mülltonnen herunter. Er schlug auf Donald ein, damit wir anderen aufhörten, über Patricia zu lachen.

Als nächstes führt die Autorin eine Figur namens Skippy ein. Kincaid erklärt uns nicht, daß Skippy mutig ist; der Leser erlebt Skippys Tapferkeit in der Handlung:

> Skippy kann eine Schlange so blitzschnell hochheben wie eine Katze. Oft läßt er eine an seinem Nacken und am Arm hinuntergleiten, eine schwarze Schlange, bis Roy und ich nur vom Zusehen schier wahnsinnig werden. Mehr als einmal hat er Roy und mir erlaubt, eine in die Hand zu nehmen, was wir auch getan haben, aber uns blieb dabei buchstäblich die Luft im Halse stecken.

Eine andere Technik der Charakterbeschreibung ist die Übertreibung:

> Laverne wog ohne Kleider zwei Tonnen.

Niemand glaubt auch nur eine Sekunde lang, daß Laverne viertausend Pfund wog. Irgend etwas »wiegt tausend Tonnen«, das ist im Leben schnell dahingesagt. Wir übertreiben permanent. Es ist eine einfache und oftmals wirkungsvolle Methode der Verständigung.

Der Vergleich mit einer bekannten Größe oder Eigenschaft ist manchmal eine hilfreiche Form der Übertreibung:

> Archie war so groß wie Wilt Chamberlain.
>
> Bruce wirbelte mich über die Tanzfläche. Mit geschlossenen Augen hätte ich ihn für Fred Astaire halten können.

Übertreibung kann besonders dann angebracht sein, wenn es um Kinder geht. Lassen wir noch einmal Nanci Kincaid zu Wort kommen:

> Aber das Schlimmste an George, schlimmer als sein häßlicher Mund voller Zahnlücken und abgefaulter Stummel, schlimmer als seine Flöhe und Schwären, war die Tatsache, daß ihm ein Augapfel fehlte. Er hatte eine leere Höhle im Kopf. Man konnte mit dem Finger hineinbohren, und er zuckte noch nicht einmal.

Ein Laie würde, wenn jemand für sein Zuspätkommen getadelt werden soll, vielleicht schreiben: »Ich habe lange auf dich gewartet.« Damit wäre weder der Sprecher noch der Zuspätkommende charakterisiert. »Ich habe eine Ewigkeit auf dich gewartet« ist zwar eine Übertreibung – aber auch ein Klischee. Der Satz trägt nichts zur Charakterbeschreibung bei. Am folgenden Beispiel sehen wir, wie die Schriftstellerin Rita Mae Brown dieselbe Aussage in ihrem Roman *Herzgetümmel* ausgedrückt hat:

> »Menschenskind, meine Fingernägel wachsen zwei volle Zentimeter, so lange wie ich hier auf dich warte.«

In meinem Roman *Um Leib und Leben* mußte ich eine Figur einführen, die später eine wichtige Rolle spielen sollte, einen knallharten Anwalt namens Bert Rivers, der klein und kahlköpfig ist. Hätte ich ihn als klein und kahlköpfig beschrieben, so wäre dies die Beschreibung eines Kinokartenverkäufers gewesen. In Begleitung seines eigenen Anwalts Dino begegnet Nick Manucci dem Anwalt seines Kontrahenten zum ersten Mal und kommentiert die Begegnung so:

> »Dieser Verleiher hat einen Anwalt, der so klein ist, daß man ihn nicht sehen könnte, wenn er hinter einem Schreibtisch säße. Und er ist so kahl wie Yul Brynner. Aber wenn er dir die Hand schüttelt, weißt du, daß der Kerl einen Apfel zu Saft quetschen könnte. Jedesmal, wenn Dino den Mund aufmacht, pinkelt dieser Anwalt hinein.«

Hier spricht nicht der Autor, sondern eine der handelnden Figuren, und damit wird die Übertreibung akzeptabel. Sie sagt zugleich etwas über den Sprechenden aus.
Kann man mehr als eine Person in ein und demselben Atemzug charakterisieren? Selbstverständlich geht das. Man charakterisiert den Sprecher ebenso wie die Person, über die etwas gesagt wird. Ein Anfänger, der das zu Papier bringt, was ihm als erstes in den Sinn kommt, würde vielleicht schreiben: »Mein Vater ist ein aufgeblasener Richter.« So wird dem Leser etwas mitgeteilt, nicht aber vor Augen geführt. Und so wurde derselbe Sachverhalt in *Um Leib und Leben* durch die Stimme einer Figur namens Jane Riller vermittelt:

> Mein Vater lebt noch, allerdings immer weniger. Richter James Charles Endicott Jackson, der seinen vollen Namen seine »amtliche Bezeichnung« nannte, dieser große, hagere, hohlwangige Mann, der eine wahre Religion aus dem Gesetz gemacht hatte, wie er es an jedem Abend meines jungen Lebens vom Kopfende unseres Eßtischs aus predigte.

Eine Romanfigur würde kaum sagen: »Meine Mutter gab meinem Vater gegenüber stets nach.« Das ist eine Mitteilung an den Leser. In Jane Rillers Worten klingt es so:

> Als sie am Busbahnhof neben ihrem Wagen standen, dachte ich einen Augenblick lang, meine Mutter würde sich immerhin lange genug von der Seite des Richters losreißen, um zu mir zu

> kommen und ein paar Worte mehr als nur auf Wiedersehen zu sagen. Aber was ich sah, war nur der Wind, der ihr Kleid aufbauschte, keine Bewegung ihres Körpers. Ich bewunderte sie so, wie man eine dieser Siedlerfrauen bewundern würde, die ein heute nicht mehr denkbares Leben geführt haben. Was für großartige Schauspielerinnen die Frauen aus den gesellschaftlichen Kreisen meiner Mutter doch im Stillen waren; um die zerbrechliche Unschuld ihrer Ehemänner nicht zu gefährden, simulierten einige von ihnen nicht nur den Orgasmus, sondern ihr ganzes Leben.

Mit der Momentaufnahme ihrer Mutter charakterisiert Jane auch sich selbst. Sie zeigt auf, wogegen sie als junge Frau rebelliert. Sie will hinaus in die Welt, wo man alles mögliche erleben kann. Der Absatz beginnt mit einem Bild - die Eltern, wie sie an der Bushaltestelle neben ihrem Auto stehen - und endet mit einer Schlußfolgerung der Protagonistin.

Eine Umkehrung der Reihenfolge hätte die Wirkung abgeschwächt. Bemerkenswert ist auch, daß Jane Riller nicht nur ihre Mutter beschreibt, sondern zugleich einen bestimmten Menschenschlag.

Ist ein noch unerfahrener Autor in der Lage, eine ganze Gruppe von Menschen zu charakterisieren? Das folgende Beispiel aus Nanci Kincaids Erstlingsroman zeigt, daß man keine jahrzehntelange Erfahrung braucht, um sich der Techniken zu bedienen, die von der schreibenden Zunft über Jahrhunderte hinweg entwickelt wurden.

> Die Kinder der Wanderarbeiter wissen, daß sie zu den Armen der Menschheit gehören, und darum sagen sie in den zwei Wochen, die sie zur Schule gehen, kein einziges Wort. Die Kinder der Reichen setzen sich beim Mittagessen nicht neben sie. Sie laden sich gegenseitig zu Geburtstagsparties ein, die am Swimmingpool im elterlichen Garten veranstaltet werden. Die reichen Väter gehen im allgemeinen in die Politik. Sie werden langsam kahl und fett und kaufen alles auf, was meilenweit um sie herum zu haben ist. Während die gesetzgebende Versammlung stattfindet, wimmelt es in Tallahassee nur so von ihnen. Mutter sagt, daß jeder zweite von ihnen eine Freundin im Howard Johnson's einquartiert hat.

Kann man eine Figur mit einem Wort charakterisieren?
In einem Roman, an dem ich gerade arbeitete, wollte ich zwei Figuren wieder aufleben lassen, die schon in einigen meiner Werke vorgekommen waren, nämlich den Anwalt George Thomassy und Gunther Koch, einen sechzigjährigen Psychiater aus Wien. Koch hält dem erfolgreichen Anwalt Thomassy einen Vortrag darüber, woran er erkennen kann, daß Geschworene möglicherweise voreingenommen gegen seine Argumentationen sind. Der Anwalt reagiert folgendermaßen auf die Belehrung:

> Thomassy ließ sich einen solchen Mist von keinem Richter sagen, warum sollte er ihn von diesem Akzent akzeptieren?

Das Wort »Akzent« charakterisiert nicht Koch, sondern den Erzähler Thomassy. Er verunglimpft Koch, weil er sich nicht gern belehren läßt. Das in seinen Worten anklingende Vorurteil gegen Fremde wiegt um so schwerer, als Thomassy selbst seine Herkunft aus einer Einwandererfamilie möglichst zu verdrängen sucht.
Ein weitverbreiteter Fehler unter angehenden Autoren ist der, daß sie zuviel sagen, daß sie versuchen, eine Figur durch eine Fülle von Details zu beschreiben, anstatt sich um das entscheidende Wort oder den einen Satz zu bemühen, der die Person am treffendsten charakterisiert.
Von den Umständen, unter denen eine Figur eingeführt wird, hängt es ab, welche Worte man wählt. Wenn wir beispielsweise eine Person zum ersten Mal aus einer gewissen Entfernung sehen, spielt die Körpergröße bei diesem ersten Eindruck eine Rolle. Wenn wir ihr aus nächster Nähe begegnen, fallen uns im allgemeinen zuerst die Augen auf. Viele unerfahrene Autoren beschreiben dann Farbe und Form der Augen. Das ist weniger wirkungsvoll als eine Aussage darüber, in welcher Weise diese Person mit den Augen reagiert. Wenn sie bei der Begegnung mit einem anderen Menschen den Blick abwendet, so haftet diesem Verhalten meist etwas Negatives an. Ein direkter

Augenkontakt wird gewöhnlich als etwas Positives wahrgenommen. Auf einen schüchternen oder in sich gekehrten Charakter kann ein unverwandter Augenkontakt eine negative Wirkung haben:

> Ich konnte keinen Blickkontakt mit ihr herstellen. Sie suchte nach unsichtbaren Flecken an der Wand.
>
> Sie sagte: »Ich liebe dich nicht mehr«, aber ihre Augen straften ihre Worte Lügen.
>
> Sie antwortete mir nicht. Sie starrte mich einfach weiter an, als würden ihre Blicke alles sagen.

Ein weiterer Fehler unerfahrener Autoren – oder unter Zeitdruck schreibender Journalisten – besteht darin, sich bei der Charakterisierung einer Person auf die Beschreibung der sichtbaren körperlichen Eigenschaften zu beschränken. Bei Frauen meist auf Gesicht, Brüste, Hüften, Po, Beine. Bei Männern sind es breite Schultern, starke Arme, gemeißelte Gesichtszüge und so weiter. Das sind oberflächliche Beschreibungen ohne Sinn und Verstand. Klischees dieser Art erleben wir in unseren täglichen Gesprächen. Von einem Autor erwarten wir mehr.

Konzentrieren Sie sich, anstatt klischeehafte Eigenschaften zu beschreiben, auf körperliche Attribute, die einen Bezug zu der Geschichte haben. Wenn Sie beispielsweise die Liebesgeschichte zwischen einer Frau und einem Mann erzählen, denken Sie daran, daß manche Psychologen behaupten, das erotischste Merkmal einer Frau sei ihr Haar. (Wenn Sie das überrascht, stellen Sie sich eine Frau, die Sie attraktiv finden, mit Glatze vor. Würde sie auch dann noch erotisch anziehend auf Sie wirken?) Dieselben Psychologen sind auch der Ansicht, daß das wichtigste erotische Merkmal eines Mannes seine Stimme ist. (Und wenn Sie das überrascht, stellen Sie sich einen Mann, den Sie attraktiv finden, mit hoher, schriller Stimme vor. Würde er auch dann noch erotisch anziehend auf Sie wirken?)

Wenn Sie dem Leser eine unerotische Ausstrahlung vermitteln wollen, dann beschreiben Sie die Eigenschaften von Haar und Stimme auf negative Weise.

Es gibt mindestens fünf Möglichkeiten, einen Charakter zu beschreiben, und zwar durch

1. körperliche Eigenschaften
2. die Kleidung oder die Art, wie die Kleidung getragen wird
3. psychologische Merkmale oder spezielle Angewohnheiten
4. Handlung
5. Dialoge

Hüten Sie sich aber vor Verallgemeinerungen oder allzu abgedroschenen Vergleichen wie »sie schlurfte dahin wie eine Pennerin« oder »sie schritt aus wie eine Königin«. Einer meiner Studenten beschrieb eine Figur folgendermaßen: »George war ein großer, kräftiger Kerl«. Das vermittelt zwar eine Information, rührt aber nicht an die Gefühle. Ich forderte den Studenten auf, den Satz so umzugestalten, daß er beim Leser eine emotionale Reaktion hervorruft. Und das kam dabei heraus:

> Wenn George auf einen zukam, hatte man das Gefühl, gleich von einem Lastwagen überrollt zu werden.

Damit wissen wir sofort, daß George ein großer, kräftiger Kerl ist, aber wichtiger ist, daß wir seine Größe als bedrohlich empfinden. Die Figur wird durch ein Handlungselement charakterisiert, was wesentlich effektiver ist als eine bloße Beschreibung.

Eine Charakterbeschreibung sollte, wann immer dies möglich ist, mit optischen Eindrücken arbeiten: »**Er ging, als kämpfte er gegen einen starken Wind an**« ist eine bildhafte Formulierung. Gelegenheit dazu bieten Gang, Haltung und andere körperliche Eigenheiten einer Person. Beispielsweise kann ein Mensch auf vielerlei Weise einen Raum durchqueren. Gehen wäre die einfachste und langweiligste Lösung. Der Schreibende sollte sich zum Ziel setzen, eine Formulierung zu finden, die das Gemeinte beschreibt und auch der Geschichte zugute kommt.

Stellen Sie sich die vielen möglichen Varianten des Gehens vor. Eine Figur kann flanieren, einen gemächlichen Spaziergang machen, schlendern; sie kann bummeln, also ohne jede Eile vor sich hin trödeln, oder ziellos umherstreifen.

Sie können das Tempo beschleunigen und die Figur hasten, huschen, flitzen, stürmen, sausen, preschen, spurten, springen, rennen oder rasen lassen. Jedes dieser Worte drückt eine bestimmte Nuance aus, die sowohl der charakterlichen als auch der bildlichen Beschreibung dient. Sie können auch eine Metapher wie die folgende verwenden: »Sie flog zu dem Laden, um dort zu sein, bevor er zumachte.«

Ein Autor, der seine Figuren immer nur »gehen« läßt, vergibt seine Chancen. Allerdings sollte man die Variationen des Gehens mit Fingerspitzengefühl einsetzen. Wenn sie überstrapaziert werden, irritiert das die Leser. Aber wenn Sie sich Gedanken über die verschiedenen Varianten des Gehens machen, dann tun Sie genau das, was ein Schriftsteller stets tun sollte – sich über die Bedeutung der einzelnen Worte klar werden.

Man kann etwas über eine Person aussagen, indem man den Gang dieser Person bis ins kleinste Detail beschreibt. John Updike hat dies in einer seiner Erzählungen folgendermaßen getan:

> Sie blickte nicht um sich, nicht diese Königin, sie ging einfach gemächlich geradeaus auf diesen langen weißen Primadonnabeinen. Sie kam mit den Fersen ein bißchen zu fest auf, als wäre sie es nicht gewohnt, barfuß zu laufen, setzte die Fersen auf und ließ das Gewicht dann über die Zehen abrollen, als wollte sie den Boden mit jedem ihrer Schritte, in die sie etwas mehr Nachdruck als nötig legte, prüfen.

Einem Autor, dessen Werk ich lektoriert habe, gelang es, eine Figur durch ihren Gang so überzeugend zu charakterisieren, daß sie ohne Umschweife in die Bestsellerlisten marschierte. Die Geschichte handelte von der Dreiecksbeziehung zwischen einem Mann, seiner Ehefrau und seiner Geliebten. Dem Buch fehlte ursprünglich etwas, weil zwar die beiden Ehepartner gut charakterisiert waren, die Geliebte jedoch nur aus Sex zu bestehen schien. Diese einseitige Beschreibung ließ aus ihr kein lebendiges Wesen werden. Eine solche Dreiecksbeziehung wirkt erst dann überzeugend, wenn alle Beteiligten lebendige Gestalt annehmen.

Ich forderte also den Autor auf, einmal zu beschreiben, wie sich die Geliebte durch einen Raum bewegen würde. In seiner Vorstellung schritt sie wie ein junger Löwe durch den Raum – ein männliches Bild, das einen neuen Weg zur Charakterisierung der Geliebten aufzeigte. Diese männliche Charakterisierung der Figur wurde an anderen Stellen des Romans wiederholt, woraus sich ein lebendiges Bild von ihr entwickelte, was wiederum der Beziehung zwischen den handelnden Personen Glaubwürdigkeit verlieh. Das Buch führte schließlich die Bestsellerliste siebenunddreißig Wochen lang in Folge an.

Man kann den Gang eines Menschen so beschreiben, daß sich beim Leser ein Gefühl für dessen Persönlichkeit einstellt:

> Henry bewegte sich durch die Menge wie ein Basketballspieler, der entschlossen ist, bis zum Korb durchzupreschen.

Aber eine Figur muß nicht zwangsläufig in Bewegung sein. Auch die Körperhaltung kann etwas über die Persönlichkeit aussagen.

> Er hatte die Haltung eines Mannes, der lange Zeit als Soldat gedient hat.

Auch charakteristische Verhaltensweisen können dem Leser ein Gefühl für eine Persönlichkeit vermitteln: mit dem Finger auf den Tisch pochen, mit der Brille auf jemanden zeigen, kichern, lachen, begeistert in die Hände klatschen.

Dem Autor steht eine Bandbreite psychologischer Momente zur Verfügung. Sehen wir uns an, wie dadurch ein dramatischer Effekt erzeugt wird.

> Er sagte nichts.
> Ich verlangte eine Antwort, und er stand einfach nur da.
> »Sag was«, sagte ich.
> Sein Schweigen stand wie eine steinerne Mauer zwischen uns.
> »Komm schon! Sprich!«

Dieses Beispiel zeigt einen Menschen, der seinen Willen durchsetzt, indem er sich weigert, etwas zu tun. Psychologische Charakterisierungen können aber auch sehr viel direkter sein:

> Sie bombardierte sie ununterbrochen mit Fragen, als käme es auf ihre Antworten überhaupt nicht an.
>
> Calvins glasiger Blick sagte: »Ich höre nicht zu. Ich lausche der Musik in meinem Kopf.«
>
> Sie war erst neun Jahre alt, aber sie konnte dir direkt in die Seele sehen, als wäre sie in ihrem früheren Leben ein Großinquisitor gewesen und deine Lügen hätten dein Urteil besiegelt.

Die Charakterbeschreibung durch psychologische Elemente kann überaus lohnend sein, weil diese oftmals einen Bezug zur erzählten Geschichte haben:

> Er behandelte seine Freunde, als wären sie seine Angestellten. Er sprach, und sie hörten zu.
>
> Wer mit ihr im Auto fuhr, machte die Erfahrung, daß ihre Sätze mindestens zehn Meilen lang waren.
>
> Auf Parties stürzte er sich sofort auf eine Frau – die erstbeste Frau –, als wäre sie die einzige Frau im Raum.

Eine Charakterbeschreibung kann auch körperliche und psychologische Eigenheiten verbinden:

> Wenn er langsam den Raum durchquerte, ließen ihn sein Alter und seine Arthritis zerbrechlich wirken, aber sobald er sprach – wo und über was auch immer –, hielten die Menschen inne und hörten ihm zu, als wäre Moses erneut mit den Zehn Geboten vom Berg herabgestiegen.

Wenn Sie Ihrer Figur eine besonders charakteristische oder originelle Eigenschaft geben wollen, ist es ratsam, diese gleich bei ihrem ersten Auftreten zu erwähnen. Wenn Sie sich beispielsweise vorstellen, daß die Figur läuft, wenn von ihr erstmals die Rede ist, dann ist eben der Gang ein Charakteristikum, das gleich zu Beginn deutlich werden sollte. Ist Ihre Figur ein Mensch, der sich ständig in die Unterhaltung anderer einmischt, sollten Sie diese vielleicht gleich beim ersten Auftreten in einer entsprechenden Situation zeigen. Das könnte so aussehen:

> George und Mary saßen am Küchentisch und diskutierten gerade darüber, wie sie auf das schlechte Benehmen ihres Teenagers reagieren sollten, als Alma hereinmarschierte und sagte:

> »Ich weiß nicht, wie ihr einfach hier herumsitzen und reden könnt, anstatt euren Hintern zu heben und eurem Sprößling mit einer gehörigen Tracht Prügel Manieren beizubringen.«

Einem weniger erfahrenen Autor kann die Charakterisierung seiner Figuren aus den unterschiedlichsten Gründen mißlingen, aber es gibt in dieser Hinsicht zwei besonders schwerwiegende Fehler, die nicht selten zur Folge haben, daß ein Romanmanuskript abgelehnt wird. Das sind ein Protagonist, der nicht weiß, was er will, und ein Bösewicht, der im Grunde nichts weiter ist als ein ungehobelter Rüpel.

Nehmen wir zuerst einmal den »Helden«, der nicht heldenhaft ist, dem die notwendige Energie und Willensstärke zur Verfolgung seiner Ziele fehlt. Seien wir ehrlich, die Leser interessieren sich nicht für solche Schwächlinge. Ihr Interesse gilt der selbstbewußten Person, die etwas will, die es unbedingt und auf der Stelle will.

Prüfen Sie sich selbst. Würden Sie gern zehn oder zwölf Stunden Ihrer Zeit mit einer schwächlichen Figur verbringen, die keinen Willen und kein Durchsetzungsvermögen hat? Also verlangen Sie es auch nicht vom Leser. Im wirklichen Leben verbreitet ein Schwächling Langeweile. Ein Schwächling im Roman verdirbt uns die Freude am Lesen.

Ich kenne Autoren, die aufgrund ihrer eigenen Erfahrungen im Leben in ihren Büchern schwächliche Charaktere erfanden. Manche, die als Kinder unter autoritärer Behandlung zu leiden hatten, kämpfen später gegen jegliche Autorität an. Andere dagegen, die unter denselben Bedingungen groß geworden sind, verstecken als Erwachsene ihre Aggressionen und ihre Wut hinter passivem Verhalten, um ihre Gefühle und ihr Leben zu schützen. In der Literatur ist die unterdrückte Wut ein nützliches Element, aber es ist die am Ende zum Ausbruch kommende Wut, die den Leser am stärksten fasziniert.

Für solche Autoren, die irgendwie in sich gekehrt sind und vielleicht deshalb schwache Helden produzieren, habe ich einen Weg gefunden, wie sie sich eines schwächlichen, der Dynamik

ihrer Erzählung abträglichen Protagonisten entledigen können, wenn sie erst einmal die Unverträglichkeit von Fiktion und Passivität durchschaut haben. Ich fordere den betreffenden Autor auf, sich vorzustellen, daß er bei geschlossener Tür in seinem Arbeitszimmer sitzt. Vor der Tür ist jemand, der Einlaß verlangt. Der Autor fordert den Störenfried auf, draußen zu bleiben. Nun muß sich der Autor vorstellen, daß eine zweite Person vor der Tür auftaucht, die zu der ersten sagt: »Geh mir aus dem Weg« und gleich darauf in das Arbeitszimmer eintritt, ohne zu fragen. Der Autor will protestieren, aber der Eindringling sagt: »Halten Sie zur Abwechslung mal den Mund und hören Sie mir zu!«
Diese Figur ersetzt in der Vorstellung des Autors nunmehr den Schwächling. Sie ist sein neuer Protagonist. Ich dränge den Autor, dieser Person, so grob sie auch sein mag, zuzuhören und dann einen Brief an sich selbst zu erfinden, geschrieben von dem neuen Charakter, der anmaßend, geradeheraus und zumindest ein bißchen exzentrisch ist.
Was die Charakterisierung des Bösewichts betrifft, so ist schlechtes Benehmen viel weniger eindrucksvoll als eine wahrhaft niedere Gesinnung, die diesen Menschen Befriedigung und sogar Freude dabei empfinden läßt, wenn er den Helden verletzt oder daran hindert, sein Ziel zu verwirklichen. (In einem auf Seite 102 beginnenden Abschnitt befasse ich mich eingehender mit der Charakterisierung des Antagonisten.)

Wenn ich einen bestimmten Charakter herausbilde, stelle ich mir einige Fragen. Verhält er sich Fremden gegenüber anders als in seiner Familie? Eine solche Unterscheidung sagt viel aus. Würde sich meine Figur anders verhalten, wenn er einem alten Freund begegnet, der zu Ruhm gekommen ist, als wenn er einen anderen Freund aus demselben Umfeld trifft, der vom Unglück verfolgt ist und gedemütigt durchs Leben geht? Ich stelle mir auch die Frage, ob meine Figur in einer Weise mit anderen spricht, die diese als beleidigend empfinden. Ist diesem Charakter bewußt, daß er sie beleidigt? Versucht er, sich zu entschuldigen oder sich zu ändern? Oder ist es ihm gleichgültig? Wir wissen, daß Menschen mehr über sich verraten, wenn sie laut werden, als wenn sie mit normaler Stimme reden. Wenn meine Figur Grund hätte, zu schreien, was würden wir dann aus ihrem Munde hören? Oder wenn dieser Charakter ein Mensch ist, der niemals die Stimme erhebt, welche Gedanken unterdrückt er dann? Es steigert das dramatische Element, wenn das, was eine Figur tut, dem widerspricht, was sie zu sich selbst sagt. Wie Sie sehen, provozieren meine Fragen sowohl positive als auch negative Charakterbilder; und sie leiten darüber hinaus zu den persönlichen Beziehungen der beschriebenen Figur und zu Erzählszenen über.

Wenn ich im Begriff bin, ein Charakterbild zu entwerfen, bemühe ich mich auch, einem Dialog zu lauschen, als befände ich mich mit dieser Person im selben Raum. Bedient sie sich einer bildhaften Sprache und Ausdrucksweise, die ihren Charakter unterstreicht? Ich forsche nach bewußten und unbewußten Eigenheiten im Verhalten meiner Figur. Bei der Kleidung konzentriere ich mich auf ein Detail, das im Gedächtnis des Lesers hängenbleibt, beispielsweise die Feststellung, daß die Person ständig im Regenmantel herumläuft, selbst wenn die Sonne scheint.

Schließlich muß ich mir die Frage stellen, welche Einstellung meine Figur zu ihrer eigenen Person hat. Wenn die Figur ein von Selbstzweifeln geplagter Mensch ist, zeigt sie dies äußerlich, durch einen Tick oder durch Dinge, die sie bei der ersten Begegnung zu anderen sagt? Wenn sie arrogant ist, wie teilt sich diese Arroganz dem Leser mit, auch ohne daß die Person ein Wort sagt? Arrogantes Verhalten ist in meinen Augen oft wirkungsvoller als eine überhebliche Redeweise.

Mir sind talentierte Autoren begegnet, die ihre Chancen auf Veröffentlichung vertan haben, weil sie darauf bestanden, über »vollkommen normale Menschen« zu schreiben. Natürlich gibt es eine ganze Reihe erfolgreicher Romane, deren Hauptpersonen keine außergewöhnlichen Menschen sind. Was die Autoren unter »vollkommen normalen Menschen« verstehen, sind Charaktere, die sich offenbar nicht von der Mehrheit der Leute unterscheiden, denen wir täglich begegnen, und die sich durch nichts aus der Masse hervorzuheben scheinen.

Es gibt vermutlich keinen Menschen, der genau so ist wie ein anderer. Aber Menschen, die sich als Individuen nicht von der Masse unterscheiden, bevölkern zu Hauf unser Leben, und im allgemeinen reißen wir uns nicht um ihre Gesellschaft, weil sie langweilig sind. Niemand liest einen Roman, um dieselbe Langeweile zu erleben, die ihn im Leben häufig umgibt. Die Leser wollen interessante und außergewöhnliche Menschen kennenlernen, am liebsten solche, die anders sind als alle, denen sie bisher begegnet sind, sei es in Romanen oder im wirklichen Leben.

Ein guter Autor macht uns mit Figuren bekannt, die schon bei der ersten Begegnung außergewöhnlich auf uns wirken, selbst wenn sie sich in den gewohnten Bahnen des Lebens bewegen. Gibt es Ausnahmen? Selbstverständlich.

In meinem Roman *Die Zuflucht* sind die Hauptpersonen zwei »ganz normale« Menschen, ein Ehepaar mittleren Alters namens Henry und Margaret Brown, die sich (am Ende des ersten Kapitels) mit einer entsetzlichen Situation konfrontiert sehen. Wären Henry und Margaret tatsächlich diese ganz und gar normalen Menschen, so hätten sie den Leser nicht interessiert. Also ließ ich Margaret Ärztin sein in einer Zeit, als Frauen an den medizinischen Fakultäten noch eine Ausnahme waren. Außerdem zeichnete ich sie als eine sehr direkte, außergewöhnlich neugierige und höllisch kluge Person. Henry wiederum führte ich als einen Geschäftsmann ein, der seine Freizeit auf eine für Geschäftsmänner ziemlich ungewöhnliche Weise verbringt.

Ich ließ die Browns gerade so weit von der Norm abweichen, daß sie interessant für den Leser waren, aber keineswegs als etwas »Besonderes« erschienen. Auf diese Weise können sich in dem Moment, in dem die Katastrophe über die Browns hereinbricht,

Leser aller Schichten mit dem Schicksal der Figuren identifizieren, was für die Geschichte eine entscheidende Rolle spielt. In Stephen Kings Erzählungen geraten häufig ganz gewöhnliche Menschen in außergewöhnliche Situationen. Im allgemeinen empfiehlt es sich aber für einen Autor, seine Figuren nicht als »gewöhnliche Menschen« zu zeichnen, sondern als Personen, die sich so deutlich wie möglich vom Mittelmaß abheben.

Das Außergewöhnliche einer Figur sollte deutlich gemacht werden, sobald diese zum ersten Mal in Erscheinung tritt, es sei denn, der Spannungsaufbau der Geschichte lebt davon, daß die abweichenden Gewohnheiten oder Wünsche eines Protagonisten erst nach und nach sichtbar werden.

Hüten Sie sich vor Charakteren, die so extrem sind, daß sie wie Comicfiguren wirken. Einige Protagonisten in Charles Dickens' Romanen wirken stark überzeichnet. Es ist schwierig, in der heutigen Unterhaltungsliteratur derartig übertriebene Charaktere für den Leser glaubhaft zu machen.

Die meisten Autoren gehen auf Nummer Sicher und wählen einen Typus zwischen dem scheinbar vollkommen »normalen« – und damit langweiligen – Charakter und der cartoonhaft überzeichneten Figur. Wir wollen versuchen, die für eine Charakterbeschreibung fruchtbarsten Terrains zu umreißen.

Was macht eine Figur außergewöhnlich? Persönlichkeit? Disposition? Temperament? Individualität? Exzentrizität? Wo überschneiden sich die Bereiche?

Betrachten wir die oben genannten Begriffe so eingehend wie möglich. Meine Studenten haben immer wieder festgestellt, daß ihnen Charakterbeschreibungen wesentlich besser gelingen, wenn sie das gesamte Bedeutungsspektrum dieser Begriffe erfaßt haben.

Nehmen wir als erstes die *Persönlichkeit.* Wir alle haben auf einer Party schon einmal erlebt, wie sich die Gäste um einen Menschen scharen, der Persönlichkeit ausstrahlt. Unter Persönlichkeit verstehen wir ausgeprägte Charakterzüge und Verhaltensweisen, die Haltung, Gestik und Eigenheiten, die einen bestimmten Menschen kennzeichnen. Die Persönlichkeit drückt sich in der Physis, der Art und der Gesamtheit der Eigenschaften, im Wesen eines Individuums aus. Sie definiert die Besonderheit eines Menschen, zu der in manchen Fällen Liebenswürdigkeit, Stärke, Charme, Anziehungskraft und Charisma gehören. Die Persönlichkeit entsteht aus der Verbindung von Veranlagung, Temperament, Individualität und Exzentrizität.

Ich behaupte nicht, daß diese Definitionen allein gültig sind. Ich meine vielmehr, daß die eingehende Beschäftigung mit einem zentralen Begriff eine Vielfalt von Definitionen zutage bringen kann, die uns bei der Entwicklung eines Charakters wertvolle Hilfe leisten.

Die *Disposition* einer Person kennzeichnet deren Einstellung zu den Menschen und Orten der Welt, ihre typischen Reaktionen, insbesondere ihre Gefühlsreaktionen. Der Begriff Disposition kann Fähigkeiten, Weltanschauung, Gemütsverfassung, Stimmungslage, Neigungen, Begabungen, Befangenheiten, Denkart und -richtung, Vorlieben, Sympathien und Antipathien, Interessen und Schwächen einer Person umfassen. Heute versteht man unter Disposition auch gelegentlich eine Voreingenommenheit, eine Bewußtseinsstruktur. Wie Sie sehen, gibt es eine interessante Vielfalt von Bedeutungsvarianten für diese Begriffe, die in ihrer Verbindung das definieren, was der Autor mit der Charakterisierung zu erreichen versucht.

Das *Temperament* bezeichnet die Art und Weise, in der eine Person auftritt, denkt und vor allem auf andere Menschen und äußere Umstände reagiert, die charakteristische Art, in der sie sich einem neuen Tag oder einer neuen Entwicklung stellt. Wir können den Begriff Temperament auch als Naturell, emotionale Veranlagung oder Wesensart eines Menschen definieren. Mit dem Begriff Temperament wird oft eine negative Neigung zu Wutausbrüchen und Gereiztheit assoziiert, obwohl ein »ausgeglichenes Temperament« genau das Gegenteil bedeutet.

Was die *Individualität* ausmacht, ist die Gesamtheit der Eigenschaften, die ein Individuum von anderen unterscheiden. In dem

Begriff drückt sich die Besonderheit, das Anderssein und die Ursprünglichkeit und Einzigartigkeit dieses Menschen aus. Der Autor beschreibt die Einzigartigkeit einer Figur anhand spezieller, konkreter Details. Dies sind die charakteristischen Eigenheiten, an denen eine bestimmte Person zu erkennen ist. Ihr Anderssein ist ihre Identität. Man kann sagen, daß eine Person durch ihre Individualität gekennzeichnet, hervorgehoben, von den anderen unterschieden und definiert wird.

Abschließend komme ich zu dem Begriff, der am deutlichsten geeignet ist, einer Figur besondere und ungewöhnliche Charakterzüge zuzuschreiben.

Exzentrizität bezeichnet eine Art, sich zu verhalten, sich zu kleiden oder zu reden, die einer bestimmten Person eigen ist und die stark von der allgemein üblichen Norm abweicht. Einen Exzentriker stellen wir uns als sonderbar, verschroben, vielleicht ein bißchen verrückt vor, als komischen Kauz, als schrulliges Individuum, das anders ist als alle, die wir kennen. Wenn wir von einer exzentrischen Person sprechen, bezeichnen wir die oder den Betreffenden dann nicht als »Charakter«?

Solche Eigenheiten werden natürlich eher von anderen wahrgenommen als von dem betreffenden Menschen selbst, der sie oft als »völlig normal« betrachtet.

Im Kern einer starken Charakterbeschreibung finden wir Exzentrizität. Die eindrucksvollsten Persönlichkeiten schöpfen aus der Fülle menschlichen Verhaltens. Sie stimmen in ihren Gefühlen vielleicht in vielerlei Hinsicht mit anderen überein. Aber es sind ihre exzentrischen Züge, die dem Leser als erstes ins Auge fallen.

Wenn wir die großen Romane unseres Jahrhunderts unter die Lupe nehmen, stellen wir fest, daß uns diejenigen Figuren am dauerhaftesten im Gedächtnis bleiben, die bis zu einem gewissen Grade exzentrisch sind. Nicht ohne Grund findet sich im Kern einer starken Charakterbeschreibung so häufig das Element des Exzentrischen. Wie ich schon sagte, das Normale begegnet den Menschen oft genug im wirklichen Leben.

Wenn plötzlich unzählige junge Männer einen Ohrring tragen, ist das kein Zeichen für Exzentrizität. Wenn sich junge Frauen die Haare glattbügeln, wie es in den sechziger Jahren üblich war, ist das ebenfalls nicht exzentrisch. Sie passen sich vielmehr einem Gruppenverhalten an.

Exzentrisches Verhalten wird gelegentlich auch als verrückt bezeichnet, was bestimmte absonderliche Verhaltensweisen impliziert, die, wenn sie im Roman vorkommen, durchaus angemessen sind. Aber »verrückt« kann auch die Bedeutung von geisteskrank haben, und diese Bedeutung ist hier aus gutem Grund nicht gemeint. Es gibt zwei Charaktertypen, denen wir im Roman selten begegnen: den Psychotiker und den Alkoholsüchtigen. Dem Leser fällt es schwer, sich mit deren Verhaltensweisen zu identifizieren. Natürlich gibt es Ausnahmen, beispielsweise in der Horrorliteratur. Die Hauptfigur in Hitchcocks *Psycho* ist verrückt, was uns allerdings erst gegen Ende des Films definitiv klar wird. In manchen Romanen treten Alkoholiker in Nebenrollen auf, und es gibt Geschichten, in deren Mittelpunkt ein Alkoholiker oder ein alkoholsüchtiges Paar steht. Aber in dem beeindruckenden Roman um einen Alkoholiker, der im Suff immer ein Riesenkaninchen namens Harvey sah, wird das Thema Alkoholismus auf eine spielerische Weise behandelt, wie es heute, da man den Ernst der Krankheit erkannt hat, kaum mehr möglich wäre.

Am Anfang von Dostojewskis *Aufzeichnungen aus einem Kellerloch* beschreibt ein Mann sich selbst. Was er sagt, ist so widersprüchlich, daß meine Studenten unweigerlich in Gelächter ausbrechen, wenn ich ihnen den Text vorlese:

> Ich bin ein kranker Mensch ... Ich bin ein schlechter Mensch. Ich besitze nichts Anziehendes. Ich glaube, ich bin leberleidend. Indes verstehe ich von meiner Krankheit nicht die Bohne und weiß nicht genau, was eigentlich bei mir krank ist. Ich wende keine Kur an und habe es nie getan, obwohl ich vor der medizinischen Wissenschaft und den Ärzten Respekt habe. Zudem bin ich auch noch äußerst abergläubisch, wie schon aus meinem Respekte vor der medizinischen Wissenschaft zu ersehen ist.

> (Ich besitze eine hinreichende Bildung, um nicht abergläubisch zu sein; aber ich bin es trotzdem.) Nein, daß ich keine Kur anwende, geschieht aus Bosheit. Das wird Ihnen gewiß nicht verständlich sein.

Oder denken wir an Kapitän Ahab in Melvilles *Moby Dick*, zweifellos ein Exzentriker. Was uns an Mark Twains Geschichten fasziniert, ist nicht etwa das Alltägliche an Tom Sawyer und Huckleberry Finn, sondern vielmehr deren Exzentrizität. Sehen wir uns die Schriftsteller unseres Jahrhunderts an: Hemingway, Faulkner, Graham Greene, Kafka, García Márquez, Fitzgerald, Saul Bellow, Philip Roth, J. D. Salinger. Oder die Kurzgeschichten von John Cheever. Die Werke, die am stärksten im Gedächtnis haften, leben von ihren exzentrischen Charakteren.

Denken Sie an den exzentrischsten Menschen, den Sie kennen. Worin besteht seine (oder ihre) Exzentrizität? Was ist das Exzentrischste, das sie je getan haben? Was könnten sie tun, um noch exzentrischer zu wirken? Stellen Sie sich nun vor, die Figur Ihrer Fantasie würde genau das tun. Unwahrscheinlich? Unlogisch? Überraschend? Alles zusammen? Wenn ein solches Verhalten nicht mit der übrigen Charakterbeschreibung übereinstimmt, was würde statt dessen zu der Figur passen?

Wenn Ihre Figur zu keinem nennenswert exzentrischen Verhalten in der Lage ist, haben Sie vielleicht einen Charakter ausgesucht, der für die Leser nicht sonderlich interessant ist. Unseren Mitmenschen fällt die Exzentrizität anderer auf; sie unterhalten sich mit ihren Freunden darüber und machen sie zum Gegenstand von Tratsch und Gerüchten. Wir sind nicht versessen darauf, unsere Zeit in der Gesellschaft von Menschen zu verbringen, die nur das tun, was von ihnen erwartet wird.

Sie werden sich vielleicht fragen, ob die von mir vorgeschlagenen Charakterisierungsmethoden nicht allzu komplex sind. Ich erwarte natürlich nicht von Ihnen, daß Sie alle Möglichkeiten auf einmal benutzen, aber die gründlichen Überlegungen werden Sie auf eigene Ideen bringen, die Ihnen ein reiches Potential der Charakterisierung erschließen. In dem Maße, in dem diese

Komplexität die Vielschichtigkeit des menschlichen Wesens reflektiert, werden die Charaktere für den Leser lebendig und bleiben ihm als reiche Erinnerung erhalten.

Wenn die Figuren der Trivialliteratur dem Leser nicht im Gedächtnis haften bleiben, so liegt das unter anderem daran, daß sie flach und klischeehaft gezeichnet sind. Ian Flemings Romanheld James Bond bleibt als plakative Comicfigur in Erinnerung. Dem Leser ist es ziemlich egal, ob James Bond lebt oder stirbt, wenn er nicht gerade mitten in der Lektüre einer James-Bond-Geschichte steckt, und selbst dann macht er sich keine großen Gedanken darum, weil die Comicfigur ohnehin weiterleben muß – für die Romanfortsetzung.

Sherlock Holmes ist eine wunderbare Figur. Aber wir denken nicht an ihn wie an ein – lebendes oder verstorbenes – Familienmitglied oder einen guten Freund. Wir sehen ihn als eine Figur in einem Buch oder einem Film. Es sind immer die vielschichtigsten Charaktere im Roman oder im Schauspiel, die sich mit der Zeit wie gute Freunde einen dauerhaften Platz in unserem Gedächtnis erobern.

Dasselbe gilt für die Schurken und Bösewichter der Literatur. Ein Professor Moriarty beschäftigt uns nur dann, wenn er uns gerade in der Lektüre begegnet. Aber die Erinnerung an Figuren wie Jago und Lady Macbeth bleibt dem Leser ein Leben lang erhalten.

Kontrast ist ein wertvolles Mittel der Charakterisierung. Manchmal baut er zusätzlich auf ein Element der Überraschung. Ich erinnere mich an einen Kongreß, bei dem ich ganz hinten im Auditorium saß. Einige Reihen vor mir sah ich eine Frau in untadeligem, grauem Schneiderkostüm, mit sorgfältig frisiertem Haar und betont aufrechter Haltung, und sie bohrte in der Nase. Der Kontrast zwischen ihrer äußeren Erscheinung und der Tatsache, daß sie in der Nase bohrte, war für mich ein starkes Element der Charakterisierung ihrer Person.

Eine weitere, oft vernachlässigte Möglichkeit der Charakterisierung ist eine ungewohnte Art, sich zu kleiden oder ein Kleidungsstück zu tragen. Dabei sollte man sich nicht mit der erstbesten Beschreibung zufriedengeben, die einem in den Sinn kommt. »Jerry trug seine Kappe stets verkehrt herum« ist keine schriftstellerische Leistung. Besser wäre die Formulierung:

> Daß er seine Kappe verkehrt herum trug, war eine Botschaft an die Welt: Jerry machte alles anders.

Ein Laie würde vielleicht sagen: »Ellen sah umwerfend aus in ihrem Kleid.« Das ist oberflächliches Geschreibsel, das nach Verbesserung verlangt:

> In ihrem Kleid sah Ellen aus wie eine zarte Seidenblume.

Die erste Version sagt weder über Ellen noch über ihr Kleid etwas Besonderes aus. Die zweite läßt ein Bild von der Ausstrahlung entstehen, die von Ellen in ihrem Kleid ausgeht.

Bei der Beschreibung einer Figur namens Martin wählte einer meiner Studenten den leichten Weg. »Martin trug gern bequeme Kleidung und mochte es nicht, wenn andere Männer von morgens bis abends in förmlicher Aufmachung herumliefen.« Ich überredete ihn, den Satz zu überarbeiten:

> Männer, die den ganzen Tag Schlips und Kragen trugen, pflegte Martin nicht als Menschen, sondern als »Anzüge« zu bezeichnen.

Eine wirkungsvolle Technik, die in Romanen viel zu selten angewendet wird, besteht darin, einer Figur Farbe zu verleihen, indem man ihr Eigenschaften zuordnet, die einen Kontrast zu ihrem Verhalten in der bevorstehenden Szene bilden. In der Anfangsszene meines Romans *Um Leib und Leben* sucht der in akute Geldnöte geratene Broadway-Produzent Ben Riller den Geldverleiher Aldo Manucci auf, an den sich Jahre zuvor schon Bens Vater hilfesuchend gewandt hat. In dieser Szene, die aus der Perspektive Bens geschildert wird, ist Ben in der Position des Bittstellers, und von Aldo wird angenommen, daß er die Mittel und die Macht hat, ihn zu retten. Bei seinem ersten Auftreten habe ich Aldo daher so charakterisiert, daß eine Reihe von Schwächen ins Auge fallen:

> Schließlich rollte sie ihn herein, ein verschrumpeltes Männlein, wie von einem nachlässigen Präparator ausgestopft. Er versuchte, seinen Kopf in die Höhe zu recken, um mich besser zu sehen, ein Auge vom grauen Star verschleiert. Er sah mich an, ohne zu blinzeln, dann verzogen sich seine Mundwinkel zu einem breiten Lächeln, und er sagte mit seiner immer noch tönenden, wenn auch ein wenig zittrigen Baßstimme: »Ben-neh!« was meinen Namen wie das italienische Wort für »gut« klingen ließ.

Einer der häufigsten Fehler in der erzählenden Literatur ist die Darstellung bestimmter Charaktere als ausschließlich gut oder ausschließlich böse. Wenn Sie also eine Figur einführen, die später eine gewisse Macht ausüben wird, dann zeigen Sie zuerst deren Verwundbarkeiten und Schwächen auf, bevor sich ihre Machtposition manifestiert. Wenn Sie umgekehrt eine Person auftreten lassen, die später physische und psychische Verletzungen erleiden wird, dann lassen Sie zuvor deren Stärken sichtbar werden.

In einer Kurzgeschichte reicht der Rahmen im allgemeinen nur für ein Ereignis oder eine Episode. Eine Figur wird lebendig, die Episode ereignet sich, die Geschichte ist zu Ende. Für eine sich verändernde Sicht bestimmter Vorkommnisse ist kein Raum.

Im Roman ist es üblich und wünschenswert, daß die Hauptfigur im Verlauf der Geschichte Veränderungen durchmacht. Wenn es sich beim Protagonisten um einen besonders risikofreudigen Menschen handelt, könnte er am Ende zu einiger Reife gekommen sein und begriffen haben, daß es tollkühn ist, bestimmte Risiken auf sich zu nehmen. Wenn sich der Protagonist in irgendwelche Umstände gefügt hat, weil er sie als Teil seines Lebens akzeptiert, so könnte er am Ende gelernt haben, daß einige dieser Umstände veränderbar sind. Und der Protagonist, der am Anfang eine negative Einstellung zum menschlichen Wesen hatte, könnte schließlich entdecken, daß ein einziges Individuum für eine Vielzahl seiner Mitmenschen etwas verändern kann.

Das sind nur ein paar Beispiele dafür, wie sich eine Figur im Laufe eines Romans verändern kann. Der Autor muß sich dabei die Frage stellen, ob die Veränderungen sich mit dem ansonsten geschilderten Charakter dieser Figur vereinbaren lassen. Eine Veränderung darf durchaus überraschend sein, aber sie sollte nicht in direktem Widerspruch zu dem stehen, was wir über die Figur wissen.

Somerset Maugham hat einmal gesagt: »Man kann nie genug über seine Figuren wissen.« Wenn es Ihnen schwerfällt, die Charakterisierung einer Figur zu verbessern, dann brauchen Sie mehr Informationen. Vielleicht liegt die Lösung darin, diese Figur aus einem anderen Blickwinkel zu betrachten.

Eine andere Möglichkeit wäre es, die Figur in einer Situation zu zeigen, in der sie sich über irgend etwas bitter beklagt. Im Leben ist eine solche Klage wirkungsvoller, wenn sie mit normaler Stimme vorgetragen wird und die Worte für sich selbst sprechen. Aber eine bittere Klage weist auch darauf hin, daß der Betreffende unter einer emotionalen Anspannung steht. In einer solchen Situation kommen die Worte eines Menschen eher aus dem Bauch oder dem Herzen als vom Kopf. Hören Sie zu, was dieser Mensch in seiner besonderen Gemütsverfassung sagt. Es hilft Ihnen, den Aspekt der Charakterisierung zu entwickeln, der dem Blick der Öffentlichkeit gewöhnlich verborgen ist.

Stellen Sie sich vor, eine Ihrer Figuren sei plötzlich stark gealtert. Wie würde sich dadurch ihre äußere Erscheinung, ihre Kleidung, ihr Gang verändern? Gibt es etwas, was Sie in die Charakterisierung Ihrer Figur im jüngeren Lebensalter einfließen lassen könnten? Manche Menschen bewahren sich Eigenheiten aus ihrer Kindheit bis ins Erwachsenenalter, andere wiederum wirken irgendwie vor ihrer Zeit gealtert. Dasselbe können wir bei manchen Romanfiguren beobachten.

Stellen Sie sich vor, eine Ihrer Figuren sitzt in einem Lehnsessel und unterhält sich mit Ihnen. Stellen Sie der Figur provokative Fragen. Lassen Sie sich selbst von ihr provozieren. Widersprechen Sie ihr. Lassen Sie die Figur einen Disput gewinnen.

Lassen Sie Ihrer Fantasie freien Lauf. Können Sie sich bildlich vorstellen, wie Ihre Figur, mit den Armen rudernd, versucht zu fliegen? Oder auf einer Party versucht, alle Anwesenden zu küssen? Oder barfuß im Schnee herumläuft? Die Leser sind an dem interessiert, was den Rahmen des Normalen sprengt. Alle diese Fragen beziehen sich auf die handelnde Figur, und das ist das ideale Mittel der Charakterisierung.

Stellen Sie sich zu guter Letzt Ihre Figur nackt vor. Dieses Bild funktioniert fast immer, wenn Sie die betreffende Figur ehrlich und gründlich porträtieren. Menschen werden besonders verletzlich, wenn sie nackt sind. Das heißt nicht, daß Sie die Figur tatsächlich nackt auftreten lassen müssen. Vielleicht hat der Protagonist etwas dagegen, sich auszuziehen, oder er möchte schnellstens in die Kleider kommen, um seine Blöße zu bedecken. Oder er ist in der Badewanne oder unter der Dusche einfach nur in Gedanken versunken. Edwin Corley, einer meiner Autoren, erzielte einen beachtlichen Erfolg mit seinem Erstlingsroman *Siege* (Die Belagerung). Die erste Szene zeigt einen farbigen General, der in der Badewanne liegt. Alles, was der General später tut, wird glaubhafter, weil eine Person, die man nackt sieht, augenblicklich an Authentizität gewinnt.

Die Darstellung des Bösewichts

Früher einmal haben die Leser die Figur des schnurrbartzwirbelnden Finsterlings akzeptiert, dessen Bosheit durch keinerlei Tugenden aufgewogen wurde. Die heutigen Leser können wir grob in zwei Kategorien einteilen: solche, die die bösen Fantasiegestalten ihrer Kindheit akzeptieren, wie sie in den James-Bond-Geschichten und in Arnold-Schwarzenegger-Filmen auftreten, und solche, die auf der Glaubwürdigkeit von Charakteren bestehen. Im wirklichen Leben schwingen die Bösen nicht mit gefletschten Zähnen die Peitsche. Sie wirken wie normale Menschen. Aber ein normaler Mensch ist kein Schurke. Was den wahren Bösewicht ausmacht, ist nicht der Grad, bis zu dem er seine Schlechtigkeit unter einer schönen Patina verbergen und so seine Opfer täuschen kann, sondern seine Verbindung zum Bösen. Gegen die Schlechtigkeit des wahren Bösewichts ist kein gesellschaftliches Kraut gewachsen, er kann nicht zum netten Kerl umerzogen werden. Seine Bosheit ist Bestandteil seines Wesens.

In der erfolgreichen Fernsehserie *NYPD Blue* gibt es einen vorgesetzten Polizeibeamten von außerhalb, der keine Gelegenheit ausläßt, dem Revierleiter das Leben schwer zu machen. Dieser Vorgesetzte ist kein netter Kerl, sondern ein Schurke. Die Zuschauer finden ihn unsympathischer als die Kriminellen, die aufs Revier gebracht werden. Jedesmal, wenn dieser Beamte einem der Guten etwas Böses antut, wünschen wir uns, daß ihm etwas passiert. Und wenn er dann den Bogen überspannt und einen Fehler macht, sind wir völlig aus dem Häuschen. Der Beamte hat sich selbst ins Abseits manövriert. Das gefällt uns. Als er schließlich vor der Wahl steht, einen aussichtslosen Fall vor Gericht zu vertreten oder seinen Abschied vom Polizeidienst einzureichen, ist unsere Freude groß. Der Bösewicht bekommt, was er verdient.

Mit dieser Figur haben die Drehbuchautoren natürlich von Anfang an das Ziel verfolgt, unsere Gefühle in eine bestimmte Richtung zu lenken, und genau dasselbe müssen Sie tun, wenn Sie Figuren gegeneinander ins Feld führen, um eine Geschichte entstehen zu lassen.

Ich will Ihnen einige Vorschläge zur Charakterisierung eines Antagonisten unterbreiten:

Könnte er einen physischen Tick haben, der die Leute irgendwie irritieren würde, beispielsweise ein unwillkürliches Blinzeln mit einem Auge? Oder ständiges Schniefen? Häufiges Naserümpfen? Am Ohrläppchen zupfen? Am Ellbogen kratzen? Es ist das Wiederholungsmoment solcher Angewohnheiten, das die Leser nervös macht.

Wie verhält sich Ihr Antagonist Menschen gegenüber, denen er zum ersten Mal begegnet? Verströmt er Charme, ist er übertrieben ehrerbietig, oder zeigt er sich unhöflich, desinteressiert, offensichtlich gelangweilt oder arrogant? All das sind Charakteristika, die dem Leser helfen, sich ein Bild von Ihrem Bösewicht zu machen.

Sie können Ihren Antagonisten auch irgend etwas ständig tun lassen, was andere nur gelegentlich machen. Schneuzt er sich beispielsweise alle paar Minuten die Nase (obwohl er nicht erkältet ist), stehen ihm Schweißperlen auf der Stirn, auch wenn es nicht besonders heiß ist, kratzt er sich ständig, hustet er ohne Grund, zwinkert er anderen zu, als hätte das, was sie sagen oder was er sagt, eine doppelte Bedeutung?

Beschreiben Sie die Eigenheiten einer Figur im Laufe oder als Teil einer Handlung, damit sie sich mit der Geschichte verweben. Auf diese Weise wird vermieden, daß der Erzählfluß durch die Erklärungen des Erzählers ins Stocken gerät. Um eine Vorstellung davon zu bekommen, wie das geht, sehen wir uns einen noch unfertigen Roman an, in dem ein erfolgreicher junger Geschäftsmann bei sintflutartig sich entwickelndem Regen zur Arbeit fährt und an einem Tramper vorbeikommt. Aus Mitleid und weil er ein schlechtes Gewissen hat, macht er kurz darauf kehrt und läßt den Mann in seinen Wagen einsteigen:

> Als der Mann in den Wagen kletterte, konnte ich erkennen, daß er einer dieser mageren, arschlosen Typen war, die ihre Hose straffer hochziehen als die meisten anderen Männer.
>
> Der Tramper streckte mir die Hand entgegen. Ich war eigentlich der Meinung, daß man einem Tramper ebenso wenig die Hand schüttelt wie einem Kellner oder Briefträger, aber die Hand dieses Mannes streckte sich mir entgegen wie ein Ärgernis, also klammerte ich mich mit der linken am Lenkrad fest und schüttelte ihm mit der rechten die regennasse Hand.
>
> Ich stellte fest, daß der Atem des Mannes von der Art war, die auch mit Zahnpasta nicht zu kurieren ist.

Der Tramper stellt sich vor. Sogar sein Name hat einen üblen Klang. Er wird anhand seiner Kleidung, seiner äußerlichen Wirkung, seines Körpergeruchs und nun seines Händedrucks beschrieben:

> Die Haut an Ucks Hand wirkte schuppig, reptilartig. Wenn der Mann zu lächeln versuchte, spielte sein Gesicht nicht mit. Wie bei Peter Lorre wurden seine Lippen dünn, aber das war auch schon alles. Mir ging der Gedanke durch den Kopf, daß seine Mutter sicherlich von niemandem verurteilt worden wäre, wenn sie ihm als Baby ein Kissen aufs Gesicht gedrückt hätte.

Der Protagonist findet das, was er von dem Tramper sieht, riecht und fühlt, so abstoßend, daß er ihn in Gedanken am liebsten tot wissen würde. Das bringt den Leser emotional auf. Wie auch immer sein eigenes Verhalten im Leben sein mag – er glaubt nicht oder will nicht glauben, daß er einem Menschen den Tod an den Hals wünschen würde, nur weil dieser abstoßend ist. »He«, denkt der Leser, »das ist schließlich ein Mensch.«

Und hier haben wir natürlich den Schlüssel. Uck *ist* ein Mensch. Wir lernen seine Frau und sein Kind kennen. Er kann liebenswürdig sein, wenn er will. Aber in der Art, wie er sich in das Leben des Protagonisten drängt und diesen nicht mehr in Ruhe läßt, ist er von Grund auf böse. Er findet nicht nur eine Mitfahrgelegenheit im Regen, er heftet sich wie ein Blutegel fest, der sich nicht mehr abschütteln läßt. Indem er in das Leben des Protagonisten eingedrungen ist, hat Uck den ersten Schritt getan, nun schickt er sich als echter Bösewicht an, ihn aus seinem Job und seinem Heim hinauszudrängen.

In bezug auf Ihren Antagonisten müssen Sie sich die Fragen stellen: Ist er ein hoffnungsloser Fall? Oder ist er zwar ein böser, aber doch besserungsfähiger Mensch? Bosheit ist durchaus effektiv, aber der von Grund auf schlechte Charakter bietet dem Leser ein tiefergehendes Erlebnis.

Wir haben gesehen, daß Schwäche den Protagonisten in den Augen des Lesers unsympathisch macht. Wir spüren, daß uns der Protagonist kraft seines *Willens* – des durch Ehrgeiz verstärkten Verlangens – animiert, seiner Geschichte zu folgen. Im soeben beschriebenen Beispiel hat der Beruf für den Protagonisten einen ungeheuer wichtigen Stellenwert. Durch ihn hat er es zu einem gehobenen Lebensstandard, zu einer Familie und seinem Haus gebracht. Der Tramper, der plötzlich im strömenden Regen auftaucht, ist fest entschlossen, ihm all das zu nehmen, und er ist durch nichts in der Welt von seinem Ziel abzubringen. Das Aufeinanderprallen dieser beiden Charaktere erzeugt einen Konflikt der Art, wie sie der Leser als spannend empfindet.

Die Charakterisierung von Nebenfiguren

Die Hauptpersonen einer Geschichte verdienen unsere größte Aufmerksamkeit und bekommen sie auch. Das heißt nicht, daß wir uns bei der Beschreibung von Randfiguren auf Stereotypen beschränken dürfen. Manchmal erhalten sie einen Namen, ein Geschlecht, ein Alter, aber keine Persönlichkeit. Ich habe es auch schon erlebt, daß Randfiguren allzu ausführlich charakterisiert wurden, so daß beim Leser die irrige Erwartung geweckt wurde, sie würden eine wichtige Rolle spielen. Manchmal will der Autor nicht mehr erreichen, als daß der Leser die betreffende Person plastisch vor sich *sieht*. So hört sich das beispielsweise bei Nanci Kincaid an:

> Man meint, nie etwas wirklich Weißes gesehen zu haben, bis man Roys Hintern gesehen hat.

Die effizienteste Methode, eine Figur zum Leben zu erwecken, besteht darin, einen Punkt hervorzuheben, der die Person vom Rest der Menschheit unterscheidet und im Gedächtnis haften bleibt. Das trifft besonders auf Figuren zu, die nur ein einziges Mal und dann nie wieder in Erscheinung treten. In Hemingways *In einem anderen Land* stößt der Leser gleich zu Anfang auf die folgende Passage:

> Der Priester war jung und errötete leicht.

Sieben Worte lassen den Priester sichtbar werden, noch bevor seine spezielle Uniform beschrieben wird. Das Erröten ist ein Handlungselement mit charakterisierender Funktion, dem in diesem Fall eine besondere Bedeutung zukommt, weil der in Militärdiensten stehende Priester im weiteren Verlauf der Geschichte den Schikanen eines ranghöheren Offiziers ausgesetzt sein wird.

Einer Geschichte von Irwin Shaw ist die folgende Textpassage entnommen:

> Der Mann im grünen Pullover nahm seinen gelben Strohhut ab und wischte das Schweißband sorgfältig mit seinem Taschentuch ab.

Einfach genug, aber das Element, das den Mann bildlich vor unseren Augen entstehen läßt, ist nicht die Beschreibung seiner Kleidung, sondern eine Handlung, nämlich das Abwischen des Schweißbandes.

Ein Autor, der seine Figuren lebendig zu zeichnen weiß, zieht uns in seinen Bann. Dennis McFarlands Erstlingsroman *Music Room* ist so großartig geschrieben, daß jede Seite ein wahres Vergnügen ist. McFarland läßt keine Gelegenheit zur Charakterisierung seiner Figuren aus. In der folgenden Textstelle wird die unwichtigste Figur, der Rezeptionist eines Hotels, aus der Sicht des Protagonisten beschrieben, dessen Bruder gerade gestorben ist:

> ... nur, daß der Mann an der Rezeption, den ich nie zuvor gesehen hatte – dunkelhaarig, etwa in meinem Alter und mit dem protzigen, hantelförmigen Schnurrbart eines Löwenbändigers im Zirkus –, mich zu kennen schien, und meinen Kummer: Ich beobachtete, wie er fröhlich einem Mann vor mir behilflich war und dann, als er seinen Blick in meine Richtung lenkte, entschieden melancholisch wurde. Mit allergrößtem Mitgefühl überreichte er mir die pinkrosa Papierstreifen, auf denen die Anrufe für mich notiert waren, und ich bemerkte unwillkürlich, daß die Haut seiner Hand etwas zu feucht und zu weiß wirkte und daß ein paar Haare auf dem Handrücken etwas zu starr und zu schwarz waren, jedes einzelne mit seiner Wurzel, wie unter einem Vergrößerungsglas.

Die Charakterisierung einer Nebenfigur aus der Sicht eines der Protagonisten ist eine wirkungsvolle Technik. Sehen wir uns an, auf welche Weise Anne Richardson Roiphe dies in ihrem Roman *Up the Sandbox!* bewerkstelligt:

> ... die zwergwüchsige Frau, die in unserem Haus wohnt, eilt mit ihrer vollen Einkaufstasche über die Straße, ihre dicken Waden sind nackt, und ihre Füße stecken wie üblich in schweren Gesundheitsschuhen. Ihr Gesicht ist rund, ihre Züge sind derb und von einer Brille mit dicken Gläsern entstellt. Bevor wir in dieses Haus gezogen waren, hatte ich noch nie einen Zwerg gesehen. Das ist jetzt vier Jahre her, und jedesmal, wenn ich ihr begegne, läuft mir eine Gänsehaut über den Rücken. Trotz aller menschlichen Belehrungen, die ich natürlich erhalten habe, fühle ich mich in der Gegenwart eines Krüppels, anstatt Rücksichtnahme oder Mitleid zu empfinden, einfach unwohl. Ich halte mich an die mittelalterliche Überzeugung, daß jemand etwas Verbrecherisches getan hat, vielleicht im Bett oder auch nur in der Fantasie, aber irgend jemand hat ein Verbrechen begangen, vielleicht das Opfer selbst.

Nebenfiguren können nicht nur hilfreich für die Charakterisierung der wichtigsten Akteure einer Geschichte sein, sondern sie können auch die Handlung vorantreiben. In meinem Roman *Um Leib und Leben* habe ich auf den ersten drei Seiten fünf Personen auftreten lassen, um den Protagonisten Ben Riller zu charakterisieren und in das Handlungsthema einzuführen: Ben ist in Schwierigkeiten.

Der Theaterproduzent Ben betritt das Vorzimmer seines Büros. Am Schreibtisch seiner Sekretärin Charlotte steht ein Bote, ein älterer Mann. Sie versucht, ihm durch ein Zeichen etwas zu verstehen zu geben, aber Bens Aufmerksamkeit richtet sich auf die wartenden Schauspieler. Sehen wir uns an, welche Funktion der Bote hat:

> Der Greis, der mit Charlotte debattiert hatte, entdeckt mich zu guter Letzt. Unter den besten Schauspielern der Welt sind einige, die sich den Achtzig nähern. Aus ihren vom Alter zerfurchten Gesichtern spricht Charakter. Im Film kann man eine Aufnahme endlos wiederholen, aber im Theater wird der Kör-

> per in acht Vorstellungen pro Woche von seinen Gebrechen verfolgt. Alte Leute zerreißen mir das Herz. In jedem der Gesichter entdecke ich meinen Vater, Louie. ... Es tut weh, einen alten Mann wegschicken zu müssen. Ich lächle, als er auf mich zukommt. Ich denke, er will mir die Hand schütteln.
> Tatsächlich aber, so stellt sich heraus, will er mir eine Vorladung aushändigen, die persönlich überbracht werden muß.
> Ich versuche sie ihm wieder in die Hand zu drücken, aber er ist mit einem Schwung zur Tür hinaus, um den ihn ein jüngerer Mann beneidet hätte.

Ich habe den Boten als Ergänzung zur Charakterisierung des Protagonisten Ben benutzt. Die Einführung einer Nebenfigur bietet uns eine gute Gelegenheit, die Figur des Hauptakteurs herauszuarbeiten.
Daneben vermittelt die zitierte Passage weitere Informationen. Der Leser erfährt etwas über die Einstellung des Produzenten zum Theater, zum Alter, zu der unterschiedlichen Arbeitsweise des Schauspielers im Film und auf der Bühne. Außerdem wird der Vater des Protagonisten, Louie, eingeführt, der im weiteren Handlungsverlauf eine tragende Rolle spielt. Wichtig ist hier, daß wir beim Charakterisieren einer Nebenfigur die Gelegenheit beim Schopf packen, mehr zu vermitteln. In dieser kurzen Passage um den Boten kommt es vor allem darauf an, daß sie uns – über das Medium einer Handlung – zum Kern der Geschichte führt: Der Held, der erfolgreiche Produzent Ben Riller, ist in Schwierigkeiten.

Bedenken Sie, daß die Variationsmöglichkeiten der handelnden Figuren grenzenlos sind und daß es eine Vielzahl von Techniken gibt, diese zu entwickeln. Und wenn Sie einmal vor der schwierigen Aufgabe der Charakterisierung stehen, dann wählen Sie einfach die in diesem Kapitel beschriebenen Techniken – genauso wie Sie im Notfall die Nummer 110 wählen.
Ich habe in diesem Kapitel versucht, die unterschiedlichsten Methoden zur Charakterisierung von Haupt- und Nebenfiguren zu vermitteln. Abschließend noch ein weiterer Vorschlag. Neh-

men Sie sich die Zeit, zwei oder drei Klassiker zu lesen, in denen starke und einprägsame Charaktere auftreten: Novellen von Schriftstellern aus einem anderen Kulturkreis, etwa Dostojewski oder Flaubert; Shakespeares wunderbare Stücke, insbesondere die Tragödien; die Romane von Schriftstellern des zwanzigsten Jahrhunderts: Joseph Conrad, Graham Greene oder Henry James, um nur ein paar herauszugreifen. Sie werden feststellen, daß bestimmte Figuren Sie stärker ansprechen und nachhaltiger beeindrucken als andere. Wenn Sie vor dem Einschlafen noch ein wenig lesen, dann stellen Sie sich eine Szene vor, in der sich eine dieser Figuren mit der Figur, an der Sie gerade arbeiten, über die Handlung Ihres Buches unterhält. Denken Sie sich aus, was die eine Figur sagt und wie die andere antwortet. Vielleicht haben Sie dann am nächsten Morgen beim Erwachen das Bedürfnis, nach Papier und Stift zu greifen und einige Gedanken zu Ihrer durch das imaginäre Gespräch vom Vorabend bereicherten Figur aufzuschreiben.

Letztendlich hängt die Kunst der Charakterisierung auch beim besten Schriftsteller von dessen Verständnis der menschlichen Natur ab. Zu Beginn des zwanzigsten Jahrhunderts wurde im Gefolge des Romans *Pollyanna* von Eleanor Porter ein neues Wort in die englische Sprache eingeführt. »Pollyanna« wurde zum Synonym für einen blinden Optimisten, der wie der Vogel Strauß den Kopf in den Sand steckt und so tut, als würde das, was draußen in der Welt real geschieht, nicht existieren. Ein Schriftsteller darf nicht wie Pollyanna sein. Er hat die Aufgabe, das zu schreiben, was andere Menschen denken, aber nicht aussprechen, und das bringt uns zum Thema des nächsten Kapitels, den Merkmalen mit signalhafter Wirkung.

5
Merkmale: Der Schlüssel zur schnellen Charakterisierung

Lionel Trilling, der um die Mitte des zwanzigsten Jahrhunderts zu den einflußreichen Literaturkritikern zählte und darüber hinaus ein paar interessante Romane geschrieben hat, sagte einmal, daß Klassenunterschiede ein wesentliches Element in der fiktionalen Literatur seien. Diese Beobachtung hat nicht nur unschätzbaren Erkenntniswert für Romanautoren, sie ist auch Zündstoff in einer brisanten Materie. Überall in der Welt scheint man die Tatsache zu akzeptieren, daß es Unterschiede zwischen den gesellschaftlichen und kulturellen Schichten gibt, nur in den Vereinigten Staaten, wo Demokratie oft mit Gleichmacherei verwechselt wird, war allein der Gedanke an die Existenz gesellschaftlicher Klassen lange Zeit tabu. Nun ist es aber gerade Sache des Schriftstellers, sich mit Tabus zu befassen, das Unausgesprochene zu artikulieren und zu enthüllen, in der Interaktion der Menschen den Unterschied aufzuzeigen zwischen Lippenbekenntnis und tatsächlichem Verhalten. Da heikle Themen emotionale Reaktionen hervorrufen, sind sie besonders interessant für einen Schriftsteller, der mit dem Versuch, die Emotionen seiner Leser zu wecken, sein Können immer wieder auf die Probe stellt.

Wenn wir über kulturelle Unterschiede sprechen, geht es nicht um ökonomische Ungerechtigkeit oder Chancengleichheit. Kulturelle Unterschiede ergeben sich aus angeborenen Eigenschaften, dem familiären Hintergrund und dem persönlichen Temperament. Diese Unterschiede sind Gegenstand literarischer Meisterwerke. Und sie können sogar in der Unterhaltungs- und

Trivialliteratur eine Bereicherung sein, wenn sich der Autor ihres reichen Potentials bewußt ist.
Um die angeborenen Eigenschaften, die familiären Hintergründe und das persönliche Temperament eines Menschen können wunderbare Geschichten gesponnen werden. Romanfiguren können sich wie die Menschen im wirklichen Leben darum bemühen, diese Bürde und Konditionierung abzuschütteln. Manchen Menschen gelingt dies, anderen nicht, und dasselbe gilt für die Figuren, die aus unserer Fantasie heraus entstehen.

Theater und Film beziehen ihre dramatischen Momente häufig aus dem Zusammenprall von Charakteren mit ganz unterschiedlichem gesellschaftlichem Hintergrund. Wie könnte uns verborgen bleiben, worin der Reiz in Shaws *Pygmalion* oder dessen Musicalversion *My Fair Lady* liegt? Man bringe die schrille und heruntergekommene Eliza Doolittle mit dem distinguierten Professor Higgins zusammen, und schon prallen unterschiedliche gesellschaftliche und kulturelle Elemente so heftig aufeinander, daß ein Millionenpublikum sofort seinen Aha-Effekt erlebt.
Diese Unterschiede stehen auch in Tennessee Williams' *Endstation Sehnsucht* im Mittelpunkt, das ich für das beste Bühnenstück des zwanzigsten Jahrhunderts halte. Das Theaterstück und der darauf beruhende Film beziehen ihre Kraft aus dem Kulturkonflikt zwischen Blanche DuBois, der gefallenen »Dame«, und Stanley Kowalski, dem gewalttätigen Proletarier, die sich gegenseitig die Maske herunterreißen vor den Augen von Stella, die unter ihrem Stand geheiratet hat und sich nun in einer Welt von kartenspielenden, biersaufenden männlichen Tieren gefangen sieht.
Menschen mit unterschiedlichem kulturellem Hintergrund, in einer ausweglosen Situation miteinander verbunden, sind natürlich der ideale Stoff für die Literatur. Die dramatische Brisanz, die sich aus ererbten oder erworbenen kulturellen Unterschieden sowie dem verschieden gelagerten persönlichen Temperament ergibt, kann dem Schriftsteller als Ausgangspunkt für großartige

Geschichten dienen. Diese Unterschiede sind wie ein reicher Steinbruch für einzelne Szenen oder einen ganzen Handlungsrahmen. Sie liefern den Konflikthintergrund in der Literatur.

Menschen aller sozialen Schichten ziehen im allgemeinen die Gesellschaft von Leuten vor, die sie als »ihresgleichen« empfinden. Und damit einher geht das weitverbreitete Vorurteil gegen »alle anderen«. Auch wenn wir im Laufe unseres Lebens lernen, dieses Vorurteil zu steuern und bis zu einem gewissen Grad sogar zu überwinden, bleibt selbst bei denjenigen, die es bestreiten, meist der Rest einer Animosität gegen »das Andere« bestehen. Dieses Gefühl des »Andersseins« ist ein wichtiges Element beim Entwickeln einer Handlung, weil die Leser zur emotionalen Parteinahme neigen, wenn sie in einer Geschichte mit zwei Charakteren aus unterschiedlichem sozialem Umfeld konfrontiert werden.

Wenn sich ein Schriftsteller auf das dünne Eis dieser Materie begibt, ist er gut beraten, sich mit den Begriffen und ihrer Bedeutung vertraut zu machen.

Unter dem *kulturellen Hintergrund* verstehen wir die Verhaltensmuster, Überzeugungen, Traditionen, Institutionen, Neigungen und andere charakteristische Züge, die in einer Gemeinschaft von Generation zu Generation weitergegeben werden. Mit »kultiviert« assoziieren wir einen durch Erziehung und Bildung ästhetisch und intellektuell verfeinerten Menschen.

Die *Klassenzugehörigkeit* bezieht sich auf eine bestimmte Gesellschaftsschicht, der ein Mensch aufgrund seiner kulturellen und sozialen Merkmale zugeordnet wird. Isoliert betrachtet bezeichnet das Wort »Klasse« – wie beispielsweise in der Redewendung »sie hat Klasse« – einen gehobenen Stil oder eine gewisse Vornehmheit.

Erfolgreiche Schriftsteller sind aus allen Gesellschaftsschichten hervorgegangen, und einige haben entschlossen ihre Herkunft verteidigt. Ein Autor muß seine eigenen emotionalen Reaktionen bewußt unterdrücken, um so viel Abstand zu gewinnen, daß er sie in seine Arbeit einbringen kann.

In unserer zivilisierten Gesellschaft bemühen sich die Menschen gewöhnlich, über die gerade erwähnten Unterschiede hinwegzusehen. Aber sie haben damit keinen Erfolg. Der Versuch, über offenkundige Unterschiede hinwegzutäuschen, mißlingt ihnen, und sie verletzen andere Menschen damit. Kulturelle Unterschiede fallen im allgemeinen fast jedem auf. Menschen, die gelernt haben, sich über kulturelle Unterschiede hinwegzusetzen, bezeichnen wir als »vorurteilslos«. Diese »aufgeschlossenen« Menschen sagen manchmal unpassende Dinge, nur damit sich andere »wohler in ihrer Haut« fühlen. Dadurch fühlen sich diese anderen aber nicht wohler, sondern es erzeugt eher ein Unbehagen bei ihnen. Soziale und kulturelle Unterschiede können also, bei allen hehren Absichten, eine Quelle hochschlagender Emotionen und dramatischer Momente sein. Wie wir sehen werden, sind Unterschiede für den Handlungsverlauf ergiebiger als Übereinstimmungen.

Im Action-Film sind die dargestellten Menschen den Kategorien von gut und böse zugeordnet. Aber die meisten Filme, die für einen Oscar nominiert werden, sind von einer subtileren Wahrnehmung der Unterschiede getragen. Eine solche Art der Wahrnehmung ist wesentliches Element der gehobenen wie der Unterhaltungsliteratur.

Wie in D. H. Lawrences *Lady Chatterley* kann die Verbindung von Menschen mit unterschiedlichem Hintergrund in der Literatur extreme Formen annehmen. Sie kann ein komödiantisches Element ergeben, wenn beispielsweise der knorrige alte Haudegen mit den Damen und Herren von Virginia auf die Fuchsjagd geht, obwohl wir doch von ihm erwarten würden, daß er, auch wenn er zu seinem Vergnügen jagt, dies normalerweise in der Gesellschaft von Männern täte, die groben Stoff bevorzugen und für die pompöse Kleidung der traditionellen Fuchsjagden nur ein verächtliches Lachen übrig haben. Soziale und kulturelle Unterschiede bringen sowohl für den Autor als auch für den Leser den Funken zum Überspringen.

In der Literatur gestaltet sich das Aufeinandertreffen der Unterschiede oft um einiges subtiler als in *My Fair Lady* oder in *Endstation Sehnsucht.* Eine meiner Lieblingsgeschichten, die 1991 in die Liste der *Besten Kurzgeschichten* aufgenommen wurde, ist Kate Bravermans Erzählung »Tall Tales from the Mekong Delta« (Unglaubliche Geschichten vom Mekong-Delta). Werfen wir einen Blick auf den Anfang dieser bemerkenswerten Erzählung, und sehen wir uns an, wie hier sozialer Hintergrund und Wertvorstellungen aufeinanderprallen.

> Es war im fünften Monat ihres Entzugs. Es war nach dem Krankenhausaufenthalt. Es war nach ihrer Scheidung. Es war Herbst. Sie hatte sogar aufgehört zu rauchen. Sie trug pinkfarbene Leggings, ein pinkfarbenes T-Shirt mit dem Aufdruck KAUAI in lila Buchstaben über der Brust und Tennisschuhe. Sie kam gerade aus dem Fitneß-Center. Ihre Haare waren feucht. Sie trug ein pinkfarbenes Schweißband um die Stirn. Sie überquerte einen Parkplatz am Rande eines Stadtparks in West Hollywood. Sie hatte Gebäck für das Treffen der AA-Gruppe bei sich. Sie war diesmal an der Reihe, das Essen dafür mitzubringen. Er fiel in Gleichschritt mit ihr. Er war untersetzt, dicklich, blaß. Er hatte kaputte Zähne. Seine Haare waren schmutzig. Später sollte sie dieses Bild in ihrem Gedächtnis festhalten und prüfend betrachten. Sie sollte sagen, er wirkte verängstigt und geschlagen und gefangen, verschlossen wie ein Käfig war der Ausdruck, den sie benutzte, um seine Augen zu beschreiben, wenn er abschätzend und prüfend etwas betrachtete, das in der Luft zwischen ihnen war. Die Art, wie er mit zusammengekniffenen nußbraunen Augen blinzelte, hatte nichts mit dem Sonnenlicht zu tun.
> »Ich bin Lenny«, sagte er und steckte ihr seine Hand entgegen. »Wie heißen Sie?«
> Sie sagte es ihm. Sie trug eine Tüte mit Keksschachteln in der Hand. Nach dem Treffen hatte sie einen Termin bei ihrer Therapeutin, dann bei der Maniküre. Sie lief weiter.
> »Sind Sie Lehrerin? Sie seh'n aus wie eine Lehrerin«, sagte er.
> »Ich bin Schriftstellerin«, sagte sie. »Ich unterrichte kreatives Schreiben.«
> »Sie seh'n aus wie eine Lehrerin«, sagte Lenny.
> »Ich bin nicht bloß Lehrerin«, erklärte sie. Sie war verärgert.
> »Na schön. Sie sind Schriftstellerin. Und Sie sind schlimm. Sie sind eines dieser schlimmen Mädchen von Beverly Hills. Ich habe Sie beobachtet«, sagte Lenny.

> Sie sagte nichts. Er trug Bluejeans, eine schwarze Lederjacke, deren Reißverschluß bis oben geschlossen war, einen roten Wollschal um den Hals und eine Baseballkappe mit Dodgers-Emblem. Es war zu heiß für die Lederjacke und den Schal. Sie maß diesem Umstand keine Bedeutung bei. Es fiel ihr auf, ging ihr kurz durch den Kopf, dann vergaß sie es. Sie sah es, merkte aber nichts. Sie standen an einer Bordsteinkante. Das Treffen fand im Gemeindesaal auf der anderen Straßenseite statt. Sie hatte noch keine Angst.
>
> »Machen Sie in Drogen? Was ist los? Trinken Sie zu viel?« fragte er.

Die Protagonistin und Lenny stammen aus verschiedenen Welten. Wie verschieden diese sind, erfahren wir im weiteren Verlauf der Handlung. Lenny dringt in die Welt der Protagonistin ein wie Higgins in Elizas oder Blanche DuBois in Stanleys Leben – aber natürlich mit anderen Absichten. Der Leser spürt die Unterschiede schon bald, sie manifestieren sich in der Kleidung, die sie tragen, in der Angst der Frau und ihrem Bemühen, höflich zu sein, in Lennys dreisten, aggressiven Fragen und Schlußfolgerungen.

Um solche unterschiedlichen Welten für den Leser schnell erfaßbar zu machen, empfiehlt es sich, auf *Merkmale* zurückzugreifen, auf leicht zu identifizierende Zeichen, die den kulturellen und sozialen Hintergrund einer Figur signalisieren. Die Kleidung ist, wie wir gesehen haben, ein brauchbares Merkmal. Mit einer Frau im Schneiderkostüm assoziieren wir förmliche Eleganz. Würden wir erwarten, dieser Frau in Begleitung eines Typen zu begegnen, der in einem ärmellosen Muskelshirt und einer bedruckten Baseballkappe herumläuft? Der Leser nimmt an, daß sie nicht zusammengehören, weil sie die äußerlichen Erkennungszeichen eines jeweils anderen gesellschaftlichen Hintergrundes tragen. Was würde der Leser nun aber denken oder empfinden, wenn die beiden Arm in Arm gehen?

Heute laufen Menschen aller Gesellschaftsschichten in Jeans herum. Wenn uns aber ein Mann in gepflegten Designerjeans begegnet, nehmen wir dann an, daß er gerade von seiner Arbeit auf der Baustelle kommt? Und was denkt der Leser, wenn er einen Mann in gepflegten Designerjeans auf einer Baustelle sieht? *Unecht*, denkt er. Und genau das kann für den Autor ein sehr nützliches Element sein.

Auch wenn ein Statussymbol oder Merkmal kein absolut sicherer Indikator für die soziale oder kulturelle Zugehörigkeit ist - für fast alle gibt es gewisse Ausnahmen -, reagiert doch der Leser erwartungsgemäß auf diese Symbole. Wenn wir uns beispielsweise in einem Gerichtssaal befinden, in dem ein junger Mann wegen eines Delikts unter Anklage steht, was erwarten wir dann zu sehen? Wir erwarten, daß ihm sein Anwalt geraten hat, Anzug und Krawatte, jedenfalls aber etwas Ordentliches, anzuziehen. Was werden wir aber denken, wenn dieser junge Mann wie immer in ausgefransten Jeans, schmutzigen Turnschuhen und einem T-Shirt mit anzüglichem Aufdruck im Gerichtssaal erscheint? Daß der Anwalt versäumt hat, seine Pflicht zu tun? Was würde der Richter denken? Jeder Richter weiß, daß Anwälte ihren Klienten raten, in ordentlicher Kleidung vor Gericht zu erscheinen. Ist der Richter vielleicht der Meinung, daß der Anwalt oder sein Klient ihre Verachtung für die Würde des Gerichts zeigen wollen? Die Reaktion auf eine bestimmte Kleidung ist oft gleichzusetzen mit der Reaktion auf das Umfeld, in dem diese getragen wird. Denken Sie daran, wenn Sie eine Figur in einer bestimmten Szene beschreiben.

Wenn ein Roman-, Theater- oder Drehbuchautor Menschen mit unterschiedlichem sozialem und kulturellem Hintergrund zusammenbringt, dann muß er selbst zurücktreten und aus einer gewissen Distanz zusehen, wie sich das unausweichliche Drama zuspitzt. Verschiedenheit ruft Widerspruch hervor. Das wiederum verleiht dem Akt des Schreibens das dramatische Element. Es ist gut, wenn es dem Autor Unbehagen bereitet, sich mit sozialen und kulturellen Unterschieden auseinanderzusetzen. Gerade die Themen, die uns Gefühlsreaktionen entlocken, taugen am besten zur literarischen Verwertung. Eine Geschichte gewinnt unweigerlich an Spannung, wenn die sozialen und kulturellen Unterschiede zwischen den darin handelnden Figuren an die Gefühle der Leser appellieren.

Viele Aspekte der Klassenunterscheidung haben Eingang in die Literatur gefunden. Einige Merkmale, an denen früher die Zugehörigkeit zur Ober- oder Unterschicht abzulesen war, haben sich mit der Zeit verwischt.

In Ländern wie den Vereinigten Staaten, die Menschen der verschiedensten Kulturen beheimaten, fallen ethnische Besonderheiten oft stärker ins Auge als Klassenunterschiede. Auch der Generationenwechsel bringt Veränderungen mit sich. Während ältere Leser eine auffällige Tätowierung vielleicht immer noch für ein Merkmal der »Unterschicht« halten – und je größer und schriller die Tätowierung, um so niedriger die Schicht –, schmükken sich in letzter Zeit junge Leute aus allen gesellschaftlichen Schichten mit solchen Tätowierungen.

Auch wenn die Merkmale, an denen der Leser früher die Zugehörigkeit zur »Unterschicht« oder »Oberschicht« zuverlässig erkannt hat, nicht mehr uneingeschränkt zutreffen, fungieren sie doch immer noch als Symbole, die beim Leser Assoziationen und Schlußfolgerungen hervorrufen. Solche Erkennungsmerkmale sind nach wie vor von unschätzbarem Wert für die Arbeit des Schriftstellers.

Sehen wir uns einige der Bilder an, die in manchen Fällen bis zur Klischeehaftigkeit überstrapaziert worden sind:

Bei einer Person, die sich mit unter einem Tuch verborgenen Lockenwicklern in der Öffentlichkeit zeigt, denken die Leser gewöhnlich an jemanden aus der »Unterschicht«.

Überlange und grellrot lackierte Fingernägel sagen im allgemeinen etwas über die Klassenzugehörigkeit einer Frau aus. Klauenartige Fingernägel und übertrieben viel Rouge sind Ausdruck einer ordinären Künstlichkeit, die durchaus fruchtbar für den Autor sein kann. Schwarze Ränder unter den Fingernägeln eines Mannes, der sich zum Ausgehen fein gemacht hat, können darauf hindeuten, daß es sich um einen Menschen handelt, der die Hände nie richtig sauber bekommt, weil er gewöhnlich eine schmutzige Handarbeit verrichtet. Das muß aber der Autor nicht umständlich erklären. Es reicht, wenn er dem Leser die Fingernägel vor Augen führt; sie sind wirkungsvolle Erkennungsmerkmale.

Die Art, wie sich jemand mit seinen Kindern in der Öffentlichkeit präsentiert, ist ein aussagekräftiges Element. Eine Frau, die ein »herausgeputztes« Kind an der Hand hält, weckt ganz bestimmte Assoziationen. Einen anderen Eindruck vermittelt eine Frau, die im Supermarkt mit ihren Kindern herumbrüllt.

Was sagt es über eine Person aus, wenn diese ununterbrochen Kaugummi kaut? Was verrät ein am Fußgelenk getragenes Kettchen dem Leser über dessen Trägerin? Wie steht es mit dem Mann, der mehrere große Ringe oder einen Diamantring trägt? Auffällige Angewohnheiten können wirkungsvolle Erkennungsmerkmale sein. Wie reagiert der Leser auf eine männliche Figur, die in aller Öffentlichkeit in der Nase bohrt, sich unter der Achsel oder im Schritt kratzt? Würde der Leser spontan Sympathie für oder Antipathie gegen diese Figur empfinden?

Selbst die Art des Fortbewegungsmittels, das eine Person benutzt, kann als Erkennungsmerkmal dienen. Wenn der Leser von einer Figur lediglich weiß, daß sie einen Lieferwagen, ein Motorrad und einen frisierten Wagen mit überbreiten Reifen und röhrendem Auspuff besitzt, welchem Milieu würde er diese Person zuordnen?

Weitere Merkmale sind Essen, Trinken und die Orte, an denen dies stattfindet. Was vermutet der Leser über die Klassenzugehörigkeit eines Menschen, der die Gewohnheit hat, beliebte amerikanische Biersorten, Roggenwhisky und eisgekühlten Rotwein zu trinken? Ist der Eindruck ein anderer, wenn die Figur Scotch, Perrier und Dry Martinis trinkt? Aber sicher. Solche Signale sind nützlich. Perlwein und Bowle würden nicht gerade auf einen verwöhnten Gaumen hindeuten. Und man würde auch nicht erwarten, einen Menschen mit wählerischem Geschmack in der Schlange vor einer Fast-Food-Theke anzutreffen. Umgekehrt würde sich ein Bauarbeiter, selbst wenn er sich in seine beste Sonntagsschale geworfen hat, in einem der vornehmen East-Side-Restaurants in Manhattan, wo alle Kellner schwarze Krawatten tragen und die Speisen in Französisch auf der Karte stehen, vermutlich ausgesprochen unbehaglich fühlen.

Wenn Ihre Figur den Mund zum Teller führt, anstatt die Gabel zum Mund, würde der Leser vermutlich sofort auf eine entsprechende Kinderstube schließen. Es gibt aber auch Eßgewohnheiten, die sich nicht besonders gut als Erkennungsmerkmale eignen, weil sie so komplex sind, daß eine kurze, prägnante Beschreibung unmöglich wäre. Beispielsweise nehmen Europäer beim Essen die Gabel in die linke und das Messer in die rechte Hand. Mit der linken führen sie die zerkleinerten Bissen zum Mund. Amerikaner wechseln die Gabel von einer Hand in die andere und essen mit der rechten. Solche Unterscheidungen nützen dem Autor wenig als Erkennungsmerkmale, weil es zu umständlich ist, sie zu beschreiben, und am Ende wissen die Leser vielleicht immer noch nicht, worauf der Autor hinauswill, sofern er es ihnen nicht ausdrücklich erklärt. Ein Erkennungsmerkmal sollte die beabsichtigte Information auf der Stelle vermitteln.

Zu den am häufigsten verwendeten Erkennungsmerkmalen gehören Dialoge, in denen sich eine Figur bestimmter Wörter und Ausdrücke bedient. Wenn eine Figur Wörter wie »ostentativ«, »sukzessive« oder »archaisch« korrekt und leichthin in ihre Rede einfließen läßt, was würden wir als Leser von dieser Person halten? Die Wortwahl deutet darauf hin, daß es sich bei dem Sprecher um einen gebildeten Menschen handelt. Sie könnte aber auch einen Wichtigtuer kennzeichnen. Ein verbales Erkennungsmerkmal finden wir in den Krimiserien im Fernsehen, wenn beispielsweise ein einfacher Streifenpolizist von einem »Delinquenten« spricht.

In fast allen meinen Romanen taucht zumindest eine Figur auf, die mit einem bestimmten Akzent spricht, was ebenfalls ein starkes Unterscheidungsmerkmal ist. In *Um Leib und Leben* treten sogar drei Figuren auf, die sich durch ihren Akzent deutlich von den anderen abheben. Viele Politiker sprechen in unvollständigen, mit Klischees befrachteten Sätzen. Typen, die auf der Straße herumhängen, bedienen sich einer rudimentären Fäkalsprache. Alle diese Elemente dienen als Erkennungsmerkmale für eine schnelle Charakterisierung.

Auch der Inhalt dessen, was eine Figur sagt, kann als Merkmal dienen. Welche Schlüsse zieht der Leser über Herkunft und soziales Umfeld einer Person, wenn diese sich in der Geschichte auskennt, sich für Fragen der internationalen Politik interessiert, Bücher liest und mit Sorgfalt behandelt, sich aus Prinzip regelmäßig an Wahlen beteiligt? Erkennungsmerkmale geben dem Autor Gelegenheit, dem Leser etwas über das soziale Umfeld seiner Figuren zu vermitteln, ohne es explizit erklären zu müssen.

Die Lebenseinstellung einer Person kann ebenfalls als Charakterisierungsmerkmal dienen:

> Arthur kam mit der Befürchtung nach New York, von jedem Menschen, der ihm begegnete, beleidigt oder ausgeraubt zu werden.

Wenn eine Figur ihre Unerfahrenheit auf Reisen erkennen läßt, indem sie beispielsweise organisierte Gruppenreisen bevorzugt, sich durch fremde Sprachen oder Gebräuche verunsichern läßt oder haufenweise billigen Andenkenramsch ersteht, so ergibt dies ein aussagekräftiges Erkennungsmerkmal. Hüten Sie sich aber vor allzu offensichtlichen Klischees wie beispielsweise dem amerikanischen Touristen im Ausland, der ständig auf der Suche nach einem Hamburger-Drive-in ist.

Ich sehe es am liebsten, wenn Erkennungsmerkmale in Handlungssequenzen eingearbeitet sind, die beschreiben, was eine Figur tut, und dabei gleichzeitig etwas über deren Herkunft und soziales Umfeld aussagen:

> Wenn Zelda in einem Restaurant aß, fand sie jedesmal einen Grund, irgend etwas in die Küche zurückgehen zu lassen.
>
> Louis ging immer auf Nummer Sicher, indem er dem Kellner ein übertrieben hohes Trinkgeld gab.

> Wie immer ließ Angelica ihr Essen kalt werden, weil sie damit beschäftigt war, die anderen Gäste im Restaurant zu beobachten.

Wir haben soeben drei recht unterschiedliche spontane Charakterisierungen an ein und demselben Ort, nämlich in einem Restaurant, erlebt.

Ich stelle immer wieder fest, daß selbst erfahrene Autoren es versäumen, sich einige grundsätzliche Fragen zu ihren Figuren zu stellen, aus denen sich wertvolle Erkennungsmerkmale ergeben könnten. Welche ererbte Eigenschaft des Protagonisten hat beispielsweise sein Erwachsenenleben am nachhaltigsten beeinflußt? Welcher in seiner Familie überlieferte Brauch verfolgt ihn bis in die Gegenwart? Welche eigenartige Angewohnheit versucht er seit Jahren vergeblich abzulegen? Welche Familientradition hatte den positivsten Einfluß auf den Protagonisten? Welcher Umstand in der Kindheit des Bösewichts trug entscheidend zu seiner negativen Entwicklung bei?
Wenn Sie gerade an einem Roman schreiben, haben Sie ihn daraufhin überprüft, ob es zwischen den beiden Hauptfiguren irgendwelche sozialen oder kulturellen Unterschiede gibt? Welchen Einfluß haben diese Unterschiede auf den Handlungsverlauf? Wie können Sie, sofern Sie derartige Unterschiede vernachlässigt haben, Ihrer Geschichte mehr Substanz verleihen und einige soziale und kulturelle Unterschiede einflechten, die an die Gefühle der Leser appellieren?
Nachdem Sie nun mit der Entwicklung der Charaktere vertraut sind, wird es Zeit für die Frage: »Wie baue ich die Handlung meiner Geschichte auf?«

6
Unerfüllte Sehnsucht: Das Fundament des Handlungsaufbaus

Wir werden von unseren Bedürfnissen und Wünschen durchs Leben getrieben. Ebenso müssen die Figuren unserer Schöpfung durch das motiviert sein, was sie wollen. Die Sehnsucht ist ihre treibende Kraft.

Unerfahrene Autoren, die manchmal wenig belesen sind in der großen Literatur der Gegenwart und Vergangenheit, stellen in den Mittelpunkt ihrer Geschichte oft einen relativ passiven Protagonisten, der nur wenig will oder seine Wünsche und Ziele weitgehend aufgegeben hat. Mir sind Autoren begegnet, die von ihrem Protagonisten sagten, er brauche nichts – er wolle lediglich »sein Leben leben«. Das erinnert mich immer daran, was Kurt Vonnegut einmal gesagt hat:

> Als ich kreatives Schreiben unterrichtete, habe ich den Studenten immer gesagt, sie sollen ihre Figuren in einer Situation zeigen, in der sie irgend etwas unbedingt wollen oder brauchen, und wenn es nur ein Glas Wasser ist. Auch ein Mensch, der wie gelähmt ist angesichts der Sinnlosigkeit unseres heutigen Lebens, muß von Zeit zu Zeit einen Schluck Wasser trinken.

In den interessantesten Erzählungen geht es um Menschen, die irgend etwas unbedingt wollen. In Kafkas *Prozeß* will Joseph K. wissen, warum er verhaftet wird, warum über ihn Gericht gehalten wird, wessen er sich schuldig gemacht hat. Der Protagonist in Fitzgeralds *Der große Gatsby* richtet sein ganzes Leben auf das eine Ziel aus, Daisy, die Frau, die er liebt, zurückzugewinnen. Emma Bovary, die Hauptfigur aus Flauberts Roman *Madame Bovary*, sehnt sich danach, der Langeweile ihres Ehelebens zu entfliehen. Wenn Ihr Protagonist nicht mit aller Kraft nach einem Ziel strebt, fällt es den Lesern schwer, ihm von ganzen Herzen zu wünschen, daß er es erreicht; aber genau das ist es, was die Leser antreibt, die Lektüre fortzusetzen. Je stärker die Sehnsucht, um so größer das Interesse des Lesers. Ein Wunsch, der sich auf die ferne Zukunft bezieht, beschleunigt den Puls des Lesers nicht in der Weise, wie es ein gegenwärtiges Verlangen tut. Der Wunsch kann sich auch darauf richten, daß irgend etwas nicht passiert, so wie in Frederick Forsyths Roman *Der Schakal*, der den Leser fieberhaft hoffen läßt, daß de Gaulle der Kugel des Attentäters entgeht.

In dem Kapitel über die Kunst des Charakterentwurfs habe ich darauf hingewiesen, daß einige der interessantesten literarischen Figuren Exzentriker sind. Ich gehe jetzt einen Schritt weiter und schlage vor, einen Bezug herzustellen zwischen dem sehnsüchtigsten Wunsch des Protagonisten und dem Aspekt, in dem sich dieser am grundlegendsten von anderen, insbesondere vom Antagonisten, unterscheidet.

Und das bringt uns zum wesentlichen Element des Handlungsentwurfs: Die Wünsche des Protagonisten und die des Antagonisten müssen in einen scharfen Konflikt zueinander gestellt werden. Wenn sich der Konflikt nicht zuspitzt, entsteht nur geringe Spannung. Eine Methode des Handlungsentwurfs besteht darin, sich etwas auszudenken, das die Pläne des Protagonisten zunichte machen und dem Antagonisten dann die Oberhand geben könnte. Und stellen Sie sicher, daß die doppelte Brisanz spürbar wird: Ihr Protagonist will unbedingt, daß ein bestimmter dringender Wunsch so bald wie möglich in Erfüllung geht, und der Antagonist ist brennend daran interessiert, genau das zu hintertreiben, und zwar ebenfalls so bald wie möglich.

Das Entscheidende dabei ist: Der Wunsch und die Widerstände gegen den Wunsch müssen wichtig, notwendig und dringend sein. Der Konflikt, der daraus resultiert, sollte das Interesse des Lesers fesseln.

Freilich stellen diese Richtlinien des Handlungsaufbaus nur das

Fundament dar und sind in gewissem Maße eine Vereinfachung. Sie dienen lediglich dem Ziel, dem Autor den leichtesten Weg zur Veröffentlichung zu weisen. Der belesene Autor wird mit komplexeren Handlungsentwürfen vertraut sein, die vom allgemeinen Schema abweichen. In zwei wesentlichen Elementen weichen sie allerdings nicht ab, und das sind: eine unbändige Sehnsucht des Protagonisten und der Konflikt, der sich daraus ergibt, daß deren Erfüllung verhindert wird.

Die Kollision einander widersprechender Wünsche ist die Quintessenz des dramatischen Konflikts. Der Autor muß dafür sorgen, daß die aufeinandertreffenden Wünsche in einem einleuchtenden Zusammenhang miteinander stehen und daß sie sich auf etwas richten, das der Leser als wichtig empfindet. Wenn der Bösewicht beispielsweise eine wertvolle Briefmarkensammlung, die der Held wie seinen Augapfel hütet, gestohlen hat und Stück für Stück zu verkaufen beabsichtigt, um den Diebstahl zu verschleiern, dann kollidieren hier die jeweiligen Wünsche der beiden eindeutig. Aber überlegen Sie selbst, ob eine Briefmarkensammlung in den Augen der Leser wichtig genug ist. Wäre der Besitzer der Briefmarkensammlung nun Präsident Roosevelt, der als passionierter Philatelist galt, so hätte die Aufklärung des Diebstahls vielleicht zur Staatsangelegenheit werden können. Der Leser interessiert sich in dem Maße für die Briefmarkensammlung, in dem ihm etwas am Protagonisten und dessen Vorlieben und Gewohnheiten gelegen ist. Das ist auch einer der Gründe, warum sich die besten Handlungsszenarien aus den Charakteren einer Geschichte heraus entwickeln.

Dem Leser fällt es leichter, sich mit einem Wunsch zu identifizieren, den viele haben und der nicht allzu ausgefallen ist (eine Briefmarkensammlung ist etwas Spezielles). Eine Liebe zu erobern oder zu verlieren, ein lebenslang erstrebtes Ziel zu verwirklichen, die Gerechtigkeit siegen zu sehen, ein Leben zu retten, Vergeltung zu üben, eine Aufgabe zu bewältigen, deren Lösung unmöglich schien – das sind die Wünsche und Sehnsüchte, für die sich die Mehrzahl der Leser interessiert.

In der sogenannten Trivialliteratur sind die Wünsche weniger persönlich und oft melodramatischer Art. Die Ereignisse entwickeln sich nicht aus den handelnden Figuren heraus, sondern treten unvermittelt ein. Ich persönlich gebe zwar der gehobenen Literatur den Vorzug, aber ich habe auch mit einer Reihe professioneller und überaus erfolgreicher Bestsellerautoren gearbeitet, denen es offenbar gleichgültig war, ob man sich nach Jahren noch an ihre Romanfiguren erinnern würde. Sie verstanden ihr Handwerk; ihre Geschichten waren spannend und haben zahlreiche Leser in ihren Bann gezogen. Die Wünsche ihrer Protagonisten unterschieden sich im allgemeinen von denen der handelnden Figuren in der gehobenen Literatur. Im Mittelpunkt ihrer Erzählungen standen die folgenden, für die Trivialliteratur typischen Wünsche und Ziele:

- die Pläne eines Staatsfeindes zu vereiteln
- ein Attentat auf eine wichtige Persönlichkeit zu verhindern
- einen dem Helden nahestehenden Menschen zu retten
- ein kapitales Verbrechen aufzuklären

Die Interessenkollision zwischen den handelnden Figuren kann alle möglichen Ursachen haben, vorausgesetzt sie stehen in einem Bezug zu deren Wünschen und Sehnsüchten. Zu den häufigsten Auslösern eines solchen Konflikts gehören die Themen Geld, Liebe und Macht. Macht bedeutet Kontrolle, die im allgemeinen über andere Menschen ausgeübt wird. Wenn also im Zusammenleben zweier Menschen der eine über Macht verfügt, so fehlt sie dem anderen. Eine überaus spannende Handlung kann sich ergeben, wenn eine Figur, die auf einem bestimmten Gebiet Macht hat, gegen eine andere ausgespielt wird, die in einem anderen Bereich über Macht verfügt, und wenn diese beiden Personen in ein und demselben Konfliktfeld gefangen sind. (Mit diesem Thema werden wir uns in einem gesonderten Kapitel befassen.)

Wenn Sie eine Handlung entwerfen, müssen Sie daran denken, daß sich aus kleineren Konflikten eine eher triviale Geschichte ergibt. Größere Konflikte schaffen Resonanz für den Leser. Stellen Sie sich selbst die folgenden Fragen: Mündet der Konflikt in tiefes Leid, in Schmerz oder Tod? Oder steht im Mittelpunkt des Konflikts ein Objekt, das für den Protagonisten von höchstem Wert ist? Ergibt sich der Konflikt aus einer wichtigen Lebensentscheidung – an einen weit entfernten Ort umzuziehen, den Beruf zu wechseln, den Partner wegen eines anderen zu verlassen, eine riskante Gelegenheit beim Schopf zu ergreifen, unerträgliche Zustände zu ändern?

Stellen Sie sich auch die Frage, ob die Kollision zwischen dem Protagonisten und dem Antagonisten Ihrer Geschichte in den Augen des Lesers unvermeidlich zu sein scheint. Haben Sie den Zufall als Auslöser der Kollision ausgeschlossen? Spielt sich der Konflikt in einem gut vorstellbaren Umfeld ab, so daß der Leser die Handlung hautnah verfolgen kann?

Wenn Sie Zweifel an der Intensität der von Ihnen entworfenen Handlung haben, so überprüfen Sie, ob der von Ihnen entworfene Konflikt das Beste beinhaltet, das Ihrem Protagonisten passieren könnte. Kommt das, was passiert, für irgend jemanden überraschend? Können Sie ein Überraschungselement einführen, indem Sie eine Handlung ablaufen lassen und dann das Gegenteil dessen eintreten lassen, was der Leser wahrscheinlich erwartet?

Würde der Konflikt, den Sie beschreiben, in eine verbale oder tätliche Auseinandersetzung münden? Würde eine solche Auseinandersetzung genügend Substanz bieten für starke Szenen, in denen die handelnden Personen wirkungsvoll aufeinanderprallen? Vergessen Sie nicht, daß sich ein Buch aus Szenen zusammensetzt, von denen jede einzelne beim Leser Interesse und Spannung erzeugen soll.

Wenn Sie den Eindruck haben, daß es in einer bestimmten Szene noch an Spannung fehlt, führen Sie eine neue Figur ein und schaffen Sie so Bedingungen, aus denen sich neue Konflikte ergeben können, besonders wenn die soeben auf den Plan getretene Figur ein starkes Interesse an dem hat, worum es in dieser Szene geht.

Wenn Sie an irgendeinem Punkt nicht weiterkommen, so gibt es ein bewährtes Hilfsmittel: Überlegen Sie, was das Schlimmste wäre, das Ihnen in diesem Augenblick passieren könnte. Zensieren Sie Ihre Gedanken nicht. Der Laie neigt instinktiv dazu, gewisse Dinge zu bemänteln. Der professionelle Autor übt sich bewußt darin, sie an die Oberfläche zu bringen.
Denken Sie nun an Ihren besten Freund, Ihre beste Freundin. Lassen Sie vor Ihrem inneren Auge ein Bild von ihm oder ihr entstehen. Denken Sie an die schönen Zeiten, die Sie mit diesem Menschen hatten. Was ist das Schlimmste, das ihm in diesem Augenblick widerfahren könnte? Es muß sich von dem unterscheiden, was Sie sich für sich selbst als größtes Unglück ausgedacht haben, und es sollte etwas mit dem Charakter, den besonderen Zielen und Wünschen dieses Menschen zu tun haben.
Stellen Sie sich nun vor, daß genau dasselbe nicht Ihrem besten Freund, sondern dem Protagonisten Ihrer Geschichte passiert. Würde sich daraus ein geeignetes Hindernis für die von Ihnen entworfene Handlung ergeben?
Das größte Hindernis, das sich dem Protagonisten in den Weg stellt, ist im allgemeinen der Antagonist und das, was er tut. Aber es können auch eine Menge anderer Dinge auftreten, die den Protagonisten an der Verwirklichung seiner Ziele hindern, vielleicht sogar das Unglück, das Ihrer Vorstellung nach Ihren Freund treffen könnte.
Es gibt noch viele andere Techniken, um den Handlungsmotor in Gang zu bringen. Während Sie sich über die gewöhnlicheren Hindernisse Gedanken machen, fallen Ihnen sicher auch solche ein, die vom üblichen Muster abweichen. Beispielsweise muß Ihr Protagonist unbedingt zu einer bestimmten Zeit an einem bestimmten Ort sein. Er hat eine Wagenpanne. (Im Melodrama könnte die Panne durch eine Manipulation des Bösewichts oder eines seiner Helfershelfer verursacht worden sein.) Oder ein Unwetter verhindert sein Weiterkommen. Wenn das nicht plausibel erscheint, denken Sie sich einen anderen unerwarteten Zwischenfall aus.

Ich will noch ein paar Beispiele als Anregung geben. Ein Tauber hört irgend etwas nicht. Ein Blinder sieht irgend etwas nicht. Ein Eigenbrötler weigert sich, etwas mitzuteilen, was er gesehen hat. Der bereits eingeleitete Start eines Flugzeugs wird abgebrochen. Für irgend etwas wird dringend Wasser benötigt; plötzlich kommt kein Wasser mehr aus der Leitung.

Die Handlung kann auch durch folgenschwerere Ereignisse belebt werden: Beispielsweise erkrankt der Protagonist plötzlich, und weit und breit ist keine Hilfe zu bekommen. Eine Figur, die dem Leser am Herzen liegt, verunglückt mit dem Auto. Oder es passiert ein Unfall im Haus – jemand rutscht in der Badewanne aus oder stürzt von der Leiter. Oder der Protagonist gerät durch eine Naturkatastrophe (Überschwemmung, Erdbeben, Wirbelsturm, Waldbrand) in Lebensgefahr.

Im allgemeinen stellen wir uns vor, daß es der Bösewicht ist, der dem Protagonisten sämtliche Steine in den Weg rollt, aber wie wir gesehen haben, können auch Naturereignisse als Hindernis fungieren. Und dann kommen noch die anderen Figuren ins Spiel. Man kann eine Szene entwickeln, in der ein Außenstehender zu Hilfe eilt, die Dinge aber durch seine unerbetene Einmischung nur schlimmer macht. Sie können auch jemanden in das Geschehen eingreifen lassen, der eigentlich nicht mit dem Bösewicht unter einer Decke steckt, jedoch aus anderen Gründen dem Protagonisten Steine in den Weg legen möchte. Oder Sie können eine Person wieder auftreten lassen, die alles durcheinanderbringt, weil sie nicht weiß, was sich während ihrer Abwesenheit ereignet hat. Die Liste wäre beliebig fortzuführen. Aber Sie wissen inzwischen, worauf es ankommt. Sie können sich im übrigen auch in Ihrer Lokalzeitung Anregungen für die Hindernisse holen, die in Ihrer nächsten Geschichte das Leben Ihrer Figuren beeinflussen sollen.

Denken Sie aber daran: Manche Hindernisse müssen von langer Hand vorbereitet werden, damit sie nicht wie ein willkürlicher Kunstgriff des Autors wirken.

Wenn Sie das Gefühl haben, daß Sie beim Handlungsentwurf

eines gewissen Leitfadens bedürfen, kann es für Sie hilfreich sein, eine Liste aller Hindernisse anzulegen, die Sie in Ihrer Geschichte einbauen wollen. Dann können Sie überprüfen, ob das erste Hindernis so einschneidend ist, daß es beim Leser Spannung erzeugt, und ob es eine Steigerung in der Reihe der Hindernisse gibt. Das heißt, auf jedes Hindernis, das sich dem Protagonisten in den Weg stellt und von diesem überwunden wird, muß ein noch schwerwiegenderes folgen.
Es gibt Romane, in denen der Autor zu Beginn ein starkes Hindernis präsentiert, auf das aber kein noch stärkeres folgt, so daß beim Leser die Spannung immer mehr nachläßt. In diesem Fall wird er das Buch aus der Hand legen, bevor er es zu Ende gelesen hat, und selbst wenn er unbeirrbar weiterliest, wird er zumindest kein zweites Buch dieses Autors kaufen wollen.

Manche meiner Autoren hatten Schwierigkeiten mit dem Handlungsentwurf, weil sie nicht sicher waren, ob die Geschichten, die sie sich ausdachten, für den Leser von Interesse wären. Im folgenden will ich ein paar Anregungen dazu geben, welche Situationen für den Leser interessant sind:

- Zwei einander feindlich gesonnene Personen sitzen in derselben Falle. Mit jemandem zusammen zu sein, den man nicht mag, gehört im wirklichen Leben zu den unangenehmsten Erfahrungen. Wenn sich eine Romanfigur in eben dieser mißlichen Lage befindet, weckt das ein starkes Gefühl im Leser. Er möchte wissen, wie die Sache ausgeht.
- Eine Situation, in der eine der handelnden Figuren in Verlegenheit gerät, weckt beim Leser Anteilnahme. Wird eine Figur in einer ihr peinlichen Situation gezeigt, so gibt das der Handlung fast immer einen interessanten Ausgangspunkt.
- Angstgefühle bei einer der handelnden Figuren erzeugen beim Leser eine starke Spannung. Natürlich kann eine drohende Gefahr für Leib und Leben Ursache der Angst sein, aber der erfahrene Autor baut die Angststimmung mit subtilen Mitteln auf.In einer Szene des Romans *Topkapi* von Eric Ambler lenkt der

Protagonist einen Wagen, in dessen lockerer Türverkleidung geschmuggelte Waffen versteckt sind. Gleichsam im Chor mit den klappernden Schrauben klappert der Leser mit den Zähnen vor Angst, daß der Besitzer des Wagens im Fond das Schraubengeklapper hören könnte. Die Szene ist ungeheuer spannungsgeladen.

- Veränderungen in einer Beziehung wecken im Leser gespannte Neugier darauf, wohin die Entwicklung führen wird. Im wirklichen Leben finden es die Menschen langweilig, wenn sich nichts verändert, auch wenn Veränderungen als bedrohlich empfunden werden. Einschneidende Veränderungen und alle damit verbundenen Gefahren, die sich auf den Seiten eines Buches abspielen, ziehen den Leser völlig in ihren Bann.
- Leser lassen sich gern überraschen. Angenehme Überraschungen gehören zu den Freuden des Lebens. Es gefällt uns, wenn wir unerwartet etwas geschenkt bekommen, wenn uns gute Neuigkeiten überbracht werden, wenn Freunde, die wir gerne sehen, überraschend ihren Besuch ankündigen. Unangenehme Überraschungen bringen im Leben Schmerz, Trauer und Leid über uns. Aber in Büchern fiebern wir dem Unerwarteten mit Spannung entgegen. Ein neues Hindernis, das sich auftürmt, die unerwartete Konfrontation mit einem Feind oder eine plötzliche Wendung der Ereignisse, all das bewirkt, daß sich unser Puls beschleunigt und wir begierig Seite um Seite lesen. Romane, Erzählungen, Stücke und Drehbücher leben von den angenehmen wie den unangenehmen Überraschungen.

Es ist nicht schwer, ein Überraschungsmoment zu erzeugen. Sehen Sie sich eine für den Handlungsverlauf wichtige Episode an und überlegen Sie, welche Entwicklung man als nächstes erwarten würde – und dann lassen Sie das Gegenteil davon eintreten. In vielen Fälle wird sich eine Idee anbieten, die sowohl für die handelnde Figur als auch für Sie selbst überraschend kommt.
Sie können sich und Ihren Lesern eine Überraschung bereiten, indem Sie einen unvermuteten Schauplatz aufgreifen, der Ihnen

so vertraut ist, daß Sie ihn detailliert beschreiben können. Dann nehmen Sie eine bereits eingeführte und charakterisierte Figur, von der niemand erwarten würde, daß sie sich an einem solchen Ort sehen läßt. Lassen Sie diese Figur an dem Schauplatz erscheinen. Stellen Sie sich vor, was passiert, wenn die Figur dort auftaucht, und wie andere darauf reagieren.

Schließlich und endlich möchte ich noch eine Anregung geben, wie man leicht auf Handlungsideen kommt, die sich aus den Charakteren einer Geschichte entwickeln. Manchmal erreichen auch erfahrene Autoren einen Punkt, an dem es nicht weitergeht. Ich rate ihnen dann, sich den Zeitungsteil mit den Bekanntschaftsanzeigen vorzunehmen, die im allgemeinen folgende Eigenschaften aufweisen:

- Sie werden von Menschen geschrieben, die sich so sehr eine Beziehung wünschen, daß sie bereit sind, dafür eine Anzeige in die Zeitung zu setzen.
- Diese Menschen wünschen sich einen Partner, und das ist eine Sehnsucht, die jeder kennt, und ein Thema, das in der Literatur immer wieder auftaucht.
- Die Verfasser solcher Anzeigen tun zwei Dinge gleichzeitig: Sie versuchen, die Person zu beschreiben, die sie kennenlernen möchten, und sie beschreiben sich selbst (manchmal unbewußt).
- Sowohl die Vorstellung des Idealpartners als auch das Selbstbild der Anzeigenverfasser ist das Produkt ihrer Fantasie.
- Der Eindruck, der beim Lesen solcher Anzeigen entsteht, ist im allgemeinen ein anderer als der vom Schreiber beabsichtigte.

Die Bekanntschaftsanzeigen, die ich gerne als Beispiel heranziehe, erscheinen in Zeitschriften wie *New York*, *Village Voice*, *L.A. Reader*, *L.A. Weekly* und *New York Review of Books*. Sie sind in allen gut sortierten Zeitschriftenläden oder im Abonnement zu beziehen. Der *New York Review of Books*, eine zweiwöchentlich erscheinende Zeitschrift mit hohem intellektuellem Niveau und einer großen internationalen Leserschaft, ist eine besonders ergiebige Quelle für mich, weil die darin erscheinenden Anzeigen oft sehr fantasievoll sind. Ich zitiere einen meiner Lieblingstexte:

> Außergewöhnlicher Mann
>
> Ich suche die ganz besondere Frau - vorzugsweise eine, die nur selten, wenn überhaupt, auf eine Anzeige reagiert. Sehr gebildet und überdurchschnittlich klug, lustig, schön, sportlich, elegant, naturbegeistert, ehrlich, gefühlvoll, verletzlich, finanziell abgesichert, sehr sinnlich und in der Lage, anderen Menschen offen und mit Interesse zu begegnen. Eine Frau, die auf ihre eigene individuelle Weise erfolgreich ist, eine mutige, erwachsene Persönlichkeit. Ungefähr 35–45, mit einer unbändigen Lust, das Leben gemeinsam mit einem anderen Menschen zu erkunden. Ich habe eine außergewöhnlich hohe Bildung, bin promovierter Geisteswissenschaftler und stehe auf der beruflichen Leiter ganz oben. Gutaussehend, 1,82 m, 80 kg, sportlich, finanziell und beruflich sehr, sehr erfolgreich. Ich bin ein selbstbewußter, ausgeglichener Mensch, absolut natürlich und neugierig, geistreich und spontan, humorvoll, ehrlich, aufrichtig, direkt und sehr offen. Drei Monate des Jahres nehme ich mir Zeit, interessantere Dinge zu tun als zu arbeiten. Ich bin ein sehr vielseitiger, sehr außergewöhnlicher Mann mit hohen Werten und freundlichem Herzen. Ich suche eine Frau, die dieselbe Stellung im Leben erreicht hat und in dieselbe Richtung strebt. Brief/Telefon/Foto Bedingung.

Diese Anzeige habe ich auf etlichen Autorenkolloquien vorgelesen, und ausnahmslos wurde der Text vom Publikum mit schallendem Gelächter quittiert. Die Leute lachen über die Diskrepanz zwischen ihrer eigenen Vorstellung vom Verfasser und dessen Selbstbild, der ideale Stoff für eine Geschichte. Wenn sich mehrere Autoren derselben Anzeige als Quelle eines Handlungsverlaufs bedienen müßten, so würden garantiert vollkommen unterschiedliche Szenarien herauskommen. Bekanntschaftsanzeigen bieten ein reiches Potential, aus dem man im Notfall immer schöpfen kann.

In diesem Kapitel ging es also um das elementare Handwerkszeug für den Handlungsentwurf. Wenden wir uns nun einer innovativen Methode des szenischen Aufbaus zu.

7
Das Actors Studio und seine Methode, Spannung in den Handlungsentwurf zu bringen

Eine Handlung setzt sich aus Szenen zusammen. Das folgende Kapitel stellt eine hervorragende Methode vor, nach der nahezu jede beliebige Szene entwickelt werden kann.

Um die Mitte des zwanzigsten Jahrhunderts herum fanden die talentiertesten Schauspieler der Vereinigten Staaten ihre zweite Heimat in einer weißgestrichenen Holzkirche an der schäbigen 44sten Straße West in New York City, der Adresse des Actors Studio. In dem Gebäude gab es Büros und Probenräume, aber das Herzstück war das Auditorium im ersten Stockwerk mit seiner Behelfsbühne und den harten Stühlen. Die räumliche Umgebung war nebensächlich. Wer hier eintrat, wußte, daß er sich in der Kathedrale des nordamerikanischen Theaters befand, in der die vielversprechendsten Schauspielschüler Gelegenheit bekamen, unter Kardinal Lee Strasbergs Knute zu arbeiten, und in der gefeierte Stars ihrer Kunst den letzten Schliff gaben.

Bald sorgte eine Vereinigung von Regisseuren dafür, daß einige der besten Bühnen- und Filmregisseure im Actors Studio arbeiteten. Was fehlte, waren Autoren: Stückeschreiber, die darauf angewiesen waren, die Szenen, an denen sie arbeiteten, in der Umsetzung durch professionelle Schauspieler und erfahrene Regisseure zu sehen, die allesamt bereit waren, zahllose Stunden für Proben und Aufführungen zu opfern ohne weitere Entlohnung als die der schweißtreibenden Freude an der Arbeit und der vagen Hoffnung, daß aus einer im Actors Studio zum Leben erweckten Szene irgendwann in ferner Zukunft vielleicht eine Produktion und ein Job herausspringen würde.

Zusammen mit Tennessee Williams, William Inge, Molly Kazan und Robert Anderson gehörte ich zu den zehn Gründungsmitgliedern, die 1957 die Gruppe der Drehbuchautoren im Actors Studio ins Leben riefen. Als sich die Existenz der Gruppe herumzusprechen begann, hatten wir einige hochtalentierte Neuzugänge wie Edward Albee und Lorraine Hansberry zu verzeichnen, und auch der Romanschriftsteller Norman Mailer, der gerne fürs Theater schreiben wollte, gesellte sich zu uns. Nun hatten Autoren die Möglichkeit, ihre neuesten Stücke in hervorragender Besetzung und von begabten Regisseuren inszeniert zu sehen. In den Anfangsjahren gehörte es zum wöchentlichen Treffen der Autorengruppe, daß ein Stück oder ein Ausschnitt aus einem Stück vor einem Publikum aus Autorenkollegen, Regisseuren und Schauspielern improvisiert und anschließend vom Publikum kommentiert wurde.*

Wir Autoren lernten unheimlich viel aus diesen improvisierten Übungen, die ganz ohne Schauspieler und wochenlange Proben auskamen. In diesen Übungen übernahmen Autoren für ihre Kollegen die Rolle des Schauspielers. In einer der ersten Übungen dieser Art gehörte ich zu den Autoren, die vom Regisseur ausgewählt wurden. Neben mir sollte Rona Jaffe spielen, aus deren Feder einige Bestsellerromane stammen. Der Regisseur, der an diesem Tag mit uns arbeitete, war Elia Kazan, dessen Werk mit fünf Pulitzerpreisen und zwei Oscars ausgezeichnet worden ist. Die Autoren im Zuschauerraum - und die »Opfer«, also Rona Jaffe und ich - lernten anhand dieser Übung eine der wertvollsten Techniken kennen, deren sich ein Schriftsteller bedienen kann.

Wir sollten eine Szene improvisieren, für die es kein Drehbuch gab. Ich mußte den Direktor der Dalton School spielen, einer

* Ich arbeite gegenwärtig an einem Buch mit dem Titel *Passing for Normal*, in dem ich mich mit der Sexualpolitik, den tollkühnen Experimenten, den Ruhmestaten und dem Hokuspokus dieser interessanten Gruppe befasse. Hier beschränke ich mich ausschließlich auf die damals entwickelten Techniken des Stückeschreibens, die für Roman- und Drehbuchautoren hilfreich sein können.

New Yorker Privatschule für die Kinder der gehobenen Gesellschaft. Rona Jaffe war die Mutter eines Jungen, dem der Direktor einen Schulverweis erteilt hatte. Das war alles, was das Publikum wußte. Dann zog mich Kazan außer Hörweite der anderen und erklärte mir, daß mich die Mutter des von der Schule verwiesenen Jungen in meinem Büro aufsuchen und zweifellos versuchen werde, mich dazu zu bringen, ihn wieder aufzunehmen. Dieser unbelehrbare Knabe habe in jeder Klasse, in die er kam, den Unterricht massiv gestört und die Ermahnungen seiner Lehrer in den Wind geschlagen; ich dürfe mich unter keinen Umständen überreden lassen, ihn wieder aufzunehmen.

Nach dieser kurzen Orientierung, die eine halbe Minute in Anspruch nahm, kehrte ich auf die Behelfsbühne zurück, und Kazan nahm nunmehr Rona Jaffe beiseite. Was meinen Sie, was er ihr sagte?

Alle Anwesenden - ich eingeschlossen - erfuhren es erst nach Beendigung der Übung. Kazan hatte Rona Jaffe erklärt, sie sei die Mutter eines intelligenten und wohlerzogenen Jungen. Der Direktor der Schule sei gegen diesen erstklassigen Schüler voreingenommen, habe ihn diskriminierend behandelt, und Rona müsse darauf bestehen, daß er ihren Jungen auf der Stelle wieder in der Schule aufnahm!

Rona Jaffe und ich wurden auf die Bühne geschickt, sozusagen aufeinander losgelassen, und mußten nun die Szene vor dem Publikum improvisieren. Schon nach wenigen Sekunden lagen wir uns keifend in den Haaren. Mit hochrotem Gesicht schrien wir aufeinander ein. Das Publikum war begeistert. Wir stritten miteinander, weil wir unterschiedliche Regieanweisungen erhalten hatten!

Genauso geht es im Leben. Jeder von uns tritt mit seinem ureigenen Drehbuch in die Unterhaltung mit einem anderen Menschen ein. Das führt mit schöner Regelmäßigkeit zu Meinungsverschiedenheiten und Konflikten - was im Leben unangenehm, in der Literatur dagegen von unschätzbarem Wert ist, weil der Konflikt ein Element ist, das szenische Spannung erzeugt. Wenn wir mit anderen Menschen in Interaktion treten, besteht immer, selbst wenn es sich um geliebte Personen handelt, die Möglichkeit einer Kollision, weil wir unterschiedliche Drehbücher im Kopf haben. Noch größere Spannungen entstehen, wenn wir es mit einem Antagonisten zu tun haben.

Nun sind Sie gerüstet. *Sie müssen Ihren Figuren unterschiedliche Drehbücher geben*, um in den Szenen Konflikte zu erzeugen – das ist das ganze Geheimnis.

Ich habe in den Jahren meiner Lehrtätigkeit an der University of California sowie bei Autorentagungen und in Workshops immer wieder auf eine Übung zurückgegriffen, die auch Teilnehmer aus dem Publikum einbezieht und die oben beschriebenen methodischen Grundlagen ins Gedächtnis einprägt. Um die Actors-Studio-Methode der Konflikterzeugung verständlich zu machen, bitte ich einen Mann und eine Frau als Freiwillige zu mir. Ich nehme den männlichen Zuhörer beiseite und sage ihm so, daß nur er es hört, daß er gleich Besuch von einer Frau bekommen wird, die er liebt, und daß er ihr erklären soll: **»Ich habe deine Nachricht bekommen.«** Was immer sie auch antwortet, er soll darauf bestehen, daß er ihre Nachricht bekommen habe. Dann nehme ich die Teilnehmerin beiseite und instruiere sie, daß gleich ein Typ, der ihr auf die Nerven geht, bei ihr auftauchen wird. Sie hat ihm keine Nachricht geschickt. Sie will lediglich ihr Geld haben.

Dann treten die beiden Akteure vor dem Publikum auf die Bühne, der Mann klopft an eine imaginäre Tür, wird eingelassen und sagt: **»Ich habe deine Nachricht bekommen.«**

Wie ich es ihr erklärt habe, entgegnet die Frau daraufhin: **»Welche Nachricht? Hast du das Geld dabei?«** Gewöhnlich reagiert das Publikum darauf mit lautem Gelächter. Gleichgültig, was der Mann oder die Frau als nächstes sagt, das Publikum hat Spaß an dem Streitgespräch, in dem jeder sich auf ein anderes Drehbuch bezieht.

Dasselbe müssen Sie mit Ihren Erzählfiguren tun. In welcher Szene sie auch auftreten, geben Sie ihnen unterschiedliche Drehbücher zur Hand, und schon haben Sie den szenischen Konflikt und einen Leser oder Zuschauer, der sich amüsiert. Diese Technik funktioniert sowohl im Unterhaltungsroman als auch in der gehobenen Literatur, wobei in letzterer die unterschiedlichen Regieanweisungen für die handelnden Personen subtiler sind. In jedem Fall eröffnet die Methode ein weites Feld von Möglichkeiten für alle Formen des Schreibens.

Ich will diesen einfachen Vorgang noch verdeutlichen. Sie denken sich eine Szene mit zwei Akteuren aus. Bevor Sie die Szene zu Papier bringen, machen Sie sich Notizen zum »Drehbuch« oder (machen Sie es so einfach wie möglich) zur Dialogrichtung der ersten und dann der zweiten Figur. Achten Sie darauf, daß die jeweiligen Ausgangspositionen unterschiedlich und kontrovers sind. Nur Sie selbst kennen die jeweiligen Drehbücher der beiden Figuren. Lassen Sie die Szene während des Schreibens vor Ihrem inneren Auge ablaufen. Und wenn Sie eine dritte Figur in der Szene auftreten lassen, geben Sie auch dieser ein Drehbuch, das sich von dem der anderen beiden unterscheidet.

In dieser Übung ist »Drehbuch« nicht gleichbedeutend mit einem wirklichen Dialogtext, es bezeichnet lediglich *die Absicht der jeweiligen Figur in einer bestimmten Szene.* Stellen Sie sich vor, daß die handelnden Personen von Ihnen, dem Autor, ihre Anweisungen erhalten. Wichtig ist, daß die Anweisungen kurz und bündig sind. In dem von Elia Kazan inszenierten Beispiel bestand meine Regieanweisung lediglich aus dem Wissen, wen ich zu spielen hatte (den Direktor der Dalton School) und daß ich einen renitenten Schüler von der Schule geworfen hatte. Rona Jaffes Skript war ebenso einfach: Der Direktor war im Unrecht, und sie war entschlossen, durchzusetzen, daß ihr wunderbarer Sprößling wieder an der Schule aufgenommen wurde.

Einer der Vorzüge dieser Methode ist der: Hätte Elia Kazan dieselbe Übung mit zwei anderen Personen durchgeführt und ihnen dieselben Regieanweisungen gegeben wie uns, so hätte das Publikum einen anderen improvisierten Dialog gehört, und wahrscheinlich hätte die gesamte Szene einen anderen Verlauf genommen als mit Rona Jaffe und mir. Würde man dieselben Regieanweisungen einem Dutzend anderer Personen geben, so würden sich daraus ein halbes Dutzend verschiedener Geschichten ergeben.

Um sich zu üben, können Sie für jede handelnde Figur in einer bestimmten Szene irgendeines Romans, den Sie gerade lesen, ein Drehbuch entwerfen. Sicher hat sich der Autor die Position seiner Charaktere nicht in Form von Regieanweisungen vorgestellt. Die Actors-Studio-Methode führt auf kürzestem Wege zu den intuitiven und bewußten Prozessen, in denen der erfahrene Autor in seinen Geschichten und Stücken Spannung durch Konfrontation erzeugt.

Es ist eine großartige Technik. Machen Sie zu Ihrem Vorteil davon Gebrauch.

8
Der Schmelztiegel: Ein Schlüssel zum gelungenen Handlungsentwurf

Im letzten Kapitel haben wir uns mit der im Actors Studio erarbeiteten Technik vertraut gemacht, Protagonisten und Antagonisten mit unterschiedlichen Regieanweisungen in ein Wortgefecht zu verstricken. Diese Methode unterschiedlicher Drehbücher für zwei Charaktere kann sich zwar durch einen ganzen Roman ziehen, aber im Prinzip eignet sie sich am besten für den Entwurf einzelner Szenen.

Als Handlungsgrundlage für ein ganzes Werk finde ich den Rückgriff auf den *Schmelztiegel* besonders geeignet. Im eigentlichen Wortsinn bezeichnet Schmelztiegel einen Behälter, in dem verschiedene Werkstoffe bei extremer Hitze miteinander vermischt werden. Im übertragenen Sinne wird damit eine Situation gekennzeichnet, in der verschiedenartige Elemente zwangsläufig explosiv aufeinanderprallen, und damit kommen wir zu der Bedeutung des Begriffs in der Literatur. Der Autor James Frey definiert den Schmelztiegel als den »Behälter, in dem die Figuren zusammengehalten werden, während sich die Dinge aufheizen«.

In einem Schmelztiegel gefangene Figuren erklären nicht einfach einen Waffenstillstand und verabschieden sich. Sie harren aus bis zum bitteren Ende. Entscheidend ist, daß *die Motivation der handelnden Figuren, ihren Konflikt fortzusetzen, stärker ist als der Wunsch, wegzulaufen.* Oder daß sie nicht weglaufen können, weil sie beispielsweise im Gefängnis oder in einem Rettungsboot sitzen oder weil sie zu einer bestimmten Truppeneinheit oder einer Familie gehören.

Die folgenden Beispiele beziehen sich auf Romane der Weltliteratur, die den meisten Autoren wahrscheinlich bekannt sind:

- In Hemingways *Der alte Mann und das Meer* befinden sich der Mann und der Fisch, der an seinem Angelhaken hängt, in einem Schmelztiegel; keiner von beiden ist gewillt, klein beizugeben.
- In Flauberts *Madame Bovary* ist Emma Bovary mit einem Mann verheiratet, den sie verabscheut. Zu ihrer Zeit kam eine Scheidung nicht in Frage. Die Ehe ist ihr Schmelztiegel.
- In Nabokovs *Lolita* liebt Humbert eine junge Frau, die fast noch ein Kind ist. Lange Zeit befinden sich Humbert und Lolita in einem Schmelztiegel, weil sie keine Möglichkeit hat, zu gehen. Als eine dritte Figur, Quilty, ihr einen Ausweg zeigt, bekommt der Schmelztiegel Sprünge.

Ein Schmelztiegel ist ein emotionales oder materielles Umfeld, das zwei Menschen aneinanderkettet. Die brisante Situation kann sich in einer oder in mehreren Szenen entwickeln, aber in den meisten Fällen zieht sie sich durch das ganze Buch. Die Situation im Schmelztiegel ist eine Beziehung, die oft durch eine örtliche Begrenzung bestimmt wird. Zwei Gefangene in einer Zelle sitzen in einem Schmelztiegel, weil sie sich an diesem und keinem anderen Ort befinden und weil die Konfrontation durch die Tatsache angeheizt wird, daß sie mit unterschiedlichen Drehbüchern in diese Zelle geworfen wurden. *Der Kuß der Spinnenfrau* ist ein hervorragendes Beispiel für eine solche Situation. In meinem Roman *Der junge Zauberer* ist der Schmelztiegel eine Schule. Sowohl der Bösewicht, Stanley Urek, als auch der Protagonist, Ed Japhet, besuchen diese Schule. Beiden steht es nicht frei, die Schule zu wechseln. Der Konflikt zwischen den beiden Jungen ergibt sich daraus, daß Urek der Anführer einer Bande ist, die Schutzgelder von ihren Mitschülern erpreßt, und daß Japhet sich weigert zu zahlen. Beide Jungen sind gezwungen, weiter zur Schule zu gehen und sich in derselben Gemeinschaft zu bewegen. Die Schule, und damit die Gemeinschaft in der sie leben, ist ihr Schmelztiegel.

In *Um Leib und Leben* stehen sich Ben und Nick anfangs als Erzfeinde gegenüber. Ben ist mit einem Stück, das er für den Broadway produziert, in eine tiefe finanzielle Krise geraten. Nick ist ein neureicher Gangster, ein moderner Geldverleiher, der mit harten Bandagen arbeitet, aber Ben bleibt nichts anderes übrig, als sich von ihm Geld zu borgen und ihn an der Produktion des Stückes zu beteiligen. Das von Ben produzierte und von Nick finanzierte Stück wird zum Schmelztiegel für die beiden Männer. Ben wird in eine Beziehung gedrängt, aus der er nicht ausbrechen kann. Und Nick möchte sie nicht lösen, nachdem er erst einmal die aufregende Theaterluft geschnuppert und Geschmack daran gefunden hat. Wie schon gesagt, das wesentliche Element des Schmelztiegels ist die Tatsache, daß die Beteiligten eher dazu neigen, die explosive Situation zu suchen, als daraus zu entfliehen. Am Ende werden die beiden Erzfeinde Ben und Nick Freunde, beider Leben ist in dem Schmelztiegel verbunden.

James Frey hat in seinem Buch *Wie man einen verdammt guten Roman schreibt* ein paar sehr gute Beispiele dafür geliefert, in welcher Weise Figuren in einem Schmelztiegel miteinander verbunden sein können. Ich habe sie für die Studenten meiner Kurse übernommen und noch ein paar hinzugefügt:

- Menschen in einem Rettungsboot befinden sich in einem Schmelztiegel.
- Geschäftspartner, von denen einer ein Workaholic, der andere ein Faulpelz ist, befinden sich in einem Schmelztiegel.
- Eine Frau und ein Mann, die durch Ehe, Liebe und Pflichten aneinandergekettet sind, verharren so lange im Konflikt miteinander, bis sie durch Tod oder Scheidung getrennt werden. Ihr Schmelztiegel ist die Ehe.
- Auch Vater und Sohn sind aneinandergekettet durch eine Beziehung, die nicht einmal der Tod beendet. Sie können getrennter Wege gehen, aber keiner kann den anderen aus seiner Erinnerung verdrängen. Sie sind im Guten wie im Schlechten auf ewig miteinander verbunden.

Es gibt Konstellationen, die nicht geeignet sind, in der Literatur ein Konfliktfeld zu erzeugen, aus dem es kein Entrinnen gibt, aber Sie würden sich wundern, wie viele sich hierfür anbieten. Prüfen Sie die Möglichkeiten. Wenn der Schauplatz, den Sie für eine bestimmte Szene gewählt haben, das Spannungselement eines Schmelztiegels entbehrt, können Sie ihn so abändern, daß eine der handelnden Figuren ihn nicht ohne Umstände verlassen kann? Oder könnten Sie dem Hintergrund einer Figur oder auch beider Charaktere etwas hinzufügen, das die Spannungen zwischen den beiden erhöht, weil es sie in einem Schmelztiegel verbindet?

Die ausweglose Konfliktsituation ist ein hervorragendes Mittel, um die Handlung voranzutreiben. Manche Autoren ziehen es allerdings vor, mit einem einfacheren Konzept zu arbeiten, dem des *geschlossenen Raums*, womit der Schauplatz der Handlung gemeint ist. Hier einige Beispiele, die den Unterschied deutlich machen:

- Ein Astronaut, der während eines Fluges ins All todkrank wird, befindet sich in einem geschlossenen Raum. Der Schauplatz ist ein Schmelztiegel, aber er wird nicht durch eine dominante Beziehung darin festgehalten. Er ist in einer Raumkapsel im All gefangen.
- Für Robinson Crusoe und Freitag ist die Insel ein geschlossener Raum. Obwohl ihre Situation, die sie von der übrigen Welt isoliert, für sie der lebensbeherrschende Aspekt ist, richtet sich das Interesse der Leserschaft zunehmend auf ihre Beziehung.
- In *Moby Dick* bildet die *Pequod*, Kapitän Ahabs Schiff, einen geschlossenen Raum. Die interessanteste Beziehung ist die zwischen Ahab und dem weißen Wal. Darum ist der Schmelztiegel in diesem Roman nicht das Schiff, sondern das weite Meer, das sowohl Ahab als auch den Wal umschließt.
- In Jean-Paul Sartres großartigem Stück *Bei geschlossenen Türen*, das jeder angehende Autor gelesen haben sollte, befinden sich die drei Akteure in einem geschlossenen Raum, der zugleich Spannungselement und Thema des Stücks ist: Die Hölle, das sind die anderen.

Wenn man den Schauplatz einer Szene erarbeitet, lohnt es sich immer, ein paar Augenblicke über die Möglichkeit eines geschlossenen Raums nachzudenken. Es wird unweigerlich die Spannung in dieser Szene steigern. Der beste Zeitpunkt, sich Gedanken über den Schauplatz zu machen, ist der Augenblick, in dem Sie beginnen, sich Ihre Akteure vorzustellen. In welchem Konflikt könnten sie zueinander stehen? Wenn es Ihnen gelingt, den richtigen Schmelztiegel zu finden, sind Sie auf dem rechten Wege zu einer fesselnden Handlung.

9
Spannung, die den Leser nicht mehr losläßt

Vor vielen Jahrhunderten erzählte Ihr Urahn seine Geschichten an einem Feuer. Wenn es ihm nicht gelang, seine Zuhörer in gespannte Erwartung zu versetzen, und er dennoch seinen Text weiter herunterleierte, oder wenn sein Publikum schon vorher wußte, was als nächstes passieren würde, so schliefen die Leute entweder ein, oder sie machten ihm den Garaus.

Sie dagegen haben Glück! Wenn es Ihnen nicht gelingt, das Interesse Ihrer Leser zu wecken, droht Ihnen schlimmstenfalls das Schicksal, keinen Verleger für Ihr Manuskript zu finden. Wenn Sie allerdings die Veröffentlichung Ihrer Bücher im Auge haben, dann lesen Sie das folgende sehr aufmerksam, denn Spannung ist das A und O der Handlung einer jeden Geschichte.

Sie können einen bemerkenswerten Stil haben und faszinierende Charaktere erfinden, aber wenn Sie den Leser nicht relativ schnell neugierig auf die kommenden Ereignisse machen, wird er das Buch zuklappen und für immer aus der Hand legen. Sie müssen die Neugier des Lesers wecken und so lange wie möglich aufrechterhalten, indem Sie Spannung erzeugen.

Leser können oft nicht ausdrücken, woran es liegt, daß sie ein bestimmtes Buch bis zu Ende lesen. Wenn sie ungeduldig sind, zu erfahren, was als nächstes passiert, sagen sie vielleicht: »Ich kann dieses Buch nicht weglegen«, und das heißt, daß ihre Neugier nahezu alle anderen Bedürfnisse nebensächlich werden läßt. Erwartungsvolle Spannung ist der Leim, der Leser und Werk verbindet. Ich weiß noch gut, wie sehr ich mich über einen Brief von Barnaby Conrad, dem Gründer der Santa Barbara Writers

Conference und Autor des Romans *Matador* und zahlreicher anderer Bücher, gefreut habe. Conrad hatte gerade einen meiner Romane zu Ende gelesen, den er, wie er schrieb, erst hatte aus der Hand legen können, als er »das Wasser nicht mehr halten konnte«. Spannung soll beim Leser bewirken, daß er Gefahr läuft, es nicht mehr bis zum Klo zu schaffen. Aus allen Rezensionen meiner Bücher ist mir ein Satz aus der *New York Times* am deutlichsten im Gedächtnis haften geblieben: »Wenn Sie sich beim Gehen in ein Buch von Sol Stein vertiefen, werden Sie gegen eine Mauer rennen.« Darauf kommt es an: Der Leser muß so tief in die Geschichte hineingezogen werden, daß er das Buch nur beiseite legt, wenn die wirkliche Welt sich mit Gewalt bemerkbar macht.

Das englische Wort für Spannung, *suspense*, leitet sich vom lateinischen *suspendere* ab, was soviel heißt wie »hängen, schweben«. Stellen Sie sich vor, Sie führen Ihren Leser an den Rand einer Klippe, wo Ihr Held über dem Abgrund hängt und sich mit letzter Kraft festklammert. Sie sollen sich nicht von Ihrer menschlichen Seite zeigen; Sie sind kein Retter in der Not. Ihre Aufgabe ist es, die Rettung des Helden so lange wie möglich hinauszuschieben. Sie lassen ihn zappeln.

Das Beispiel zeigt natürlich eine extreme und melodramatische Situation. Spannung kann aber in allen möglichen, auch sehr subtilen Formen auftreten. Sie baut sich auf, wenn der Leser ungeduldig darauf wartet, daß etwas Bestimmtes geschieht. Oder der Leser sehnt sich danach, daß eine bedrohliche Situation ein glückliches Ende nimmt. Aber seine Hoffnung wird nicht erfüllt.

Spannung erfüllt den Leser mit dem quälenden Gefühl ängstlicher Erwartung. Die folgenden Beispiele machen deutlich, welche Situationen besonders geeignet sind, Spannung zu erzeugen:

- eine latente Gefahr für eine der handelnden Figuren
- eine akute, unmittelbare Gefahr für eine der handelnden Figuren
- eine unerwünschte Konfrontation

- eine Konfrontation, die von einer der beteiligten Personen herbeigeführt, von der anderen aber nicht gewünscht wird
- eine Vorahnung, die sich in Kürze bewahrheiten wird
- eine Lebenskrise, die unverzügliches Handeln erfordert

Aufgabe des Autors ist es, eine Situation zu konstruieren, die nach einer Lösung schreit, und dann unverantwortlich zu handeln, indem er sich leichtfüßig vom Problem des Lesers entfernt, sich anderen Dingen zuwendet und so den Leser, der sich verzweifelt eine Lösung herbeiwünscht, hinhält und auf die Folter spannt.

Darum gilt für den Autor:

- Er darf die Gefahr, die einem Akteur latent droht, nicht aus der Welt schaffen.
- Sein Akteur darf eine unmittelbar drohende Gefahr nicht überwinden, ohne sich unvermittelt mit einer noch größeren Gefahr konfrontiert zu sehen.
- Wenn sein Akteur sich vor einer Konfrontation fürchtet, muß er diese so lange wie möglich als Bedrohung in der Schwebe halten.
- Wenn eine Vorahnung sich zu bewahrheiten droht, darf er dies nicht verhindern. Er muß dafür sorgen, daß die Situation die Befürchtungen des Akteurs noch in den Schatten stellt.
- Wenn eine Krise im Leben des Akteurs unverzügliches Handeln erfordert, muß er sicherstellen, daß der Schuß nach hinten losgeht, so daß die Krisensituation andauert.

Entscheidend ist also, daß Sie die Spannung, die Sie erzeugt haben, nicht auflösen. Ihre Aufgabe ist es, boshaft zu sein. Sie verschaffen dem Leser den Nervenkitzel, den er in Büchern sucht und im wirklichen Leben verabscheut. Sie enttäuschen seine Erwartungen ein ums andere Mal.

Sehen wir uns ein paar Beispiele an.

Am Anfang der Kurzgeschichte »The Sailor-Boy's Tale« (Die Erzählung des Schiffsjungen) von Isak Dinesen beobachtet ein junger Matrose einen Vogel, der sich in der Takelage an der Mastspitze verfangen hat und nun mit den Flügeln schlagend und den Kopf hin und her werfend versucht, sich zu befreien. Über den jungen Matrosen wird gesagt: »Seine eigene Erfahrung im Leben hatte ihn zu der Überzeugung gebracht, daß in unserer Welt jeder für sich selbst sorgen mußte und keine Hilfe von anderen erwarten durfte.«

Der Leser möchte, daß der junge Matrose zur Mastspitze hinaufklettert und den Vogel befreit. Die Handlung wird durch dessen Gedanken über die Vergangenheit hinausgezögert. Dieser Aufschub erzeugt beim Leser Spannung. Im vierten Absatz klettert der Junge dann hinauf. Es stellt sich heraus, daß der Vogel ein Wanderfalke ist, was für den Jungen eine besondere Bedeutung hat. Aber in dem Augenblick, als er den Falken befreit, hackt dieser ihn so heftig in den Daumen, daß er blutet. Der Leser wollte, daß der Vogel befreit wird, und nun hat er die Bescherung!

Der Leser ist gespannt, was weiter passiert mit dem Matrosen, dem Vogel und der Einschätzung des Jungen, daß »jeder für sich selbst sorgen mußte und keine Hilfe von anderen erwarten durfte«. In einigen kurzen Sätzen wird hier in einer Erzählung, die wenige Seiten später endet, die Neugier des Lesers durch den Jungen, den Vogel und das Thema gewaltig angestachelt. Der Romanautor hat es schwerer, weil er die Neugier des Lesers so reizen muß, daß sie über einige hundert Seiten hinweg anhält. Das heißt, daß Erwartung und Spannung ständig erneuert werden müssen.

Im Unterhaltungsgenre stützt sich der Autor eher auf die Handlung als auf die handelnden Figuren, wenn es darum geht, Spannung zu erzeugen. Frederick Forsyth liefert in seinem Roman *Der Schakal* ein interessantes Beispiel dafür.

Forsyths Fähigkeit, Spannung zu erzeugen, ist beachtlich. Aufgrund eines ersten Exposés wurde sein Erstlingsroman *Der Schakal* von zwanzig Verlegern, meiner Person inbegriffen, abgelehnt, weil er von einem Attentäter handelte, der die Absicht hatte, Charles de Gaulle umzubringen – der zu diesem Zeitpunkt nicht mehr lebte! Als Forsyth nach dieser einstimmigen

Ablehnung jedoch den fertigen Roman vorlegte, brachte er es fertig, den Leser geschickt in einem Zustand negativer Spannung zu halten, in dem dieser permanent hofft, daß der Mörder aufgehalten wird, bevor er das Attentat auf de Gaulle verüben kann. Die Handlung zwingt den Leser also, mit anderen Worten, seine Zweifel an der Glaubwürdigkeit der Geschichte zu verdrängen. Und das erreicht der Autor durch das handwerkliche Können, mit dem er atemlose Spannung erzeugt, die weniger auf der Figur des Mörders basiert als auf der Erwartung seiner bevorstehenden Tat, die der Leser unbedingt verhindert sehen möchte. Es lohnt sich, *Der Schakal* zu lesen und zu sehen, auf welche besondere Weise das Spannungselement in diesem Roman eingesetzt wird.

Eine der am häufigsten geäußerten Verlegerkritiken an einem Roman ist die, daß er »in der Mitte durchhängt«. Mit »durchhängen« ist gemeint, daß die Geschichte ihren Schwung verliert, daß die Spannung nachläßt, daß die Neugier des Lesers auf das Kommende nicht aufrechterhalten wird.

Um das zu verhindern, müssen Sie den idealen Aufbau eines Romans kennen und wissen, wie Sie jedes einzelne Kapitel so anlegen können, daß es zum Spannungsverlauf des Ganzen beiträgt.

Wenn ich einen Vortrag vor Autoren halte, demonstriere ich, wie man über die gesamte Länge eines Romans hinweg die Spannung aufrechterhalten kann, indem ich acht bis zehn Freiwillige auf die Bühne bitte. Ich fordere die Leute auf, sich jeweils einen Schauplatz für eine Szene auszudenken und diesen dem Publikum mitzuteilen. Gewöhnlich kommt dabei eine wilde Mischung unzusammenhängender Schauplätze heraus: die Wüste um Palm Springs, Chicago, Hongkong, eine Höhle in Virginia, eine Insel vor der Westküste Floridas und so weiter. Das Publikum lacht und amüsiert sich über die rasante Reise durch den Raum. Es macht uns Spaß, von einem unerwarteten Ort zum anderen zu springen.

Ich ordne die Akteure auf der Bühne so an, daß ein möglichst interessantes Gemisch von Schauplätzen entsteht. Dann fordere ich sie nacheinander auf, zu wiederholen, wo ihre jeweilige Szene spielen soll. Nun erkläre ich, wie mit Hilfe dieser acht oder zehn verschiedenen Schauplätze die Spannung durch ein ganzes Buch hindurch erhalten bleibt.

Sagen wir also beispielsweise, die erste Szene spielt sich in der Wüste bei Palm Springs ab. Die Szene endet damit, daß der Held in der Wüste in ernste Schwierigkeiten gerät. Zeigen wir zu Beginn der nächsten Szene (oder des nächsten Kapitels) wieder den Helden in der Wüste? Mitnichten. Wir spannen den Leser auf die Folter und begeben uns zum nächsten Schauplatz, Chicago, wo wir einer anderen Figur, beispielsweise der Verlobten des Helden, begegnen, die ebenfalls in eine schwierige Situation gerät.

Wir wollen immer noch wissen, was aus dem Helden in der Wüste geworden ist, aber unsere Aufmerksamkeit ist jetzt vor allem auf die Heldin in Chicago gelenkt. Am Ende der zweiten Szene (oder des zweiten Kapitels) wollen wir unbedingt wissen, wie es die Heldin in Chicago, deren Lage sich inzwischen zugespitzt hat, anstellt, sich aus den Schwierigkeiten herauszuwinden.

Wir haben jetzt zwei parallel wirkende Spannungslinien: Was passiert mit dem Helden in der Wüste bei Palm Springs, und was in aller Welt wird aus der Heldin in Chicago?

Wir beginnen die dritte Szene an einem von den zwei folgenden Schauplätze. Entweder führen wir einen dritten Schauplatz, Hongkong, ein und lassen den Leser über das Schicksal beider vorheriger Akteure im Unklaren, oder wir kehren zur Geschichte des Helden in der Wüste zurück, und das Geschehen in Chicago bleibt für den Leser zunächst ungewiß. Am Ende dieser dritten Szene sieht sich der Held natürlich mit noch größeren Problemen konfrontiert als am Ende der ersten. Für den Leser bleibt das weitere Geschehen in der Schwebe, weil wir in der vierten Szene zu der Heldin in Chicago zurückkehren oder uns einer dritten Person in Hongkong zuwenden.

Die Schauplätze der Handlung müssen nicht so weit voneinander entfernt sein wie Palm Springs, Chicago und Hongkong. Der gesamte Roman kann sich auch in Marshalltown, Iowa, abspielen. Die erste Szene endet mit einem Banküberfall, bei dem unser Held, der Bankdirektor, von einem dreisten Räuber gefesselt und geknebelt und in den Tresorraum geschleppt wird. Die zweite Szene könnte sich dann beispielsweise im Haus des Bankdirektors abspielen, wo dessen Frau gerade das Abendessen bereitet und sich wundert, wo ihr Mann bleibt, der sonst immer pünktlich zu Hause ist. In ihrer Nervosität schneidet sie sich in die Hand. Sie versucht, das Blut der ziemlich tiefen Wunde zu stillen, schafft es aber nicht, den Verband selbst anzulegen. Sie läuft zum Nachbarhaus, aber dort ist niemand zu Hause. Nun steigt sie in ihren Wagen und fährt zum nächsten Nachbarn, dessen Haus ein gutes Stück weiter unten an der Straße liegt. Inzwischen ist bereits der ganze Wagensitz voller Blut. Als sie vor dem zweiten Haus anhält, verliert sie noch im Wagen das Bewußtsein. Ende der zweiten Szene.

Nun macht sich der Leser nicht nur Gedanken um den Bankdirektor im Tresorraum, sondern auch noch um dessen Frau. Die dritte Szene beginnt auf dem Dach eines Gebäudes, das der Bank gegenüberliegt und auf dem ein Dachdecker mit Reparaturarbeiten beschäftigt ist. Der Mann ist ein aufmerksamer Beobachter, und so ist ihm aufgefallen, daß Menschen in die Bank hineingegangen, aber bisher nicht wieder herausgekommen sind. Es geht ihn zwar nichts an, aber seine Neugier gewinnt schließlich die Oberhand. Er steckt seinen Hammer in den Werkzeuggürtel, den er um die Hüfte trägt, steigt vom Dach herunter und überquert die Straße zur Bank. Als er einen Blick hineinwirft, erkennt er sofort, was dort vor sich geht; er will gerade weglaufen und die Polizei alarmieren, als ihn einer der Bankräuber entdeckt, den Hammer in seinem Gürtel für eine Pistole hält und auf ihn schießt. Der Schuß trifft den Dachdecker und schreckt die Komplizen des Ganoven in der Bank auf.

Gut! Jetzt gibt es schon drei Figuren, um die sich der Leser Sorgen macht: den Bankdirektor im Tresorraum, seine Ehefrau, die vor dem Haus eines entfernten Nachbarn das Bewußtsein verloren hat, und den Dachdecker, der angeschossen auf der Straße liegt. Alle Ereignisse spielen sich in derselben Stadt ab, aber weil sie jeweils an einem anderen Ort stattfinden und sich auf einen anderen Akteur konzentrieren, sind jetzt drei Spannungslinien gleichzeitig geöffnet.

Es ist sehr nützlich, die Schauplätze aller Romanszenen aufzuschreiben und anhand dieser Liste zu überprüfen, ob es möglich ist, die einzelnen Szenen so anzuordnen, daß ihre Handlung sich jeweils an einem anderen Ort als dem abspielt, an dem die vorangegangene Szene geendet hat. Nach diesem Muster muß nicht unbedingt mit allen Szenen eines Buches verfahren werden. Wenn man zwischen den Szenen fast immer den Schauplatz oder die handelnden Figuren ändert, ist es meiner Ansicht nach durchaus möglich und manchmal sogar ratsam, eine spannungsgeladene Handlung aus einer Szene in die nächste überzuleiten.

Das Schema sollte mit dem Ziel befolgt werden, Spannung zu erzeugen, nicht aber bloß deshalb, um ein starres Muster einzuhalten. Viele Autoren empfinden die Übung auch als hilfreich, wenn es darum geht, sich einen bestimmten Schauplatz bildlich vorzustellen, was dem Interesse des Lesers stets entgegenkommt.

Es ist immer von Nutzen, sich eine einfache Übersichtstabelle wie die hier gezeigte anzulegen. Schreiben Sie zu jeder Szene den Schauplatz (möglichst einen anderen als den in der vorangegangenen), den Hauptakteur und stichwortartig die darin stattfindende Handlung auf. Fassen Sie sich kurz. (Denken Sie daran, daß eine Szene ohne Handlung keine wirkliche Szene ist.)

Szenenentwurf: Schauplatz, Akteur, Handlung

1. Szene ______________________________
____
2. Szene ______________________________
____
3. Szene ______________________________
____
4. Szene ______________________________
____
5. Szene ______________________________
____
6. Szene ______________________________
____
7. Szene ______________________________
____
8. Szene ______________________________
____
9. Szene ______________________________
____
10. Szene ______________________________
____

Immer wieder begehen Romanautoren den Fehler, irgend etwas zwischen den Szenen einzufügen. Gewöhnlich handelt es sich dabei um eine narrative Zusammenfassung dessen, was abseits des eigentlichen Schauplatzes geschieht. Mit Hilfe der hier abgebildeten einfachen Planungstabelle können Sie es vermeiden, ständig zwischen den Szenen zu anderen Themen abzuschweifen. Denken Sie daran, daß das Interesse des Lesers sich auf die Szenen selbst richtet, nicht auf den Raum zwischen diesen. Wenn ich auf der Bühne mit einer Gruppe von Personen arbeite, von denen jeder einen Handlungsschauplatz repräsentiert, fordere ich alle auf, sich im Kreis an den Händen zu fassen und dann wieder voneinander zu lösen, um bildlich zu demonstrieren, daß zwischen den einzelnen Szenen keine Übergänge notwendig sind. Fast immer sind solche Übergänge diejenigen Stellen, an denen die Spannung eines Buches nachläßt. Die Leser von heute sind harte Schnitte gewöhnt.

Auch der nächste Schritt erfordert Selbstdisziplin. Sehen Sie sich Ihre Szenenaufstellung an und suchen Sie die Ihrem eigenen Empfinden nach schwächste Szene heraus. Indem Sie diese streichen, stärken Sie das ganze Buch. Nur Mut, auch wenn es schwerfällt, tun Sie es!

Sobald die uninteressanteste Szene gestrichen ist, haben Sie eine andere nunmehr schwächste Szene. Mit dem Mut des echten Autors gelingt es Ihnen jetzt vielleicht, auch diese zweitschlechteste Szene aus Ihrem Werk zu verbannen. Es gibt keine bessere Methode, die Qualität eines Buches zu steigern. Vergessen Sie nicht, Sie wollen einen Roman publizieren. Sie sind kein Szenenkonservator!

Achten Sie auf den Unterschied zwischen einer Szene und einem Kapitel. Eine *Szene* ist eine Erzähleinheit, in der Regel eine zum Handlungsablauf gehörende Episode mit einem Anfang und einem Ende, die nicht von der gesamten Geschichte zu trennen ist. Sie ist ein vom Leser oder Zuschauer miterlebtes Ereignis, das an einem bestimmten Schauplatz abläuft und im allgemeinen zwei oder mehr Akteure, Dialoge und eine Handlung umfaßt. Ein *Kapitel* ist Teil eines umfangreicheren Werkes und wird numerisch oder durch eine Überschrift gekennzeichnet. Es kann sich aus mehreren Szenen oder Szenenfragmenten zusammensetzen. Vor Beginn jedes neuen Kapitels sollte das Interesse des Lesers an dem, was noch kommt, neu angestachelt werden. Hierfür ist es entscheidend, *den Leser nicht an das Ziel seiner Erwartung zu führen.*

Erinnern wir uns noch einmal, wie der ideale Kapitelaufbau eines spannungsreichen Romans beschaffen ist.

Das erste Kapitel endet mit einer Wendung der Ereignisse, die den Leser in gespannte Erwartung versetzt. Er möchte sich nicht von den Akteuren und der Handlung trennen.

Im zweiten Kapitel findet sich der Leser an einem anderen Schauplatz und/oder in der Gesellschaft anderer Akteure. Der Leser ist immer noch wißbegierig, wie sich die Situation aus dem ersten Kapitel weiterentwickelt. Das zweite Kapitel endet mit einer Wendung der Ereignisse, die den Leser wiederum in gespannte Erwartung versetzt. Der Leser möchte wissen, wohin das zweite Kapitel führt. *Zwei Spannungslinien sind aktiviert.*

Im dritten Kapitel findet sich der Leser mitten in den spannenden Geschehnissen aus dem ersten Kapitel wieder. Er bleibt im ungewissen, wie es mit Kapitel zwei weitergeht. Am Ende des dritten Kapitels kommt ein neuer Spannungsbogen hinzu. *Die zwei anderen Spannungsbögen bestehen weiterhin.*

Wenn Sie mit den nachfolgenden Kapiteln ähnlich verfahren, bleibt der Leser ständig in gespannter Erwartung, und die Geschichte hängt weder in der Mitte noch an irgendeiner anderen Stelle durch.

Wenn Sie eine solche Strukturierung für artifiziell halten, haben Sie ganz recht. Es ist ein wichtiger Kunstgriff, einen Roman so anzulegen, daß die Gefühle des Lesers angesprochen werden. Und wie wir wissen, beeinflußt das Element der Spannung die Gefühle des Lesers stärker als alles andere.

Wenn die einzelnen Szenen eines Buches in Kapiteln zusammengefaßt werden sollen, so gibt es dafür einige Richtlinien:

- Kurze Kapitel machen eine Geschichte temporeicher.
- Ein Kapitel sollte nicht weniger als drei Seiten umfassen, sonst ist es vielleicht zu kurz, um die Gefühle des Lesers anzusprechen.
- Idealerweise sollten die Kapitel so enden wie früher die Wochenserien im Kino: Die Helden befinden sich in einer schwierigen Situation, die einer Lösung harrt. Wenn Sie diese Serien nicht kennen, nehmen Sie sich die Seifenopern im Fernsehen zum Vorbild, in denen die Episoden stets so enden, daß die Zuschauer unbedingt sehen wollen, was als nächstes passiert.

Wenn Sie sich mit der Technik der nicht nachlassenden Spannung vertraut machen wollen, empfiehlt es sich, diejenigen Romane gründlich zu lesen, die Sie bei der ersten Lektüre verschlungen haben. Nehmen Sie irgendeinen Thriller eines bekannten Unterhaltungsschriftstellers und schauen Sie sich genau an, wie die einzelnen Kapitel darin enden. Sie werden sehen, daß am Kapitelschluß fast immer ein Spannungselement eingebracht wird, das den Leser zum nächsten Kapitel drängt.

Die Kapitel eines Manuskripts sind nicht an Ort und Stelle festzementiert. Sie können Sie so umstellen, daß die Spannung insgesamt noch gesteigert wird. Aber hüten Sie sich dabei vor Zeitsprüngen, die den Leser verwirren könnten. Versuchen Sie, sich ausschließlich chronologisch vorwärts zu bewegen, solange Sie nicht über genügend Erfahrung verfügen.

Ein warnendes Wort zum Schluß: Wenn Sie die Kapitel eines Romanmanuskripts umstellen wollen, bedenken Sie, daß dies auch eine Verschlechterung sein kann. Bewahren Sie stets eine Kopie der ursprünglichen Fassung auf, und experimentieren Sie erst dann mit der Reihenfolge der Kapitel. Vielleicht stellen Sie fest, daß der Text, dem Sie einen neuen Standort zuweisen wollen, Teil eines Kapitels oder eine Szene innerhalb eines Kapitels ist. Dagegen ist nichts einzuwenden.

Wenn Sie die Reihenfolge von Kapiteln oder einzelnen Szenen verändern, kann es sein, daß Sie am Anfang und am Ende ein wenig herumflicken müssen. Solche Umformulierungen sind natürlich um so einfacher zu bewerkstelligen, je früher sie im Prozeß des Schreibens vorgenommen werden.

Ich kann nicht oft genug betonen, wie wichtig es ist, Spannung zu konstruieren. Diese Kunst war entscheidend für den Erfolg vieler Autoren, die ich als Lektor betreut habe. Wenn Sie die Technik beherrschen, kann schon diese Tatsache allein die Chancen vergrößern, daß Ihr Buch von einem Verlag angenommen wird.

10
Der Adrenalinstoß: Wie setzt man den Leser unter Strom?

Autoren sind Quälgeister. Ein Psychotherapeut bemüht sich, Streß, Spannung und Druck abzubauen. Autoren sind keine Psychotherapeuten. Ihr Ziel ist es, beim Leser Streß, Spannung und Druck zu *erzeugen*. Tatsache ist, daß Leser diese Dinge, die ihnen im Alltag verhaßt sind, in der Literatur lieben. Solange ein Autor diese Tatsache nicht akzeptiert, wird es ihm schwerfallen, in seinen Werken bewußt Situationen herzustellen, in denen der Leser eine solche Spannung empfindet.

Spannung gehört zu den Faktoren, die fast unweigerlich beim Leser physiologische Veränderungen bewirken. Der plötzliche Streß regt das Nebennierenmark an, ein Hormon in den Blutkreislauf auszuschütten, das Herztätigkeit und Stoffwechsel beschleunigt sowie Blutdruck und Blutzuckerkonzentration erhöht. Die Folge ist ein Adrenalinstoß, der den Leser in einen Zustand gesteigerter Erregung versetzt. Und genau nach dieser Erregung lechzt der Leser. Ein solcher Erregungszustand ist nur über kurze Zeitspannen zu ertragen, und darin unterscheiden sich die Spannungshöhepunkte vom Zustand der gespannten Erwartung. Diese kann über einen langen Zeitraum, manchmal über die gesamte Länge eines Buches hinweg, aufrechterhalten werden. Der Zustand nervöser Spannung dauert Sekunden oder Minuten. Es gibt Momente in der Literatur, in denen sie bis zur Unerträglichkeit ausgedehnt wird. Der erfahrene Autor gewährt seinem Leser kurze Atempausen, in denen er die Erregung abklingen lassen und sich entspannen kann.

Das englische Wort für diesen Zustand nervöser Spannung,

tension, ist vom lateinischen *tendere* abgeleitet, was soviel heißt wie »dehnen, spannen«. Stellen Sie sich ein Gummiband vor, das immer stärker gedehnt wird. Wenn man es zu stark dehnt, reißt es. Augenblicke der Spannung erscheinen uns länger, als sie sind, weil wir darauf warten, daß die Spannung nachläßt. Nervöse Spannung bewirkt ein Gefühl innerer Unruhe, das vom Leser als angenehm empfunden wird.

Ziel des Romanautors ist es, den Leser bewußt in einen Zustand innerer Erregung zu versetzen, und in meinen Seminaren führe ich den Teilnehmern manchmal vor, wie man dies anstellt. Ohne Vorwarnung setze ich plötzlich eine strenge Miene auf, zeige mit dem Finger auf einen beliebigen Zuhörer in der ersten Reihe und fordere ihn im Befehlston auf: »Sie da! Stehen Sie mal auf!«

Einen Moment lang weiß der Angesprochene nicht, wie er sich verhalten soll. Das Publikum beobachtet die Vorgänge mit gespanntem Schweigen. »Stehen Sie auf!« befehle ich. Der Angesprochene – mittlerweile hochrot im Gesicht – fragt sich, warum ich ihm befehle, aufzustehen. »Stehen Sie auf«, wiederhole ich. Die angespannte Atmosphäre im Saal hält so lange vor, bis der Betreffende reagiert. Wenn er sich schließlich von seinem Platz erhebt, ist die Spannung gebrochen. Nun weise ich darauf hin, daß ich mit meinem Befehl Spannung durch Reibung erzeugt habe, weil der Angesprochene meinen Befehl, aufzustehen, nicht befolgt hat; die Spannung hält so lange an wie die Befehlsverweigerung.

Gelegentlich habe ich mit solchen Demonstrationen besonderes Glück. Ich befehle einem Autor in der ersten Reihe, sich zu erheben, und er bleibt wie angewachsen auf seinem Stuhl sitzen. Ich wiederhole meinen Befehl. Mittlerweile steht das Publikum ebenso unter Strom wie der Angesprochene selbst. Ich steige von der Bühne und gehe auf den Autor zu. Im Befehlston eines Feldwebels brülle ich ihn an, aufzustehen. Er macht Anstalten, sich zu erheben, aber noch bevor die Spannung nachlassen kann, brülle ich: »Legen Sie sich auf den Boden!« Wenn ich jemanden auffordere, sich zu erheben, ist das nicht unbedingt ein unvernünftiges Ansinnen. Befehle ich ihm aber, sich vor versammeltem Publikum längelang auf den Boden zu legen, scheint das im höchsten Maße unvernünftig. In diesem Augenblick ist die Spannung gebrochen. Im Publikum wird Gelächter laut. Einige kichern vor sich hin. Am Ende lacht auch das Opfer in der ersten Reihe. Der Angesprochene muß sich natürlich nicht hinlegen. Die Spannung hat sich gelöst.

Unser Instinkt als soziale Wesen drängt uns, Antworten zu geben, Spannung abzubauen. Aufgabe des Schriftstellers ist es, das Gegenteil zu bewirken, nämlich Spannung zu erzeugen und diese nicht gleich wieder aufzulösen. Ich habe im Laufe der Jahre die Manuskripte einiger hundert Autoren bearbeitet, und dabei ist mir immer wieder ein Fehler aufgefallen: Der Autor schafft eine problematische Situation für einen der Akteure und läßt unmittelbar darauf den Druck wieder heraus, indem er das Problem löst. Das ist zwar durchaus menschlich, aber nicht die Aufgabe des Schreibenden. Sein Ziel muß es sein, die Gefühle seiner Leserschaft zu lenken und Augenblicke der nervösen Spannung so lange wie möglich zu halten.

Um in einem Roman Spannung zu erzeugen, kann man beispielsweise einfach eine nüchterne Tatsache in den Raum stellen, die dazu angetan ist, jedem Leser einen Schauer über den Rükken zu jagen. Das unten aufgeführte Beispiel ist der erste Satz aus dem hier schon empfohlenen Thriller *Der Schakal* von Frederick Forsyth:

> Es ist kalt um 6 Uhr 40 in der Frühe eines Pariser Märztages, und es scheint noch kälter zu sein, wenn zu dieser Zeit ein Mann von einem Exekutionskommando füsiliert werden soll.

Überzeugt Sie die genaue Zeitangabe davon, daß es sich um ein reales Geschehen handelt? Wollen Sie wissen, wer von einem Hinrichtungskommando erschossen werden soll? Wollen Sie wissen, warum er hingerichtet werden soll? Genauso ging es Millionen von Lesern.

Dieser eine Satz erzeugt eine zum Zerreißen gespannte Atmosphäre. Ich habe an früherer Stelle die Handlung beschrieben. Ein bezahlter Killer hat den Auftrag, General de Gaulle zu ermorden. Der Leser will nicht, daß de Gaulle ermordet wird. Daraus ergibt sich eine negative Spannung (das Hoffen darauf, daß etwas *nicht* geschieht), die fast bis zum Ende des Romans anhält. Die Hochspannung des ersten Satzes ist von kurzer Dauer. Der übergeordnete Spannungsbogen zieht sich dagegen von der ersten bis zur letzten Seite des Buches.

Der erste Höhepunkt in einem Roman ist zugleich der wichtigste und sollte so bald wie möglich eingeführt werden. Mit ihm übernimmt der Autor die Regie über die Gefühle des Lesers.

Sie werden jetzt vielleicht sagen: »Augenblick mal, Stein. Ist es nicht meine Aufgabe, auf den ersten paar Seiten eine lebendige, atmende Figur zu schaffen, die das Interesse des Lesers anspricht?« Ja, natürlich. Je höher der literarische Anspruch eines Werkes ist, um so eher werden wir durch unser Interesse an einem darin agierenden Menschen für die ersten Seiten eines Buches eingenommen. Und dann bringt der Autor diese Person so bald wie möglich in eine kritische Situation, die Hochspannung erzeugt. Im folgenden geben wir einen Überblick über die Art von Handlungselementen, die geeignet sind, Hochspannung zu erzeugen.

Es muß etwas Gefährliches getan werden: Schauplatz ist Bosnien nach Beendigung des Krieges. Ein Sprengstoffexperte überläßt seine fünfjährige Tochter, die aus der Ferne zusieht, der Obhut einer Nachbarin und macht sich dann mit einem Stoßgebet auf den Lippen daran, einen Blindgänger zu entschärfen. Der Autor beschreibt bis ins kleinste Detail, was der Mann tut. Für den Leser, der in diesem Experten den Menschen sieht und der an das aus der Ferne zuschauenden Kind denkt, steigt die nervöse Spannung mit jedem geschilderten Handgriff.

Der Zeitpunkt eines bedrohlichen Ereignisses naht: Molly weiß, daß der Schurke um sechs Uhr zurückkehren wird. Es ist vier Uhr, und Frank, der Held, hat sich noch nicht blicken lassen.

Molly blickt nervös auf die Uhr. Der Leser teilt ihre Nervosität. Um fünf Uhr gerät Molly in Panik. Zwei Minuten vor sechs sind die Nerven der Leser zum Zerreißen gespannt. Eine Minute vor sechs trifft Frank völlig außer Atem bei Molly ein.

Es kommt zu einer beunruhigenden Begegnung: Die Heldin betritt den Aufzug eines Kaufhauses. Sie drückt auf den Knopf für die sechste Etage. In der fünften Etage hält der Aufzug, und der psychisch schwer gestörte junge Mann, dem sie den Laufpaß gegeben hat, steigt ein. Augenblicklich steht der Leser unter Spannung.

Ein Gegner wird in die Enge getrieben: Der Protagonist, der in seiner Jugend von seiner Farm aus auf die Jagd nach Raubtieren ging, ist inzwischen siebzig Jahre alt. Er besitzt das einzige Gewehr weit und breit. In dieser Gegend sind die Menschen gerade in Angst und Schrecken versetzt worden durch die Nachricht, daß ein tollwütiger Berglöwe in die Stadt gekommen sei und eine Frau bis in den Keller ihres Hauses verfolgt habe. Die Frau hat sich im Heizungskeller verbarrikadiert, und der Löwe wütet nun vor der geschlossenen Tür. Der alte Jäger wird herbeigerufen, um die Bestie zu töten. Ein jüngerer Mann erbietet sich, mit dem Gewehr zu dem in der Falle sitzenden Löwen in den Keller hinunterzusteigen. Der alte Mann übergibt dem jüngeren sein Gewehr, sieht aber auf den ersten Blick, daß der nicht wie ein erfahrener Schütze damit umgeht. Also läßt er sich seine Waffe zurückgeben und betritt das Haus. An der Kellertreppe angekommen, hört er den Löwen unter sich, kann aber nicht mehr von dem Tier als die Augen erkennen. Der alte Mann hat zwar eine Taschenlampe bei sich, aber wie soll er die Flinte in der einen und die Taschenlampe in der anderen Hand halten? Er legt die Taschenlampe aus der Hand, und in diesem Augenblick schnellt der wildgewordene Löwe die Treppe herauf.

An dieser Stelle wollen wir innehalten. Was haben wir getan? Wir haben ein Spannungselement zum anderen gefügt und auf diese Weise die Spannung auf den Höhepunkt getrieben. Der unerfahrene Autor würde vielleicht den alten Mann ins Haus gehen und den Löwen auf der Stelle erschießen lassen. Auf diese Weise wäre die Spannung verpufft. Indem wir die Episode mit dem jüngeren Helfer und mit der Taschenlampe einfügen, dehnen wir die Spannung aus und steigern sie.

Augenblicke der Hochspannung tun sowohl dem Unterhaltungsroman als auch dem literarisch anspruchsvollen Werk gut. Die erste Geschichte in Ethan Canins Novellensammlung *Die Stadt der gebrochenen Herzen* trägt den Titel »Der Buchhalter«.

Am Anfang der Geschichte erzählt der Buchhalter dem Leser, daß er ein unbedeutendes Verbrechen begangen hat. Dann berichtet er über die Begleitumstände und Einzelheiten der Tat. Wenn wir im weiteren Verlauf der Geschichte dann Zeugen seines Verbrechens werden, wollen wir nicht, daß der Buchhalter - der uns inzwischen trotz all seiner Fehler als Mensch ans Herz gewachsen ist - sein Leben ruiniert, indem er die Tat zu Ende führt. Während er dabei ist, das Verbrechen auszuführen, macht sich im Leser ängstliche Spannung breit. Wenn der Buchhalter einen Gegenstand an sich nimmt, der ihm nicht gehört, wollen wir, daß er ihn wieder an seinen Platz zurückstellt. Wir befinden uns nicht in einem Zustand gespannter Erwartung, weil uns der Erzähler bereits mitgeteilt hat, daß er die Tat begangen hat. Vielmehr sind wir mit einem in die Länge gezogenen Moment akuter Hochspannung konfrontiert. Der Leser verharrt in der sehnsüchtigen Hoffnung, daß der Buchhalter jeden Moment die Uhr anhält, sich die Sache anders überlegt, dieses dumme, unnötige, triviale und absurde Verbrechen nicht zu Ende führt, aber dieser macht unbeirrbar weiter und zerstört damit sein Leben. »Der Buchhalter« ist eine wunderbare Geschichte, die man ein erstes Mal zum Vergnügen lesen und dann ein zweites Mal gründlicher studieren sollte, um daraus zu lernen.

Manchmal ist es sinnvoll, einen Satz neu anzuordnen, um die Spannung zu erhöhen. Im folgenden Textbeispiel ist »sie« eine junge Frau, die noch nichts davon ahnt, daß ein junger Mann, mit dem sie eine Liebesbeziehung hat, tot ist. Sie trifft sich mit einigen seiner Freunde. Und so lautet die Passage im Original:

> »Bevor ich eure Nachricht bekam, dachte ich, wir treffen uns wie gewohnt bei Urek. Ist er wieder mal in Schwierigkeiten?«
> Dichtes Schweigen breitete sich aus. Keiner sah den anderen an.
> Endlich sagte Feeney: »Sie weiß es noch nicht.«

Ich habe einen Satz umgestellt und zwei neue Absätze geschaffen. Achten Sie darauf, wie sich dadurch die Spannung steigert, obwohl kein einziges Wort geändert wurde.

> »Bevor ich eure Nachricht bekam, dachte ich, wir treffen uns wie gewohnt bei Urek.«
> Dichtes Schweigen breitete sich aus. Keiner sah den anderen an.
> »Ist er wieder mal in Schwierigkeiten?«
> Endlich sagte Feeney: »Sie weiß es noch nicht.«

Die einfachste Methode, Hochspannung zu erzeugen, ist der Dialog. In einem guten Dialog schlägt die Reibung Funken und erzeugt knisternde Spannung beim Leser, ganz wie im Leben. Im nächsten Kapitel werden wir uns ansehen, wie es gemacht wird.

11
Das Geheimnis des gelungenen Dialogs

Im gelungenen Dialog findet der Schriftsteller die höchste Belohnung seiner Kunst. Wenn Sie dieses Kapitel zu Ende gelesen haben, sind Sie mit den Geheimnissen des Dialogs vermutlich besser vertraut als die Mehrzahl der Autoren, deren Werke veröffentlicht wurden. Tatsache ist, daß die meisten Schriftsteller intuitiv an den Dialog herangehen, ohne viel über die Technik dieses literarischen Mittels zu wissen.

Ich hatte in dieser Hinsicht Glück. Ein Theaterstück besteht ausschließlich aus Dialogen. Bevor ich begann, Romane zu schreiben, hatte ich schon einige Stücke verfaßt, die am Broadway und an kleineren Bühnen in New York, am National Theater in Washington und in Kalifornien aufgeführt worden waren. Jahrelang bewegte ich mich in einer Welt, in der die gängige Währung der Dialog war.

Im Herbst 1989 hielt ich auf Einladung der University of California in Irvine hin ein dreimonatiges Seminar zum Thema »Dialoggestaltung für Autoren« ab. In diesem Seminar waren die Romanautoren den Stückeschreibern und Drehbuchautoren zahlenmäßig weit überlegen. Als ich am Ende der drei Monate an die Ostküste zurückkehrte, erfuhr ich aus der *Los Angeles Times*, daß meine Studenten, von denen einige bereits zahlreiche Bücher veröffentlicht hatten, sich aber desungeachtet noch als Lernende empfanden, den Kurs unbedingt weiterführen wollten. Sie kamen einmal wöchentlich zusammen und bedrängten mich, zurückzukommen. Das tat ich dann auch jeden Winter, und viele dieser Autoren besuchen meine Seminare immer noch, um sich in der Kunst des Dialogentwurfs und in anderen Techniken des literarischen Schaffens zu vervollkommnen.

In Kurzgeschichten wie in Romanen bereitet der Dialog dem Leser Vergnügen. Demselben Leser wäre es ein Greuel, Verhandlungsprotokolle lesen zu müssen, selbst wenn es um einen dramatischen Sachverhalt geht. Woran liegt es, daß der Dialog als interessant empfunden wird, während tatsächlich geführte Gespräche oft nur langweilig sind?

In der realen wörtlichen Rede wimmelt es von Wiederholungen, Abschweifungen, unvollständigen oder endlos aneinandergereihten Sätzen und überflüssigen Worten. Die meisten Antworten enthalten ein Echo der Frage. Unsere Gespräche sind voll von solchen Echos. Im Gegensatz zur allgemein verbreiteten Auffassung ist der Dialog keine Wiedergabe der realen Rede; er ist die Kunstform der wörtlichen Rede, eine erfundene Sprache des verbalen Austauschs, der sich in Tempo oder Inhalt auf einen Höhepunkt zubewegt. Manch einer nimmt fälschlicherweise an, daß ein Autor nichts weiter zu tun braucht, als ein Tonband einzuschalten, um einen Dialog zu erfassen. Was er auf diese Weise festhalten würde, wären dieselben langweiligen Sprachmuster, die der bedauernswerte Gerichtsschreiber wortwörtlich wiederzugeben hat. Die Dialogsprache ist so schwer zu lernen wie eine Fremdsprache. Es führen jedoch ein paar Abkürzungen zum Ziel.

Sehen wir uns zunächst einmal an, welche Vorteile der Dialog bietet. Wie Sie schon wissen, umfaßt die fiktionale Literatur drei Elemente: Beschreibung, narrative Zusammenfassung und aktuelles szenisches Geschehen. Unter dem Einfluß von hundert Jahren Filmgeschichte und eines halben Jahrhunderts im Zeichen des Fernsehens hat sich der Leser daran gewöhnt, das Geschehen vor seinen Augen ablaufen zu sehen und nicht erst im nachhinein aus Berichten davon zu erfahren. Aus diesem Grund gewinnt in der heutigen fiktionalen Literatur das aktuelle Szenengeschehen – auf der Bühne, dem Auge sichtbar gemacht – an Bedeutung. *Der Dialog ist stets Bestandteil des szenischen*

Geschehens, und das ist einer der Gründe, warum er bei den Lesern so beliebt ist.

Ein harter, aggressiver oder kontroverser Wortwechsel kann ebenso aufregend sein wie eine tätliche Auseinandersetzung. Hören Sie sich einmal den folgenden Wortwechsel aus einer der frühen Folgen der Serie *NYPD Blue* an. Die zentrale Figur ist ein Kriminalinspektor namens Kelly. Im Gerichtssaal muß er mit ansehen, wie der Mörder eines achtjährigen Jungen sich aller legalen Tricks bedient, um eine milde Strafe zu bekommen. Kelly ist wütend. Der Richter ermahnt ihn mit den Worten: »Bei uns regiert das Gesetz, nicht Ihre Launen.« Ohne seine Verachtung zu verbergen, kontert Kelly:

> Erzählen Sie mir nicht, wie Sie regieren. Ich kämpfe auf Ihren Straßen. Ich räume hinter Ihnen auf, wenn Sie fertig regiert haben. Die Art, wie Sie regieren, stinkt zum Himmel.

Der kontroverse Dialog – ob er nun in einem Stück von Shakespeare, in einem zeitgenössischen Roman oder in einer Fernsehserie wie hier zwischen einem erbosten Polizisten und einem Richter stattfindet – löst mit seiner Unmittelbarkeit einen Adrenalinstoß in uns aus und läßt ein visuelles Bild der Sprechenden vor unseren Augen entstehen.

Wenn ein Romanautor die Kunst des Dialogs beherrscht, ist er in der Lage, Charakterzeichnung und Handlung gleichzeitig zu bewältigen. Treten wir den Beweis für diese Behauptung an, indem wir vier Dialogzeilen genau unter die Lupe nehmen und sehen, was daraus zu machen ist.

Als erstes ein Beispiel einer Unterhaltung, wie man sie täglich hören kann:

> SIE: Wie geht es dir?
> ER: Wie es mir geht? Oh, sehr gut, und wie geht es dir?
> SIE: Und die Familie?
> ER: Der Familie geht es prima. Alle sind wohlauf.

Ein paar solcher Sätze, und der Leser stirbt vor Langeweile. Nun wollen wir diese Zeilen ein wenig verändern:

SIE: Wie geht es dir?
ER: Ach, eigentlich ganz gut.
SIE: Wieso, was ist los?
ER: Du hast es wohl noch nicht gehört.

Diese kleine Veränderung genügt, um Spannung zu erzeugen. Das »Ach, eigentlich ganz gut« klingt eben nicht so, als würde es dem Sprechenden gut gehen. Die vierte Zeile läßt den Leser neugierig werden, wie es weitergeht.
Probieren wir es mit einer weiteren Variante:

SIE: Wie geht es dir?
ER: Oh, tut mir leid, ich habe dich nicht gesehen.
SIE: Stimmt irgend etwas nicht?
ER: Nein, nein, es ist alles in Ordnung. Ich habe dich bloß nicht gesehen.

Dieser Wortwechsel verrät uns, daß irgend etwas nicht stimmt und daß der Mann lügt. Wir bekommen eine erste Vorstellung von der Figur.
Im realen Gespräch beantworten die Sprechenden die Fragen ihres Gegenübers. Wenn wir von einem Gesprächspartner sagen, er sei direkt, so ist dies ein Kompliment. Der literarische Dialog ist im Gegensatz dazu *indirekt*, und damit sind wir auch schon beim Schlüsselwort des gelungenen Dialogs. Sehen wir uns die beiden ersten Zeilen des oben zitierten Dialogs noch einmal an:

SIE: Wie geht es dir?
ER: Oh, tut mir leid, ich habe dich nicht gesehen.

Er beantwortet ihre Frage nicht! Er ist nicht direkt. Seine Erwiderung ist indirekt. In dem Augenblick, in dem ein Autor gelernt hat, Dialoge indirekt zu gestalten, hat er einen Riesenschritt hin zur Vervollkommnung seiner Kunst getan.
Formulieren wir das Ganze nun noch ein letztes Mal um:

SIE: Wie geht es dir? – Ich habe dich gefragt, wie es dir geht.
ER: Ich habe deine Frage schon verstanden.
SIE: Ich wollte nur wissen, wie es dir geht.
ER: Was zum Teufel glaubst du, wie's mir geht?

Die Figuren einer Geschichte müssen sich gegenseitig keine Monologe vorhalten. Vier kurze Zeilen genügen, um den Leser wissen zu lassen, daß diese beiden Menschen vermutlich eine Beziehung miteinander hatten, die noch nicht ganz geklärt ist und der zumindest einer von beiden noch mit Bitterkeit nachhängt.

Damit haben wir in nur vier Zeilen nicht nur eine Figur charakterisiert, sondern auch eine Geschichte entwickelt. Die Gefühle des Lesers können mit wenigen Worten geweckt werden. Darin liegt die Stärke des Dialogs.

Die Spannung zwischen zwei Akteuren kann nicht nur durch das Wesen ihrer Beziehung zueinander gesteigert werden, sondern auch durch Zufallselemente.

Zum Beispiel:

> ER: Es fängt an zu regnen.
> SIE: Was schlägst du vor?

Nun kann sich der Dialog in alle möglichen Richtungen entwickeln. Er kann beispielsweise sagen: **»Laß uns ein andermal miteinander reden.«** Oder: **»Laß uns auf eine Tasse Kaffee ins Haus gehen.«** Oder: **»Komm, setz dich einen Moment zu mir ins Auto.«** Jede dieser Varianten würde die Handlung in eine andere Richtung führen.

Wir haben seit den ursprünglichen langweiligen vier Zeilen einen weiten Weg zurückgelegt.

Wenn Sie einen Beweis dafür brauchen, daß ein Dialog nicht dasselbe ist wie real gesprochene Worte, hören Sie sich einmal in einem Supermarkt um. Vieles von dem, was Sie in den Gängen zwischen den Regalen hören, klingt wie Idiotengesabbel. Die Leute werden Ihren Roman aber nicht kaufen, um sich Idiotengesabbel anzuhören. Das bekommen sie gratis bei Freunden, Verwandten und im Supermarkt.

Welches Wort taucht am häufigsten in der realen Rede auf? Äh. Die Leute benutzen das Wort, um Zeit zu gewinnen, während sie überlegen, was sie als nächstes sagen sollen. »Äh« ist für den Schreibenden vollkommen unbrauchbar. Der Dialog ist eine straffe Sprache, in der jedes Wort zählt.

Manche Autoren glauben irrtümlich, ein Dialog sei etwas, das man gehört hat. Falsch! Der Dialog ist etwas Erfundenes, und der Autor ist der Erfinder.

Elmore Leonard gilt als Meister des spannenden Dialogs; aber gibt es im wirklichen Leben irgend jemanden, der so spricht, wie es seine Romanfiguren tun? Elmore Leonards Dialoge sind erfunden. Sie sind der realen Rede nachempfunden, und sie haben dieselbe Funktion wie die reale Rede, und das ist es, was seine Leser an ihm schätzen.

Wenn Sie noch relativ unerfahren in der Kunst der Dialoggestaltung sind, könnten Sie es mit einer von mir entwickelten praktischen Übung versuchen, die sich sowohl für Stückeschreiber als auch für Romanautoren als nützlich erwiesen hat. Wir stellen uns zwei Personen vor, Joe und Ed.

Joe sagt: **»Ed?«**

Was versucht Joe mit diesem einen Wort zu erreichen?

Es gibt mehrere Möglichkeiten:

- Joe will Eds Aufmerksamkeit auf sich lenken.
- Joe hat jemanden gehört und will wissen, ob es Ed ist.

Stellen Sie sich jetzt vor, daß Joe ein Wort hinzufügt und sagt: **»Also Ed!«** Was will Joe ausdrücken? Stünde ein Komma zwischen »Also« und »Ed«, könnte es heißen: »Jetzt aber los, Ed, es ist soweit.« Aber da ist weder ein Komma noch eine Pause. Das läßt zwei Möglichkeiten offen:

- **»Also Ed!«** ist eine Rüge.
- Es ist eine Warnung.

Wir wissen erst, welche Bedeutung gemeint ist, wenn wir den Zusammenhang kennen, in dem die beiden Worte ausgesprochen werden. Klar ist jedenfalls, daß die Worte in ihrem Zusammenhang eine Menge bedeuten können – eine Ermahnung oder eine Warnung.

Ein anderes Beispiel: Was will Joe sagen, wenn er Eds Namen

zweimal wiederholt: »Ed, Ed, Ed«? Wenn ein Dutzend Personen diese Worte laut aussprechen müßten, würden wir sicherlich ein Dutzend verschiedene Betonungen heraushören, aber nur eine einzige Bedeutung: Joes Enttäuschung über Eds Verhalten, die sich in einem zweimal wiederholten Namen ausdrückt: **»Ed, Ed, Ed.«**

Diese Übung lehrt uns, genau auf den Sinn der Worte zu achten. Der Leser kann sämtliche Worte, die er braucht, in einem Wörterbuch finden. Was er aber in Ihren Geschichten findet, ist der Sinn der Worte. Und, wichtiger noch, das Gefühl, das dieser Wortsinn in ihm erzeugt.

Wir haben jetzt gelernt: *Nicht das zählt, was gesagt wird, sondern die Wirkung dessen, was gemeint ist.*

Während ich mit Elia Kazan an *Das Arrangement* arbeitete, machten wir es uns zur Pflichtübung, uns zur Überprüfung der Dialoge gegenseitig Textpassagen vorzulesen. Ich habe hier schon einmal darauf hingewiesen, daß lautes Vorlesen zur Überprüfung eines Textes am sinnvollsten ist, wenn dieser mit vollkommen monotoner und ausdrucksloser Stimme gelesen wird. Die Wirkung muß von den Worten selbst kommen.

Wenn ich längere Dialogpassagen überprüfen will, sei es in meinen eigenen Texten oder in denen anderer Autoren, stelle ich mir folgende Fragen:

- Worauf zielt dieser Wortwechsel ab? Leitet er eine Auseinandersetzung ein, oder verschärft er einen bestehenden Konflikt?
- Weckt er die Neugier des Lesers?
- Erzeugt der Wortwechsel Spannung?
- Steuert der Dialog auf einen Höhepunkt zu, führt er zu einer Wendung der Ereignisse in der Geschichte oder zu einer Veränderung in der Beziehung der Sprechenden?

Als nächstes überprüfe ich die Dialogzeilen der Akteure, ob sie mit dem Hintergrund des Sprechenden vereinbar sind. Dann streiche ich alle Klischees, die nicht zu der Figur passen. Und ich merze alle Echos aus, die sich eingeschlichen haben.

In realen Gesprächen wimmelt es nur so von Echos. Im Dialog haben sie nichts zu suchen. Das folgende Beispiel ist eine Unterhaltung in einer Partyszene:

> SIE: Mann, wie ich mich freue, dich zu sehen.
> ER: Ich freue mich auch, dich zu sehen.

Das ist kein Dialog. Und so wurde die Stelle umformuliert:

> SIE: Mann, wie ich mich freue, dich zu sehen.
> ER: Hast du endlich deine Kontaktlinsen eingesetzt.

Stellen wir uns vor, auf einer Party versucht ein Mann, bei einer Frau zu landen, die er gerade erst kennengelernt hat. Er könnte sagen:

> Sie sind die schönste Frau in der ganzen Welt.

Instinktiv möchte sie höflich sein. Ihre Antwort könnte lauten:

> Oh, vielen Dank.

Das ist entsetzlich langweilig. Nichts tut sich. Nun sehen Sie, was passiert, wenn die Entgegnung indirekt ist:

> ER: Sie sind die schönste Frau in der ganzen Welt.
> SIE: Darf ich Ihnen meinen Mann vorstellen.

Die meisten Unterhaltungen sind spießig und daher aufgesetzt. Es entsteht keine Geschichte. Im oben angeführten Dialogbeispiel begeht der Mann eine verbale Zudringlichkeit, und die Frau läßt ihn abblitzen. *Es passiert etwas.*

Damit ein indirekter Dialog entsteht, muß einer der Gesprächspartner dem anderen einen Anlaß bieten, indirekt zu reagieren. Sonst könnte es so aussehen, als hätte sein Gegenüber seine Worte einfach nicht gehört oder verstanden. Es gibt bestimmte Fragestellungen, die eine Antwort fordern. Zum Beispiel:

> Warum gibst du mir den dritten Grad?

Wenn auf diese direkte Frage keine direkte Antwort folgt, könnte das dem Leser auffallen. Wir erwarten im allgemeinen auf eine Frage eine Antwort. Eine geringfügige Abänderung der Frage öffnet Tür und Tor für eine indirekte Antwort:

Was soll dieser dritte Grad?

Es ist höchst unwahrscheinlich, daß alle Menschen Ihres Bekanntenkreises in völlig gleicher Weise reden. Sie sollten also beim Schreiben darauf bedacht sein, die Charaktere innerhalb einer solchen Gruppe durch eine jeweils spezifische Redeweise voneinander abzusetzen. Den meisten Autoren ist dies bewußt, aber dennoch begegnet uns in Film- und Fernsehdrehbüchern oder in Romanen immer wieder der Fehler, daß sich die verschiedenen Charaktere nicht durch ihre Sprache unterscheiden. Selbst erfahrene Autoren beherrschen oft nicht die Technik, die Individualität einer Figur anhand ihrer Redeweise herauszuarbeiten.

Das beste Hilfsmittel für eine solche Differenzierung sind *sprachliche Erkennungszeichen*, Signale, die der Leser mühelos erkennen kann. Die Eloquenz spielt dabei eine wichtige Rolle. Auch beiläufig eingeflochtene Wörter zählen dazu. Weitere Signale sind knappe oder ausschweifende Formulierungen, Bandwurmsätze, sarkastische oder zynische Äußerungen, fehlerhafte Grammatik, das Auslassen bestimmter Wörter oder eine schlampige Aussprache. All das sind Fundgruben für die Juwelen des Dialogs.

Der Sprachschatz beinhaltet verschiedene Kategorien von Signalen, wie zum Beispiel die Verwendung mehrsilbiger Wörter oder eines Fachjargons. Mehrsilbige Wörter, die sich zudem aus einer anderen Sprache ableiten, wie *Komplexität*, *Oxymoron* oder *antediluvianisch* deuten darauf hin, daß der Benutzer, je nach dem Gesamtzusammenhang, entweder gebildet oder prätentiös ist. Wichtig ist es, zu wissen, daß zur Differenzierung verschiedener Charaktere anhand ihrer Sprache manchmal ein einziges Wort genügt. Aber seien Sie vorsichtig. Die Worte müssen zu der Figur passen, die Sie entworfen haben. Ist dies nicht der Fall, empfindet der Leser die besondere Sprechgewohnheit als störend.

Der Fachjargon hat als sprachliches Erkennungszeichen seine Vor- und Nachteile. Er verrät nicht nur die Berufszugehörigkeit einer Figur, sondern vermittelt auch einen negativen Eindruck vom Sprechenden. Menschen, die einer bestimmten Berufsgruppe angehören, neigen dazu, Begriffe zu benutzen oder zu schöpfen, deren Bedeutung nur innerhalb ihres kleinen Kreises von Eingeweihten bekannt ist, für den Rest der Welt aber schleierhaft bleibt. Diese Gewohnheit, die in allen Bereichen beruflicher Spezialisierung zu beobachten ist, behindert die Verständigung und fördert die gern geübte Geheimniskrämerei derer, die zu einer bestimmten Gruppe »dazugehören«. Der Autor ist verpflichtet, seine Sprache vor jeglichem Fachjargon zu schützen.

Nehmen wir ein einfaches Beispiel aus dem Sprachgebrauch der Psychologen und Soziologen, dem sicher die meisten von uns schon einmal begegnet sind: Die häufig erwähnten »zwischenmenschlichen Beziehungen« sind nichts weiter als ein aufgeblähter Ausdruck für »Beziehungen«; gemeint ist genau dasselbe. Die medizinische Welt ist berüchtigt für ihren inflationären Gebrauch von Fachausdrücken. Autoren, besonders diejenigen, die Drehbücher für Comedy-Sendungen schreiben, können davon profitieren. Ein besonders prätentiöser Arzt könnte beispielsweise sagen: »Diese Kapseln sind zur oralen Verabreichung bestimmt«, worauf der Patient nachfragt: »Sie meinen, ich kann sie schlucken?« Fachjargon kennzeichnet immer eine gewisse Pedanterie und Aufgeblasenheit. Man muß damit sehr vorsichtig umgehen. Ein Hauch davon reicht vollkommen. Der übertriebene Gebrauch von Fachjargon gerät leicht zur Karikatur statt zur Charakterisierung.

Auf beliebte Füllwörter oder Formulierungen wie »tatsächlich«, »im Grunde«, »vielleicht«, »ich wage zu behaupten«, »ich weiß nicht, was ich davon halten soll«, »mir scheint«, »weißt du« oder »wie dem auch sei« kann man bedenkenlos verzichten, es sei denn, sie werden als typische Sprachmarotte einer der Figuren benutzt.

Besonders knappe oder wortreiche Formulierungen dienen hervorragend zur Kennzeichnung einer Figur. »Schluß jetzt. Geh nach Hause« ist unverkennbar eine knappe Sprache. »Ich würde es begrüßen, wenn du jetzt gehen könntest« ist eine langatmige Formulierung. Jede der Versionen gibt dem Leser eine andere Information über den Menschen, der da spricht.
Endlossätze können die Funktion übernehmen, eine Quasselstrippe zu charakterisieren:

> In dem Augenblick, als ich durch die Tür dieses Ladens trat, fühlte ich mich wie der König von Frankreich, und mir quollen die Augen aus dem Kopf beim Anblick der eleganten Westen, Schals, Pullover, Druck- und Strickmuster, es sah aus, als wäre alles im Sonderangebot mit Ausnahme der Verkäufer, und so wie sich der eine an mich herangemacht und mir ins Ohr geflüstert hat, war er es vielleicht auch.

Oder wie wäre es mit Sarkasmus:

> Jemand, der das Geld so zum Fenster hinauswirft wie du, kann es nur selbst drucken.

Oder:

> Gehört Ihnen das ganze Land oder nur dieser Laden hier?

Auch fehlerhafte Grammatik kennzeichnet den Sprechenden:

> Wem sein Laden ist das hier eigentlich?

Die Ausdrucksweise einer Figur gibt einen Hinweis auf die Fähigkeit des Schreibenden, sich einer präzisen Wortwahl zu bedienen, um eine bestimmte Wirkung zu erzielen. Ich habe an früherer Stelle darauf hingewiesen, daß es beispielsweise prätentiös wirkt, wenn ein einfacher Streifenpolizist von einem »Delinquenten« spricht. Auch wenn ein Lehrer vor einer Klasse von Grundschülern das Wort »nichtsdestotrotz« benutzt, empfinden wir seine Sprache als geschwollen und aufgesetzt. Literarische Werke unterscheiden sich von trivialen Texten durch eine besonders sorgfältige Wortwahl, aber wenn es um Dialoge geht, ist jeder Literaturschaffende gehalten, der Ausdrucksweise seine besondere Aufmerksamkeit zu widmen. Selbst anhand des einfachsten Beispiels läßt sich demonstrieren, wie sehr sich Figuren durch ihre Ausdrucksweise voneinander unterscheiden können. Die Formulierung »Dürfte ich Ihren Namen erfahren?« charakterisiert den Sprechenden als höflichen und vielleicht übertrieben förmlichen Menschen. »Sie da, wie heißen Sie?« klingt unhöflich und aggressiv.

In den seltensten Fällen empfiehlt es sich, Besonderheiten der Aussprache lautmalerisch darzustellen (zum Beispiel »'aben Sie meine Schwestär gese'en?« als Andeutung eines französischen Akzents). Ebenso möchte ich eindringlich davor warnen, Dialekte dadurch darzustellen, daß die Dialogpassagen der Betreffenden in irgendwelchen merkwürdigen, von der Hochsprache abweichenden Schreibweisen erscheinen. Auch wenn in früheren Werken der Literatur die Benutzung von Dialekten relativ verbreitet war, wird sie heute aus vielerlei Gründen als Handicap empfunden. Dialekt wirkt beim Lesen störend. Der Leser muß sich anstrengen, um den Sinn zu erfassen; diese Anstrengung verhindert, daß er sich dem Lesevergnügen an einer Geschichte uneingeschränkt hingeben kann. Beispielsweise empfinden es manche Menschen, deren Muttersprache Englisch ist, als schwierig, in Kino- oder Fernsehfilmen oder auch in einem gedruckten Werk Dialogen im Cockney-Dialekt zu folgen. Viele Leser haben eine starke Abneigung gegen Dialekte. Im übrigen hören die Menschen ihren eigenen Dialekt oder die sprachlichen Besonderheiten ihrer eigenen Region gar nicht heraus; diese werden nur von Außenstehenden wahrgenommen. Sie würden also, wenn Sie Dialekte benutzen, den Kreis Ihrer potentiellen Leser verkleinern. Zur Differenzierung der Figuren durch Sprache eignen sich Satzbau oder Wortauslassungen und ähnliche sprachliche Eigenheiten besser als Dialekte. James Baldwin übernahm in diesem Zusammenhang eine bahnbrechende Rolle, indem er die Sprache der Schwarzen eher durch ihren Satzbau und Rhythmus als durch ihren Dialekt charakterisierte.

Zur ethnischen Charakterisierung eignen sich neben Satzbau und Rhythmus sprachliche Unzulänglichkeiten, wie beispielsweise die Auslassung und das Zusammenziehen von Wörtern, besonders gut:

> Was biste für'n großes Tier?

Darüber hinaus kann man das falsche Verb benutzen, bestimmte und unbestimmte Artikel auslassen oder verwechseln, unvollständige oder leicht deformierte Sätze präsentieren, unpassende Vokabeln einwerfen und hier und da ein ausländisches Wort einflechten, das der Leser aus dem Zusammenhang heraus verstehen kann. Verweise sind für das Verständnis des Kontexts manchmal ebenfalls hilfreich; wenn der alte italienische Einwanderer Aldo Manucci in *Um Leib und Leben* beispielsweise von Schauspielerinnen spricht, dann hat er Gina Lollobrigida und Anna Magnani im Sinn. Beachten Sie seine Art zu sprechen:

> »Bist jetzt ein viel großes Tier«, sagte Manucci. »In der Zeitung immerzu Ben-neh Riller stellt vor, Ben-neh Riller verkündet, Ben-neh Riller große Stars, große Show. Du bring Gina Lollobrigida hier, ich küsse ihre Hand. Ich küsse ihr überall«, lachte er. »Magnani, du wissen Magnani, sie mehr mein Typ.«

Manuccis bereits in Amerika geborener Sohn würde vielleicht sagen: »Du bist jetzt ein großes Tier.« Aldo dagegen verwendet ein falsches Bestimmungswort und nennt Ben ein *viel* großes Tier. Und er spricht seinen Namen in zwei Silben aus: *Ben-neh.*

> »Ich sag, ich geb keiner Partei auch nur die Hälfte von dem, nicht mal, wenn ich hier noch der König war. Mach dir nix draus. Neunzehnhundertneunundsiebzig Dollar nix. Wenn du Junge warst, kriegst du für fünf Cents große Eis, mit fünf Dollar bist du für immer von der Straße.«

Auch hier liegt die Tücke im Detail. Niemand, der einen guten Sprachunterricht genossen hat, würde so reden, ob er nun einer ethnischen Gruppe angehört oder nicht. Aldo benutzt falsche Zeiten. Er sagt nicht »der heutige Dollar«, sondern nennt die

Jahreszahl. Er benutzt das falsche Verb und läßt den Artikel weg. Er sagt nicht »Als du ein Junge warst«, sondern: »Wenn du Junge warst«, und so weiter.

Kleine sprachliche Abweichungen können bei der Charakterisierung eines jeden Sprechers, besonders aber von Angehörigen ethnischer Gruppen, eine überaus differenzierende Wirkung haben.

Joe Vitarelli, ein Schauspieler mit Neigung und großem Talent zum Schreiben, demonstriert in Woody Allens Film *Bullets over Broadway* in der Rolle des Anführers einer Gang sehr gekonnt, wie man durch das Hinzufügen einer einzigen Silbe die ethnische Zugehörigkeit des Sprechenden deutlich machen kann, wenn er beispielsweise von Shakespeares tragischem Helden als »Ham-a-let« spricht.

Wenn sich eine Romanfigur im direkten Monolog und in Ich-Form an den Leser wendet, kommen dieselben Prinzipien zur Anwendung wie beim Dialog. Allerdings kann es bei einer solchen Selbstcharakterisierung nur zu leicht passieren, daß der Monolog des Sprechenden so klingt, als würde er einen Fragebogen beantworten. Selbst so erfolgreiche Schriftsteller wie E. L. Doctorow können hier scheitern. Das erste Kapitel in seinem Roman *Weltausstellung* beginnt unter der Überschrift »Rose«, dem Namen der russischen Immigrantin, die darin zu Wort kommt, folgendermaßen:

> Ich bin in der Clinton Street in der Lower East Side geboren. Ich war das zweitjüngste von sechs Kindern, zwei Jungen, vier Mädchen. Die beiden Jungen, Harry und Willy, waren die ältesten. Mein Vater war Musiker von Beruf, Geiger. Er hatte immer ein gutes Einkommen. Er und meine Mutter lernten sich in Rußland kennen und heirateten dort, und dann wanderten sie aus. Meine Mutter kam ebenfalls aus einer Musikerfamilie; das führte sie und meinen Vater zusammen, wie es eben so geht. Einige ihrer Cousins waren sehr bekannt in Rußland; einer von ihnen, ein Cellist, hatte sogar vor dem Zaren gespielt. Meine Mutter war eine sehr schöne Frau, zierlich, mit langem goldenem Haar und ganz hellen blauen Augen.

Doctorow läßt Roses Monolog so klingen, als würde sie auf einen Fragenkatalog antworten. Die Figur wird nicht lebendig. Die folgende Passage zeigt, wie der Monolog eines russischen Immigranten klingen kann, wenn er nicht nur biografische Fakten herunterrasselt, sondern auch die sprechende Person charakterisiert und weitere dialogtypische Aspekte aufweist.

> Natürlich bin ich ein Wanderer! Moses war ein Wanderer, Kolumbus war ein Wanderer, hätte ich im alten Land verrotten sollen? Hätte ich in meinem *Schtetl* bleiben sollen, wo ich nicht nur dem Zar untertan war, sondern jedem Kosaken, der einen Juden als Prügelknaben brauchte? Man muß kein Einstein sein, um zu wissen, daß nichts plus nichts gleich nichts ist. Ich bin gegangen, weil in Rußland die Zukunft anderen gehört. Wenn ich geblieben wäre, hätte ich dann eine Frau wie Zipporah aus einer Großstadt wie Kiew kennengelernt? Hätten diese Frau und ich dann einen Theaterdirektor wie Ben Riller in die Welt gesetzt?

Im oben zitierten Monolog verrät Louie Riller, eine Figur aus *Um Leib und Leben,* seine ethnische Herkunft nicht durch fehlerhaften Sprachgebrauch, sondern durch den Inhalt seiner Rede und durch die Verwendung eines jiddischen Begriffs, dessen Bedeutung auch denjenigen Lesern einigermaßen klar sein wird, denen er bisher nicht bekannt war.

Die Kunst der Dialoggestaltung ist ein Thema, das in seiner ganzen Bandbreite ein eigenes Buch füllen würde. Bevor wir von diesem komplexen Aspekt des literarischen Schaffens zum nächsten übergehen, möchte ich für diejenigen, die historische Romane und Geschichten schreiben, noch ein Wort zum Dialog hinzufügen.

In historischen Romanen, die im Mittelalter spielen, wird sicher nicht die Sprache Beowulfs oder Chaucers gesprochen, weil diese für den heutigen Leser nicht mehr verständlich wäre. John Fowles, dessen Roman *Die Geliebte des französischen Leutnants* im neunzehnten Jahrhundert spielt, weist darauf hin, daß es nicht nur eingehende Studien und der Nachahmung, sondern vor allem der Fantasie bedarf, um historische Dialoge zu schreiben.

In einem Kommentar zu seinem Werk* unterstreicht Fowles die These, daß der Dialog nicht der Versuch ist, wörtliche Rede zu kopieren, sondern daß der Dialog das literarische Pendant der Rede und dieser ähnlich ist:

> In bezug auf Kleidung, gesellschaftliche Umgangsformen, historischen Hintergrund und so weiter ist das Leben im Jahr 1867 (soweit es uns in damaligen Büchern überliefert ist) dem unseren viel zu nah, als daß es in unseren Ohren überzeugend altmodisch klingen würde. Sehr oft stimmt es nicht mit unserem psychologischen Bild des Viktorianischen Zeitalters überein – es ist nicht steif genug, nicht euphemistisch genug; und hier muß ich nun ein bißchen mogeln und die (selbst für 1867) übertrieben förmlichen und archaischen Elemente der gesprochenen Sprache herauspicken. Diese kleinen, für den Roman ungeheuer wichtigen »Kunstkniffe« sind es, die so viel Zeit kosten.

In meinen Seminaren habe ich manchmal zum Gaudi meiner Studenten irgendeine berühmte Rede aus vergangenen Jahrhunderten in die Sprache unserer Tage umformuliert. So vorgetragen, wirkte sie nicht nur absurd, sondern die Studenten waren oft auch außerstande, das Original zu erraten, obwohl sich der Inhalt der Rede doch nicht verändert hatte. Was ich damit meine, läßt sich ganz einfach an einem Beispiel historischer Rede aus einem meiner frühen Stücke belegen. Das Stück *Napoleon* spielt im frühen neunzehnten Jahrhundert. Zu den Akteuren gehören die wichtigen Persönlichkeiten jener Tage, Talleyrand, Metternich und natürlich Napoleon und Josephine. Während eines Streitgesprächs zwischen Talleyrand, dem Aristokraten, der alle seine Könige und politischen Gegner überlebt hat, und Napoleon, dem Emporkömmling aus dem Volk, wird letzterer von Talleyrand bis zur Weißglut gereizt. Ich konnte Talleyrand nicht im Jargon unserer Tage sagen lassen: »Nun geh nicht gleich an die Decke« oder »Reg dich wieder ab«. Statt dessen sagt er:»Sparen Sie Ihrem Blut die Mühe, Ihnen zu Kopfe

* In Thomas McCormack, Hrsg.: *Afterwords: Novelists on Their Novels*, St. Martin's Press, New York 1988.

zu steigen, ich habe es nicht böse gemeint.« Sie werden nichts dergleichen in den überlieferten authentischen Dialogen jener Zeit finden. Es ist ein Dialog, der in Anlehnung an die Epoche erfunden wurde - wie John Fowles es ausdrückt, eine Form des Mogelns, das darin besteht, daß der Autor eine von ihm neu geprägte Sprache benutzt, um eine alte zu imitieren.
Eine Bemerkung am Rande: Ein Vorzug des Dialogs, der so simpel ist, daß er häufig übersehen wird, ist der weiße unbedruckte Raum, den er auf den Seiten läßt und der dem Leser die Empfindung gibt, daß sich die Geschichte rasanter voranbewegt, weil sein Auge die Seite schneller überfliegt.

12
Zeigen, nicht erzählen

Ich erinnere mich, wie mich Shirl Thomas von der südkalifornischen Sektion des National Writers Club einmal anrief und sich darüber beklagte, daß den Autoren in Seminaren zwar immer wieder der Rat gegeben werde, »eine Geschichte zu zeigen, nicht zu erzählen«, daß ihnen aber noch nie jemand gesagt habe, *wie* man das anstellt. Sie fragte mich schließlich, ob ich bereit sei, zu diesem Thema einen Vortrag zu halten. Und darum geht es in diesem Kapitel: Wie mache ich eine Geschichte sichtbar?

Solange wir klein und des Lesens noch nicht mächtig sind, gehört es zu unseren ganz alltäglichen Erfahrungen, daß uns jemand »eine Geschichte erzählt«. Natürlich erlebt das Kind, dem etwas vorgelesen wird, die Geschichte mit, aber die vorlesende Person bleibt dem Kind dabei stets gegenwärtig. Das Geschick dieser Person beim Vortragen beeinflußt die Geschichte nachhaltig: Sie liest vielleicht zu schnell oder zu langsam, oder sie kann die Tiere nicht so gut imitieren wie das Kind in seiner Fantasie, sie hat die Fäden in der Hand, sie kann – aus der Sicht des Kindes an völlig unpassender Stelle – mit dem Lesen innehalten, obwohl es doch neugierig ist, wie die Geschichte weitergeht. Wichtig ist auch, daß das Kind Dinge erfährt, die in einem Buch stehen. Wenn das Kind erst einmal selbst zum begeisterten Leser geworden und ohne störenden Mittler von außen Herr über seine Lektüre ist, wird es eine Geschichte wahrscheinlich eher so erleben, wie es ein erwachsener Leser tut. Das Lesen ist eine aktive Erfahrung, kein Erleben aus zweiter Hand, sondern ein authentisches Erlebnis.

Wenn das Kind heranwächst, hört es von seinen Freunden, was anderswo passiert ist, angeblich wahre Geschichten oder Gerüchte, die in der Fantasie zu großartigen Geschichten ausgeschmückt werden. In der Schule muß das Kind Aufsätze darüber schreiben, was es anderswo, in den Ferien beispielsweise, erlebt hat. Geschichten werden weitergegeben und nicht als unmittelbares Erlebnis aufgenommen.

Alle diese Begegnungen mit Ereignissen, die sich hinter den Kulissen abspielen, stärken die Überzeugung, daß Geschichten etwas sind, das *erzählt* wird. Für den Autor kann diese Überzeugung später hinderlich sein, denn er muß nun sein Gedankengebäude insofern ändern, als er nicht etwas erzählt, was an anderer Stelle passiert, sondern dem Leser ein authentisches Erlebnis vermittelt, indem er ihm *zeigt*, was geschieht.

Beeinflußt durch Film und Fernsehen, sind die Leser unserer Zeit gewohnt, Geschichten zu sehen. Das Lesen wird immer mehr zu einer visuellen Erfahrung. Die Geschichte ereignet sich vor den Augen des Lesers. Dieser Übergang von der erzählten Geschichte zur sichtbar gemachten Geschichte kann uns eigentlich nicht überraschen. Wer würde ableugnen, daß das Sehen unsere wichtigste Sinnesempfindung ist? Es ist uns lieber, ein Ereignis unmittelbar mitzuerleben, als später durch Hörensagen davon zu erfahren. Und darum dränge ich Autoren immer wieder, »eine Geschichte zu zeigen«, anstatt »eine Geschichte zu erzählen«. Einer der häufigsten Gründe, warum Verlage ein Romanmanuskript ablehnen, ist die Tatsache, daß viele Autoren ihre Geschichte, bewußt oder unbewußt, erzählen, anstatt sie sichtbar zu machen.

Den Ratschlag »zeigen, nicht erzählen« gab Henry James seinen Berufskollegen mit auf den Weg, lange bevor es Film und Fernsehen gab.

In seinem hervorragenden Buch *On Becoming a Novelist* vertritt der inzwischen verstorbene John Gardner die Meinung, daß der Autor nur dann der Gefahr des bloßen Erzählens erliegt, wenn es um das geht, was eine Romanfigur fühlt. Damit hat er vielleicht den wichtigsten Aspekt angesprochen, aber es ist nicht der einzige Bereich, der diese Gefahr in sich birgt.

Es gibt drei Situationen, in denen der Autor besonders stark dazu neigt zu erzählen, anstatt etwas sichtbar zu machen: Wenn er beschreibt, was geschehen ist, bevor die eigentliche Geschichte beginnt; wenn er beschreibt, wie ein Akteur aussieht; wenn er beschreibt, was ein Akteur empfindet, was er also sieht, hört, riecht, unter den Händen spürt und schmeckt. All das sind Gelegenheiten, bei denen sich die Stimme des Autors in das Erleben des Lesers eindrängen kann.

Das, was geschehen ist, bevor die eigentliche Handlung beginnt – gelegentlich auch als »Vorgeschichte« bezeichnet –, sollte nicht erzählt, sondern vielmehr in Form einer narrativen Zusammenfassung oder einer Rückblende gezeigt werden. Was sich abseits der Bühne ereignet, kann auch auf die Bühne gebracht und so sichtbar gemacht werden. Das ist ein weites Feld, mit dem wir uns eingehend im nächsten Kapitel befassen werden.

Es ist in jedem Fall günstiger, das, was ein Akteur sieht, hört, riecht, spürt und schmeckt, in der Handlung deutlich werden zu lassen, als es zu beschreiben. Auch die Gefühle einer Person zeigen sich am besten in ihrem Handeln.

Die krudeste Form, in der sich das Erzählen präsentiert, könnte folgender Satz illustrieren:

> Dein Sohn Henry, der Arzt, ist an der Tür.

Ein Protagonist sollte dem anderen nie etwas erzählen, was dieser längst weiß – es sei denn, es handelte sich um einen Vorwurf. Wenn wir als Leser mit dieser Form des Erzählens konfrontiert werden, wissen wir, daß hier der Autor lediglich einen Vorwand brauchte, eine Information zu vermitteln, was er auch wesentlich geschickter hätte anstellen können. Zum Beispiel:

> Glaubst du, daß man Henry eher ansehen würde, daß er Arzt ist, wenn er sich einen Bart wachsen ließe?

Damit ist der Leser darüber informiert, daß Henry Arzt ist, und es klingt schon eher nach einem Dialog unter Eltern.

Eine weitverbreitete Form des »Erzählens« begegnet uns im nächsten Beispiel:

> Helen war eine wunderbare Frau, sie lebte in ständiger Sorge um ihre Kinder Charlie und Ginny.

Das läßt kein Bild vor dem Auge des Lesers entstehen, und so hat er das Gefühl, daß ihm etwas über Helen erzählt wird. Wie man denselben Inhalt sichtbar machen kann, zeigt das nächste Beispiel:

> Wenn Helen ihre Kinder zur Schule fuhr, ließ sie sie nicht am Straßenrand aussteigen, sondern parkte den Wagen und begleitete Charlie und Ginny, jeden an einer Hand, bis zum Schultor.

Wir sehen Helen in Aktion, ohne daß uns erzählt wird, daß sie eine um ihre Kinder übertrieben besorgte Mutter ist.

Der Leser möchte in einem Buch etwas erleben, das interessanter ist als sein alltäglicher Trott. Bei allem, was die Akteure erleben, freut er sich mit und leidet er mit. Wenn nun sein Miterleben unterbrochen wird, weil ihn der Autor über die gesellschaftliche Herkunft des Protagonisten informieren möchte, so ist dies ein klassischer Fall von bloßem Erzählen und ein grober Fehler noch dazu, weil damit die Erlebniswelt des Lesers gestört wird. Einfach ausgedrückt: Der Leser erlebt das, was sich vor seinen Augen abspielt. Das, was hinter der Bühne geschieht, empfindet er nicht als unmittelbares Erleben. Wenn man den Leser in seinem Erleben unterbricht, wird er ungeduldig, und er fängt an, Passagen zu überspringen, sobald ihn das »Erzählen« langweilt. Elmore Leonard bemerkte einmal, man müsse vermeiden, Passagen zu schreiben, die die Leser ohnehin auslassen würden.

Einige Beispiele sollen verdeutlichen, auf welche Weise man etwas sichtbar macht, anstatt es zu erzählen:

> **Er war nervös** erzählt etwas.
> **Er trommelte mit den Fingern auf den Tisch** zeigt etwas.

Manchmal ist ein ausführlicherer Text besser geeignet, ein Bild entstehen zu lassen:

> Ich legte einen gelben Notizblock vor mich auf den Schreibtisch. Ich legte einen Stift auf den gelben Block. Das ist ja lächerlich, ich werde nichts aufschreiben, ich rufe einfach an.

Wir sehen einen Menschen vor uns, der gerade ein wichtiges Telefonat führen will. Dem Leser wird nicht erzählt, daß diese Person nervös ist. Er erfährt es dadurch, daß sie nervös agiert. Halten wir fest, daß durch das Verhalten einer Person gezeigt werden kann, wie sich diese fühlt.

Das folgende Beispiel verdeutlicht den schrittweisen Übergang vom Erzählen zum Sichtbarmachen:

Sie machte Wasser heiß ist eine bloße Mitteilung.

Sie setzte den Kessel auf den Herd beginnt ansatzweise, etwas zu zeigen.

Sie ließ Wasser aus dem Hahn in den Kessel laufen und summte vor sich hin, bis das Pfeifen des Kessels ihr Summen unterbrach läßt ein Bild entstehen.

Sie machte Wasser in einem Topf ohne Deckel heiß, so daß sie zusehen konnte, wie die Blasen aufsprudelten und tanzten.

Wie Sie sehen, sind wir vom Allgemeinen (»Sie machte Wasser heiß«) zum Bild übergegangen, in dem ein Kessel auf den Herd gestellt wird, so daß der Leser die Person vor sich sieht, wie sie Wasser heiß macht. Im zweiten Schritt wird das Bild durch ein zusätzliches Handlungsdetail lebendig. Im letzten Beispiel gewinnt die Aussage durch ein ganz neues Herangehen an Charakterisierung und Differenzierung; wir sind nun ein gutes Stück vom einfachen »Sie machte Wasser heiß« entfernt. Im ausführlichen Eingehen auf Einzelheiten liegt der Schlüssel zur Verbesserung, ein Thema, das wir in einem späteren Kapitel eingehender behandeln werden.

Eines der besten Beispiele für die Kunst des Zeigens statt Erzählens ist mir – Sie werden es nicht glauben – in einer Serie von Fernsehwerbespots für eine Kaffeemarke begegnet, die aufgrund des Zuschauerinteresses und ihrer gewaltigen Werbewirksamkeit ziemlich bekannt wurde. Die einzelnen Spots zeigen jeweils in einer ganz kurzen Episode die Begegnung zweier gutaussehender Nachbarn, Mann und Frau, über die wir anfangs kaum etwas wissen. Der Zuschauer wünscht sich spontan, daß sie zusammenkommen. Und der Kaffee liefert einen Vorwand. In einer Episode taucht der Mann an der Wohnungstür der Frau auf. Zu seiner Enttäuschung öffnet ihm ein anderer Mann die Tür. Wenn wir dann erfahren, daß der andere Mann der Bruder der Nachbarin ist, empfinden wir Erleichterung (für ihn und für uns selbst). In einer späteren Episode, die beiden sind inzwischen zusammengezogen, taucht der erwachsene Sohn der Frau auf, eine Riesenüberraschung. In allen Spots ist der Dialog äußerst sparsam eingesetzt, und vieles wird der Fantasie des Zuschauers überlassen. Die Drehbücher für diese Werbeserie sind straff geschrieben und zeigen eine hintergründige Handlung, was sie von den meisten anderen Werbesendungen mit ihren übertriebenen, aufdringlichen und von Superlativen nur so strotzenden Anpreisungen und den unglaubwürdigen Dialogen unterscheidet. Ich habe meinen Studenten oft geraten, ein paar Episoden dieser Werbeserie auf Video aufzunehmen und genau zu studieren. Sie sind ein Blitzkurs in der Kunst des unaufdringlichen Zeigens, des lebendigen Dialogs und der dramatischen Glaubwürdigkeit.

In meinem Roman *Aus heiterem Himmel* spielen einige tragende Szenen in einem Zimmer, das von den Kindern der Familie als Bestiarium bezeichnet wird, weil es darin etliche große ausgestopfte Tiere gibt. In der ersten Szene wollte ich deutlich machen, daß eines der Kinder, der sechzehnjährige Jeb, die anderen tyrannisiert. Ich hätte den Lesern diese Tatsache mitteilen können, indem ich ihn einfach als tyrannisch beschrieb. Statt dessen bemühte ich mich, es für den Leser sichtbar zu machen, und das liest sich so:

> Im Bestiarium lag Jeb, der sechzehnjährige Kalif, lang ausgestreckt und mit über der Brust verschränkten Händen in einem der oberen Etagenbetten.
> »Dorry!« Jebs Befehl hallte durch den Raum.

Als »Kalif« wird der Herrscher über eine muslimische Gemeinschaft bezeichnet, und das Wort läßt beim Leser augenblicklich die Assoziation vom »Boss« entstehen. Die über der Brust verschränkten Hände verstärken die Assoziation noch. Und das eine Wort, das Jeb äußert, rundet das Bild ab. Wenn ein Autor schreibt: »Polly liebte es, in ihren Swimmingpool einzutauchen«, so würde er etwas erzählen, nicht aber sichtbar machen. Uns wird eine Information zugespielt. Wir sehen Polly nicht vor uns. Aber bei dem Autor, den ich gleich zitieren werde, handelt es sich um keinen geringeren als John Updike, der uns Polly in gekonnter Weise vor Augen führt:

> Mit unbeholfener Begeisterung stieß sich Polly von dem ratternden Brett ab und tauchte lachend durch das Tanggewirr ihrer Haare wieder auf.

Der Autor zeigt Polly, wie sie sich in ihrer »unbeholfenen Begeisterung« vom Brett katapultiert; wir hören das »Rattern« des Sprungbretts und sehen Polly lachend »durch das Tanggewirr ihrer Haare« wieder auftauchen – letzteres ein wunderbar präzise gezeichnetes Bild. Beachten Sie, daß Updike nicht sagt, »ihr Haar war wie Tanggewirr« (ein Vergleich), sondern vom »Tanggewirr ihrer Haare« spricht (eine Metapher). Die Passage zeigt auf beispielhafte Weise die Kraft der Differenzierung.

Wenn Sie in einem Ihrer eigenen Werke auf eine Information stoßen, die wie eine Mitteilung des Autors klingt, dann versuchen Sie, ein Bild oder eine Metapher dafür zu finden, die dem Leser zeigt, was Sie ihm mitzuteilen versuchen.

Sehen wir uns an einem anderen Beispiel die Entwicklung vom Erzählen zum Zeigen an:

Er machte einen Spaziergang erzählt etwas.

Er legte vier Häuserblocks zu Fuß zurück beginnt ansatzweise, etwas zu zeigen.

Er legte die vier Häuserblocks gemächlich zu Fuß zurück läßt bereits ein deutlicheres Bild entstehen.

Er legte die vier Häuserblocks zurück, als wäre es seine letzte Meile zeigt mehr, weil es dem Leser eine Ahnung von den Gefühlen des Akteurs vermittelt, was in der vorangegangenen Version nicht der Fall ist.

Er ging, als müßte er gegen einen starken Wind ankämpfen, und hoffte, irgend jemand würde ihn aufhalten führt uns am deutlichsten ein Bild vor Augen, weil es dem Leser eine Ahnung von dem vermittelt, was sich der Akteur sehnlichst wünscht.

Um festzustellen, ob es einem Autor gelingt, etwas zu zeigen statt es zu erzählen, können wir überprüfen, ob eine Textpassage ein visuelles Bild entstehen läßt. In WritePro®, dem ersten von mir entwickelten Computerprogramm für Autoren, gibt es eine Protagonistin namens Beth Reilly. Wenn hundert Autoren Beth Reilly charakterisieren, so erhalten wir hundert verschiedene Beschreibungen ihrer Person. Aber nur die besten unter ihnen werden unseren Augen Nahrung geben.

Als sich eine überaus erfolgreiche Sachbuchautorin daran versuchte, eine Geschichte um Beth Reilly zu erfinden, stellte sie sich Beth als Tochter irischer Einwanderer vor, die mit achtzehn in Chicago zur Königin der St.-Patricks-Parade gewählt wird und ein Stipendium für das Jurastudium an einer angesehenen Universität erhält, nur um schließlich ins Unglück zu geraten, weil sie von einem verheirateten Nachbarn verführt wird.

Wie Sie sehen, werden hier sämtliche Informationen im nüchternen Tonfall des Sachtextes vermittelt. Die Autorin hatte nun die Aufgabe, aus den Informationen eine visuelle romanhafte Szene zu gestalten. Hier ist das Ergebnis:

> Sie hätten das Erröten auf Beth Reillys sommersprossigen Wangen sehen sollen, als der Bürgermeister sich bemühte, das viel zu kleine Krönchen auf ihrem üppigen Haarschopf zu befestigen. Eine Reporterin der Chicago Tribune reichte dem Bürgermeister zwei Haarnadeln hinauf, die Beths Krone am Verrutschen hindern sollten. Alle Teilnehmer der St.-Patricks-Parade schienen hörbar aufzuatmen, als sich Ihre Majestät, Königin Beth, zur Menge hin verneigte und die Krone blieb, wo sie war. Applaus brandete auf, als ihr die Urkunde überreicht wurde, die ihr als Anerkennung für die nächsten vier Jahre den freien Zugang zur Universität Boston sicherte. An diesem Tag hatte sie das Gefühl, als könne sie sich alles wünschen und würde alles bekommen. Was sie bekam, war ein verheirateter Mann, der

> sich mit ihr bekannt machte, als er ihr eine teure Flasche Wein über den Zaun reichte, und mit ihm eine Zukunft, die sie sogar vor ihrem Priester verheimlichte.

Das ist zwar nicht vollkommen, aber weil die Informationen mit bildhaften Details vermittelt werden (das Erröten auf Beths sommersprossigen Wangen, die zu kleine Krone, zwei Haarnadeln), sieht der Leser die Szene vor Augen. Die Autorin beschränkt sich nicht auf die nüchterne Erzählung.

Ein Bild muß nicht kompliziert sein. Kann man allein durch eine Farbe ein Bild entstehen lassen? Linda Kelly Alkana, die als Studentin eines meiner Fortgeschrittenenseminare für Romanautoren besuchte und selbst Seminare für kreatives Schreiben leitet, begann einen Roman folgendermaßen:

> Hinter dem Polarkreis ist die Farbe der Kälte Blau. Aber in der Tiefe der arktischen Gewässer ist die Farbe der Kälte Schwarz.

Ein interessanter Romananfang. Wir sehen das Wasser vor uns. Und der Farbenwechsel hat etwas Geheimnisvolles.

Ich betone immer wieder, daß wir als Leser von einem Text erwarten, in ihm mitleben zu können. Wir empfinden es nicht als ein Erlebnis, wenn wir vom Autor eine Information erhalten.

Es gibt eine indianische Weisheit, die besagt: »Erzähl mir, und ich werde vergessen. Zeig mir, und ich werde mich vielleicht nicht erinnern. Laß mich Anteil nehmen, und ich werde verstehen.« Ich möchte den Spruch leicht verändern: »Erzähl mir, und ich werde vergessen. Zeig mir, und ich werde Anteil nehmen. Anteilnahme ist der erste Schritt zum Verstehen.«

Wenn Sie nicht sicher sind, ob Sie in einer Textpassage oder einem Kapitel eher erzählen als etwas zeigen, können Sie sich die folgenden Fragen stellen:

Ermöglichen Sie es dem Leser zu *sehen*, was passiert?

Spricht an irgendeiner Stelle der Autor? Können Sie den Autor zum Schweigen bringen, indem Sie dem Leser durch Handlung eine Ahnung davon vermitteln, was der Akteur empfindet?

Beschreiben Sie Gefühle, anstatt sie durch die Handlung zu verdeutlichen? Erzählt einer der Akteure einem anderen etwas, was dieser bereits weiß?

Zeigen statt erzählen ist eine Kunst, die sich durch ein ganzes Buch ziehen sollte, aber auf den ersten paar Seiten eines Romans oder einer Kurzgeschichte kann diese Kunst sich geradezu als Wunderheilmittel erweisen. Zeigen beinhaltet, daß die Akteure Dinge tun, die unser Interesse wecken, daß bereits auf den ersten Seiten ein visuelles Bild vor unseren Augen entsteht, daß wir die Ereignisse unmittelbar vor uns sehen.

Ich möchte Ihnen einen kleinen Trick ans Herz legen, der reiche Früchte tragen kann. Notieren Sie für sich selbst auf ein Blatt Papier die drei Worte: DIE GESCHICHTE ZEIGEN. Hängen Sie diesen Zettel so auf, daß Sie ihn sehen, wann immer Sie sich zum Schreiben niedersetzen. Betrachten Sie ihn als ein Gegenmittel zu dem, was man Ihnen von Kindesbeinen an beigebracht hat, nämlich daß eine Geschichte erzählt werden müsse.

13
Die Wahl der Perspektive

Wenn auf einem Chirurgentablett alle Instrumente außer einem einzigen sterilisiert wären, so wäre diese eine Ausnahme eine Gefahr für den Patienten. Man kann sagen, daß ein einziger Ausrutscher des Autors bei der Wahl der Perspektive ausreicht, um einer Geschichte schweren Schaden zuzufügen, mehrere Fehlgriffe dieser Art können tödlich sein.

Der Begriff der *Perspektive*, wie ihn Autoren verwenden, ist selbst in guten Nachschlagewerken oft irreführend definiert. Gemeint ist der Standpunkt des Akteurs, *mit dessen Augen das Geschehen beobachtet wird*, die subjektive Sicht, aus der eine Szene oder Geschichte geschrieben wird.

Erst wenn ein Autor den Aspekt der Perspektive sicher im Griff hat, kann er sein Talent ganz entfalten. Mit diesem Kapitel soll Ihr Verständnis für die Vor- und Nachteile verschiedener Perspektiven geschärft werden, so daß Sie mit Sachverstand diejenige auswählen können, die Ihren Zielen am weitbesten entgegenkommt.

Jede Perspektive, die sich dem Autor bietet, beeinflußt die Gefühle des Lesers anders. Da es eines der obersten Ziele fiktionaler Literatur ist, die Gefühle des Lesers anzusprechen, kommt der Wahl der Perspektive natürlich große Bedeutung zu.

Im allgemeinen gebe ich weniger erfahrenen Autoren den Rat, in einer Szene, einem Kapitel oder auch innerhalb eines ganzen Romans nicht auf verschiedene Perspektiven zurückzugreifen. Das bringt den Leser nämlich durcheinander. Wenn Sie von einer Perspektive zur anderen wechseln, so leidet Ihre Autorität als Autor darunter. Auf den Leser macht der Autor in diesem Fall eher den Eindruck eines unsteten und launenhaften Regisseurs, dem die Fäden entgleiten. Wird die Perspektive konsequent eingehalten, so erlebt der Leser die Geschichte intensiver mit. Ein wechselnder oder schwer definierbarer Standpunkt schwächt dagegen das Erlebnis ab.

Der erfahrene Schriftsteller, der die Kunst der Perspektivgebung sicher beherrscht, kann durchaus experimentieren, indem er seinen jeweiligen Standpunkt innerhalb einer Geschichte nach strengen Vorgaben wechselt. Zu Beginn meiner Karriere wählte ich stets die neutralste Variante, nämlich die Perspektive eines unbeteiligten Dritten. Erst nachdem ich mehr Selbstvertrauen gewonnen hatte, begann ich, verschiedene Passagen aus der Sicht wechselnder Akteure zu gestalten, wobei ich den jeweiligen Standpunkt stets am Anfang einer solchen Passage festlegte und klar definierte.

Es verwirrt Autoren oft, wenn sie mit unnötig vielen Wahlmöglichkeiten konfrontiert werden. Machen wir die Sache so einfach wie möglich, indem wir die drei wichtigsten Möglichkeiten der Perspektive erläutern:

> Ich sah dieses, ich tat jenes.

Da gibt es nichts zu deuten. Es ist die Ich-Perspektive einer der handelnden Figuren. Wie steht es mit dem nächsten Beispiel?

> Das Schicksal meiner Freunde Blair und Cynthia war besiegelt. Ich spürte ihre Leidenschaft, als ich sah, wie sie sich umarmten, aber aus ihren Augen sprach ein Argwohn, als wüßten sie beide, daß ihr Glück nicht von Dauer sein konnte. Lassen Sie mich erzählen, was am nächsten Tag geschah.

Auch hier wird in der ersten Person gesprochen, die Geschichte entwickelt sich allein aus der Perspektive des Erzählers. Er läßt uns wissen, was er in den Augen seiner Freunde Blair und Cynthia zu sehen glaubt, aber wir erfahren nicht von *diesen selbst*, was sie empfinden, sondern wir erfahren *seine* Sicht der Dinge.

Der Erzähler kann der unbeteiligte Beobachter eines Geschehens sein, in das andere Personen verwickelt sind. Diese Art des Erzählens in der Ich-Form war im neunzehnten Jahrhundert ziemlich verbreitet. Heute ist der Erzähler häufiger der Protagonist oder eine andere tragende Figur, die unmittelbar in die Handlung verstrickt sind. Er kann sogar der Bösewicht der Geschichte sein.

Können Sie den Standpunkt im folgenden Beispiel benennen?

> Er sah dies, er tat jenes.

Dritte Person, richtig. Es ist im Grunde dasselbe wie die erste Person, nur daß in diesem Fall »ich« durch »er« oder »sie« ersetzt wurde.

Wie steht es mit der zweiten Person als Träger der Perspektive?

> Du sahst dies, du tatest jenes.

Vergessen Sie's. Die zweite Person wird in diesem Zusammenhang so selten verwendet, daß ich meine, wir können diese Version einfach außer acht lassen. Ich halte es für einen etwas plumpen Trick des Autors, den Leser so in die Geschichte hineinzuziehen, als wäre er einer der Akteure. Aber in Wirklichkeit ist der Leser ja bereit, sich emotional in die Handlung hineinzuversetzen, und zwar nicht als er selbst, sondern indem er sich mit einer oder mehreren der handelnden Figuren identifiziert.

Werfen wir einen Blick auf eine weitere Möglichkeit der Perspektive:

> Kevin blickte Mary verlangend an und hoffte, daß sie ihn bemerken würde. Sie bemerkte ihn, ja, sie wünschte sogar, er würde sie in die Arme nehmen. Marys Mutter, die die beiden vom Fenster aus beobachtete, fand, daß sie ein ideales Paar waren.

Der Autor ist überall gleichzeitig. In der einen Sekunde scheint er in Kevins Kopf zu sein, im nächsten in Marys, und wieder einen Augenblick später nimmt er die Perspektive von Marys Mutter ein. Was geht hier vor?

In dieser kurzen Passage erfährt der Leser, was Kevin denkt und auch was Mary und ihre Mutter denken. Der Autor gestattet sich, frei umherzuschweifen. Man nennt diese Perspektive des scheinbar »allwissenden« Erzählers *auktorial.*

Rekapitulieren wir noch einmal die drei wichtigsten Formen der Perspektive, um uns die Unterschiede unmißverständlich klarzumachen. Wird in der Ich-Form erzählt, so entwickeln sich die Ereignisse aus der Sicht einer bestimmten Figur – im allgemeinen des Protagonisten: **Ich sah dies, ich tat jenes.**

Beim Erzählen in der dritten Person wird »ich« durch »er« oder »sie« ersetzt: **Er sah dies, er tat jenes.**

Beim auktorialen Erzählen ist es dem freien Spiel der Kräfte überlassen, welcher Akteur oder welcher Schauplatz in den Mittelpunkt gerückt wird.

Die übliche Reaktion der Neulinge unter den Schreibern lautet: »Warum kann ich nicht einfach die auktoriale Perspektive nehmen und fertig? Ich kann überall sein, alles machen – klingt fantastisch.« Natürlich ist es verlockend, wie Gott zu sein, alles sehen und hören zu können, aber im allgemeinen kommt mit zunehmender Erfahrung auch größere Gelassenheit. Weder ein Gott kann gleichzeitig auf alle achten, noch der Autor. Eine Geschichte über jedermann ist eine Geschichte über niemanden. Bevor er sich mit Haut und Haaren einläßt, möchte der Leser wissen, wessen Geschichte das ist. Er erwartet vom Autor, daß er Individuen in den Mittelpunkt des Geschehens stellt.

Jede Perspektive hat ihre Vor- und Nachteile.

Die erste Person als Träger der Perspektive hat den Vorteil, daß sie die größte spontane Vertrautheit mit dem Leser erzeugt. Eine so erzählte Geschichte ist der Bericht eines Beteiligten, im höchsten Maße subjektiv und glaubwürdig. Wenn uns ein Akteur direkt anspricht, fällt es uns leichter, das zu glauben, was er sagt. Wenn die Charakterisierung der Handelnden zu Ihren Stärken gehört, werden Sie mit dieser Form der Perspektive gut zurechtkommen. Und wenn Sie erst einmal ganz vertraut sind mit dieser Figur, wird es Ihnen ein leichtes sein, mit der Stimme dieser Figur zu sprechen.

Jedem Vorteil steht leider auch ein Nachteil gegenüber. Der Autor, der seine Geschichte aus der Perspektive der ersten Person entwickelt, muß sich ständig davor hüten, dem Leser etwas zu erzählen, das so klingt, als spräche der Autor selbst, nicht der Akteur. Darüber hinaus empfinden es viele Autoren als schweres Handicap, daß dieser Ich-Erzähler dem Leser nur das vermitteln kann, was er selbst sieht, hört, riecht, fühlt, schmeckt und denkt. Szenen, an denen der Ich-Erzähler nicht beteiligt ist, sind unmöglich. Er weiß nicht, was sich jenseits seines Horizonts abspielt. Allerdings gibt es Wege, diese Hürde zu umgehen, wie ich noch zeigen werde.

Ein weiteres Problem dieser Form der Ich-Perspektive ergibt sich aus der Schwierigkeit, einen Akteur sich selbst beschreiben zu lassen, ohne daß er in den Augen des Lesers als selbstgefälliger Egozentriker dasteht. Heerscharen von Autoren, meine Person nicht ausgenommen, haben ihren Akteur irgendwann einmal vor einen Spiegel gestellt, um dieses Problems Herr zu werden. Vergessen Sie's. Eine Figur, die sich selbst im Spiegel sieht, ist ein allzu plumpes Klischee. Ein Ich-Erzähler kann sich jedoch über sein Aussehen oder eine Veränderung seines Äußeren Gedanken machen. Oder wir können einem anderen Akteur Worte in den Mund legen wie:

> Färbst du dir die Haare?

Daraus könnte sich ein Gespräch über das Haar des Angesprochenen entwickeln. Oder:

> »Bist du in letzter Zeit gewachsen?«
> »Ich ziehe in letzter Zeit nur seltener den Kopf ein.«

Schwieriger wird es, wenn es um die Persönlichkeit des Ich-Erzählers geht. Wenn er sich selbst für eine schwache Person hält, wird er als Protagonist kaum das Interesse des Lesers für sich gewinnen. Wenn er sich selbst als starke Person einschätzt, wird ihn der Leser vielleicht für einen selbstgefälligen Angeber halten. Der Autor muß sich also, wenn er die Perspektive des Ich-Erzählers wählt, auf Handlung und Dialoge stützen, um Informationen - vor allem positiver Art - über diese Person zu vermitteln. Eine unzuverlässige oder boshafte Person als Träger der Ich-Perspektive kann die Glaubwürdigkeit einer Geschichte steigern. Es eröffnet dem Autor auch gewisse Möglichkeiten, wenn er eine Person als Ich-Erzähler zu Wort kommen läßt, die nicht gerade eine Intelligenzbestie ist. Jedenfalls bietet diese Form der Perspektive ein reiches Potential.

Auf eines müssen Sie besonders achten, wenn Sie die Geschichte aus der Ich-Perspektive eines Protagonisten erzählen: Wenn der Protagonist den Leser ins Vertrauen zieht, darf er diesem nicht »versehentlich« ein wichtiges Geheimnis oder eine wichtige Information vorenthalten. Wenn der Leser erfährt, daß ihm etwas verschwiegen wurde, fühlt er sich hintergangen. Am spannungsreichsten läßt sich eine Information, die der Protagonist nicht preisgeben möchte, vermitteln, indem ihm ein anderer Akteur das Geheimnis in einer hitzigen Debatte entreißt:

> Ich habe es mein Leben lang mit der Wahrheit gehalten. Was hätte ich auf einer Junggesellenparty für junge Leute zu suchen gehabt? Also erklärte ich Jonathan unumwunden: »Ich war nicht da.«
> »Blödsinn, Maurice, natürlich warst du da.«
> »Ehrenwort, ich schwöre, daß ich nicht da war.«
> »Du hast doch keinen Zwillingsbruder, oder?«
> Ich sagte ihm, daß ich nicht wüßte, wovon er sprach. Jonathan folgte mir quer durch den Raum.
> »War das dein Zwillingsbruder, der in Hosenträgern vom Klo zurückkam? Maurice, du warst so betrunken, daß du dein Jackett in der Kabine hängengelassen hast. Du hast Glück gehabt, daß dir niemand die Taschen ausgeräumt hat, bevor Adam dich dahin zurückbugsierte, um sie zu holen.«
> Ich brachte nur mühsam die Worte heraus. »Du warst da?«
> Jonathan nickte. »Ich war da.«

Einen Punkt übersehen unerfahrene Autoren nicht selten: Wenn eine Geschichte darauf aufbaut, daß der Erzähler alle möglichen

lebensbedrohlichen Situationen zu überstehen hat, geht natürlich bei Verwendung der Ich-Perspektive einiges an Spannung verloren, weil die Person, um die Geschichte zu Ende erzählen zu können, alle Gefahren überleben muß!
Wenn Sie sich eine Sammlung von Kurzgeschichten ansehen, die aufgrund ihrer besonderen Qualität in dem betreffenden Band aufgenommen wurden, werden Sie vielleicht überrascht sein, wie viele dieser Geschichten aus der Sicht eines Ich-Erzählers geschrieben sind. Trotz der scheinbaren Grenzen, die eine solche Perspektive der Geschichte setzt, bietet die gekonnt gestaltete Ich-Erzählung ungeheuer reiche Möglichkeiten, sowohl für den erfahrenen Autor als auch für den geübten Leser. Die Ich-Perspektive ist beispielsweise überaus ergiebig, wenn Sie eine Figur gezeichnet haben, die außergewöhnlich klug oder scharfsichtig ist. In diesem Fall erreichen ihre tiefgründigen Gedanken und Überlegungen den Leser wesentlich direkter und unmittelbarer. Die Ich-Perspektive hat darüber hinaus den Vorteil, daß durch sie beim Leser Gefühle - vielleicht sogar Anteilnahme - für einen Protagonisten geweckt werden, auch wenn er schreckliche Dinge tut. In der *New York Times Book Review* erschien zusammen mit einer Besprechung des Erstlingsromans von Scott Smith, *Ein ganz einfacher Plan*, ein überaus interessantes Interview mit dem Autor:

> Scott Smiths Protagonist Hank begeht scheußliche Bluttaten. Dem Leser würde es schwerfallen, Sympathie für Hank zu empfinden, wenn die Geschichte in der dritten Person erzählt wäre. So war Smiths Wahl der Ich-Erzählung »unbedingt notwendig, damit der Leser seine natürliche Abneigung gegen Hanks Bluttaten überwindet.« Smith führte weiter aus: »Ich glaube, die Stimme der ersten Person hat irgendwie etwas Verführerisches, man wird irgendwie hineingezogen, egal, wie scheußlich die Dinge sind, die die betreffende Person tut, und das wollte ich aufrechterhalten bis zum letzten Augenblick, in dem der Leser dann gewissermaßen einen Rückzieher machen muß. Aber er konnte tun, was er wollte, ich empfand immer Sympathie für ihn. Wenn etwas den Leser in den Bann zieht, so hat dies seine Wirkung auf den Autor noch viel stärker.«

In manchen Fällen läßt sich die Ich-Perspektive gar nicht umgehen. Jerzy Kosinskis erster und bester Roman, *Der bemalte Vogel*, ist eine Erzählung von erstaunlicher Kraft. Ich habe das Buch einmal einem Mann geliehen - ich nenne ihn Michael -, einem enorm erfolgreichen Geschäftsmann, der ein intimer Kenner der klassischen Musik, ein wählerischer Kunstsammler und ein begeisterter Leser war, der nach eigener Aussage niemals einen Roman zur Hand nahm. Wir machten in benachbarten Ferienhäusern Urlaub, und nachdem er die ersten paar Seiten gelesen hatte, kam Michael zu mir herübergestürmt und fragte: »Ist die Geschichte wahr?« Ich steigerte seine Verwirrung noch durch die Gegenfrage: »Glaubst du, daß sie wahr ist?« Danach kam er alle paar Kapitel herüber und stellte immer wieder dieselbe Frage: »Ist die Geschichte wahr?« Nach der Lektüre dieses Buches war Michael von seiner Abneigung gegen Romane geheilt.

Der bemalte Vogel ist deshalb so erstaunlich, weil die Sprache des Romans von fantasievollen Bildern nur so übersprudelt und einige der erzählten Episoden geradezu bizarr oder abwegig sind und der Leser dennoch gefühlsmäßig den Eindruck hat, daß »die Geschichte wahr ist«, so gekonnt ist der perspektivische Aspekt des Ich-Erzählers von Jerzy Kosinski hier ausgearbeitet worden.

Der bemalte Vogel beginnt mit einem in der dritten Person gehaltenen Vorwort von weniger als zwei Seiten, in dem Zeit und Schauplatz der Geschichte festgelegt werden. (Im allgemeinen rate ich in der fiktionalen Literatur von einem Vorwort ab. Manche Leser überspringen das Vorwort, und dadurch gehen ihnen wichtige Informationen verloren. Ich bin zu der Überzeugung gekommen, daß man die wichtigen Punkte eines Vorworts fast immer auch geschickt in der Geschichte selbst unterbringen kann.)

Nach dem in der dritten Person gehaltenen Vorwort folgt die eigentliche Geschichte aus der Sicht eines Ich-Erzählers, bei dem es sich um einen etwa zehnjährigen Jungen handelt:

> Ich lebte in Marthas Hütte in der Erwartung, daß meine Eltern jeden Tag, jede Stunde zurückkommen könnten, um mich zu holen. Weinen half nichts, und Martha beachtete mein Schniefen nicht.
> Sie war alt und ging gebeugt, als wollte sie sich in zwei Hälften zerbrechen und könnte es nicht. Ihre langen Haare, die sie niemals kämmte, hatten sich zu unzähligen dicken, unentwirrbaren Strähnen verknotet. Diese nannte sie Elfenlocken. Böse Kräfte nisteten in diesen Elfenlocken, zwirbelten sie und impften ihr schleichend Senilität ein.
> Sie hoppelte, auf einen knorrigen Stock gestützt, herum und murmelte leise in einer Sprache vor sich hin, die ich nicht recht verstand. Ihr kleines verwittertes Gesicht war mit einem Netz von Runzeln überzogen, und ihre Haut war rötlich wie bei einem zu lange gebackenen Apfel. Ihr verschrumpelter Körper bebte unaufhörlich, als würde ein innerer Wind an ihm rütteln, und die Finger ihrer knochigen Hände mit den von Arthrose verkrüppelten Gelenken hörten nie auf zu zittern, während der Kopf auf seinem langen, mageren Hals nach allen Richtungen herumwackelte.
> Sie konnte nicht gut sehen. Sie blinzelte aus winzigen, unter buschigen Augenbrauen eingesunkenen Augenschlitzen ins Licht. Ihre Lider waren wie Furchen in einem tief umgepflügten Acker. Aus ihren Augenwinkeln liefen ständig Tränen in ausgewaschenen Rinnen die Wangen hinunter und vereinigten sich mit den klebrigen Fäden aus ihrer Nase und der schaumigen Spucke, die ihr von den Lippen tropfte. Manchmal sah sie wie eine alte, durch und durch vermoderte grüngraue Morchel aus, die nur noch darauf wartete, daß ein letzter Windstoß den schwarzen Staub aus ihrem Innern verwehte.
> Zuerst hatte ich Angst vor ihr und machte immer die Augen zu, wenn sie in meine Nähe kam ...

Wir sehen die Ereignisse mit den Augen des Erzählers. In der dritten Person erzählt, wäre sie völlig unglaubwürdig. Die bizarre Alte würde »übertrieben« wirken. Meiner Ansicht nach hatte der Autor hier keine Wahl. Die Ich-Perspektive war die einzige Möglichkeit. Kosinski hat sich für sie entschieden und einen Roman geschaffen, der zu den anerkannten Klassikern des zwanzigsten Jahrhunderts gehört.

Häufiger begegnet uns in der sogenannten Unterhaltungsliteratur die Erzählung in der dritten Person. Die Mehrheit der Romane, die wir zu einem beliebigen Zeitpunkt in den Bestsellerlisten finden, sind in der dritten Person geschrieben. Es ist die beliebteste Erzählform für Thriller, Abenteuer- und andere Unterhaltungsromane. Die in der dritten Person erzählte Geschichte hat eine lange Tradition. Bevor man Geschichten niederzuschreiben begann, gab es den Erzähler, der seinen Zuhörern am Feuer von den Abenteuern und Erlebnissen anderer Personen berichtete. Wenn die Menschen Mythen erfinden, bedienen sie sich immer der dritten Person. Am besten funktioniert diese Erzählform, wenn die Ereignisse durchgehend aus der Sicht *einer bestimmten Figur* geschildert werden, wobei es dem Autor freisteht, auch darüber zu berichten, was andere Figuren hören, riechen, fühlen und schmecken. Lektoren und Verleger geben im allgemeinen der Erzählung in der dritten Person den Vorzug. Sehen wir uns ein Beispiel an:

> Peter Carmody schloß die Tür seines Hauses auf, stellte seine schwere Aktentasche ab und ließ den Blick über sein heimisches Reich schweifen. Die beiden Kinder, die bäuchlings auf dem Teppich lagen und fernsahen, wandten nicht einmal den Kopf, um ihn zu begrüßen.
>
> Ignorierten sie ihn, oder hatten sie sein Kommen nicht gehört? Er öffnete die Tür noch einmal und ließ sie dann vernehmlich ins Schloß fallen. Die zwölfjährige Margaret fuhr herum, dann war sie wie der Blitz auf den Füßen und rannte in seine ausgestreckten Arme. Ah, dachte er, sie hat mich also vorhin nicht gehört.
>
> Jonathan, ein blasierter Dreizehnjähriger, drehte sich ganz langsam um, so daß er seine Augen erst im letzten Moment vom Bildschirm lösen mußte. Margaret huschte inzwischen geschäftig um ihren Vater herum, nahm ihm den Hut ab und hängte sich dann an seinen Arm, als wäre er der Ast von einem der Bäume im Garten.

Die dritte Person als Erzählform bietet viele Möglichkeiten, die beim weniger erfahrenen Autor oft Verwirrung stiften. Die dritte Person kann dem Ich-Erzähler sehr ähnlich sein, wenn die Ereignisse ausschließlich so geschildert werden, wie sie sich aus der Sicht einer einzigen Person darstellen, die aber als »er« oder »sie« in Erscheinung tritt. Diese Erzählform bietet dem Autor den Vorteil, daß er sich in Szenen hineinbegeben kann, in denen der Protagonist nicht auftritt und eine andere Figur zum Träger der Perspektive wird. Aber seien Sie darauf bedacht, daß die Perspektive innerhalb einer Szene immer gewahrt bleibt, sonst überschreiten Sie die Grenze zum auktorialen Standpunkt, der Ihnen zwar die Möglichkeit gibt, sich in die Gedanken eines jeden beliebigen Akteurs zu versetzen, der aber auch gleichzeitig die Gefahr birgt, daß Sie Ihre Leser verwirren.

Ein heikler Aspekt der Erzählung in der dritten Person ist die Frage der Glaubwürdigkeit. In der Ich-Erzählung kann ein Akteur sagen: »Ich aß sechs Bananen«, und wir glauben es ihm unter Umständen sogar. Wenn es dagegen heißt: »Mary aß sechs Bananen«, reagieren wir eher mit einem abwinkenden »Ach ja?« Einem Ich-Erzähler nehmen wir Dinge ab, die wir bei einem Erzähler in der dritten Person, der uns so wenig nahe steht wie ein Fremder im richtigen Leben, anzweifeln würden. Der Ich-Erzähler wird uns zum Vertrauten. Wir sind bereit, ihn beim Wort zu nehmen.

Wenn der Autor sich für die strenge Form des Erzählens in der dritten Person entschieden hat, muß er daran festhalten, denn dann erweisen sich die damit gezogenen Grenzen insofern als vorteilhaft, als sie ihn zu Zurückhaltung und Disziplin erziehen. Wenn Sie sich für eine lockere Form des Erzählens in der dritten Person entscheiden und beispielsweise jedes Kapitel aus der Sicht eines anderen Akteurs beschreiben, müssen Sie darauf achten, daß Sie denjenigen Akteur wählen, *der von den Ereignissen in dieser Szene am stärksten betroffen ist.*

Obwohl einige meiner Romane in der dritten Person geschrieben sind *(Der junge Zauberer, Ein Zimmer zum Leben, Aus heiterem Himmel, Die Zuflucht)*, gebe ich persönlich der Ich-Form den Vorzug *(Tür an Tür, Ein Hauch von Verrat, Um Leib und Leben).*

Die auktoriale, »allwissende« Perspektive gibt dem Autor die Möglichkeit, überall zu sein, sich innerhalb einer Szene in die Gedanken wechselnder Akteure zu versetzen. In der Kurzgeschichte »Das kurze glückliche Leben des Francis Macomber« versetzt sich Hemingway in die Gedanken eines verwundeten Löwen. Sie sollten sich einmal ansehen, wie kunstvoll er das tut.

Wenn ein Autor die auktoriale Perspektive wählt, so kann er auch mit seiner eigenen Stimme sprechen und Dinge sagen, die aus dem Munde der handelnden Figuren unpassend wären. Wenn er dies tut, sollte seine Stimme allerdings Persönlichkeit, Glaubwürdigkeit, ein gewisses Maß an Weisheit und im Idealfall einen erfrischenden Sinn für Humor vermitteln. Um diese Form der Perspektive interessant zu gestalten, muß der Autor folglich eine einigermaßen starke Persönlichkeit sein. Eine meiner begabtesten Studentinnen, Anne James Valadez, deren Arbeit von schöpferischer Fantasie sprüht, bedient sich besonders gern der auktorialen Perspektive; ihre außergewöhnlich differenzierte Stimme ist von großer künstlerischer Glaubwürdigkeit durchdrungen.

Mit der auktorialen Perspektive ist immer die Gefahr verbunden, daß der Leser den Autor reden hört, anstatt das Geschehen unmittelbar zu erleben. Sie verlangt vom Autor keine Disziplin. Weil er in den Gedanken wechselnder Akteure beliebig umherschweifen kann, verliert er leicht an Glaubwürdigkeit und noch leichter die emotionale Verbindung zum Leser. Vollkommene Freiheit kann für den Autor ebenso irritierend sein wie für den Leser.

Selbst Autoren, die schon auf mehrere Veröffentlichungen zurückblicken können, greifen bei der Wahl der Perspektive manchmal daneben. Zu lascher und unkontrollierter Umgang mit der Perspektive ist dafür verantwortlich, wenn in einem Roman mit dem Titel *Talent* solche Passagen auftauchen:

> »Wenn ich hier herauf fahre, fühle ich mich immer wie Paul Newman am Steuer«, scherzte Allison.
>
> Sie und Diana fuhren in zügigem Tempo zum Mulholland Drive

> hinauf, der sich kilometerweit am Grat der Bergkette entlangschlängelte wie ein achtlos hingeworfener Gartenschlauch.

Das Bild vermittelt in diesem Augenblick vermutlich Allisons Eindruck. Würde eine kurvenreiche Straße aus der Sicht eines Autofahrers jemals wie »ein achtlos hingeworfener Gartenschlauch« wirken? Das Bild ist an den Haaren herbeigezogen. Schwerwiegender fällt aber ins Gewicht, daß die Perspektive innerhalb eines einzigen Absatzes durcheinandergerät. Von einem Hubschrauber oder einem niedrig fliegenden Flugzeug aus könnte eine kurvenreiche Straße vielleicht wie ein Gartenschlauch aussehen, aber aus dem Auto heraus betrachtet?

Leser bemerken es meist nicht, wenn mit der Perspektive etwas nicht stimmt. Sie spüren einfach nur, daß es ein schlechter Stil ist.

Clifford Irving verwendet in seinem Roman *Der Anwalt* erfolgreich die Technik wechselnder Perspektiven. Am Anfang wird die Geschichte aus der Sicht des neutralen Beobachters erzählt:

> Im Winter 1985 ersann ein kleiner Dieb namens Virgil Freer in Houston, Texas, einen Plan, wie er die Kaufhauskette Kmart betrügen konnte.

Es folgt eine kurze Erläuterung zu Virgils Plänen, aber bereits am Ende des ersten Kapitels ist er erwischt worden und sitzt nun im Gefängnis. Virgil engagiert einen jungen Strafverteidiger namens Warren Blackburn. Wir ahnen, was Virgil denkt, als er zu Blackburn sagt:

> »Sie müssen mir helfen.«

Und schon finden wir uns in Blackburns Kopf wieder:

> Warren kam zu dem Schluß, daß ihm schon wesentlich schlimmere Typen als Virgil begegnet waren.

Nach nur wenigen Seiten haben wir nicht nur die Stimme des Autors vernommen, sondern kennen auch die Gedanken von

Virgil und seinem Anwalt. Clifford Irving beherrscht den *gesteuerten* Wechsel der Perspektive - und bringt es damit zu beachtlichen Ergebnissen.

Nehmen wir uns nun einen Moment Zeit und werfen wir einen Blick auf den Grad der Subjektivität der jeweiligen Perspektiven. In der Ich-Form ist die Perspektive ganz und gar subjektiv. Man kann sich das so vorstellen: Der Ich-Erzähler teilt dem Leser nicht nur alles mit, was dieser im Laufe der Geschichte erfährt, sondern er spricht auch in eigener Sache. Er vermittelt seine eigene Sicht von seiner Person, seinen Mitmenschen und der Welt.

Die Verwendung der dritten Person bietet mehr Möglichkeiten. Wenn die Geschichte aus der Perspektive einer einzigen Figur erzählt werden kann, entsteht für den Leser ein gewisses Gefühl der Subjektivität. Der Autor kann sich auch zur Verlagerung der Subjektivität auf einen anderen Akteur entschließen, muß aber darauf achten, daß der Wechsel nicht allzu willkürlich und sprunghaft wirkt. Der Thrillerautor John Godey veröffentlichte 1973 den Roman *Pelham*, in dem es um die Entführung eines U-Bahnzuges in New York City geht. Godey erzählt die Geschichte in der dritten Person, wobei er alle paar Seiten von einem Träger der Perspektive zum anderen wechselt. Jeder dieser Abschnitte ist mit dem Namen der Person überschrieben, aus deren Sicht die Geschichte erzählt wird. Problematisch fand ich jedenfalls, daß ich auf den ersten achtundzwanzig Seiten bereits sieben Akteure zählen konnte, in deren Sichtweise sich der Leser für kurze Zeit hineinversetzen sollte. Es war einfach verwirrend.

Wenn Sie die dritte Person als Erzählform wählen, können Sie sich auf die Seite aller oder zumindest einiger der Akteure schlagen. Sie können sich auch vollkommen neutral oder objektiv geben, indem Sie nichts von den Gedanken oder Wünschen der Akteure verraten. Vollkommene Objektivität birgt zwar die Gefahr, keinerlei Gefühle zu vermitteln und die Vertrautheit nicht zu erzeugen, die wir uns beim Lesen eines Romans wünschen, aber dem Genre des Actionromans kommt sie durchaus entgegen. Für alle literarischen Gattungen empfehle ich Ihnen jedoch, sich auf die Perspektive eines einzigen Akteurs zu beschränken und daran festzuhalten, um sich nicht unnötige Probleme zu schaffen. Wenn Sie den Leser allerdings an den Gedanken aller Figuren teilhaben lassen wollen, sind Sie mit der auktorialen, also der lockersten Form der Perspektive, besser beraten. Ein Beispiel dafür, wie man auf diese Weise dem Leser die Gedanken und Gefühle aller Akteure vermittelt, gibt uns Norman Mailer in seinem ersten Roman *Die Nackten und die Toten*. Der Roman beginnt folgendermaßen:

> Niemand vermochte zu schlafen. In der Morgendämmerung würde das kleine Transportschiff seine Fahrt verlangsamen, die erste Woge der Truppen würde durch die Brandung dringen und entlang der Küste von Anopopei angreifen. Jedermann auf dem Schiff, jeder im Schiffsverband wußte, daß einige von ihnen in den nächsten Stunden zu sterben hätten.

Ganz offensichtlich eine auktoriale Perspektive. Der nächste Absatz beginnt so:

> Ein Soldat liegt lang in seiner Koje, schließt die Augen, bleibt hellwach. Um sich herum hört er das Gemurmel der hin und wieder in Träume versinkenden Männer wie Brandungsgeräusch.

Alles, was der Leser in diesem und im nächsten Absatz erfährt, wird ihm aus der Sicht eines namenlosen Soldaten vermittelt. Die Passage endet damit, daß dieser Soldat von der Latrine zurückkommt:

> Und während er zurückgeht, denkt er an eine frühe Morgenstunde in seiner Kindheit, als er wach lag, weil er Geburtstag hatte und ihm eine Kindergesellschaft von der Mutter versprochen worden war.

Der Leser würde jetzt vermutlich erwarten, daß er zu dem Geburtstagsfest des namenlosen Soldaten mitgenommen wird.

Statt dessen werden uns im nächsten Absatz neue Akteure vorgestellt:

> Früh am Abend hatten Wilson, Gallagher und Stabssergeant Croft mit zwei der Ordonnanzen vom Zug des Hauptquartiers zu pokern begonnen.

Es folgt eine Szene, in der Wilson, Gallagher und Croft Karten spielen. Wir werden in Wilsons Gedanken versetzt: **Er fühlte sich ausgezeichnet.** Im nächsten Absatz befinden wir uns in Crofts Gedanken und erfahren, daß er sich über die Karten ärgert, die ihm bisher ausgeteilt wurden. Wieder ein Wechsel zu Wilson: **Er sann einen Augenblick nach, hielt eine noch nicht ausgegebene Karte in der Hand.** Dann erfahren wir, daß Wilson deprimiert ist. Als nächstes sind wir wieder bei Gallagher - er hat ein schlechtes Gewissen beim Gedanken an seine im siebten Monat schwangere Frau in der Heimat. Und so geht es weiter. Ein allwissender Autor gibt uns Informationen, und wir pendeln unaufhörlich zwischen den Gedanken der drei Kartenspieler hin und her. Als Norman Mailer *Die Nackten und die Toten* schrieb, war er noch sehr jung, aber sein Talent machte seinen Mangel an Erfahrung wett. Er scheint ganz instinktiv mit der auktorialen Perspektive zu jonglieren, und es funktioniert ausgezeichnet, weil der Leser nie das Gefühl hat, daß ihm die Fäden entgleiten. Die größte Gefahr bei der auktorialen Perspektive ist der Verlust der Kontrolle, was immer eine Folge fehlender Disziplin ist.

Ein Autor kann zwar Figuren entwerfen, die gewandter und kultivierter sind als er selbst, aber er wird Schwierigkeiten haben, einen Charakter zu schaffen, der mehr Wissen und Klugheit besitzt als er selbst, besonders, wenn er in die tiefgründigsten Gedanken dieser Person eindringt. Daran liegt es auch, daß bestimmte Figuren, wie zum Beispiel Wissenschaftler, Personen des öffentlichen Lebens oder Intellektuelle, in Unterhaltungsromanen oft so gestelzt daherkommen. Ebenso muß der Autor, wenn er Figuren erfindet, die weniger klug sind als er selbst, darauf achten, daß er ihnen keine Gedanken zuordnet, die ihre geistigen Kapazitäten übersteigen.

Die Entscheidung für eine der möglichen Perspektiven steht natürlich an erster und wichtigster Stelle. Einige der Autoren, mit denen ich zusammengearbeitet habe, greifen, geprägt durch ihre eigene Leseerfahrung, instinktiv zu der einen oder der anderen Form der Perspektive. Thrillerautoren wählen im allgemeinen die dritte Person. Autoren, deren eigene Lektüre hauptsächlich aus Werken der Hochliteratur besteht, bedienen sich in ihrer eigenen Arbeit häufiger der Ich-Form. Aber dazwischen gibt es noch ein weites Feld. Unterhaltungsromane werden sowohl in der ersten Person als auch in der dritten Person geschrieben. Ich rate jedem, sich der Form zu bedienen, mit der er sich am wohlsten fühlt. Hat ein Autor das Problem der Perspektive erst einmal erfaßt, kann er daraus Nutzen ziehen, indem er zum Beispiel einen Entwurf, der ihn nicht recht zufriedenstellt, beiseite legt und die Geschichte aus der Sicht einer anderen Figur neu beginnt. Wenn Sie den Text in der dritten Person geschrieben haben, versuchen Sie es mit der ersten; hatten Sie zuerst die auktoriale Perspektive gewählt, versuchen Sie es nun mit der dritten oder ersten Person. Oder mit beidem. Ein Perspektivenwechsel hat schon so manchen Roman gerettet, der im Sande zu verlaufen drohte.

Ich habe weiter oben in diesem Kapitel erwähnt, daß es möglich ist, die Grenzen, die sich durch die Ich-Form für eine Erzählung ergeben, zu überwinden. Dazu ist es von größter Wichtigkeit, über den Horizont des Ich-Erzählers hinauszugelangen und den Leser an Ereignissen teilhaben zu lassen, die sich in Abwesenheit des Erzählers abspielen. Im folgenden Beispiel kommt eine Figur namens Florence zu Wort:

> Die alte Hexe drohte, die Party abzusagen, wenn ich eingeladen würde, obwohl der Anlaß genauso viel mit mir zu tun hatte wie mit Rose. Helen erzählte mir, sie hätte ihr Punschglas nach einer Minute wieder weggestellt, weil der Punsch wie ein Gemisch aus Traubensaft und Benzin schmeckte. Debbie rief mich, ob du's glaubst oder nicht, von ihrem Autotelefon aus an und sagte, daß die Musik drinnen so laut sei, daß man kein Wort verstehe, sofern man nicht von den Lippen lesen könne.

> Ich konnte sie wegen des Verkehrslärms kaum verstehen. Zum Glück kam Maryanne direkt von der Party zu mir, um mir zu berichten, daß Sallys Mann so aussah, als würde er den nächsten Tag nicht überleben. Und Rose, sagte sie, Rose hatte einen Atem, daß ihr jeder mindestens einen Meter vom Leib blieb und nach einer Ausrede suchte, um sich aus dem Staub zu machen. Ich war nicht eingeladen, aber das macht keinen Unterschied. Ich weiß wahrscheinlich besser Bescheid über das, was los war, als alle anderen.

Um die Glaubwürdigkeit zu unterstreichen, wird Florence eine gewisse Geschwätzigkeit und eine ambivalente Einstellung zu den Partygästen in den Mund gelegt. Eine einfachere, aber vielleicht auch weniger überzeugende Methode könnte so aussehen, daß der Ich-Erzählerin ein einleuchtender Grund gegeben wird, sich nach den Ereignissen zu erkundigen, die sich von ihrem Standpunkt aus hinter den Kulissen abgespielt haben. Oder die Ich-Erzählerin, die sich an den Leser wendet, könnte Mutmaßungen darüber anstellen, was im selben Augenblick an einem anderen Ort vor sich geht. In jedem Fall ist zu beachten, daß es einen geeigneten Anlaß dafür geben muß, über Dinge zu berichten, die sich abseits der Bühne ereignen. Im übrigen sollte dieser Bericht so anschaulich wie möglich sein. Wir sehen vor uns, wie Helen den widerlichen Punsch wegstellt. Wir können den Lärm im Hintergrund hören, während Debbie über das Autotelefon spricht. Wir riechen Roses schlechten Atem.

Zum Schluß dieses Kapitels möchte ich eine Checkliste vorstellen, anhand derer Sie die Wahl der Perspektive in Ihrer eigenen Arbeit überprüfen können:

- Bleiben Sie durchgehend bei einer Perspektive? Wenn sie Ihnen irgendwo entgleitet, korrigieren Sie den Fehler. Wenn es nicht funktioniert, versuchen Sie es mit einer anderen Figur als Träger der Perspektive.
- Vermittelt Ihre Perspektive so viel Subjektivität, daß der Leser emotional Anteil nehmen kann? Oder ist Ihr Standpunkt zu objektiv?

- Haben Sie es vermieden, uns die Empfindungen Ihrer Akteure zu beschreiben? Haben Sie das Mittel der Handlung eingesetzt, um dem Leser ein emotionales Erlebnis zu vermitteln?
- Haben Sie, sofern Sie die Ich-Form benutzen, eine andere Figur herangezogen, um im Dialog deutlich zu machen, wie der Ich-Erzähler aussieht?
- Unterscheidet sich die Person des Ich-Erzählers genügend von Ihnen selbst?
- Haben Sie dem Leser irgend etwas erzählt, das der Ich-Erzähler nicht wissen kann oder nicht sagen würde? Kommt die Stimme des Autors zum Vorschein?
- Gibt es in Ihrem Text Elemente, die nicht zu einer Person aus dem Milieu Ihres Erzählers passen würden?
- Haben Sie, sofern Sie die dritte Person oder die auktoriale Perspektive benutzen, die betreffende Person ausführlich charakterisiert?
- Würde es sich lohnen, die Perspektive einzugrenzen, damit sich der Leser leichter mit einer der Figuren identifizieren kann?
- Haben Sie in bezug auf die Perspektive einer dritten Person Grenzen abgesteckt oder Richtlinien entworfen? Haben Sie sich an diese Grenzen und Richtlinien gehalten?

Einen Wissenschaftszweig, der an der Universität gelehrt wird, nennen wir eine Disziplin. Schreiben ist eine Disziplin. Und der Aspekt des Schreibens, der das höchste Maß an Disziplin erfordert, ist derjenige der Perspektive. Die Wahl der Perspektive bleibt Ihnen überlassen, aber wenn Sie diese Wahl erst einmal getroffen haben, dann müssen Sie daran festhalten, als wäre davon abhängig, wie der Leser Ihre Geschichte erlebt. Denn genau das ist der Fall.

14
Die Rückblende: Wie rückt man den Hintergrund in den Vordergrund?

In seinen jungen Jahren arbeitete Barnaby Conrad, der Begründer der Santa Barbara Writers' Conference, bei Sinclair Lewis. Einmal fragte er den Meister, wie er eine Rückblende am besten gestalten sollte. Lewis' Antwort war kurz und bündig. »*Lassen Sie's bleiben*«, sagte er.

Es ist wahr, daß selbst erfahrene Autoren nicht immer eine glückliche Hand für Rückblenden haben. Und es stimmt auch, daß das Mittel der Rückblende zu häufig benutzt wird und daß der Leser dadurch immer wieder aus seinem Erleben herausgerissen wird. Aber manchmal ist eine Rückblende nicht zu vermeiden, und darum sollten Sie lernen, sinnvoll damit umzugehen.

Grundsätzlich sollte sich das Geschehen in der erzählenden Literatur für den Leser hier und jetzt abspielen. Dieser Satz ist so wichtig, daß Sie ihn an den Spiegel oder den Computer heften sollten, so daß er Ihnen täglich ins Auge fällt.

Wir lesen nicht in Echtzeit. Der Autor kann Stunden mit einem einzigen Wort wegfegen: »Später ...« Manche Geschichten scheinen nur so dahinzufliegen, andere wiederum ziehen sich endlos in die Länge. In *Auf der Suche nach der verlorenen Zeit* verweilt Proust über Dutzende von Seiten bei einem durch ein Gebäckstück angeregten Gedankengang. In Zolas *Der Totschläger* zieht sich die Beschreibung eines opulenten Festmahls, wenn ich mich recht erinnere, über fünfzig Seiten hin. Was spricht dagegen, in Form einer Rückblende auf ein weiter zurückliegendes Ereignis zu verweisen, da wir ohnehin nicht in Echtzeit lesen? Woran liegt es, daß Lektoren und Verleger solche Vorbehalte gegen Rückblenden haben?

Für den Leser ergibt sich bei einer Rückblende das Problem, daß er aus seinem Erleben herausgerissen wird. Er ist gespannt darauf, was als nächstes passiert. Rückblenden, die ungeschickt eingeflochten werden, ziehen den Leser aus der Handlung heraus, um ihn darüber zu informieren, was sich zu einem früheren Zeitpunkt ereignet hat. Wenn der Leser merkt, daß er sich in der Zeit zurückbewegt, vor allem, wenn ihm die zurückliegenden Ereignisse eher berichtet als gezeigt werden, so sträubt er sich verärgert dagegen, sich aus seinen Träumen reißen zu lassen, nur um irgendeine Information entgegenzunehmen. Wenn wir in eine Lektüre versunken sind, wollen wir nicht gestört werden. Die Kunst der gelungenen Rückblende liegt also darin, den Leser nicht aus seinem Erleben herauszureißen. Ich werde Ihnen zeigen, wie das zu erreichen ist.

Nur um sicher zu gehen, daß wir uns richtig verstehen: *Jede Szene, die ein Geschehen beschreibt, das sich vor Beginn der eigentlichen Handlung abgespielt hat, ist eine Rückblende.*

Ich betone in diesem Zusammenhang das Wort *Szene.* Eine echte Rückblende, egal wie kurz sie auch sein mag, ist immer eine Szene, die idealerweise eine Konfliktsituation zwischen verschiedenen Charakteren beinhaltet.

Wenn meinen, unbedingt eine Rückblende verwenden zu müssen, sollten Sie sich die folgenden Punkte einprägen:

- Eine Rückblende muß die gegenwärtige Handlung in irgendeiner signifikanten Weise erhellen. Ansonsten lohnt sich die Mühe nicht. Wenn die Rückblende kein erhellendes Licht auf die eigentliche Geschichte wirft, können Sie höchstwahrscheinlich darauf verzichten.
- Die Rückblende sollte, wenn irgend möglich, eine unmittelbare Szene sein und nicht als narrative Zusammenfassung eines Geschehens daherkommen, das sich hinter den Kulissen abspielt. Der Leser muß die Rückblende erleben, sie sollte ihm nicht erzählen, was passiert ist.

- Sie können direkt in eine Rückblende eintauchen oder allmählich dazu überleiten. Der Wechsel in die Rückblende sollte sich in jedem Fall so unaufdringlich wie möglich gestalten. Das rasche Hineingleiten in die Rückblende reduziert die Gefahr, daß der ungeduldige Leser Seiten überblättert, weil er die Rückblende schon auf sich zukommen sieht.
- Gleich der erste Satz der Rückblende muß den Leser fesseln.

Im allgemeinen dient die Rückblende dem Zweck, eine Information zu vermitteln. Dem Leser sollte diese aber nicht als Information über die Vergangenheit präsentiert werden; sie sollte vielmehr ebenso unmittelbar und spannend sein wie eine Gegenwartshandlung. Wenn Sie im Aufzug fahren, interessiert es Sie nicht, die Stahlseile und Antriebswellen der Mechanik zu sehen. Ebenso wenig will der Leser Ihre Erzähltechnik sehen, er möchte einfach nur dabei sein. Stellen Sie sich selbst die folgenden Fragen:

Wenn sich eine Rückblende nicht vermeiden läßt, präsentieren Sie dem Leser die Handlung darin ebenso unmittelbar wie in einer Gegenwartsszene?

Ist der Anfang der Rückblende ebenso interessant oder spannend wie der Anfang eines Romans oder einer Erzählung?

Verstärkt die Rückblende die Anteilnahme des Lesers an der Geschichte insgesamt?

In einer gelungenen Rückblende werden uns Szenen genau so vor Augen geführt wie in der eigentlichen Geschichte, sie hebt sich nur dadurch ab, wie sie eingeführt und wie der Erzählfaden wieder aufgenommen wird.

Bei einigen Wörtern sollte beim Autor ein Warnsignal aufleuchten. »Hatte« ist der Übeltäter Nummer eins. Kein anderes Wort hat so viele Rückblenden schon im Ansatz zunichte gemacht. Eine Erzählhandlung wird fast immer in der einfachen Vergangenheit präsentiert. Wenn Sie eine Rückblende einfügen, greifen Sie so schnell wie möglich auf dieselbe Zeitform zurück, die Sie in der Haupthandlung verwenden, das heißt im allgemeinen auf die einfache Vergangenheit. Schreiben Sie nicht:

»Ich hatte mich daran erinnert ...«, sondern: »Ich erinnerte mich daran ...«
Die folgende Passage zeigt beispielhaft, wie man sich in einem Gewirr komplizierter Zeiten verheddern kann, die vollkommen überflüssig sind:

> Ich weiß noch, wie mich mein Chef in sein Büro beordert und gesagt hatte: »Setzen Sie sich.« Er selbst war stehengeblieben. Ich war damals wie ein gerade einberufener Rekrut, alles, was man mir sagte, hatte ich als Befehl genommen. Mir hatte es nicht gefallen, mich zu setzen, während er von oben auf mich herunterblickte.

Als der Lektor sein Werk vollendet hatte, las sich die Stelle so:

> Ich weiß noch, wie mich mein Chef in sein Büro beorderte und sagte: »Setzen Sie sich.« Er selbst blieb stehen. Ich war damals wie ein gerade einberufener Rekrut, ich nahm alles als Befehl, aber ich hatte verdammt wenig Lust, da zu sitzen, während er von oben auf mich herunterblickte.

Im ersten Beispiel haben wir fünfmal die vollendete Vergangenheit. Im zweiten taucht sie kein einziges Mal auf.
Besonders unbeholfen wirkt die vollendete Vergangenheit bei Hilfsverben (hatte gehabt, war gewesen), und so mancher Autor versucht den Schaden durch ein Wort wieder gutzumachen, das man in der Rückblende ebenfalls besser meiden sollte, nämlich durch ein »dann«:

> Ellie hatte eine Mutter gehabt, die sich einen Sohn wünschte und die Ellie jahrelang gezwungen hatte, sich wie ein Junge zu kleiden und die Haare kurz zu schneiden. Eines Tages dann ...

Der Autor hätte schreiben sollen:

> Ellies Mutter wünschte sich einen Sohn. Sie zwang Ellie jahrelang, sich wie ein Junge zu kleiden und die Haare kurz zu schneiden. Eines Tages ...

Wenn Sie eine Rückblende einleiten, müssen Sie so schnell wie möglich eine unmittelbare Szene entstehen lassen. Da der Dialog stets Bestandteil einer unmittelbaren Szene ist, hat der Autor die Möglichkeit, eine Rückblende lebendig zu gestalten, indem er gleich zu Beginn einen Dialog einführt. Den meisten Autoren ist nicht bewußt, daß die Verwendung der Dialogform auch dann sinnvoll sein kann, wenn die Rückblende nur kurz ist. Die folgende Textpassage stammt von der zweiten Seite meines Romans *Die Zuflucht*. Die Ärztin Margaret Brown denkt an ihre Studienzeit an der medizinischen Fakultät zurück. Achten Sie darauf, wie der Gedanke an einen bestimmten Professor fast augenblicklich in einen Dialog mündet:

> Margaret wurde sich nur allzu schnell darüber klar, daß das wichtigste Organ, das Gehirn, der Sitz des Verstandes, für die meisten ihrer Kommilitonen *terra incognita* war. Der klügste ihrer Professoren, Dr. Teal, fragte sie einmal, ob sie die Gehirnchirurgie als medizinisches Fachgebiet reizen könne.
> »Nein«, entgegnete sie etwas zu eilig.
> »Darf ich fragen, warum nicht?«
> »Ich finde Gehirnchirurgen langweilig.«
> Dr. Teal, ein Gehirnchirurg, errötete. Margaret entschuldigte sich hastig und erklärte, daß sie diejenigen unter ihren Kommilitonen gemeint hatte, die ...

Dieser dreizeilige Dialog trägt dazu bei, daß die gesamte Erinnerung für den Leser sichtbar wird.
Es gibt zwei Möglichkeiten, eine Rückblende zu beginnen. Da ist einmal der direkte Weg. Ein Beispiel, das ich in diesem Zusammenhang oft nenne, ist aus Brian Glanvilles Roman *The Comic*. Der Protagonist ist ein Komiker, der für verrückt gehalten wird. Auf der sechsten Seite erklärt er seinem Therapeuten:

> Ich habe immer Witze erzählt, Doktor.

Im nächsten Absatz setzt direkt und unvermittelt die Rückblende ein:

> Was wahr ist. Ich kann so weit zurückdenken, wie ich will, immer erzähle ich Witze. Ich nehme an, er hat recht, es war eine Art Selbstschutz; oder zumindest war es am Anfang ein Selbstschutz. Zu Hause, in der Schule. Mein Vater, dieser Grobian, mit seinem Pub in der Mile End Road, immer schnell bei der Hand mit dem Gürtel.

Und so geht es immer weiter in die Kindheit des Komikers zurück. Brian Glanville ködert uns mit einer interessanten Figur. Wir wollen mehr über diesen »verrückten« Komiker erfahren, der uns über den Kopf seines Arztes hinweg anspricht. Wir sind froh darüber, daß wir in der Rückblende mehr über seine Lebensgeschichte erfahren.

Ebenso einfach sind die Methoden, eine Rückblende zu beenden.

Sie können eine Leerzeile setzen, die den Zeitsprung signalisiert, und danach den Faden der eigentlichen Erzählung wieder aufnehmen. Oder Sie fangen einen neuen Absatz an mit dem entsprechenden Hinweis: »Eine Woche später ...«

Sie können die eigentliche Handlung auch mit einem Dialog wieder aufnehmen: »Letzte Woche hast du aber etwas anderes gesagt.«

Oder Sie können die Rückblende mit einer direkten Erklärung verlassen. John hat sich, neben Anna im Bett liegend, (in einer Rückblende) an eine Szene aus der Vergangenheit erinnert:

> Am nächsten Morgen stand John mit einem Gefühl auf, als läge sein ganzes Leben noch einmal vor ihm.

Es kann auch weniger direkt geschehen:

> Ohne den Blick von Annas schlafendem Gesicht zu lösen, schlüpfte John in seine Shorts, knöpfte das Hemd zu und stieg erst mit dem einen, dann mit dem anderen Bein in seine Hose, aber als er sich auf die Bettkante setzte, um Strümpfe und Schuhe anzuziehen, schlug Anna die Augen auf.

Auch wenn es ratsam ist, häufige Rückblenden zu vermeiden, kann die gedankliche Rückblende viel dazu beitragen, einen Charakter komplexer und eine Szene lebendiger zu zeichnen. Im wirklichen Leben sind unsere Gedanken unsere ständigen Begleiter. Unsere Gedanken stehen im Zusammenhang mit dem, was wir sind, was wir tun, was andere Menschen zu uns sagen. Gedanken verleihen dem Leben und auch einem Roman Struktur. Auf den ersten drei Seiten meines Romans *Ein Zimmer zum Leben* sehen wir die Protagonistin Shirley Hartman, wie sie die Tür ihrer Wohnung in einem Hochhaus in Manhattan abschließt, mit dem Aufzug ins oberste Stockwerk fährt und die Treppe zum Dach hochsteigt. Dann erfahren wir von ihren Gedanken, die immer wieder auch in die Vergangenheit zurückwandern. Ohne diese Gedanken, an Gegenwärtiges ebenso wie an Vergangenes, würde die Szene einen guten Teil ihrer Wirkung einbüßen.

Schlagen wir die zweite Seite dieser Szene auf, lauschen Shirley Hartmans Gedanken und sehen uns dann einmal genau an, auf welche Weise hier eine Wirkung erzielt wird:

> In den Lücken zwischen den Wolken, die am kohlendunklen Himmel trieben, konnte sie von Zeit zu Zeit den Mond sehen. Als Kind hatte sie immer sein Gesicht erkennen können; jetzt schien er nur noch eine vernarbte Kugel zu sein, schroffe Kanten und eine gefleckte Ebene, in die man Instrumente gepflanzt hatte, die Signale zur Erde sandten, in diesem selben Augenblick.
>
> Ein paar Lichtrechtecke in dem Hochhaus auf der anderen Straßenseite kündeten von der Schlaflosigkeit seiner Bewohner. Shirley beugte sich, auf Zehenspitzen stehend, weit über die hüfthohe Brüstung und sah benommen zu, wie unten auf der Straße ein Taxi seine Fahrgäste ausspuckte. Plötzlich dachte sie an das schmutzige Geschirr mit den Resten vom Hüttenkäse und Obst darauf. Sie hätte es abspülen, in die Spülmaschine stellen und alles ordentlich hinterlassen können. Und das Tagebuch in ihrer Schreibtischschublade, mit dem altersbrüchigen Leder, dem kaputten Schloß, den verschlüsselten Erinnerungen an längst Vergangenes, an das erste Mal, als sie mit sich selbst gespielt hatte, an den ausgeflippten Abend mit Harry – sie hätte es in den Ofen werfen sollen! Und der eine Brief von Al, sie hätte ihn ins Klo werfen und hinunterspülen sollen. Al, dieser unerträglich selbständige Mann, der ohne einen anderen Menschen leben konnte, von dem sie glaubte, daß er sie liebte, der sie aber nicht brauchte, wie würde er reagieren, wenn er es erfuhr, würde es ihn überraschen, ihn, den Unerschütterlichen, der so tat, als könne ihn nichts in der Welt überraschen?
>
> Mit quietschenden Reifen fuhr das Taxi unten auf der Straße an. Der *Times*, dachte sie, wäre die Nachricht von ihrem Tod ein Bild wert. In den *News* würde sie vielleicht sogar auf der Titel-

seite erscheinen angesichts der Schlagzeilen, die sie gelegentlich machte, und der schockierenden Natur dessen, was zu tun sie sich entschlossen hatte.

Was würde ihr Vater denken? Er würde so etwas sagen wie: *Vom Tod kannst du nichts Brauchbares lernen!* In Gedanken schloß sie Philip Hartmans Augen mit den Fingerspitzen, damit er sie nicht sehen konnte.

Als sie sich auf die Brüstung hochzog, schürfte sie sich das rechte Knie auf. Sie erinnerte sich an den Verkehrsunfall, den sie gesehen hatte, an die Frau, die schwerverletzt auf der Straße lag, mit hochgerutschtem Kleid, so daß die Gaffer ihr Schamhaar sehen konnten; Shirley dachte dankbar daran, daß sie eine Strumpfhose trug, *als ob das noch eine Rolle gespielt hätte.* Warum trug sie immer noch ihre Handtasche? Sie ließ sie hinter sich aufs Dach fallen und hörte, wie das Glas ihres Spiegels zersplitterte.

Wenn ihr Körper nun im Sturz diesen späten Fußgänger traf, der seinen Hund ausführte, oder einen anderen Passanten, der ihren Blicken verborgen blieb? Sie war keine Mörderin, das einzige Verbrechen, das sie begehen wollte, richtete sich gegen ihre eigene Person. Wenn unten eine Menschenmenge schreien würde *Spring! Spring! Spring!* – würde sie dann mitten hineinspringen?

Es kam ihr komisch vor, daß sie Angst davor hatte, sich auf die Brüstung zu stellen. Sie schwang die Beine über den Rand und ließ sie auf der anderen Seite hinunterbaumeln.

Würden ihre Gliedmaßen flattern?

Würde sie sich im Fall umdrehen? Der Gedanke, daß ihr Kopf als erstes auf dem Pflaster aufschlagen konnte, war entsetzlich. Sie richtete sich leicht schwankend auf der Brüstung auf.

Al sagte, sie sehe nackt besser aus als angezogen, als ob das das höchste der Komplimente wäre. Al hatte mit ihrer Entscheidung nichts zu tun. Es war ihr Leben. Sie wollte weg. Shirley hielt die Luft an.

In Shirleys Überlegungen zur Gegenwart mischen sich die folgenden gedanklichen Rückblenden:

1. die Gedanken, die sie sich als Kind über den Mond gemacht hat
2. das schmutzige Geschirr mit den Resten ihres Abendessens
3. das Tagebuch, das sie hätte verbrennen sollen
4. Al, der sie liebt

5. ihr Vater
6. ein Unfall, bei dem eine Frau schwer verletzt wurde
7. Als Bemerkungen darüber, wie sie nackt aussieht

Warum diese Gedanken an Vergangenes? Wenn der Leser im ersten Kapitel einer Unbekannten begegnet, die im Begriff ist, Selbstmord zu begehen, so berührt ihn das emotional nicht besonders stark. Man muß die Menschen im Auto kennen, bevor man den Unfall zu sehen bekommt. Shirleys rückwärts gerichtete Gedanken und ihre Überlegungen zur Gegenwart sind es, die sie dem Leser vertraut werden lassen, so daß er schließlich wünscht, sie würde nicht springen.

Achten Sie darauf, daß die gedanklichen Rückblenden Teil einer in der Gegenwart sichtbaren Szene sind, in der eine junge Frau auf einer Dachbrüstung steht und bereit ist, sich hinunterzustürzen. Wenn die einzelnen Rückblenden mehr sind als kurze Gedankenfetzen innerhalb der Szene, die gerade abläuft, muß der Autor darauf achten, daß der Rückblick in sich selbst eine Szene bildet, damit ihn der Leser nicht als bloßen Bericht über Dinge empfindet, die sich anderswo ereignen. Soll der Leser beim Wechsel vom Gegenwartsgeschehen zu einer zurückliegenden Begebenheit nicht aus seinem Erleben herausgerissen werden, muß sich die Überleitung in die Vergangenheit so unauffällig wie möglich vollziehen.

So wie das Überblenden von einem Musikstück zum nächsten im Radio bruchlos und kaum merklich geschieht, sollte die Rückblende den Leser direkt und unaufdringlich von der eigentlichen Erzählhandlung in die Vergangenheit führen.

Im allgemeinen läßt eine Rückblende die Spannung abfallen, aber sie kann auch so gestaltet werden, daß sie die Spannung steigert. In *Um Leib und Leben* kommt beispielsweise eine Szene vor, die sich über drei Kapitel hinzieht. Sie hat die stürmische Konfrontation zwischen dem Protagonisten Ben Riller und dem Antagonisten Nick Manucci zum Inhalt. Um die Spannung dieser Begegnung zu steigern, habe ich drei kurze Rückblenden – Nicks Erinnerungen an vergangene Begebenheiten – eingefügt, die zur Folge haben, daß der Ausgang der Konfrontation hinausgeschoben und der Leser so auf die Folter gespannt wird. Alle drei Rückblenden werfen ein erhellendes Licht auf das Gegenwartsgeschehen und unterstreichen dessen Bedeutung. Und die Überleitungen von der eigentlichen Handlung zur Rückblende und umgekehrt geschehen so subtil und unauffällig, wie nur irgend möglich.

Im Laufe dieses Romans erfahren wir noch mehr über den Antagonisten, und zwar in Rückblenden aus der Perspektive seiner Frau. Wir hören, wie Nick als Liebhaber ist, warum sie ihn geheiratet hat und was aus dieser Ehe geworden ist. Hier wird ein Antagonist so eingehend charakterisiert, daß er als glaubwürdige Person zum Leben erwacht und trotz seiner unmenschlichen Handlungsweise das Interesse des Lesers auf sich zieht. Saul Bellow hielt den Schurken Nick Manucci für die beste Figur des Romans. Ich glaube, daß die Rückblenden, in denen seine eigenen Erinnerungen und die seiner Frau dargestellt werden, zu dieser Einschätzung beigetragen haben.

Sollte sich der Geist von Sinclair Lewis irgendwo in Hörweite befinden, darf er meine Worte getrost vernehmen: Ich meine, daß gut gemachte Rückblenden einem Roman Substanz und Tiefe verleihen können, sofern sie sich nicht wie Rückblenden lesen und es sich um lebendige Szenen handelt, die sich nahtlos und schnell in die Gegenwartserzählung einfügen.

Wenn in Ihrem Manuskript eine Rückblende vorkommt oder wenn Sie in Erwägung ziehen, eine solche einzubauen, dann fragen Sie sich, ob sie die Geschichte in signifikanter Weise untermauert, ob sie absolut unentbehrlich ist. Ist dies nicht der Fall, können Sie vermutlich getrost darauf verzichten.

Wird das, was sich innerhalb der Rückblende ereignet, für den Leser sichtbar gemacht? Hat es die Unmittelbarkeit einer Szene, die sich vor den Augen des Lesers abspielt? Wenn die Rückblende nicht als szenische Episode gestaltet ist, können Sie sie so verändern, daß sie sich nicht von einer Gegenwartshandlung unterscheidet?

Werfen Sie einen kritischen Blick auf die Anfangssätze Ihrer Rückblende. Sind sie so beschaffen, daß sie augenblicklich beim Leser Interesse und gespannte Erwartung wecken?
Wird das Erleben des Lesers durch die Rückblende vertieft, oder wirkt sie – so gut sie auch geschrieben sein mag – störend auf den Verlauf der Haupthandlung?
Trägt die Rückblende zur umfassenden Charakterisierung einer Figur bei, teilt sie dem Leser etwas über die Empfindungen dieser Figur mit?
Gibt es irgendeine Möglichkeit, Hintergrundinformationen zu liefern, *ohne* auf eine Rückblende zurückzugreifen?

Wir kommen nun zur Ideallösung, in der das Material der Rückblende so in den Vordergrund gerückt wird, daß eine Rückblende überflüssig ist.
Ich habe ein Beispiel gewählt, in dem es um Kindheitserinnerungen geht, weil sie der häufigste Anlaß für Rückblenden sind:

> »Du warst ein unausstehliches Kind, Tommy, ein Balg im wahrsten Sinne des Wortes.«
> »Na, hör mal, wenn du so oft deine Strafe abkriegst wie ich –«
> »Dein alter Herr hat dir Disziplin beigebracht.«
> »Indem er mir den Teller weggehauen hat, bevor ich einen Bissen essen konnte.«
> »Er hat sein Ziel doch erreicht, oder nicht?«
> »Er hat mich verhungern lassen. Was er erreicht hat, war, daß ich Hunger hatte und er mich nicht essen ließ. Ich habe ihn gehaßt. Ich habe mir gewünscht, er wäre tot.«
> »Dein Wunsch hat sich schließlich erfüllt, nicht?«

Dieser kurze, in der Gegenwart formulierte Wortwechsel liefert dem Leser die folgenden Informationen:

1. Tommy hatte eine unglückliche Kindheit.
2. Die Person, die sich mit ihm unterhält, ist der Meinung, daß es Tommys Schuld war.
3. Tommy wurde von seinem Vater mit Essensentzug bestraft.
4. Diese wiederholten Strafaktionen führten dazu, daß Tommy seinen Vater haßte und ihm den Tod wünschte.

5. Sein Gesprächspartner überhäuft ihn mit Schuldvorwürfen.

Achten Sie darauf, daß alle fünf Informationen Schlag auf Schlag und *ohne Zuhilfenahme einer einzigen Rückblende* geliefert werden. Sie haben soeben gesehen, wie Informationen im Rahmen eines Dialogs so vermittelt werden können, daß sie der Leser innerhalb einer dramatischen Handlung in der Erzählgegenwart miterlebt, ohne daß eine Rückblende nötig wäre.

Das oben zitierte Beispiel besteht ausschließlich aus Dialogzeilen. Eingeflochtene Gedanken können denselben Zweck erfüllen, wie die folgende Passage zeigt, in der alle Informationen enthalten sind, obwohl nur einer der beiden Akteure spricht:

> »Was bedrückt dich?« erkundigte sich Al. »Du ißt ja gar nichts.«
> Tommy stocherte mit der Gabel in seinem Schweinekotelett. Er schnitt ein paar Stücke ab. Er hob einen Bissen zum Mund, dann legte er plötzlich die Gabel weg und schob den Teller von sich.
> »He, Junge, sag schon, was los ist«, forderte ihn Al auf.
> Du hattest nicht meinen Vater, dachte Tommy, das ist los. Du wurdest nicht damit bestraft, daß man dir den Teller wegnahm. Du wurdest nicht mit Bauchschmerzen ins Bett geschickt.
> »He«, sagte Al, »liegt es daran, daß dein alter Herr tot ist? Ist es das, was dich bedrückt?«

Tommy sagt kein einziges Wort. Wir werden in seine Gedanken eingeweiht. Und die Hintergrundinformationen, die wir benötigen, rücken für uns in den Vordergrund.

Ich möchte die Kunst, die es erfordert, eine Rückblende so fesselnd zu gestalten wie das szenische Gegenwartsgeschehen, nicht herunterspielen. Aber ich habe noch nie erlebt, daß es nicht möglich wäre, wesentliches Hintergrundmaterial in lebendigen Szenen zu präsentieren. Und dieser Hintergrund kann häufiger in den Vordergrund gebracht werden, als man vielleicht für möglich hält. Die Zeit, die Sie aufwenden müssen, um es richtig zu machen, ist eine Investition in das Erlebnis des Lesers bei der Lektüre Ihres Buches.

15
Die Schlüssel zur Glaubwürdigkeit

Glaubwürdigkeit ist ein zentraler Faktor des Schreibens. Der Autor erschafft eine Welt, in der die erfundenen Charaktere ebenso real wirken müssen wie die Menschen, denen wir im wirklichen Leben begegnen. Was sie erleben, so außergewöhnlich es auch sein mag – und es sollte etwas Außergewöhnliches sein –, muß für den Leser glaubhaft sein. Auch die Motivation der Akteure sollte nicht der Glaubwürdigkeit entbehren. Und das gibt dem Autor Gelegenheit, seinem ärgsten Feind ins Auge zu sehen, nämlich sich selbst.

Der Autor besitzt den natürlichen Drang, sich so zu verhalten, wie wir alle im wirklichen Leben – nämlich die Motivationen der anderen eher in Frage zu stellen als seine eigenen. Wenn wir ein fiktionales Geschehen entwerfen, sind die Akteure darin wir selbst; es findet eine Übertragung statt. Das zieht eine Reihe von Problemen nach sich.

Ich denke an einen erfolgreichen Verfasser von Actionromanen, der zum wiederholten Male einen Akteur durch einen anderen über Bord werfen läßt. Überlegen Sie einmal, wie viele Menschen Ihnen bekannt sind, die in der Lage wären, siebzig oder achtzig Kilogramm hoch genug in die Luft zu stemmen, um dieses ganze Gewicht über eine Reling zu wuchten. Die Leser von Actionromanen sind keine ausgesuchten Skeptiker. Wenn ein Typ einen anderen über die Reling wirft, nimmt es der Leser hin. Wenn ein Autor, dem die Qualität seiner Bücher am Herzen liegt, unbedingt verkünden muß: »Tiny hob ihn in die Höhe und warf ihn über die Reling«, wird er vorher den Boden dafür bereitet und dem Leser mitgeteilt haben, daß Tiny einsfünfundachtzig groß und Gewichtheber ist. In der erzählenden Literatur, in Theaterstücken und im Film wird der Boden für spätere Ereignisse bereitet, um diese glaubwürdiger erscheinen zu lassen. Dies ist notwendig, weil das spätere Geschehen dem Leser ansonsten wenig überzeugend scheinen würde. Nicht alle Handlungselemente bedürfen einer solchen Vorbereitung. Wenn Todd beispielsweise Andrew ein Bein stellt und Andrew ihm im Gegenzug eine verpaßt, bedarf zwar Todds Handlung einer vorbereitenden Erklärung, nicht jedoch Andrews Reaktion.

In der anspruchsvolleren Literatur steht die Glaubwürdigkeit eines jeden Handlungselements auf dem Spiel, wenn der Autor es nicht versteht, dieses durch eine einleuchtende Motivation oder besondere Fähigkeiten des Akteurs glaubhaft zu machen.

Es ist nicht schwer, Stellen aufzuspüren, wo die Motivation nicht angemessen erkennbar ist. Wenn sich beispielsweise ein Akteur urplötzlich aufmacht und einkaufen geht, nur weil es dem Autor in den Kram paßt und in dem Einkaufszentrum irgend etwas passieren soll, wirken die dort stattfindenden Ereignisse vielleicht nicht besonders glaubwürdig, weil die Motivation des Akteurs, sich dorthin zu begeben, nicht im voraus geschaffen wurde. Das Motivationsproblem kann ganz einfach mit einem leicht humoristischen Element gelöst werden:

> »Ich werde nie wieder einen Einkaufsbummel machen. Jedenfalls ab morgen nicht mehr.«

Oder Sie brauchen einfach einen Grund, warum ein Akteur aus dem Haus geht. Anstatt einen völlig unmotivierten Spaziergang zu machen, könnte er sagen:

> »Dieses neue Paar Schuhe wird nie eingelaufen, wenn ich hier im Haus herumsitze.«

Manchmal ist eine Handlung so grotesk, daß es nahezu unmöglich scheint, eine Begründung dafür zu liefern:

> Wir waren seit drei Jahren verheiratet, als Tom eines Sonntags wie gewöhnlich Hemd und Krawatte anzog, sein schönes Jackett

> überwarf, in seine besten Saffianlederschuhe schlüpfte und ohne Hose aus dem Haus ging.

Was kann der Leser daraus schließen? Daß Tom plötzlich verrückt geworden ist? Oder haben wir es mit einem Klamaukstück über einen verschrobenen Exzentriker zu tun? Könnte Tom so sehr mit irgendeinem Problem beschäftigt sein, daß er vergißt, die Hosen anzuziehen?

Leser zeigen selten Interesse für wirklich verrückte Menschen. Deren Handlungsweise ist oft so unmotiviert, daß es dem Leser schwerfällt, Anteil zu nehmen. Es ist nicht besonders glaubwürdig, daß ein ansonsten korrekt gekleideter Mensch vergessen würde, seine Hosen anzuziehen, bevor er aus dem Haus geht. Uns bleibt die Vermutung, daß uns hier eine Klamotte geboten wird, in der die Glaubwürdigkeit der Aktionen keiner kritischen Prüfung unterzogen wurde. Wenn es sich dagegen um eine Geschichte über einen Exzentriker handelt, dessen Handlungen unberechenbar sind, müßte der Boden für Toms Verhalten im voraus bereitet werden. Sofern sein Handeln nicht absurd wirken soll, muß er bereits im voraus als ein Mensch charakterisiert worden sein, der so schrullig ist, daß er es fertigbringen würde, fein herausgeputzt, aber ohne Hose auf die Straße zu gehen. Die Leser werden das Unwahrscheinliche nicht bereitwillig hinnehmen. Ist es möglich, dem Verhalten dieser Person Glaubwürdigkeit zu verleihen? Ist es möglich, den Boden für Toms abwegiges Verhalten so zu bereiten, daß es in dem Augenblick, in dem es geschieht, glaubhaft wirkt?

Stellen Sie es sich so vor, als würden Sie den Boden in einem Garten zum Bepflanzen vorbereiten:

> Wir waren seit drei Jahren verheiratet, als Tom eines Sonntags wie gewöhnlich Hemd und Krawatte anzog, in einen guten Anzug und seine besten Saffianlederschuhe schlüpfte und ohne Strümpfe aus dem Haus ging.
>
> Ich entschloß mich, nichts zu sagen, aber am darauffolgenden Sonntag zog er denselben guten Anzug an, streifte die Socken über, bevor er in die Schuhe schlüpfte, band dann die Krawatte

> über dem Unterhemd und verließ das Haus, ehe ich ihn aufhalten konnte.
> Ich sagte nichts. Aber am dritten Sonntag dachte er daran, sein Hemd anzuziehen, bevor er sich eine Krawatte umband, schlüpfte dann in ein elegantes Jackett und ging ohne Hose aus dem Haus. Ich fand, daß es an der Zeit war, mit ihm zu reden.

Die überarbeitete Version ist witziger und bei aller Schrulligkeit des Akteurs auch glaubwürdiger. Der Leser wird auf Toms Vergeßlichkeit angemessen vorbereitet.

Der größte Fehler, den ein Autor begehen kann, ist der, eine für die Geschichte wichtige Handlung nicht mit einer überzeugenden Motivation zu untermauern. Ein verheirateter Ingenieur mit einem gutbezahlten Job bemerkt einen für kurze Zeit unbeaufsichtigten Kinderwagen in einem Supermarkt und entführt das Baby. Was soll der Leser davon halten?

Er ist darauf angewiesen, zu raten. Ist der Ingenieur kinderlos und darum verzweifelt? Will seine Frau keine Kinder haben? Immerhin ist eine Kindesentführung ein verabscheuungswürdiges Verbrechen, das hart bestraft wird. Welche Rechtfertigung bietet die Geschichte des Ingenieurs dafür, daß er das Kind von Fremden aus dem Wagen nimmt und entführt? Wie reagiert seine Frau, wenn sie von der Entführung erfährt? Wie rechtfertigt er sich, wenn er festgenommen wird? Es bleiben so viele Fragen offen, daß der Leser das Gefühl hat, die Geschichte sei »an den Haaren herbeigezogen«, sie könne sich so nicht wirklich ereignet haben. Die Entführung eines Kindes ist eine folgenreiche Handlung, für die es ein einleuchtendes Motiv geben muß.

Im wirklichen Leben sind Zufälle etwas Reizvolles. Ein Freund, den wir seit Jahren nicht mehr gesehen haben, kommt zufällig aus demselben Kino wie wir, wir gehen zusammen einen Kaffee trinken und feiern ein wortreiches Wiedersehen. Wenn dasselbe in einer Geschichte passiert, könnte der skeptische Leser sagen, daß der Autor die Begegnung herbeigeführt habe und daß sie nicht glaubwürdig sei.

Sehen wir uns anhand eines Beispiels an, wie man das Element der Zufälligkeit abschwächen kann:
Das Problem: Sally und Howie waren ein Paar und haben beide die Trennung noch nicht ganz überwunden. Nun soll Sally nach dem Willen des Autors in einer Einkaufspassage auf Howie stoßen. Der Leser wittert einen vom Autor inszenierten Zufall.
Die Lösung: Der Leser erfährt, daß Sally ein bestimmtes Geschäft meidet, in dem sie mit Howie einzukaufen pflegte, weil sie befürchtet, ihm dort zu begegnen. Aber Sally braucht etwas, das es nur in diesem und keinem anderen Geschäft in erreichbarer Nähe zu kaufen gibt. Bevor sie den Laden durch die Drehtür betritt, wirft sie einen Blick durch das Schaufenster ins Innere, um sich zu vergewissern, daß Howie nicht darin ist. Sie geht in den Laden, findet den gesuchten Artikel und eilt mit einem Lächeln zur Drehtür zurück, nur um in einem der Abteile Howie zu sehen, der gerade im Begriff ist, hineinzugehen. Beide sind überrascht und brechen dann in Gelächter aus.
Immer noch ein Zufall? Sicher, aber die ausführlichen Details, mit denen der Autor die Begebenheit arrangiert – das Spezialgeschäft, Sallys ängstlicher Blick in den Laden, die Drehtür –, machen die zufällige Begegnung zu einer echten und glaubwürdigen Überraschung.
Es gibt viele Wege, den Zufall plausibel zu machen. Beispielsweise kann es ein dritter Akteur so einfädeln, daß sich Sally und Howie »zufällig« auf einer von ihm veranstalteten Party begegnen.
Der gefährlichste Zeitpunkt, an dem ein solcher Zufall stattfinden kann, ist der Augenblick, in dem die Geschichte ihren Höhepunkt erreicht. Der Kopf des Protagonisten liegt auf dem Hinrichtungsblock. Wie aus heiterem Himmel fährt der *Deus ex machina* zu seiner Rettung herab. Solche Tricks halten niemanden zum Narren. Sie dienen der Bequemlichkeit des Autors, dem kein plausiblerer Ausweg einfällt, um seinen Helden zu retten.
Es ist ungeheuer schwierig für einen Autor, sein eigenes Werk

mit objektiven Augen zu sehen, ganz besonders, wenn es um die Beurteilung solcher Zufallselemente geht. Ich will Ihnen eine eher ungewöhnliche Strategie aufzeigen, die manchmal Erfolg zu haben scheint. Sie können sich selbst in die Position des objektiven Beobachters versetzen, indem Sie Ihr Manuskript mit dem Namen eines Autors überschreiben, dessen Werke Sie besonders bewundern. Lesen Sie dann Ihr Manuskript mit den Augen dieses Autors und prüfen Sie, ob Sie Handlungselemente entdecken können, die einer angemessenen Motivation entbehren oder gewollt zufällig wirken.

Wenn Ihnen das nicht weiterhilft, versuchen Sie dasselbe mit dem Namen eines Autors, dessen Werke Ihnen nicht gefallen. Stürzen Sie sich auf das Manuskript und merzen Sie verbissen alles aus, was Ihnen unmotiviert und an den Haaren herbeigezogen erscheint.

Denken Sie vor allem immer daran, daß die tragenden Handlungselemente Ihrer Geschichte wie große blühende Pflanzen sind. Legen Sie die Saat zu einem früheren Zeitpunkt an und bestaunen Sie die Ernte. Lassen Sie die Zufälle für die Unkrauthacke und den Gott in seiner Maschine.

16
Der heimliche Schnappschuß: Ein Griff nach verborgenen Schätzen

Der heimliche Schnappschuß ist eine Technik, mit deren Hilfe diejenigen Autoren ihrem Fehler auf die Spur kommen, deren Erzählungen die Gefühle des Lesers nicht erreichen, weil sie Handlung und Figuren von außen betrachten, weil diese »gekünstelt« wirken und darum das Interesse des Lesers nicht wecken.

Die Figuren und Themen, die in jedem Autor schlummern, sind das, was den Lesern in einem Roman als ursprünglich und real erscheint. Wie bringen wir einen Autor dazu, von innen heraus zu schreiben und mit Inhalten und Gefühlen in Kontakt zu bleiben, die es ihm ermöglichen, den Leser emotional zu berühren?

Ich habe die Methode des heimlichen Schnappschusses in Einzelgesprächen und in meinen Seminaren angewandt. Bei der Gruppenarbeit bitte ich den jeweiligen Autor, dessen Arbeit gerade besprochen wird, vor dem Auditorium auf dem »heißen Stuhl« Platz zu nehmen. Ich führe, für alle Anwesenden hörbar, ein Zwiegespräch mit ihm.

Ich fordere meinen Gesprächspartner auf, an einen Schnappschuß von etwas zu denken, das so intim ist, daß er es nicht in der Brieftasche mit sich herumtragen würde, damit es im Falle eines Unfalls nicht zufällig in die Hände eines Sanitäters gelangen könnte. Der Schnappschuß, den wir suchen, ist einer, den der Autor weder seinem Nachbarn, noch seinem besten Freund zeigen würde. Nicht einmal einem Familienmitglied.

Ich sage Schnappschuß, weil ich möchte, daß der Autor mit etwas Sichtbarem beginnt. Manche Leute wittern hinter einem heimlichen Schnappschuß sofort etwas, das mit Sex zusammenhängt. Falsch. Die meisten haben meiner Erfahrung nach damit nichts zu tun. Ein solcher Schnappschuß, den sich eine Autorin vorstellte, war beispielsweise eine Rose in einer schmalen Vase, von einem Unbekannten auf ihren Schreibtisch gestellt, dessen Identität sie nie erfahren hatte. Ein anderer Autor sah als Schnappschuß ein Auditorium vor sich, vor dem er Jahre zuvor eine Rede gehalten hatte. Das Bild hatte sich wie Sand in einem Getriebe in seiner Erinnerung festgesetzt, weil ihm während seines Vortrags ständig die Unterhose heruntergerutscht war. Ich werde später in diesem Kapitel darauf eingehen, wie eine Krimiautorin einen ihrer Romane rettete, indem sie sich einen Schnappschuß ihres zweijährigen Sohnes im Schlaf vorstellte.

Während dieser Übung beginnen manche unruhig auf ihrem Sitz herumzurutschen. Das ist ein gutes Zeichen.

Es ist durchaus verständlich, wenn Sie als Reaktion auf diese Übung sagen: »Meine Geheimnisse gehen niemanden etwas an.« Wenn Sie allerdings etwas schreiben wollen, das Ihre Leser berührt, müssen Sie sich damit abfinden, daß der Autor von Berufs wegen eine Plaudertasche ist. Er beginnt zu lernen, indem er etwas über sich selbst ausplaudert.

Wenn Sie meinen, daß Sie vielleicht nicht den Mut zum Schreiben aufbringen, dann kann ich Sie beruhigen: Es ist genau das, was die meisten Autoren denken, wenn sie sich zum ersten Mal mit dieser Berufung konfrontiert fühlen. Den wenigsten Menschen ist es von Natur aus gegeben, sich vor Fremden rückhaltlos zu öffnen. Auch ein Autor muß das erst lernen. Und eine Methode des Lernens besteht darin, sich anzusehen, was der eigene bestgehütete geheime Schnappschuß zeigt, und es niederzuschreiben. Sollten Sie sich versucht fühlen, ein wenig zu schummeln und den Inhalt Ihres geheimen Schnappschusses zu erfinden, tun Sie's nicht. Es bekommt Ihrer Geschichte besser,

wenn Sie den Schnappschuß nehmen, den Sie tatsächlich zu verbergen suchen.
Niemand bekommt ihn zu sehen. Noch nicht. Vielleicht auch niemals. Was Ihre Leser sehen, ist das *Resultat*, das sich ergibt, wenn Sie den richtigen Schnappschuß gefunden haben.
Ist Ihr Schnappschuß einer, den Ihre Freunde und Nachbarn vielleicht ebenfalls beschreiben würden, dann suchen Sie einen anderen, nicht auswechselbaren. Was Sie schreiben, gehört nur Ihnen, es ist nicht etwas, das aus jedermanns Geheimschublade gezogen werden könnte.
Glauben Sie, daß alle anderen gerne einen Blick auf Ihren Schnappschuß werfen würden, wenn sie wüßten, was er zeigt? Wenn nicht, versuchen Sie's mit einem anderen.
Sagen Sie ehrlich, würden Sie diesen Schnappschuß in Ihrer Brieftasche mit sich herumtragen? Wenn Sie die Frage mit »ja« beantworten, ist er vielleicht in Wahrheit nicht allzu geheim.
Der Schnappschuß, der für unsere Zwecke am besten taugt, ist einer, der Sie in Verlegenheit bringt, Sie bloßstellt oder eine starke Erinnerung in Ihnen wachhält.
Wenn Sie jetzt protestieren und sagen: »He, damit hatte ich nicht gerechnet, ich wollte nichts weiter als Geschichten schreiben«, dann möchte ich Sie daran erinnern, daß die besten Geschichten die verborgenen Dinge ans Tageslicht bringen, *über die wir im allgemeinen nicht reden.*
In Geschichten und Romanen, die abgelehnt werden, wimmelt es von Dingen, über die wir bereitwillig reden – es sind die Schnappschüsse in unserem Fotoalbum, die wir im Familienkreis, unter Freunden oder Nachbarn herumzeigen. Die Leser wollen Ihre Fotoalben nicht sehen. Sie haben selbst genug davon. Sie wollen sehen, was sich auf dem Bild verbirgt, das Sie hinter dem Rücken verstecken.
»Warum kann ich nicht mit den Schnappschüssen der anderen beginnen?« werden Sie jetzt fragen.
Sie können. Es ist zwar ein Umweg zum Erfolg, aber es hilft Ihnen vielleicht, Mut zu sammeln. Ein Autor muß den Mut

haben, das zu sagen, was andere Menschen manchmal denken, aber nicht aussprechen. Oder was sie vielleicht nicht einmal zu denken wagen.

Wenn Sie sich entschließen, den geheimen Schnappschuß eines anderen Menschen ans Tageslicht zu befördern, so muß dies ein Bild sein, das Ihnen der Betreffende unter keinen Umständen zeigen würde. Können Sie diesen Schnappschuß beschreiben? Was finden Sie interessant an dem Bild? Würden andere Ihr Interesse teilen, wenn es sich bei der Person, zu der das Bild gehört, um eine Ihrer Romanfiguren handeln würde? Wenn Sie die Frage mit nein beantworten müssen, suchen Sie ein anderes Bild. Oder verbessern Sie das gewählte.

Für den Fall, daß Sie einmal nicht weiterwissen, gebe ich Ihnen einen guten Rat. Wir würden lügen, wenn wir nicht zugeben, daß es für jeden von uns mindestens einen Menschen gibt, der uns wirklich unangenehm ist, den wir vielleicht sogar hassen. Was für einen Schnappschuß würde dieser Mensch unbedingt vor uns verbergen wollen? Nennen Sie mir nicht den ersten besten, der Ihnen in den Sinn kommt. Vielleicht den zweiten.

Würde Ihr Feind Geld dafür bezahlen, daß Sie seinen Schnappschuß nicht zu sehen bekommen? Wenn nicht, finden Sie einen, den er wirklich geheimhalten will.

Was würden Sie dafür geben, einen Blick auf den Schnappschuß Ihres Feindes werfen zu dürfen? Nichts? Nicht viel? Dann ist es kein geeigneter Schnappschuß. Wenn Sie dafür bezahlen würden, ihn zu sehen, dann geben andere vielleicht Geld aus, um Ihr Buch in die Hände zu bekommen.

Nehmen Sie einen Schnappschuß, den Sie kennen. Es ist der geheime Schnappschuß Ihres besten Freundes. Er hat Ihnen das Bild vielleicht in einem vertraulichen Augenblick gezeigt. Oder Sie haben aufgrund der einen oder anderen Andeutung erraten, was das Bild beinhalten könnte. Vielleicht ahnen Sie es auch, weil Sie Ihren Freund so gut kennen.

Wie wäre es, wenn Sie sich für den Schnappschuß eines Men-

schen entscheiden, den Sie gekannt haben und der inzwischen gestorben ist? Würden Sie sich damit sicherer fühlen?
Diese Möglichkeit mag Ihnen auf den ersten Blick abstoßend oder unangenehm erscheinen, aber erfahrene Autoren halten große Stücke auf diese Übung, weil sie wissen, wie reich sie sich bezahlt machen kann. Mit dem Aufspüren von Geheimnissen ist der Grundstein für ein spannendes Werk gelegt, das den Lesern in Erinnerung bleibt.
Eine Autorin legte mir einmal den ersten Entwurf eines Romans zur Begutachtung vor. Es sollte ein Thriller über den gefährlichen Auftrag einer Polizistin werden, die als Lockvogel in die Rolle einer Nutte schlüpft, um einem Mörder das Handwerk zu legen.
Den Studenten in meinem Seminar gefiel das Thema, aber die Geschichte hatte sie emotional nicht berührt. Ich bat die Autorin, auf dem heißen Stuhl vor dem Auditorium Platz zu nehmen. Die anderen hörten zu, wie ich ihr Fragen stellte und sie antwortete. Bald stellte sich heraus, daß die Autorin früher einmal bei der Polizei gearbeitet, inzwischen aber aufgrund irgendeines Ereignisses während der Arbeit ihren Dienst quittiert hatte. Interessant. Aber nicht annähernd so interessant wie ihre Offenbarung, was sie als schlimmsten Augenblick eines jeden Arbeitstages empfunden hatte. Es war nicht die Gefahr, die ihre Arbeit mit sich brachte. Es war der Augenblick, in dem sie sich auf Zehenspitzen ins Zimmer ihres schlafenden zweijährigen Sohnes schlich, um ihm übers Haar zu streichen, bevor sie zum nächtlichen Streifendienst aufbrach. Das war ihr geheimer Schnappschuß.
Eine gefahrvolle Situation ist für uns alle beängstigend. Wir leben mit der Möglichkeit eines vorzeitigen und gewaltsamen Todes. Die Vorstellung, einen geliebten Menschen nie wiederzusehen, ist schmerzlich. Und welche Liebe könnte bindender sein als die einer Mutter, wenn sie ihr Kind in seinem unschuldigen Schlaf zurückläßt, um einen nächtlichen Dienst anzutreten, von dem sie vielleicht nie mehr zurückkehren wird?
Dieser Schnappschuß barg die emotionalen Wurzeln ihres

Romans. Nach unserer Sitzung schrieb die Autorin das Buch um und begann mit einer Szene, in der die Polizistin über den Kopf ihres schlafenden Kindes streicht, bevor sie das Haus verläßt, um ihren gefährlichen Dienst als Lockvogel anzutreten. Auf diese Weise veränderte sich der Tonfall des Romans, und aus einer normalen, wenn auch durchaus spannenden, aus der Perspektive des Außenstehenden geschriebenen Geschichte wurde eine Erzählung, die stark an die Gefühle der Leser appellierte. Unter dem Eindruck dieser einen Szene fühlte sich der Leser gedrängt, der Frau zu sagen: »Paß auf! Sei vorsichtig, komm wieder heim zu deinem Kind.« Und in jeder Gefahrensituation, mit der die Polizistin als Lockvogel konfrontiert war, erinnerte sich der Leser an das schlafende Kind. Die Lektüre des Romans war für den nunmehr emotional ergriffenen Leser kein interessanter Stoff mehr, sondern ein bewegendes Erlebnis.

Soldaten müssen Mut besitzen. Das gleiche gilt für Polizisten, Feuerwehrleute, Bergarbeiter und für Bauarbeiter, die in schwindelnder Höhe auf dem Gerüst eines im Bau befindlichen Hochhauses balancieren. Besonders viel Mut brauchen Testpiloten, weil sie mit Material fliegen, das noch nicht in der Praxis erprobt worden ist. Die mutigsten sind vielleicht die Raumfahrer. Sie sehen die Erde anders als wir, so als wären sie Bewohner eines anderen Planeten.

Menschen, die gut schreiben, lernen die Dinge mit der Unschuld eines Besuchers aus dem All zu sehen. Ihre kühnsten Reisen führen sie in den inneren Kosmos, in die unerforschten Winkel, in denen die geheimen Schnappschüsse ihrer Freunde und Feinde – und nicht zu vergessen ihre eigenen – verborgen liegen.

Um Ihrem Leser Einsichten zu vermitteln, werden Sie zum Forscher und Abenteurer. Genau das haben wir hier getan, wir haben Gebiete in Ihrer Erinnerung erforscht, die dem Blick der Allgemeinheit verborgen waren und es auch weiterhin sein werden, die aber das Potential haben, Ihre Geschichten zum Klingen zu bringen.

17
Wie man alle seine sechs Sinne gebraucht

Welche verschenkten Möglichkeiten! In der Arbeit und im Spiel wird unsere Welt durch unsere Sinne, das Sehen, Hören, Fühlen, Schmecken und Riechen, definiert. Als Autoren lassen wir plötzlich drei dieser Sinne verkümmern, als hätten unsere Figuren einen Teil ihrer Menschlichkeit eingebüßt und brauchten nichts zu fühlen, schmecken und riechen.

Auch wenn Menschen im normalen Leben ihre Sinne vernachlässigen, ist es unsere Pflicht als Schriftsteller, in unserer Arbeit alle fünf Sinne zum Einsatz kommen zu lassen, wenn wir den Leser um eine vielseitige Erfahrung bereichern wollen.* Und wir dürfen auch den sechsten Sinn nicht vergessen, der uns im Leben wie in der Literatur hartnäckig verfolgt.

Ich warne Sie. Selbst das Auge, das als Sinneswerkzeug im Leben und bei der Arbeit die wichtigste Rolle spielt, muß beim Schreiben schärfer sein, als es die alltäglichen Bedürfnisse der Menschen erfordern, für die wir schreiben. Wir müssen alles deutlicher sehen, um darüber in frischen Farben berichten zu können.

Wir nehmen unsere Sinne für selbstverständlich. Wenn wir sie verkümmern lassen, sind oft echte Anstrengung und Training notwendig, um uns wieder bewußt zu werden, auf welche Weise wir die Welt um uns herum wahrnehmen. Wenn man Sie auffordern würde, die Augen zu schließen und Ihren Schlüsselbund aus der Tasche zu nehmen, wären Sie in der Lage, einem

* Allen Autoren, die sich im Gebrauch ihrer Sinne üben möchte, lege ich Diane Ackermans hervorragendes Buch *The Natural History of the Senses* wärmstens ans Herz.

Menschen aus einem Land, in dem man einen solchen Gegenstand nicht kennt, zu beschreiben, wie sich ein Schlüssel anfühlt, und zwar so, daß er sich ein Bild davon machen kann?
Wie haben sich Ihre Schlüssel angefühlt, was ist Ihnen daran aufgefallen? Wenn ich Ihnen Schlüssel in die Hand gebe, woran würden Sie erkennen, daß es sich um Ihre eigenen und nicht um die Schlüssel eines anderen handelt? Die Unfähigkeit, zwischen den eigenen und ähnlichen Schlüsseln zu unterscheiden, ist ein gutes Bild für unsere Vernachlässigung der Sinne. Wir enthalten uns selbst und unseren Lesern etwas vor. Die meisten Autoren beschränken sich auf das Sehen und das Hören einiger konventioneller Geräusche, ansonsten kommen die Sinne kaum zum Einsatz. Dieses Kapitel soll Ihnen also eine Übung zur Steigerung Ihrer Sinneswahrnehmung und damit zur Bereicherung Ihres Schreibens sein.
Klingt der Laut, den eine Katze von sich gibt, wie *miau* oder wie *mrgniau*? James Joyce, der sich eines scharfen Gehörs rühmte, entschied sich für *mrgniau*. Sie gewinnen nichts, wenn Sie Joyces Wahl imitieren oder das klischeehafte *Miau* benutzen. Hören Sie Ihrer Katze genau zu und versuchen Sie, eine eigene Version zu finden, ein Geräusch, das Ihre Leser wiedererkennen, obwohl sie es vielleicht noch nie in geschriebener Form gesehen haben.
Hören wir eigentlich genau hin? Klingt das Geräusch eines Baseballs, wenn er auf den Schläger trifft, wie *plock* oder wie *plonk?* Oder ganz anders?
Für die meisten häufig zu hörenden Geräusche existieren lautmalerische Klischees. Hoffentlich gelingt es mir, Sie zu überzeugen, daß Geräusche nicht in diesen Klischees dargestellt werden sollten, sondern so, wie man sie bei aufmerksamem Zuhören wahrnimmt. Einigen meiner Studenten ist es gelungen, durch herrlich innovative Lautmalereien ihre Arbeit zu bereichern. Ein kleines Kind am Klavier: **bonk, bonk, bonk.** Oder das dumpfe **Wumm** beim Zusammenstoß zweier Autos.
Geräusche sind natürlich nichts Kontinuierliches. Ein Laut ist

mit Pausen durchsetzt, es treten kurze Momente der Stille ein, jene Lautpausen, die Musik möglich machen. Sehen wir uns am Beispiel einer Passage aus Jerzy Kosinskis *Der bemalte Vogel* einmal einen Text an, in dem das Mittel des Tons in extremer Weise eingesetzt wird. Es geht in dem Roman, wie Sie sich vielleicht erinnern, um einen zehnjährigen Jungen, der während des Zweiten Weltkriegs in Europa von seinen Eltern verlassen wurde. Das Kind durchwandert einen Alptraum der Gewalttätigkeit und Liebe und verliert durch seine Erlebnisse die Sprache, was ihn davor schützt, sich durch ein unbedachtes Wort zu verraten. Am Ende des Buches wird der Protagonist nach einem Skiunfall in ein Krankenhaus eingeliefert, wo sein langes Schweigen auf wundersame Weise gebrochen wird:

> Ich wollte mich gerade hinlegen, als das Telefon klingelte. Die Schwester war schon gegangen, aber das Telefon klingelte beharrlich wieder und wieder.
> Ich schob mich aus dem Bett und ging zum Tisch. Ich nahm den Hörer ab und hörte eine Männerstimme.
> Ich drückte den Hörer ans Ohr und lauschte seinen ungeduldigen Worten, irgendwo am anderen Ende der Leitung war jemand, vielleicht ein Mann wie ich, der mit mir reden wollte. ... Ich hatte den unbändigen Wunsch, zu sprechen. Das Blut klopfte in meinem Hirn, und meine Augen quollen einen Moment lang hervor, als wollten sie aus den Höhlen springen.
> Ich machte den Mund auf und mühte mich verzweifelt. Töne krochen meine Kehle hinauf. Angespannt und konzentriert begann ich, Silben und Wörter daraus zu formen. Ich konnte deutlich hören, wie sie Stück für Stück aus mir heraussprangen wie Erbsen aus einer aufbrechenden Schote. Ich senkte den Hörer, ich konnte kaum glauben, daß es möglich war. Ich begann, Wörter und Sätze, Fetzen aus Mitkas Liedern vor mich herzusagen. Die Stimme, die ich in einer fernen Dorfkirche verloren hatte, hatte mich wiedergefunden und füllte den Raum aus. Ich redete laut und unaufhörlich wie ein Bauer und dann wie ein Städter, so schnell ich konnte, bezaubert von den Lauten, die angefüllt waren mit Bedeutung, so wie feuchter Schnee angefüllt ist mit Wasser, und ich überzeugte mich

> wieder und wieder und wieder, daß die Sprache nun mir gehörte und daß sie nicht die Absicht hatte, sich durch die geöffnete Balkontür wieder davonzumachen.

Die Welt der Töne, die dem Schriftsteller zur Verfügung stehen, reicht vom schlichten **bonk, bonk, bonk** bis zur Wiederentdeckung der eigenen Sprechfähigkeit durch Kosinskis Protagonisten.

Die Menschen sehen die Welt. Andere Lebewesen riechen sie. Beobachten Sie einmal eine Katze, die etwas Neues erkundet, eine ungewohnte Umgebung, etwas, was ihr möglicherweise zur Nahrung dienen könnte. Sie folgt ihrer Nase, genau wie ihre größeren Artgenossen im Dschungel. Katzen und andere Tiere definieren die Welt zuerst nach ihrem Geruchssinn. In der zivilisierten menschlichen Gesellschaft werden Gerüche manchmal behandelt, als seien sie eine unwillkommene Beigabe der »guten« Sinneseindrücke und nur dazu da, möglichst gründlich durch Deodorants und Parfüms übertüncht zu werden.

Für den Autor sind Gerüche ein wichtiges Medium. Es ist nicht nur wichtig, sie wahrzunehmen und zu beschreiben, sondern sie müssen auch treffend wiedergegeben werden. Gummibänder haben einen spezifischen Geruch. Ein altes Buch riecht modrig. Man kann den Wind riechen. Welche Gerüche können Sie sich vorstellen, wenn Sie nichts riechen? Eine einzelne Blume in einer nicht vorhandenen Vase auf Ihrem Schreibtisch?

> Was mir an Detroit und damit an Amerika als erstes auffiel, war der Geruch.

So lautet der erste Satz einer Kurzgeschichte von Charles Baxter, die unter dem Titel »The Disappeared« in der *Michigan Quarterly Review* abgedruckt wurde.

Gerüche können für den Autor nützlich sein, beispielsweise, wenn es darum geht, daß der Leser eine bestimmte Szenerie nachempfinden soll:

> Ich wußte, daß wir uns der Küche näherten. Der Duft von frischgebackenem Brot schlug uns im Flur entgegen wie eine Einladung, unserer Nase nachzugehen.

Der Geruch kann benutzt werden, um eine Beziehung deutlich zu machen:

> Malcolm kam zur Hintertür herein, den Football in der Armbeuge, auf seinem Sweatshirt ein dunkler Schmetterling aus Schweiß. Er legte den Football weg und schlang die Arme um mich. Ich schloß die Augen und konnte die Erde des Sportplatzes und den typischen Duft riechen, den ich mit seiner Gegenwart assoziierte.

Das Element des Geruchs kann zur Charakterisierung herangezogen werden:

> Sally rauschte, in eine Wolke ihres neuesten Parfüms gehüllt, herein.

Der Satz verrät uns, daß Sally im allgemeinen zu viel Parfüm benutzt. Gerüche können auch zur Beschreibung der Atmosphäre herangezogen werden:

> Wir stiegen immer weiter hinunter. Ich hörte auf, die Stufen zu zählen. Der modrig feuchte Geruch verriet mir, daß wir schon ein gutes Stück unter der Erde waren.

Auch mit dem Fehlen von Gerüchen kann der Autor etwas ausdrücken:

> »Sie haben den Rosen den Duft weggezüchtet«, sagte Gloria. »Die Don Juan ist meine Lieblingskletterrose, weil sie sich samtig anfühlt und weil die Züchter ihr nicht den Duft geraubt haben. Noch nicht.«

Ketti McCormick, eine begabte junge Schriftstellerin, besuchte eine Zeitlang meine Seminare, nachdem sie kurz zuvor ihr Augenlicht verloren hatte. Sie konnte immer noch Farben sehen, nicht in ihrem realen Gesichtsfeld, sondern als Erinnerung an die früher einmal wahrgenommenen Farbreflexe, die ihr im Gedächtnis haften geblieben waren. Den Kontakt mit der Außenwelt stellte sie nun, wie alle Blinden, vor allem über den Tastsinn her, den die meisten von uns weitgehend vernachlässigen. Früher hatte sich Ketti darauf verlassen, daß ihre Augen sie vor Gefahren schützten. Nun mußte sie das schwierigere Vertrauen entwickeln, daß andere keine Gegenstände herumliegen ließen, über die sie hätte stolpern können. Sie war wütend, wenn Männer die Klobrille nicht herunterklappten.

Ein Blinder macht sich eine Vorstellung davon, wie ich aussehe, indem er mein Gesicht abtastet. Versuchen Sie das einmal. Legen Sie eine Augenbinde an und lassen Sie eine Person in den Raum führen, die Sie nicht kennen und der es nichts ausmacht, wenn Sie durch Abtasten herausfinden, wie sie aussieht. Sie könnten die Einzelheiten – Nase, Wangen, Stirn, Ohren, Kinn, Haare – beschreiben und jemanden bitten, Ihren Bericht mitzuschreiben. Dann nehmen Sie die Augenbinde ab, sehen sich Ihr Gegenüber und Ihre Beschreibung seines Aussehens genau an und bitten den so Beschriebenen um Entschuldigung für die Fehler, die Ihnen sicherlich unterlaufen sind. Aller Wahrscheinlichkeit nach ist Ihr Tastsinn wie bei fast allen Menschen unzulänglich ausgebildet. Es würde unserem Schreiben sehr gut tun, wenn wir lernen würden, besser mit den Fingerspitzen zu sehen.

Zu diesem Zweck kann man methodisch vorgehen. Sie brauchen dazu keinen hilfsbereiten neuen Bekannten, sondern lediglich eine Augenbinde, und ein Freund oder Verwandter, der den Inhalt Ihrer Taschen auf dem Tisch ausbreitet, wäre nicht von Nachteil. Ertasten Sie nun mit den Fingerspitzen die Gegenstände auf dem Tisch und beschreiben Sie diese so genau Sie können, als hätten Sie einen Besucher von einem anderen Stern vor sich, der keine Ahnung hat, was das für eigenartige Dinge sind, die Sie auf Schritt und Tritt mit sich herumschleppen. Es genügt nicht, zu sagen, daß sich eine Kreditkarte wie Plastik anfühlt. Sie müssen es schon präzisieren. Diese Übung kann Wunder wirken bei der Erkundung Ihres Tastsinns:

> Kaum waren sie aus der Kälte ins Haus getreten, holte Eric ein dünnes Metallröhrchen aus seiner Tasche und führte es an die Lippen. Noch bevor er Sheilas Gelächter wahrnahm, merkte er, daß er den Deckel nicht abgenommen hatte. Er zog die Verschlußkappe von dem Röhrchen, drehte den Wachsstift höher und rieb zuerst die Ober- und dann die Unterlippe damit ein.

Der Tastsinn dient hier dem Zweck, Erics Charakterisierung als geistesabwesender Mensch bildlich zu verstärken, was allemal besser ist, als wenn sie dem Leser mit der Stimme des Autors vermittelt würde.
Fühlt sich der Händedruck eines durchtrainierten Sportlers genauso an wie der eines Schwächlings? Fühlt sich die Hand eines Kindes genauso an wie die eines Siebzigjährigen? Wie fühlt sich zu heißes Wasser auf der Haut an? Wie fühlt es sich an, wenn Sie Ihre Katze oder Ihren Hund streicheln? Würden Sie die Kühnheit besitzen, eine Liebesszene zu schreiben, die ganz ohne den Tastsinn auskommt?
Ihr Text kann nur davon profitieren, wenn Sie sich bemühen, in jeder Szene zumindest einmal auf den Tastsinn zurückzugreifen.

Die Vorstellung des Besuchers von einem anderen Stern kann Ihnen auch gute Dienste leisten, wenn Sie Ihre Fähigkeit verbessern wollen, das zu beschreiben, was Sie schmecken. Ihr Besucher kennt keine der Speisen, die Sie zu essen pflegen. Versuchen Sie, alles, was Sie bei Ihrer letzten Mahlzeit zu sich genommen haben, detailliert aus dem Gedächtnis zu beschreiben. Ihr Besucher hat noch nie Haferflocken oder Erdbeeren gegessen. Sie müssen sich Vergleiche und Bilder einfallen lassen, um Ihrem Besucher eine Vorstellung davon zu geben, wie diese Dinge schmecken. Es ist keine leichte Übung, wird Ihre Sensibilität beim Schreiben jedoch steigern. Sie würden Ihren Gästen keine faden Speisen servieren. Tun Sie es auch nicht mit Ihren Erzählfiguren. Gönnen Sie Ihrem Leser die pralle Fülle des Geschmacks, auch wenn er ein Besucher aus dem All ist.

Als »sechsten Sinn« bezeichnen wir eine Empfindung, die weder Sehen noch Hören, Fühlen, Riechen oder Schmecken ist, aber wir wissen, es ist da. »Es« kann alles sein, eingebildet oder real, eine Person oder eine höhere Macht. Man bezeichnet das Phänomen auch als außersinnliche Wahrnehmung. Im Unterhaltungsgenre bietet sich der Einsatz der außersinnlichen Wahrnehmung

ganz besonders für Krimis und Gruselgeschichten an. Sie sind allein im Haus und hören, wie eine Tür zuklappt. Ist es der Wind? Aber im Haus weht kein Wind.
Um Ihren sechsten Sinn zu trainieren, empfehle ich Ihnen folgende Übung: Schließen Sie die Augen. Stellen Sie sich vor, wer sich mit Ihnen im Raum befindet. Schalten Sie alle Lichter ein. Es ist niemand da. Gut. Sie können sich entspannen. Tickt Ihre Uhr lauter als gewöhnlich, oder bilden Sie sich das nur ein? Warum ist der heutige Tag anders als andere Tage, was wird passieren? Warum klingelt das Telefon nicht? Wenn es klingelt, wer wird der Anrufer sein? Schließen Sie wieder die Augen. Sind Sie sicher, daß niemand mit Ihnen im Raum ist? Was ist, wenn Sie sich irren? Was ist, wenn es ...?
Es ist nicht schwer, Ihre hungrige Fantasie zu nähren. Mit etwas Übung können Sie eine Verbindung zwischen Ihrer Fantasie und dem sogenannten sechsten Sinn herstellen.

Ich habe den wichtigsten Sinn, das Sehen, bis zum Schluß aufgehoben, weil es derjenige ist, auf den beim Schreiben am häufigsten zurückgegriffen wird. Aber es kann unsere Arbeit nur positiv beeinflussen, wenn wir unseren Blick schärfen und an unserer Fähigkeit, das Sichtbare zu beschreiben, arbeiten.
Das erste, was wir sehen, ist im allgemeinen ein Klischee. Wir sehen den hochgewachsenen Mann, die attraktive Frau, den mit Menschen überfüllten Raum, den ordentlich getrimmten Rasen. Das sind die Bilder, die jedem ins Auge springen. Aufgabe des Schriftstellers ist es, nach den differenzierenden Einzelheiten, dem Besonderen Ausschau zu halten, wenn er sich das ausmalt, was sein Leser sehen soll: den Mann, dessen widerspenstiges Kraushaar nicht unter der Mütze zu bändigen ist; die Frau, die so aussieht, als würde sie dem nächstbesten Menschen an die Kehle springen; die Partygäste, die sich im Raum drängen wie in einem vollbesetzten U-Bahnwagen; den jungfräulichen Rasen, der so aussieht, als hätte noch nie jemand den Fuß darauf gesetzt.

Im besten Fall sieht der Schriftsteller etwas, das jeder erkennt, das aber noch nie jemand auf diese Weise wahrgenommen hat.

Eine Technik, auf die viel zu selten zurückgegriffen wird, ist der Wechsel der Sinneswahrnehmung:

> Zalatnick führte mich nicht in den Laden wie einen Burschen, der einen Job sucht, sondern als wäre ich der Freund eines Freundes. Ich war sicher, daß die Männer im Laden den Unterschied riechen konnten.

»Riechen« ist hier nicht wörtlich zu nehmen. Der Wahrnehmungswechsel vom Sehen zum Riechen erzeugt eine Metapher, die dem Leser das, worauf es ankommt, schneller vermittelt.

Das folgende Beispiel soll verdeutlichen, wie man mit Hilfe der einzelnen Sinne eine Romanfigur charakterisieren kann:

Gloria hatte die Angewohnheit, die Nase zu rümpfen, als würde sie versuchen, die Wahrheit dessen zu erschnuppern, was die Leute zu ihr sagten. (Riechen)

Greg wußte, daß er den Leuten mit seinem Händedruck weh tat. (Tasten)

Am Telefon klang Marys Stimme wie Musik. Ich konnte die Worte nicht verstehen, aber ich wußte, was sie sagen wollte. (Hören)

Lucille beschattete die Augen wie die Imitation eines Indianers, der den Horizont absucht. (Sehen)

Barry ließ jeden Bissen der Melone auf der Zunge zergehen, als wäre es Ambrosia, die er nie wieder würde essen dürfen. (Geschmack)

Garret hätte schwören können, daß jemand hinter ihm hereingekommen war, zögerte aber, sich umzudrehen, aus Angst, daß er vielleicht recht hatte. (Sechster Sinn)

Wenn Sie sich diese Beispiele noch einmal ansehen, werden Sie feststellen, daß die Charakterisierung in Handlung eingebunden ist. Jemand tut irgend etwas. Man muß die Geschichte nicht anhalten, um eine Figur zu charakterisieren oder Sinneswahrnehmungen zu beschreiben.

18
Die Liebesszene

Dieses Kapitel befaßt sich vornehmlich mit der in der Literatur am häufigsten beschriebenen Liebesszene, nämlich der zwischen einem Mann und einer Frau. Daneben gibt es natürlich noch andere Formen der Liebe, die sich für eine spannende Geschichte eignen: die Liebe zwischen einem Erwachsenen und einem Kind; homoerotische Beziehungen; die Liebe zwischen einem Menschen und einem Tier; die Liebe zwischen Kindern; Liebesbeziehungen in allen möglichen anderen Konstellationen.

Wir wissen, um mit letzterem zu beginnen, daß es zu den wichtigsten erzählerischen Quellen des Schriftstellers gehört, Menschen unterschiedlicher sozialer und ethnischer Herkunft zusammenzubringen und in Liebe zueinander entbrennen zu lassen. *Lady Chatterley* von D. H. Lawrence und *Der Zoll des Glücks* von L. P. Hartley sind herausragende Beispiele hierfür. Tennessee Williams' Theaterstück *Endstation Sehnsucht* bezieht seine Lebendigkeit vor allem aus der Kollision unterschiedlicher gesellschaftlicher Schichten. In manchen Fällen nehmen die Unterschiede groteske Züge an – wenn beispielsweise die Liebe eines monströsen Menschenwesens zu einer äußerlich normalen Person (oder umgekehrt) beschrieben wird. Es ist hilfreich, Klassiker wie *Die Schöne und das Biest* oder *Der Glöckner von Notre Dame* daraufhin zu analysieren, auf welche Weise darin beim Leser Gefühle erzeugt werden. Das Wechselspiel der Gefühle im Publikum kann durch den Konflikt der Zurückweisung entstehen, die allmählich der Zuneigung weicht. Junge Leute bringen dem grotesken Element solcher Fantasien wesentlich mehr Interesse und Akzeptanz entgegen. Wenn Sie sich auf dieses schwierige, aber lohnende Terrain begeben, vergessen Sie nicht, daß Ihre Geschichte sich hinreichend von den klassischen Vorbildern unterscheiden muß, um vom Publikum angenommen zu werden.

Die Liebe zwischen einem Erwachsenen und einem Kind kann den Stoff für überaus eindringliche Liebesgeschichten liefern, weil wir alle irgendwann einmal Kinder waren. Nehmen wir ein Kind, das sich verzweifelt nach Liebe sehnt. Die Erwachsenen sind oft zu sehr beschäftigt mit den täglichen Anforderungen des Lebens (Beruf, Haushalt, dem Verhalten anderer Erwachsener), um auf die Bedürfnisse eines Kindes einzugehen. Das unerfüllte Liebesbedürfnis eines Kindes rührt viele Leser an. Die Liebe zwischen einem Elternteil und einem Kind, die unerwiderte Liebe eines Elternteils zu seinem Kind (oder umgekehrt), die späte Anerkennung der Liebe eines Elternteils oder eines Kindes, ein Elternteil, das die Liebe seines Kindes zurückweist - alles ist möglich. Wenn in diesem Zusammenhang allerdings ein sexuelles Moment einfließt, bringt uns das zum Thema des Kindesmißbrauchs, und das ist ein überaus heikles Thema in der Literatur, das eher in der Welt der Psychopathologie als der Liebe seinen Platz hat.

Die Liebe zwischen Menschen und ihren Haustieren oder anderen Tieren ist ein Thema, das immer wieder in Kinderbüchern auftaucht und das auch in der Erwachsenenliteratur, beispielsweise in den Tarzan-Geschichten oder in Jack Londons *Ruf der Wildnis*, lange Zeit eine wichtige Rolle gespielt hat. Ein Tier als Figur glaubhaft zu machen ist eine Kunst, die am besten gelingt, wenn wir das Tier ebenso differenziert charakterisieren wie die handelnden Personen, und zwar vorzugsweise so, daß ein Bezug zur Geschichte hergestellt wird - beispielsweise eine Katze, die jedem auf den Schoß springt, nur nicht dem einen Menschen, der sie mag.

In Geschichten, in den Tiere eine Rolle spielen, wird häufig der Fehler gemacht, daß die menschlichen Figuren nicht differenziert genug dargestellt werden. Darüber hinaus ist es wichtig, dem Tier einen ausgeprägten eigenen Willen zuzuschreiben und es nicht zum passiven Liebesobjekt eines Menschen zu machen. Der Autor, der die Beziehung zwischen einem Menschen und einem Tier zum Thema macht, sollte zwei Dinge beachten. Zum einen läßt eine solche Beziehung der Erzählfantasie weniger Raum als eine romantische Affäre zwischen zwei Menschen. Es ist schon so viel über die Beziehung zwischen Mensch und Tier geschrieben worden, daß es schwer wird, noch etwas Neues zu finden.

Zum zweiten droht eine solche Geschichte nur allzu leicht ins Sentimentale abzugleiten. Es amüsiert Sie vielleicht, zu erfahren, daß George Stevens, langjähriger Lektor des einstmals renommierten Verlages J. B. Lippincott, ein Buch über die drei am häufigsten verwendeten Elemente der Bestseller seiner Zeit geschrieben hat. Er gab seinem Buch den Titel *Lincoln's Doctor's Dog* (Der Hund von Lincolns Arzt).

Liebesbeziehungen zwischen zwei Menschen desselben Geschlechts gibt es schon lange in der Literatur, allerdings fielen Bücher, die sich mit diesem Thema befaßten, häufig der Zensur zum Opfer, wie Radclyffe Halls *The Well of Loneliness* (Der Brunnen der Einsamkeit), oder sie wurden wie E. M. Forsters *Maurice* erst nach dem Tod des Autors veröffentlicht. In den letzten Jahrzehnten hat die homosexuelle Liebe und homoerotische Anziehung als literarisches Thema viele Tabus überwunden. Es hat sich ein spezieller Markt für solche Geschichten entwickelt, und das Thema taucht gelegentlich auch in der allgemeinen Unterhaltungsliteratur auf.

Frühkindliche und kindliche Sexualität sind Themen, die bei vielen Lesern auf Unbehagen und Vorbehalte stoßen und dem Schreibenden ein hohes Maß an Können abverlangen. Die vorpubertäre körperliche Zuneigung zwischen Kindern ist zwar gesellschaftlich weitgehend enttabuisiert, sie taucht aber als Thema in der Literatur nicht sehr oft auf und ist sicherlich literarisch schwer umzusetzen.

Womit wir beim eigentlichen Thema dieses Kapitels wären, nämlich der romantischen Liebe und Erotik zwischen erwachsenen Menschen. Zu diesem Thema gleich ein paar ernüchternde Anmerkungen.

Jeder Lektor und Verleger wird Ihnen sagen, daß die schwächsten Stellen der abgelehnten wie auch der veröffentlichten Romane sehr häufig die Liebesszenen sind. Sie wirken nur allzu oft mechanisch, den physiologischen Aspekt überbetonend, abgedroschen oder gefühlsduselig. Aber dem Lektor ist klar, daß es einem Gang über ein Minenfeld gleicht, wenn er versucht, mit einem Autor über die Schwächen seiner Liebesszenen zu reden. Man weiß nie, ob eine mißlungene Liebesszene nicht das Produkt eines verdrängten Problems im Leben des Autors ist.

Die vergangenen Jahrzehnte haben eine sexuelle Revolution und deren Konterrevolution gesehen. Es muß 1960 gewesen sein, als mich die bekannte Verlagsanwältin Harriet Pilpel fragte, ob ich bereit sei, für Henry Miller ins Gefängnis zu gehen. Ich war damals Cheflektor in einem führenden Buchclub, der Interesse zeigte, ein soeben erschienenes Werk von Henry Miller zu vertreiben, in dem es ausdrücklich um das Thema Sexualität ging. Harriet Pilpel, eine anerkannte Verfechterin der Meinungs- und Gedankenfreiheit, war offensichtlich zum damaligen Zeitpunkt der Meinung, daß es möglicherweise als strafbare Handlung gewertet werden könne, Bücher von Henry Miller in Umlauf zu bringen, die heute überall in der Welt in den Buchhandlungen angeboten werden.

Wenige Jahre später überschwemmten Bücher den Markt, die das Thema offen und einigermaßen seriös behandelten, aber auch alle möglichen Schundromane, die einen ebenso lächerlichen Abklatsch der Sexualität boten wie die sogenannten »Erotikfilme für Erwachsene«.

Ein erwachsener Mensch ist im allgemeinen über die beim Liebesakt aktiven Körperorgane und -funktionen genügend informiert, und es wird schnell monoton und langweilig, wenn sich das Augenmerk hauptsächlich darauf richtet. Manche Leute, und dazu gehören natürlich auch die Autoren, haben nie begriffen, daß die mechanistische Beschreibung des Liebesaktes einen Menschen, der dem Pubertätsalter entwachsen ist, meist nicht mehr sonderlich erregen kann. Im übrigen verliert die weibliche Leserschaft, die beim Kauf gebundener Romane weit vorne liegt, sehr schnell die Geduld mit Autoren, die Liebesszenen beharrlich und ausschließlich aus dem Blickwinkel des Mannes schildern. Ein Mann, der eine Liebesszene so behandelt, als würde er die mechanischen Teile einer Maschine beschreiben, muß sich sagen lassen, daß solche Szenen nicht die Spur einer erotischen Ausstrahlung haben und ihr eigentliches Ziel, nämlich das Liebeserlebnis zweier Menschen zum Ausdruck zu bringen, verfehlen.

Aber auch wenn die Leser nichts über die technischen Details des Liebesaktes wissen wollen, bleibt doch ihr Interesse für leidenschaftliche Gefühle. Und so kann jeder Roman durch eine Liebesgeschichte Pluspunkte für sich verbuchen. Es gibt kaum eine zwischenmenschliche Beziehung, die leichter in Szene zu setzen ist, wie am Beispiel des Musicals überdeutlich zu demonstrieren ist. Ein gutaussehender junger Mann taucht auf der einen Seite der Bühne auf. Dann erscheint eine schöne junge Frau auf der anderen Seite der Bühne. Das Publikum hat spontan den Wunsch, daß sie zusammenkommen. *Aufgabe des Autors ist es, sie so lange wie möglich voneinander fernzuhalten.*

Das Heranreifen einer Liebe kann das zentrale dramatische Element im Leben einer Romanfigur sein. Der Verlust einer Liebe ist eines der deprimierendsten Ereignisse, die einem Menschen widerfahren können. Beides kann, im Leben ebenso wie in einem geschickt geschriebenen Roman, einen gewaltigen Sturm von Gefühlen auslösen.

Beides, das Erwachen der Liebe und der Verlust der Liebe, ist ein kraftvoller Antriebsmotor. Noch mehr Kraft wird freigesetzt, wenn Gewinn und Verlust einer Liebe in einer einzigen Geschichte zusammengefaßt sind. Einer Liebesgeschichte sind

Erwartung, Spannung und Konflikt immanent. Der Autor kann aus einer grenzenlosen Fülle von Beziehungsmöglichkeiten schöpfen.

Natürlich gibt es zum Ausgleich auch ein paar Nachteile. Das Thema Liebe ist in der Romanliteratur so ausgiebig behandelt, daß der Autor schon seine Fantasie bemühen muß, um mit Szenen aufwarten zu können, die einigermaßen originell wirken. Darüber hinaus lauert in jeder Liebesszene die Gefahr übertriebener Sentimentalität.

Der Autor weckt sentimentale Reaktionen, wenn er oberflächliche Gefühle hervorlockt, die es in ihrer übertriebenen, überschwenglichen oder gekünstelten Art ganz eindeutig darauf anlegen, die Sympathie des Lesers zu gewinnen. Sentimentalität wirkt auf den Leser unaufrichtig, kitschig oder larmoyant und sollte daher unbedingt vermieden werden. Das Einfühlungsvermögen des Autors muß darauf abzielen, eine tiefere Gefühlsebene des Lesers zu erreichen, nicht aber oberflächliche Gefühlsduselei mit seinen Worten zu fabrizieren.

Ob in einer Liebesszene oder in irgendeiner anderen Episode eines Romans, der Hauptfehler ist immer derselbe: Der Autor hat die Gefühle seiner Leser nicht genügend berücksichtigt. Die wichtigste erogene Zone sitzt im Kopf, und genau dort findet auch das Erleben des Lesers statt.

Der Leser möchte sich mit einer Figur identifizieren. Eine Liebesszene ist dann besonders eindrucksvoll, wenn sich der Leser mit *beiden* Beteiligten identifizieren kann – das heißt mit der erhofften positiven Entwicklung der Beziehung – und so die Sache umfassender erlebt als jede der Figuren für sich. Der Autor kann dies erreichen, indem er die Liebesgeschichte vom Standpunkt beider Beteiligten betrachtet, auch wenn er sie aus der Perspektive nur einer der Figuren erzählt. Der Leser muß die Beziehung zwischen den beiden Liebenden besser verstehen als die Beteiligten selbst.

Die beiden wichtigsten Elemente einer Liebesgeschichte sind Spannung und Zärtlichkeit. Eine Beziehungskrise oder das lange

Hinauszögern des Liebesakts, eine Trennung der Liebenden, so lange es die Glaubwürdigkeit nur zuläßt, all das ist geeignet, Spannung entstehen zu lassen. In jedem Fall ist es ein Fehler, den Leser frühzeitig wissen zu lassen, wie die Geschichte voraussichtlich ausgehen wird.

Eine Liebesszene darf nicht vertraute Rituale wiederholen. Damit das Interesse des Lesers an der Entwicklung erhalten bleibt, muß die Anziehung, auch in einer seit langem bestehenden Beziehung, stets von neuem geweckt werden.

Eine Unterbrechung während einer Liebesszene kann von Vorteil sein. Es sollte aber nicht der Bote mit den Lebensmitteln sein, der an der Tür klingelt, sondern etwas, das von den Liebenden selbst kommt: Ihr Blick fällt auf ein bestimmtes Bild, sie hören Musik, die ihnen besonders gut gefällt, reden über Erinnerungen, die in ihnen aufsteigen – und während sie auf diese Weise die Vereinigung hinauszögern, wächst die Spannung unaufhaltsam.

Beim erzählerischen Vorspiel muß kein Körperkontakt in Szene gesetzt werden. Wenn die Möglichkeit einer Berührung in der Luft liegt, genügen Nuancen in der Handlung und im Dialog, um die Gefühle des Lesers anzusprechen. Eine Frau, die sich das Haar bürstet, kann eine überaus erotisierende Wirkung haben. Weniger bewirkt mehr beim Leser.

Im folgenden Beispiel geht es um ein Paar, das vor dem Haus des Mannes steht. Der Leser spürt, daß sich die beiden lieben werden, sobald sie im Haus sind. Der Autor könnte nun versucht sein, die beiden ins Haus gehen und zur Sache kommen zu lassen. Aber ein Moment der Verzögerung läßt gespannte Erwartung entstehen. Sie kann mit ganz sparsamen Details erreicht werden:

> Ich wartete darauf, daß er etwas sagte. Statt dessen griff er in die Tasche und zog einen Bund mit drei Schlüsseln heraus. Er zeigte mir den ersten Schlüssel und sagte: »Die Garage.« Dann hielt er den zweiten Schlüssel hoch, daß die beiden anderen klimperten, und sagte: »Die Hintertür.«

> Er mußte mein Lächeln bemerkt haben.
> Er hielt den dritten Schlüssel zwischen Daumen und Zeigefinger und sagte: »Die Vordertür.« Dann gab er mir den Bund mit allen drei Schlüsseln und sagte: »Willkommen.«

Eine Liebesszene hat unter anderem den Vorzug, daß sie dem Autor vorzügliche Möglichkeiten bietet, die beiden Beteiligten zu charakterisieren und beim Leser Sympathien oder Antipathien zu wecken.

Liebesgeschichten gibt es in allen sieben Lebensabschnitten. Drei dieser Lebensabschnitte sind für den Schreibenden besonders ergiebig.

Ganz junge Liebende sind vielleicht unerfahren, zögerlich, unsicher, haben Angst vor einer Schwangerschaft, vor Geschlechtskrankheiten oder fürchten, erwischt zu werden. Das alles liefert dem Autor Stoff für Konflikte und Dramatik. Äußere Widerstände drohen in Hülle und Fülle. Die jungen Liebenden werden vielleicht durch Schule, Arbeit oder Familie räumlich getrennt. Möglicherweise müssen sie Klassenunterschiede, Feindseligkeiten zwischen ihren Familien, Gruppenzwänge, die Konkurrenz eines anderen jungen Menschen oder einer älteren und erfahreneren Person überwinden. Denken Sie daran, daß es nicht Ihre Aufgabe ist, dem Leser zu sagen, was er empfindet, sondern Ihr Ziel ist es, durch das, was die Liebenden sagen und tun, Gefühle in ihm zu wecken. Es ist hilfreich, die handelnden Personen auf unterschiedliche Weise verletzlich zu machen.

Unter den erwachsenen Liebenden ist eine der mächtigsten Kräfte der Natur, der Fortpflanzungstrieb, am Werk, ohne daß sich die Beteiligten dessen immer bewußt wären. Das Menschengeschlecht pflanzt sich fort durch Triebe, die ihren Ursprung in den endokrinen Drüsen haben. Die romantische Liebe, wie sie von den meisten (nicht von allen) Menschen erlebt wird, ist eine kulturelle Erfindung. Auch wenn der Durchschnittsleser von dieser Seite der Liebe nichts hören will, muß sie dem Autor zumindest bewußt sein.* In der Liebesszene geht es um das Produkt dieser Triebe und kulturellen Prägungen. Der Schriftsteller muß die vielen Schattierungen menschlicher Beziehungen und die Ursprünge der Gefühle kennen; für ihn ist es wichtig, so viel wie möglich über die psychologischen und physiologischen Kräfte der Liebe zu wissen – welche Anziehungskräfte wirken und ob sie den Beteiligten bewußt sind.

Eine der häufigsten Gefahren, denen die Liebe zweier erwachsener Menschen ausgesetzt sein kann, ist der Nebenbuhler, durch dessen Auftauchen die Sicherheit einer bestehenden Beziehung verlorengeht. Ein Erwachsener, der fremdgeht, kann an einen Menschen mit fragwürdigem Charakter geraten oder ungewollt ein Drama heraufbeschwören. Die Folgen der Untreue haben Stoff für unzählige Geschichten geliefert. Andere Widerstände in einer Liebesbeziehung zwischen Erwachsenen sind inneren Ursprungs, beispielsweise Schuldgefühle wegen Verhaltensweisen, die vom Partner oder von der Gesellschaft mißbilligt werden. Auch die Angst vor dem Alter kann einen Schatten auf alte wie neue Beziehungen werfen.

Beim Handlungsentwurf für eine Liebesgeschichte muß der Autor darauf bedacht sein, daß sich die Handlung aus den Charakteren heraus entwickelt. Das Geschehen innerhalb einer Liebesszene sollte sich aus dem Bild entwickeln, das der Autor von seinen Figuren und deren Motiven hat und aus dem Aufeinanderprallen der verschiedenen Charaktere und Motivationen dieser Figuren. Es gibt ein paar nützliche Fragen, die Sie sich im Hinblick auf Ihre geplante Liebesgeschichte stellen sollten:

Besitzen die beiden Liebenden irgendein körperliches Attribut, das sie von anderen Akteuren unterscheidet? Fällt an der Art, wie sich die Liebenden kleiden, irgend etwas besonders ins Auge?

* Als Leitfaden zu den vermuteten Ursprüngen der romantischen Liebe empfehle ich meinen Autoren gern Helen Fishers *Anatomie der Liebe*.

Bedenken Sie, daß es keine langweiligere Beziehung gibt als eine, in der niemals Probleme auftauchen. Er liebte sie, sie liebte ihn, und niemals stritten sie miteinander - das würgt Ihre Geschichte todsicher ab. Suchen Sie beim Entwurf einer Liebesgeschichte nach den Grundkonflikten, die im Charakter und der Herkunft der Beteiligten verwurzelt sind, aber vergessen Sie auch nicht, die Oberflächenkonflikte zu erforschen, indem Sie sich fragen, ob Sie die Liebenden in einer Krisensituation zeigen. Wenn nicht, malen Sie sich eine Krise aus, die Spannung in die Beziehung bringt. Stellt die Frau berechtigte Ansprüche, die ihr vom Mann verweigert werden, möglicherweise aus Gründen, die er ihr verschweigt, so daß ihr Mißtrauen geweckt wird? Möchte der Mann etwas, das die Frau aus Angst vor den Folgen ablehnt? Wie auch immer Sie Ihre Geschichte entwickeln, vergessen Sie nicht, daß der Leser in jedem Fall das Interesse verliert, wenn es zwischen den Liebenden keine Reibungspunkte gibt. Wenn die Differenzen allerdings zu stark sind, könnte der Leser zu der Überzeugung kommen, daß sich das Paar nicht wirklich liebt. Und dann ist es keine Liebesgeschichte mehr.

Eine Übung, die meine Studenten immer als besonders fruchtbar empfunden haben, besteht darin, einen Zehnzeilendialog zwischen zwei Liebenden zu schreiben. In diesen zehn Zeilen sollen dem Leser zwei Dinge vermittelt werden: daß sich die beiden Akteure streiten und daß sie ein Liebespaar sind (nicht etwa ein Paar, das sich getrennt hat). Vielleicht wollen Sie sich selbst einmal an dieser Übung versuchen. Die einzelnen Dialogsätze können über mehr als eine Zeile reichen, aber fassen Sie sich so kurz wie möglich:

Streit zwischen Liebenden in zehn Zeilen

Er:
Sie:
Er:
Sie:
Er:
Sie:

Er:
Sie:
Er:
Sie:

Die Übung ist nicht einfach. Manche Autoren empfinden ihre ersten Bemühungen als ebenso schwierig wie den Versuch, eine Hand über dem Bauch kreisen zu lassen und mit der anderen im Takt auf die Schädeldecke zu klopfen. Aber genau das ist es, was der Autor in einer gelungenen Szene tut, nämlich mehrere Dinge gleichzeitig in Gang halten. Es gibt Studenten, die diesen kurzen Dialogentwurf wochenlang wieder und wieder überarbeitet haben, bis das gesteckte Ziel erreicht war und der Leser spüren konnte, daß die beiden Akteure sich lieben *und* streiten. Sehen wir uns als erstes ein negatives Beispiel an:

Er: Wohin willst du jetzt wieder?
Sie: Das geht dich nichts an.
Er: Wenn du durch diese Tür gehst, sind wir fertig miteinander.
Sie: Gut, daß du es gemerkt hast.
Er: Daß ich was gemerkt habe?
Sie: Daß wir fertig miteinander sind, Blödmann.
Er: Mein Auto nimmst du nicht.
Sie: Es gehört zur Hälfte mir. Gemeinschaftseigentum. Und jetzt geh mir aus dem Weg.
Er: Ich werde den Wagen als gestohlen melden.
Sie: Die Polizei wird sicher ihre Freude daran haben, wenn sie feststellt, daß du deinen Wagen als von deiner Frau gestohlen gemeldet hast.

Wo liegt der Fehler? Wir haben einen Streit, aber nichts deutet darauf hin, daß sich die Streitenden, obwohl verheiratet, noch lieben. Wenden wir uns einem anderen Beispiel zu:

Er: Laß die Hände von mir.
Sie: Ich habe das gesetzlich verbriefte Recht, dich anzufassen.
Er: Ich bin eben erst nach Hause gekommen, Liebes.
Sie: Ich weiß.
Er: He, ich hatte noch nicht mal Zeit, mir die Hände zu waschen.
Sie: Ich weiß.
Er: Ich falle, wenn ich rückwärts gehe.

Sie: Ich weiß.
Er: Das Sofa ist im Weg. He!
Sie: Jetzt hab' ich dich!

Die beiden sind eindeutig ein Liebespaar. In der Szene schwingt eine gewisse Spannung, aber die beiden streiten nicht wirklich. Das wiederholte »Ich weiß« aus dem Mund der Frau wirkt fast liebevoll, und obwohl die Worte klar und schneidend sind, ist es kein *Streit* zwischen Liebenden. Sinn dieser Übung ist es, zu lernen, wie man zwei Informationen gleichzeitig vermittelt. Fortgeschrittenen Studenten gebe ich den Rat, den Dialog um einige Erzählpassagen zu erweitern und vielleicht sogar einige Dialogzeilen hinzuzufügen, um die Szene abzurunden. Den folgenden Text legte mir einer meiner männlichen Studenten nach mehrmaliger Überarbeitung vor:

»Ich wollte dich nie wiedersehen.«
»Warum bist du dann zurückgekommen?«
»Die Rosen«, erwiderte er.
Sie wandte sich unter dem Torbogen um und starrte, von Sonnenstrahlen vergoldet, mit dem Rücken zu ihm, eingerahmt, geschützt, in das wirre Gestrüpp aufgebrochener Blüten. Sie hatten sich entfaltet und waren in sich zusammengefallen wie Stummfilmstars, dürre Blätter, brüchige Zweige.
»Du bist gekommen, um einen sterbenden Garten zu sehen, Ryan.«
»Wir haben ihn gemeinsam angelegt.«
»Ich wußte nicht, daß du kommen würdest.«
»Ich wußte nicht, daß du hier sein würdest.«
Sie spürte seinen Blick auf ihrem Rücken. Der Buchara schluckte seine Schritte, als er den Raum durchquerte. Er schob sich neben sie.
»Er braucht Wasser, Pflege ...«
»Vielleicht gibt es Regen«, sagte sie.
»Man kann sich nicht auf den Regen verlassen. Er braucht ... ein bißchen Pflege.«
»Du hattest immer zu viel zu tun«, sagte Meg und drehte sich langsam zu ihm um. »Er war einmal wunderschön. Nicht wahr?«
»Wie ein Meteoritenschwarm«, entgegnete er. »Es tut mir so leid.«
»Mir auch.«

Uns ist klar, daß sie sich noch lieben. Am Anfang des Dialogs steht eine starke Meinungsverschiedenheit zwischen ihnen. Die kurze Szene löst beim Leser zwangsläufig eine Empfindung aus. Ich empfehle Ihnen, sich diese Übung von Zeit zu Zeit vorzunehmen, während Sie Ihre Fähigkeiten als Autor weiterentwickeln. Vielleicht erwächst einmal eine Geschichte oder sogar ein ganzer Roman daraus.

Die dritte Altersgruppe, die für eine Liebesgeschichte in Frage kommt, sind Menschen, die im Herbst ihres Lebens stehen. Der Fortpflanzungstrieb spielt keine Rolle mehr. Die partnerschaftliche Gemeinschaft tritt in den Vordergrund. Die gemeinsamen Erlebnisse der Vergangenheit gehören untrennbar zur gelebten Gegenwart. Der wirtschaftlichen und emotionalen Sicherheit wird ein höherer Stellenwert beigemessen. Die Angst vor dem Tod und das Sich-Fügen in seine Unvermeidbarkeit sind allgegenwärtig. Dieses an sich fruchtbare Terrain hat allerdings seine Grenzen, die der Autor nicht aus dem Blick verlieren sollte.

In der westlichen Welt haben die Menschen weit weniger Respekt vor der Weisheit des Alters als in östlichen Kulturen. Hier zeigen die jungen Leute den Alten gegenüber geringeres Interesse. Wenn das Thema der Liebe zwischen älteren Menschen behutsam und gekonnt umgesetzt wird, kann es bei Lesern aller Altersstufen Empfindungen wecken. Dennoch ist es nicht leicht, einen solchen Stoff zu vermarkten. Da die Lebensdauer der Menschen in den westlichen Industrieländern aber stetig zunimmt, wird sich das vielleicht auf die Leserwünsche auswirken und den Buchmarkt auch für Liebesgeschichten mit älteren Protagonisten erschließen.

Wenn Sie mit dem Gedanken an eine solche Liebesgeschichte spielen, sollten Sie sich folgende Fragen stellen:

Kommt in den Liebesszenen das latente Wissen zum Ausdruck, daß die Zeit, die den Liebenden noch bleibt, nicht mehr unbegrenzt ist?

Spielt der Wunsch nach vertrauter Gesellschaft, oft das wichtigste Bedürfnis älterer Menschen, in Ihrer Geschichte eine Rolle?
Gibt es zwischen den Liebenden Berührungen und andere Zeichen der Zärtlichkeit, die die Eindringlichkeit der Geschichte steigern?

Wer eine bewegende Liebesszene schreiben möchte, muß sie sich vom Standpunkt beider Beteiligten ausmalen. Wenn Sie eine Frau sind, sollten Sie der Perspektive des Mannes besondere Aufmerksamkeit schenken; als Mann sollten Sie Ihre besondere Aufmerksamkeit auf die Perspektive der Frau richten. Die Szene kann aus der Perspektive eines außenstehenden Dritten oder aus der Ich-Perspektive einer der beteiligten Figuren erzählt werden, aber damit sie so lebendig wie möglich vor den Augen des Lesers entstehen kann, muß sich der Autor zuvor die Gedanken und Gefühle beider Partner ausgemalt haben.
Es kann eine Liebesszene auch bereichern, wenn einer der beiden Partner eine tiefere Einsicht über die Person des anderen gewinnt.
Mit welchen Mitteln können Sie eine Liebesszene eindrucksvoll gestalten?
Sie können einen Gegenstand in den Raum stellen, der für einen der Liebenden oder für beide eine besondere Bedeutung hat. Dieser Gegenstand sollte von Ihnen eingeführt werden, bevor die Liebesszene beginnt. Lassen Sie die Liebenden aber erst an einem entscheidenden Punkt des Geschehens darauf aufmerksam werden. Der Blick eines Akteurs fällt auf das Objekt, er schweift mit den Gedanken ab – und der andere bemerkt schmerzlich den Bruch in der vertrauten Stimmung. Dies ist im Grunde nur eine Variation des Themas, das sich in fast allen Geschichten wiederholt: Der Protagonist wird durch irgendeinen Widerstand daran gehindert, das zu bekommen, was er haben will.

Ein Naturereignis kann als Hindernis im Wege der Liebenden fungieren. Sie können etwas Unvorhergesehenes passieren lassen, das zu einem Mißverständnis führt. Je mehr sich einer der beiden Liebenden bemüht, das Mißverständnis aus dem Weg zu räumen, um so schlimmer macht er die Sache. Erwecken Sie beim Leser den Eindruck, daß der tote Punkt unüberwindbar ist. Führen Sie dann eine dritte Figur ein, die entweder die Situation noch weiter verschlimmert oder aber einen Weg zur Aufklärung des Mißverständnisses weist.

Sie können einen dritten Akteur auftreten lassen, der nicht weiß, daß die beiden ein Paar sind und vor dem die Liebenden diesen Umstand aus einem bestimmten Grund auch geheimhalten wollen. Das bedeutet, daß sie dieser Person aus dem Stegreif etwas vorspielen müssen, ein reicher Nährboden für Katastrophen aller Art.

Umgekehrt können zwei Figuren auch so tun, als seien sie ein Paar, obwohl sie es in Wahrheit gar nicht sind. Eine interessante Wendung nimmt die Geschichte dann, wenn eine dritte Person auf den Plan tritt, wodurch es für die beiden Protagonisten notwendig wird, ihren Schwindel aufrechtzuerhalten. Der Augenblick, in dem der dritte Akteur den Schauplatz des Geschehens verläßt, ist ein Moment höchster Spannung. Wird das Paar dem Spiel ein Ende machen? Oder hat ihre Lüge etwas in Gang gesetzt, worauf sie beide nicht gefaßt waren?

Es muß nicht unbedingt ein dritter Akteur auftreten, der mit einem oder beiden Beteiligten in Verbindung steht, um eine Liebesszene zu stören. Das störende Element muß nicht einmal unbedingt eine Person sein. Auch ein Erdbeben, eine Feuersbrunst oder eine andere Katastrophe können hier sehr wirkungsvoll zum Einsatz kommen, sofern das Ereignis nicht melodramatisch, sondern realistisch und nachvollziehbar ist. Denken Sie aber daran: Auch wenn sich äußere Ereignisse als Unterbrechung einer Liebesszene anbieten, kann der plötzliche Gedanke einer Figur denselben Zweck erfüllen, besonders, wenn es sich um schwerwiegende Erinnerungen handelt, die manchmal eine stärkere Wirkung haben als ein Vulkanausbruch in nächster Nähe.

Eine Liebesszene und eine Sexszene sind nicht dasselbe. Man kann eine eindrucksvolle Liebesszene schreiben, ohne daß es zwischen den beiden Beteiligten auch nur zu einer flüchtigen Berührung kommt. Stellen Sie sich beispielsweise einen Menschen vor, der zu Unrecht angeklagt und inhaftiert wurde und nun am Besuchstag mit dem geliebten Partner per Sprechanlage durch eine gläserne Trennscheibe kommunizieren muß, obwohl dieser nur wenige Zentimeter von ihm entfernt ist.

Andererseits muß eine Sexszene nicht unbedingt etwas mit Liebe zu tun haben. Man denke dabei nur an eine flüchtige Affäre zwischen zwei Menschen, die sich relativ fremd sind, oder an eine Vergewaltigung.

Wenn Sie die Absicht haben, eine erotische Liebesszene zu schreiben, gibt es einige Punkte zu beachten. Wie ich schon an früherer Stelle erwähnt habe, sitzt die wichtigste erogene Zone im Kopf, das heißt, wenn der Mann seinen Kopf ausschaltet, kann er nicht funktionieren. Wenn die Frau ihren Kopf ausschaltet, führt ihre Unfähigkeit zum echten Erleben vielleicht dazu, daß sie etwas vorspielt.

Wenn zwei Menschen »rammeln wie die Karnickel«, hat das wenig zu tun mit dem, was eine sexuelle Beziehung zwischen den Geschlechtern für die Leser beinhalten kann. Dasselbe gilt für die mechanische Beschreibung sexueller Aktivitäten, die den Gefühlen der beteiligten Personen keine Beachtung schenkt.

Vor Jahren bin ich einmal dem Franzosen Maurice Girodias begegnet, der als Verleger deftiger erotischer Literatur in englischer Sprache berühmt-berüchtigt wurde. Lange vor der Enttabuisierung der Sexualität in der Literatur Ende der fünfziger und Anfang der sechziger Jahre wurden seine Taschenbücher mit dem grünen Einband im Gepäck der Touristen nach Amerika eingeschmuggelt. Nicht wenige der Autoren, die für Girodias unter einem Pseudonym schrieben, erwarben sich später unter ihrem eigenen Namen einen beachtlichen Ruf.

Girodias verstand es meisterhaft, seinen Autoren beizubringen, wie man den erotischen Stoff beherrscht. Eines der von Girodias herausgegebenen Bücher ist mir wegen seiner unübertroffenen Verführungsszene besonders in Erinnerung geblieben: Der Leser wird darin ungefähr hundert Seiten lang hingehalten, bis es zum Liebesakt kommt. Ich erwähne dies nicht, um Sie zur Nachahmung zu animieren, ich will lediglich ein Prinzip verdeutlichen. Der Punkt, auf den es mir hier ankommt, ist, Ihnen klarzumachen, daß die bloße und wiederholte Beschreibung verschiedener sexueller Aktivitäten dem Leser wenig oder gar nichts bringt. Eine einzige sexuelle Begegnung, die sich allmählich anbahnt, das Blut in Wallung bringt, aber bis zur Grenze des Erträglichen hinausgezögert wird, kann wesentlich erotischer wirken.

Bevor man eine erotische Szene schreibt, muß man sich darüber im klaren sein, in welcher Art von Beziehung die beiden Beteiligten zueinander stehen und welche Funktion die sexuelle Komponente in dieser Geschichte erfüllt. Zu den beliebten Variationen des Themas in der Literatur gehört die heimliche Begegnung, die wir manchmal salopp als »Quickie« bezeichnen. Obwohl sie nicht unbedingt etwas mit Liebe zu tun haben muß, kann eine solche Szene durchaus erotisch sein. Aber auch eine so flüchtige Begegnung muß, um beim Leser eine Wirkung zu hinterlassen, ausgefeilt werden und die Geschichte vorwärtsbringen. Selbst ein schnell vollzogener Liebesakt muß zumindest für einen der Akteure eine Bedeutung haben, sonst hat er in der Geschichte nichts zu suchen.

Die einmalige Liebesnacht, der sogenannte »One-Night-Stand«, ist eine andere Variante des Themas, die uns im Roman häufig begegnet. Eine kurze, leidenschaftliche Begegnung, die am nächsten Morgen endet, kann für eine Geschichte sehr ergiebig sein, aber auch sie muß, um auf den Leser eine nachhaltige Wirkung auszuüben, etwas über die beiden beteiligten Charaktere aussagen. Aus welchem Grund tun sie das, was sie tun, wie verhalten sie sich in dieser Situation und wie reagiert jeder von ihnen, wenn die Sache vorbei ist?

Interessantere Möglichkeiten bietet die sexuelle Begegnung, aus der eine Liebesbeziehung hervorgeht. Weil sie der Beginn einer sich entwickelnden Beziehung ist, kann die Szene eine Fülle von Zwischentönen, Problemen, Gedanken und Aktionen enthalten. Stellen Sie es sich nicht als geradlinige, sondern als eine tastend und zögernd sich entwickelnde Szene vor. Jede Abweichung - sofern sie den Leser nicht vom eigentlichen Ziel der Szene weg führt - steigert und erweitert das Erlebnis.

In meinem Roman *Tür an Tür* gibt es einige Szenen mit George Thomassy, einem vierundvierzigjährigen Anwalt, und einer seiner Klientinnen, der siebenundzwanzigjährigen Francine Widmer, die seine Geliebte wird. Die Szene, aus der ich hier zitieren werde, erstreckt sich über sechs Seiten, und es geht darin nicht ununterbrochen um den Liebesakt. Andere Dinge ereignen sich. Die Unterbrechungen steigern, wie geplant, die Spannung vom ersten erotischen Funken bis zur Verschmelzung. Aber alle Unterbrechungen sind untrennbar mit der Geschichte verbunden.

Thomassy lernt Francine als Klientin kennen, die vergewaltigt worden ist. Ihr Vater, ein Firmenanwalt, hat den Strafverteidiger Thomassy überredet, den Fall seiner Tochter zu übernehmen und ihren Vergewaltiger hinter Schloß und Riegel zu bringen. Bis zu der Szene, aus der ich zitieren werde, hatte Francine nach ihrem traumatischen Erlebnis mit keinem Mann mehr geschlafen. Es schien mir in diesem Fall besonders wichtig, die Geschichte aus der Sicht der Frau zu erzählen.

Die Szene beginnt mit einer ausführlichen Beschreibung der Vorbereitung eines Abendessens, zu dem Thomassy Francine in sein Haus eingeladen hat. Daß sie zu ihm nach Hause kommt, ist bereits Nährboden für die erotische Spannung, die sich vielleicht zwischen den beiden entwickeln wird. Tatsächlich spürt man diese Möglichkeit während der gesamten nun folgenden Szene, in der sich die beiden über alle möglichen Dinge Gedanken machen und unterhalten. Achten Sie darauf, daß die Themen, über die sie reden, eine ganz bestimmte Bedeutung haben, beispielsweise wenn sie sich über ein Bild unterhalten, das in dem Raum sofort ins Auge springt. Ein paar Worte über den Maler bringen Francine zu der Überlegung, daß große Kunst der Nachwelt erhalten bleibt, während die Arbeit der Menschen in den meisten anderen Berufszweigen, sieht man einmal von den revolutionären Entdeckungen einiger weniger Genies ab, rasch in Vergessenheit gerät. Francine äußert ihre Verwunderung darüber, daß den Künstlern nicht mehr Haß entgegenschlägt von denjenigen Menschen, die mit ihrer Arbeit naturgemäß vergänglichere Dinge produzieren. Der erfolgreiche Anwalt sagt darauf:

> »Ich bin Verkäufer. Ich verkaufe Fälle an die Geschworenen. Oder an unfähige Staatsanwälte.«

Indem Thomassy sein Licht unter den Scheffel stellt, wächst er in den Augen des Lesers. Er ist ein brillanter und erfolgreicher Anwalt, und der Leser weiß das. Thomassys Selbstdarstellung löst eine emotionale Reaktion aus, der Leser möchte ihm am liebsten zurufen: »He, Thomassy, mach dich nicht kleiner als du bist. Ich habe gesehen, wozu du imstande bist.«

Die Tatsache, daß sich Thomassy klein macht und damit das Gegenteil zum Ausdruck bringt, qualifiziert ihn als potentiell interessanten Liebhaber, weil es darauf hindeutet, daß er sich selbst – und damit aller Wahrscheinlichkeit nach auch andere – kennt und durchschaut. In der Szene dreht sich die Unterhaltung für kurze Zeit um das Essen, das die beiden gerade beenden. In sexueller Hinsicht tut sich zu diesem Zeitpunkt ausschließlich in den Köpfen der Leser etwas. Der Leser möchte Thomassy und Francine inzwischen gern als Paar sehen und wünscht sich, daß einer der beiden einen Anfang macht. Aber der Autor ist noch nicht bereit, diesem Wunsch nachzugeben.

Thomassy schaltet die Zehn-Uhr-Nachrichten im Fernsehen ein, woraus wir schließen können, daß es allmählich spät wird. Francine läßt Wasser ins Spülbecken laufen. Thomassy will, daß sie das Geschirrwaschen ihm überläßt und tritt hinter sie an die Spüle. Aus dieser Perspektive entwickelt sich die gesamte folgende Szene:

> Sein Körper berührte meinen Rücken. Ich spürte seine Lippen an meinem rechten Ohrläppchen, nur eine Sekunde lang.
> »Ist schon gut«, sagte ich. »Eine Frau will nicht nur wegen ihres Verstandes bewundert werden.«
> Er legte die Arme um mich, nahm mir den Teller, den ich vorsichtig spülte, aus den Händen und stellte ihn beiseite.
> »Das mache ich später«, sagte er.
> »Ich müßte eigentlich bald gehen.«
> Er drehte mich zu sich um.
> »Meine Hände sind naß«, sagte ich.
> Er nahm meinen Kopf in beide Hände und streifte für den Bruchteil einer Sekunde meine Lippen mit einem flüchtigen Kuß.
> Ich spreizte meine nassen Hände weit von mir, als er mich wieder und diesmal energischer küßte.
> Ich machte mich frei. »Meine Hände sind naß«, sagte ich atemlos.
> »Das ist mir egal.«
> Und dann trafen sich unsere Lippen, und ich umfaßte ihn mit meinen nassen Händen. Ich spürte die Wärme seines Körpers und mein eigenes hämmerndes Herz. Und dann küßte er plötzlich meinen Hals, meine Schulter, mein Ohr, ich spürte seine Zunge, und dann lagen unsere Lippen wieder aufeinander, bis ich mich, um Luft zu holen, von ihm löste, und ich fühlte das Blut in meinen Wangen, als ich mir hastig die Hände an einem Geschirrtuch abtrocknete, bevor er mich wieder in seine Arme zog, und ich wußte, wir beide wußten, es hatte keinen Sinn mehr, dagegen anzukämpfen, und wir klammerten uns verzweifelt aneinander und schoben uns gegenseitig zum Sofa, ohne voneinander lassen zu wollen, aber wir mußten, um das Sofa aufzuklappen, und dann war es wieder ein einziger Kuß, und die Kleider flogen von uns, seine und meine, und wir lagen umklammert, Küsse auf Lippen, Gesichter, Schultern, dann wie verschmolzen aneinandergepreßt, bis er den Kopf hob und sah, daß ich Tränen in den

> Augen hatte, und sein bestürzter Blick bat mich um eine Erklärung.
> Ich hörte mein Herz hämmern.
> »Was ist los?« flüsterte er.
> Ich fand meine Stimme nicht.
> »Sag es mir«, bat er.
> Es war wie eine der Panikattacken, die mich mitten in der Nacht trafen, wenn mir die Schlaflosigkeit die nächtlichen Ruhestunden raubte, eine Angst, die mein Herz so rasen ließ, daß es zu zerspringen drohte.
> »Es ist, als würde man nach einem Unfall zum ersten Mal wieder Auto fahren«, sagte ich.
> Eine Zeitlang lagen wir Seite an Seite da.

Francine denkt in diesem Moment an ein Erlebnis, das sie während ihrer Schulzeit hatte. Und der Leser möchte am liebsten rufen, *nun sag schon, wie es weitergeht.* Und so geht es weiter:

> Er stand auf, nackt und ohne Scham, ging irgendwo hin und kehrte dann mit zwei eleganten Gläsern zurück, die zur Hälfte mit etwas gefüllt waren, das ich nicht kannte.
> »Madeira«, sagte er. »Regenwasser.« Er nahm einen kleinen Schluck. »Magie«, fügte er hinzu und reichte mir mein Glas. »Man trinkt nur ein Glas davon. Keine Gefahr.«
> Ich betrachtete das Glas skeptisch.
> »Es ist in Ordnung«, sagte er. »Probier einen Schluck.«
> Ich nippte an meinem Glas.
> »Köstlich«, sagte ich und leckte mir über die Lippen.
> »Tu das nicht«, sagte er.
> »Was?« Ich nahm einen zweiten Schluck. Er beugte sich über mich und fuhr mir mit der Zunge über die Unterlippe. Das hatte noch nie jemand getan. Er schlüpfte ins Bett und hielt dabei sein Glas aufrecht wie einen Kreisel. Dann kippte er es leicht und ließ ein paar Tropfen auf meine Brust fallen.
> »Beweg dich nicht«, sagte er und gab mir sein Glas zum Halten. Da lag ich nun hilflos, in jeder Hand ein Glas, unfähig, mich zu bewegen, und er leckte den Madeira von meinen Brüsten und aus der Senke dazwischen.
> Er nahm mir sein Glas aus der Hand, kippte es ein wenig tiefer und gab es mir zurück, meine Handschellen. Ich sah auf die beiden Gläser, zur Decke, und dann auf das weiche Haar auf seinem Hinterkopf, während er den Madeira Tropfen für Tropfen aufleckte …

Hier lasse ich das Zitat enden, weil ich sicher bin, daß Ihnen inzwischen klar geworden ist, wie ich die Szene in die Länge gezogen habe, und zwar in dem Bewußtsein, daß der Leser Thomassys und Francines Vereinigung längst herbeiwünscht und daß es meine Aufgabe als Autor ist, die beiden so lange wie möglich auf Distanz zu halten. Diese Passage ist eine literarische Entsprechung des Vorspiels.

Beachten Sie, daß sich die Szene aus vielen kurzen Sätzen zusammensetzt. Dann kommt plötzlich eine lange, praktisch aus einem einzigen ausufernden Satz bestehende Textstelle, an der sich die beiden zum Sofa hinbewegen. Die Spannung der wachsenden Erregung drückt sich in einer fast abgehackten Sprache aus, der Durchbruch ist in einen atemlosen Endlossatz verpackt.

An diesem Punkt wird Francine vom Schatten ihrer Vergewaltigung eingeholt. Das Liebesspiel ist unterbrochen, aber die Szene entwickelt sich weiter. Thomassy bringt ihr etwas Besonderes zu trinken, um sie in einen Rausch zu versetzen, aber nicht durch die Wirkung des Alkohols, sondern durch das, was er nun mit dem Getränk tut. Es ist eine Liebesgeschichte, und die erste sexuelle Berührung der beiden Menschen hat etwas mit den Dingen zu tun, die sie zusammengeführt haben. Was wir erleben, ist eine erblühende Liebe, nicht nur ein flüchtiger Augenblick körperlichen Verlangens.

Schwerer hat es der Autor unter Umständen, wenn er eine Liebesszene zwischen zwei Menschen beschreiben soll, die nicht zum ersten Mal miteinander schlafen. In der Kunst ist es wie im Leben. Wenn den Beteiligten der wahrscheinliche Verlauf einer Sache bekannt ist, geht ein Element der Spannung verloren. Der erfahrene Autor wird sich vielleicht damit behelfen, daß er eine Verzögerung eintreten läßt oder sogar ein Ereignis oder eine Handlung, die das scheinbar Unvermeidliche verhindert. Eine erotische Szene mit zwei Liebenden, die schon Erfahrungen miteinander gesammelt haben, kann durch eine überraschende Wendung, das Gegenteil dessen, was erwartet wird oder eine unverhoffte Störung, an Spannung gewinnen.

Als ich eine bestimmte Szene meines Romans *Der junge Zauberer* schrieb, verfolgte ich darin die Absicht, die Verletzlichkeit des sechzehnjährigen Bösewichts Urek zu zeigen, eine gewisse Sympathie für ihn zu gewinnen und gleichzeitig dem Leser einen Hinweis auf die möglichen Ursachen seines gewalttätigen Wesens zu geben. Die Szene spielt sich zwischen Urek und einem Mädchen ab, das die Deutsche genannt wird und es häufig und vor aller Augen reihum mit den Typen aus Ureks Gang zu treiben pflegt. Diesmal taucht Urek, der in Schwierigkeiten ist, allein bei dem Mädchen auf. Sie ist überrascht, ihn zu sehen. Urek hat etwas getan, das ihm keine Ruhe läßt, aber er kann sich nicht besonders gut in Worten ausdrücken und versucht ihren Fragen auszuweichen. Auf ihre Frage: »Worüber regst du dich so auf?« ruft er: »Herrje, ich muß mit jemandem reden.« Sie ist schließlich bereit, sich seine Geschichte anzuhören und schließt ihr Zimmer ab. Dann setzt sie sich vor ihren Toilettenspiegel und beginnt, sich die Haare zu kämmen. Sie erinnern sich vielleicht an das Kapitel, in dem ich darauf hingewiesen habe, daß nach Meinung vieler Psychologen mit dem weiblichen Haar eine starke erotische Kraft assoziiert wird (die meisten Männer finden die Vorstellung einer kahlköpfigen Frau beunruhigend oder gar abstoßend). Man denke nur daran, daß man in Frankreich nach dem Zweiten Weltkrieg Frauen die Haare abschor, wenn sie als Kollaborateurinnen galten und sich auf ein Verhältnis mit einem feindlichen Soldaten eingelassen hatten.

Urek fordert das Mädchen auf, ihn anzusehen. Sie entgegnet, daß sie sich die Haare nicht bürsten kann, wenn sie sich umdreht. Daraufhin berührt er ihr Haar. Sie reagiert mit Ironie. »Jetzt wirst du ja richtig romantisch.« Sie erwartet keine romantischen Gesten von ihm.

Hier schiebt der Autor eine Verzögerung ein. Das Mädchen fragt Urek, ob er sich je an einen Priester gewandt hat. Die pathetische Art, in der sich Urek über die Gründe ausläßt, warum das für ihn keinen Sinn hat, weckt in ihr einen Anflug von Mitgefühl. »Komm her«, fordert sie ihn auf.

Diese beiden Worte setzen im gegebenen Zusammenhang den Motor der Erotik in Gang. Das Mädchen umfaßt, noch immer sitzend, Ureks Taille mit den Händen und legt die Wange an seine Brust, um seinem Herzschlag zu lauschen.

> »He, du lebst«, sagte sie und ließ ihre Hand fallen, so daß sie ganz leicht seine Hose streifte.
> »Wieso machst du das?«
> Sie lachte.
> »Sag mal«, fragte er, »bist du echt eine Nympho? Ein paar von den Jungs sagen ...«
> Er dachte, sie würde ihn vor die Tür setzen, statt dessen sagte sie: »Dein Vater und deine Mutter tun es nicht gern, was?«
> »Darüber hab ich mir noch keine Gedanken gemacht.«
> »Klar hast du. Das tut jeder. Glaubst du, daß es Alte gibt, denen es Spaß macht?«
> »Woher soll ich das wissen?«
> »Hast du ihnen mal zugeguckt«
> »Was hältst du denn von mir?«
> »Ich schon. Das hat mich vorher auf die Idee gebracht.«
> »Vor was?«
> »Bevor ich mit irgendwem irgendwas gemacht habe.«

Urek will, daß sie aufhört zu reden. Sie spricht weiter, hakt aber dabei ihren BH auf. Dann sagt sie:

> »Du hast mich noch nie geküßt.«
> Er sagt: »Du meinst, da?«
> »Auf den Mund, du Blödmann.«

Wir erfahren, daß Urek noch nie ein Mädchen auf den Mund geküßt hat. Sie bringt es ihm bei:

> In seinem Kopf drehte sich alles. Er registrierte das Prickeln in seinen Lenden, das sichere Zeichen, aber er konnte den Kuß nicht mit dem Gefühl in Zusammenhang bringen, daß sich sein halber Körper selbständig machte.
> »Mach es mir«, sagte sie.
> Er sah sie verständnislos an.
> »Was soll ich dir machen?«
> Ihre Lippen trafen sich, und er spürte, wie er trotz aller Panik in seinem Kopf ganz steif wurde vor hastigem Verlangen.
> Sie streifte die Schuhe ab, löste den Rock, ließ ihn zu Boden gleiten und trat zur Seite. Sie zog ihren Unterrock aus.

»Du brauchst nicht alles auszuziehen«, sagte Urek.
Sie zog die Strümpfe aus, dann streifte sie ihren Slip ab. Wo ihre Beine zusammentrafen, war ihr Haar dunkel, nicht blond, wie ihre langen Haare.
»Willst du nicht das Licht ausmachen?« fragte er.
Sie zuckte die Achseln und drehte am Schalter. Er hatte einen Dimmer, und das Licht wurde nur gedämpft. Dann setzte sie sich, splitternackt, wieder vor die Frisierkommode und bürstete ihr Haar. Er hätte sie umbringen können.
»Hast du Angst, du holst dir eine Erkältung?« fragte sie und drehte sich zu ihm um. »Zieh dich aus.«
Er schaffte es bis auf die Shorts und die Strümpfe, dann straffte er sich entschlossen.
»Zieh die Strümpfe aus.«
Er zog erst den einen, dann den anderen aus.
»Den Rest auch«, sagte sie. »Soll ich dir helfen?«
Er würde sich auf keinen Fall von irgendeinem Mädchen ausziehen lassen. Er ließ seine Shorts zu Boden gleiten, sein behaarter Körper war ihren Blicken nun schutzlos ausgeliefert.
»Schön«, sagte sie angesichts seiner offensichtlichen Bereitschaft.
Er deutete auf das Bett.
»Wieso hast du es so eilig?«
Sie trat dicht an ihn heran, und er deutete wieder aufs Bett.
Ihre Hände waren auf ihm, streichelten ihn, und er versuchte sie jetzt mit Gewalt an den Schultern zum Bett zu schieben, aber plötzlich war es zu spät, und er stand da wie ein Idiot, während er in krampfhaften Stößen kam.
Sie war eingeschüchtert von seinem Zorn. Er sagte nichts. Sie legte die Arme um ihn, zärtlich, wie es ihm schien, und drückte ihn auf die Bettkante hinunter. Sie küßte seinen Hals, seine Wange und dann seine zusammengepreßten Lippen.
Er gab ihr ein Zeichen, das Licht ganz auszuschalten, und sie tat es, so daß sie ihn nicht sehen konnte, aber als er sich hinlegte und sein Gesicht in das Kissen drückte, konnte sie hören, wie er die Scham seines Schluchzens erstickte.

Im Grunde ähnelt die Episode der klassischen Szene des Jungen, der von einer Prostituierten in die Kunst der Liebe eingeführt wird. Aber in diesem Fall hat der Junge schon vorher in Gesellschaft seiner Kumpel mit dem Mädchen Sex gehabt. Nur sind diesmal besondere Umstände im Spiel. Er ist zu ihr gekommen, nachdem er versucht hat, den Protagonisten umzubringen. Die

Szene soll die Charakterisierung sowohl Ureks als auch des Mädchens vertiefen, indem sie seine Verletzlichkeit ebenso deutlich macht wie seine Wut. Obwohl ihn das Mädchen mit Geringschätzung betrachtet, zeigt sie angesichts seiner Schwäche Mitgefühl.

Achten Sie darauf, wie sich die Handlung in dieser Szene immer und immer wieder verzögert. Dadurch bleibt die Spannung für den Leser erhalten.

Hüten Sie sich, wenn Sie eine erotische Episode zu Papier bringen wollen, ein endloses Liebesspiel in Szene zu setzen. Die erotische Handlung muß durch Gedanken, Ereignisse, Ablenkungen, Verzögerungen unterbrochen sein, die einen Bezug zu der Geschichte haben. Sie werden es vielleicht hilfreich finden, zu diesem Zweck eine Liste der Dinge anzulegen, die den einzelnen Beteiligten während der Szene durch den Kopf gehen. Um die höchstmögliche Spannung zu erzeugen, sollten sich die Gedanken der Beteiligten auf unterschiedliche Dinge richten. Denken Sie an die Actors-Studio-Methode und geben Sie jedem Ihrer Akteure ein unterschiedliches Drehbuch für die Liebesszene. Fragen Sie sich bei der Überarbeitung Ihres Textes, welche Gefühle einzelne Passagen der Szene im Leser wecken.

Sie sind der Meister, der virtuos die Gefühle eines Publikums lenkt. Das müssen Sie sich so lange in Erinnerung rufen, bis es Ihnen zur zweiten Natur wird. Wenn Sie eine Liebesszene gestalten, müssen Sie der Fantasie des Lesers Raum lassen.

Ich möchte dieses Kapitel mit einer kritischen Bemerkung abschließen. Die Brutalität, mit der Sex in Literatur, Film und Fernsehen oft dargestellt wird, ist nicht nur anstößig, sondern auch kontraproduktiv. Sparsame Handlungselemente und ein paar gut gewählte Worte können den Leser stärker anrühren als ein Akt der Gewalttätigkeit. Ich rate jedem, der eine gute Liebesszene schreiben will, nach den subtilen Mitteln zu suchen, die es dem Leser ermöglichen, die Hülle auszufüllen, die Sie für ihn geschaffen haben. Und damit sind wir beim Thema des nächsten Kapitels.

19
Die Gestaltung der Hülle

Dieses Kapitel ist kurz und bündig, was seiner Aussage nur angemessen ist: Weniger ist mehr.

Das Schreiben einer Erzählung gleicht einer gefährlichen Gratwanderung. Einerseits läuft der unerfahrene Autor allzu oft Gefahr, sich in Verallgemeinerungen zu verlieren. Er wird dazu gedrängt, die Dinge präzise, differenziert und konkret anzugehen. Gleichzeitig neigt der unerfahrene Autor dazu, wenn er eine Figur, ihre Kleidung, den Schauplatz und die Handlung beschreibt, zu viel des Guten zu tun, so daß der Leser um das große Vergnügen gebracht wird, beim Lesen seiner Fantasie freien Lauf lassen zu können. Um hier das richtige Maß zu finden, ist es ratsam, sich auf das signifikanteste Detail zu konzentrieren und lieber ein Zuwenig als ein Zuviel zu riskieren. Im Hinblick auf die Fantasie des Lesers ist weniger mehr.

Diesen Punkt können Sie nur erreichen, wenn Sie sich das einprägen, was ich allen Autoren am dringendsten ans Herz lege: Ihre Geschichte soll das eigene Erleben des Lesers stimulieren. In dem Zusammenhang fällt mir eine bissige Bemerkung Shelly Lowenkopfs ein, der als einer der herausragenden Lehrer für kreatives Schreiben einmal zu einer Autorin gesagt hat, die detaillierte Aufzählung jedes einzelnen Kleidungsstücks, das in einer von ihr geschriebenen Liebesszene ausgezogen wurde, erinnere ihn eher an eine Wäschereiliste als an eine lebendige Szene zweier Liebender. Tatsächlich ist es ein weit verbreiteter Fehler unter Autoren, die Kleidung einer handelnden Figur in allen Einzelheiten zu beschreiben, als ginge es um die Aufnahme einer Vermißtenanzeige, obwohl doch ein einziges spezifisches

Detail genügen würde und alles übrige der Fantasie des Lesers überlassen bleiben könnte.
Sehen Sie sich den folgenden Satz aus Nanci Kincaids Roman *Am anderen Ende der Straße* an, der eine Fundgrube für beispielhaftes Schreiben ist. In der zitierten Szene spielen Kinder in einem Hof:

> Ihre alte Großmutter blickt, das Gesicht fest an die Scheibe gepreßt, ständig aus dem Fenster.

Teilt uns die Autorin mit, was im Kopf der Großmutter vorgeht? Oder was sie sieht? Nichts von alledem. Der Leser bekommt den Rahmen geliefert und kann ihn nach Belieben mit allem ausfüllen, was zum Kontext der Geschichte paßt. Das Erlebnis des Lesers reicht um so weiter, je mehr Raum seiner Fantasie in den Beschreibungen des Autors gelassen wird. Immer wieder begehen wir den Fehler, dem Leser erklären zu wollen, was die alte Dame sieht. Der Punkt, auf den es ankommt, ist aber die Information, wo und wie sich die Großmutter die Zeit vertreibt. Sie sitzt am Fenster und schaut hinaus.
Ein paar ganz gewöhnliche Worte im richtigen Kontext lassen der Fantasie des Lesers den Spielraum, den sie benötigt:

> Die meisten Großmütter plappern unaufhörlich über ihre Enkelkinder, aber wenn Bettina nach ihren gefragt wurde, zögerte sie, als würde sie über jedes einzelne nachdenken, und sagte dann in ganz sachlichem Ton: »Es geht ihnen gut.«

In meinen Seminaren habe ich das Erleben des Lesers oft als eine »Hülle« bezeichnet. Es ist falsch, diese Hülle mit so vielen Informationen zu füllen, daß der Fantasie des Lesers wenig oder nichts überlassen bleibt. Der Autor hat die Aufgabe, die Hülle gerade so weit zu füllen, daß die Fantasie des Lesers in Gang gesetzt wird. Als anschauliches Beispiel aus der nichtfiktionalen Literatur wäre hier der erste Absatz aus George Orwells berühmter Sozialreportage *Der Weg nach Wigan Pier* zu zitieren:

> Das erste, was man am Morgen hörte, war das Klappern der Holzschuhe von Fabrikarbeiterinnen auf dem Kopfsteinpflaster.

> Noch früher gingen vermutlich die Fabriksirenen, aber dann war ich noch nicht wach.

In zwei Sätzen zeichnet Orwell die Atmosphäre einer Industriestadt – das Geräusch der schweren Schuhe auf dem Kopfsteinpflaster und die Fabriksirenen, die er nie hörte. Den Rest fügt die Fantasie des Lesers hinzu. Und nachdem er das sichergestellt hat, nimmt Orwell den Leser sogleich mit ins Innere des Hauses.

Sehen wir uns nun am Beispiel eines zeitgenössischen Romans an, auf welche Weise eine solche Hülle fungieren kann. Die folgende Passage ist der Anfang des Romans *Der englische Patient*, für den der kanadische Autor Michael Ondaatje mit dem Booker Prize ausgezeichnet wurde:

> Sie richtet sich auf, im Garten, wo sie gerade gearbeitet hat, und schaut in die Ferne. Sie spürt einen Wetterumschwung. Wieder ein Windstoß, ein Beben in der Luft, und die hohen Zypressen schwanken. Sie dreht sich um und geht hinauf zum Haus, klettert über eine niedrige Mauer und fühlt die ersten Regentropfen auf den bloßen Armen. Sie durchquert die Loggia und betritt rasch das Haus.

Die Frau, die namenlos bleibt, blickt in die Ferne. Der Leser, der nicht erfährt, worauf sich ihr Blick richtet, muß sich selbst ausmalen, was sie wohl sehen mag. Ihr sechster Sinn sagt ihr, daß es vielleicht Regen geben wird, dann Wind, Rauschen und schließlich Regentropfen. Der Autor liefert uns nur die allernötigsten Informationen. Wieder im Haus, betritt die namenlose Frau ein Zimmer:

> Der Mann liegt auf dem Bett, sein Körper dem Luftzug ausgesetzt, und er wendet den Kopf langsam zu ihr, als sie hereinkommt.

Wir wissen nicht, wer der Mann ist, erfahren aber bald, daß er schwere Brandverletzungen erlitten hat. Wie ist das passiert? Dann erfahren wir, daß ihn die Frau schon seit Monaten pflegt. Wer ist sie? Ondaatjes Erzählung gibt uns eine Fülle von Details, die der Leser vor sich sehen kann, läßt ihm aber gleichzeitig reichlich Raum, seine Fantasie spielen zu lassen.

Der große Meister der Kunst, der Fantasie des Lesers Raum zu lassen, ist Franz Kafka. Sein Roman *Der Prozeß* beginnt so:

> Jemand mußte Josef K. verleumdet haben, denn ohne daß er etwas Böses getan hätte, wurde er eines Morgens verhaftet. Die Köchin der Frau Grubach, seiner Zimmervermieterin, die ihm jeden Tag gegen acht Uhr früh das Frühstück brachte, kam diesmal nicht. Das war noch niemals geschehen. K. wartete noch ein Weilchen, sah von seinem Kopfkissen aus die alte Frau, die ihm gegenüber wohnte und die ihn mit einer an ihr ganz ungewöhnlichen Neugierde beobachtete, dann aber, gleichzeitig befremdet und hungrig, läutete er. Sofort klopfte es, und ein Mann, den er in dieser Wohnung noch niemals gesehen hatte, trat ein.

Gleich zu Beginn des ersten Absatzes spüren wir die innere Unruhe von Josef K. Für den Leser gibt es kein Entrinnen. Seine ängstliche Unruhe steigert sich bis zur Panik, nicht zu diesem künstlich erzeugten Gefühl der Angst, sondern zu einer Angst, wie sie der Leser mit Dingen verbindet, die er am eigenen Leib erfahren hat. Kafka, der es in seinen Werken meisterhaft versteht, eine Hülle zu schaffen, erzeugt im *Prozeß*, in dem der Bankangestellte Josef K. von einer entpersönlichten Staatsmacht und deren Vertretern verfolgt wird, ohne das Wesen seiner Schuld je zu erfahren, eine alptraumhafte Atmosphäre, die beängstigend real wirkt.

Weniger ist mehr, wenn es darum geht, eine starke emotionale Beteiligung beim Leser hervorzurufen. Die Autoren moderner Spannungsromane machen oft den Fehler, daß sie die Angst, die ihre Figuren empfinden, beschreiben, anstatt den Leser diese Angst spüren zu lassen, wie es Kafka tut.

Joe Vitarelli, ein erfolgreicher Filmschauspieler, hat mir ein paar Besuche abgestattet, als er seinen ersten Roman schrieb. Die wenigen Auszüge aus seinem Manuskript, die ich gelesen habe, lassen ein bemerkenswertes Talent erkennen. Vielleicht hat er einiges von dem, was in sein Schreiben einfließt, aus den Weisheiten seines Vaters gelernt. Dieser hatte seinem Sohn, als er noch ein Kind war, erklärt: »Niemand kann dich so sehr in Angst versetzen wie du selbst.«

Vitarelli läßt eine seiner Figuren sagen: »Du hast die Wahl zwischen zwei Möglichkeiten. Ich kann dich umbringen, oder es passiert etwas anderes. Warum wartest du es nicht ab?« Ende des Kapitels. Die Hülle ist geschaffen. Der Leser kann sich der Angst hingeben, abzuwarten, oder er kann die Lektüre fortsetzen.

III
Fiktionale und nichtfiktionale Literatur

20
Amphetamine, die das Tempo steigern

Der Erfolg eines Buches mißt sich an der Zufriedenheit seiner Leser. Diese drücken das Maß ihres Lesevergnügens oft in Sätzen aus wie: »Das ist eine rasante Geschichte« oder »Das Buch liest sich zäh«. Beides bezieht sich auf die *Gangart*, das Tempo eines Buches und läßt anklingen, daß schnell gut und langsam schlecht sei.

Wenn Verleger, Autoren und Leser ein Buch als »Bombe« oder als »schwungvoll« beschreiben, bewerten sie damit Geschwindigkeit als Tugend. Dennoch verlangsamt der wahre Könner das Tempo seiner Geschichte gelegentlich absichtlich, weil er weiß, daß der Leser, vergleichbar einem Sportler, von Zeit zu Zeit wieder zu Atem kommen muß.

Warum also diese fixe Idee mit dem Tempo? Weil ein gemächlicher Rhythmus im allgemeinen denjenigen Büchern anhaftet, die von Verlagen abgelehnt werden und leider auch denjenigen, die zwar den Weg auf den Markt finden, aber nicht in die Hitlisten und in die Herzen der Leser. Die meisten abgelehnten Manuskripte ziehen sich so schleppend dahin, daß die Leser die Lust an der Lektüre verlieren und sie weglegen würden.

Ursprünglich wollte ich diesem Kapitel wegen eines Erlebnisses, das ich vor vielen Jahren hatte, die Überschrift »Wie lerne ich das nicht Lernbare« geben. Damals saß ich zusammen mit vier weiteren Lektoren aus verschiedenen New Yorker Verlagen auf dem Diskussionspodium einer Tagung der amerikanischen Schriftsteller- und Journalistenvereinigung. Unter den zahlreichen Anwesenden, die gebannt an unseren Lippen hingen, waren nicht wenige erprobte Sachbuchautoren, die einfach Lust hatten, sich einmal an fiktionaler Literatur zu versuchen. Als einer die Frage nach dem »Tempo« stellte, wurde sie von meinen vier Kollegen reihum damit beantwortet, daß das Tempo eine Sache des Gehörs und Gespürs und daher nicht lernbar sei. Ich war als letzter an der Reihe zu antworten und sagte so bescheiden wie möglich: »Folgendermaßen wird es gemacht.« Augenblicklich erhob sich ein Rascheln und Raunen unter den versammelten Autoren, die eifrig Papier und Stifte aus ihren Taschen hervorkramten.

Die Techniken, die uns zur Beschleunigung des erzählerischen Tempos zur Verfügung stehen, sind einfach bis komplex. Die meisten dieser Techniken sind auch auf nichtfiktionale Texte anwendbar. Ein Journalist weiß, daß kurze Sätze die Gangart beschleunigen. Er weiß auch, daß häufige Absätze das Tempo ankurbeln. Kurze Sätze *und* häufige Absätze lassen das Tempo noch rasanter werden.

Das sind ganz einfache Beobachtungen, die sich dem Romanautor allerdings erst allmählich erschließen. Und wenn sich ein Sachbuchautor dem Romanschreiben zuwendet, vergißt er häufig diese einfachen Regeln.

Ein scharfer Wortwechsel erweist sich im Roman oft als das ideale Mittel zur Temposteigerung, weil er im allgemeinen in kurzen Sätzen und vielen Absätzen abläuft. Ich möchte das an einem Beispiel demonstrieren.

Der Broadway-Produzent Ben Riller drückt sich vor den Anrufen eines Reporters namens Robertson. Als dieser erneut anruft, beschließt Riller, das Gespräch anzunehmen. Achten Sie darauf, daß die kurze Auseinandersetzung mit einem eher gemächlichen längeren Absatz beginnt und dann durch kurze, abgehackte Sätze an Tempo gewinnt. Bemerkenswert ist auch, daß diese kurze Unterhaltung zwölf Absätze umfaßt:

> »Hallo, Mr. Riller, ich habe versucht, Sie wegen der kleinen Meldung zu erreichen, die morgen über die Show in unserer Zeitung erscheinen soll. Ich hätte nur gern Ihren Kommentar zu den Gerüchten hier in der Stadt, daß *Um Leib und Leben* gar nicht anlaufen wird.«

> »Mr. Robertson?«
> »Ja?«
> »Wenn ich Ihnen sage, daß es nicht stimmt, werden Sie schreiben: ›Produzent streitet die Pleite seiner Show ab‹, oder nicht?«
> »Es sei denn, Sie bestätigen mir, daß der Laden dicht macht, oder Sie wollen einen anderen Kommentar abgeben.«
> »Das werde ich«, entgegnete ich.
> »Langsam bitte«, sagte er, »damit ich mitschreiben kann.«
> »Mr. Robertson«, sagte ich, »hat Ihre Frau Syphilis?«
> Mr. Robertsons Stimme wurde schrill. »Was, zum Teufel, soll das denn für eine Frage sein?«
> »Das will ich Ihnen sagen«, erklärte ich. »Hier neben mir steht ein Reporter vom AP-Pressedienst, dem ich gerade ein Interview gegeben habe, und er würde gern eine Story bringen mit der Schlagzeile ›*Post*-Redakteur streitet ab, daß seine Frau Syphilis hat‹. Also, hat sie oder hat sie nicht?«
> Ich hörte Robertsons Atem durch das Telefon. Dann sagte er: »Sie haben gewonnen, Mr. Riller«, und legte auf.

Es ist nicht immer notwendig, sich eines Dialogs zu bedienen, um das Tempo zu steigern; dazu reichen oft kurze Sätze und häufige Absätze aus. Der folgende Text zeigt das ziemlich drastisch:

> In dem Gäßchen war es dunkel. Am anderen Ende konnte ich ein helles Lichtrechteck sehen.
> Mir blieb keine andere Wahl. Joad kam näher.
> Das Klack-klack meiner Schuhe hallte laut, als ich rannte. Zum Teufel mit diesen hohen Absätzen.
> Plötzlich schob sich eine Gestalt in das Lichtrechteck vor mir.
> War es Leach?
> Oder ein Bulle?
> Ich blieb stehen. Die Stille war entsetzlich.
> Über die Schulter sah ich, wie Joad in das Gäßchen einbog. Ich saß in der Falle.
> Nirgendwo gab es eine Tür. Ich konnte nicht die Backsteinmauern hinaufklettern.
> Ich kramte in meiner Handtasche nach der Trillerpfeife.
> Tief durchatmen, ermahnte ich mich.
> Die Pfeife fühlte sich eiskalt an meinen Lippen an. Ich blies hinein, immer wieder, bis mir die Ohren wehtaten.
> Joads Gelächter hallte durch das Gäßchen.
> Der Schatten am anderen Ende der Straße lachte auch.

Haben Sie bemerkt, daß die abgehackten Sätze und die kurzen Absätze nicht nur das Tempo beschleunigen, sondern auch die Spannung erhöhen?

Wir können das Tempoempfinden des Lesers auch steigern, indem wir Schritte auslassen. Im folgenden Beispiel werden dem Leser Informationen in einer Gangart vermittelt, die wir vielleicht als normal bezeichnen würden:

> Morgens duschte er, putzte sich die Zähne, rasierte sich, zog einen angemessenen Anzug mit Hemd und Krawatte an, ging gerade noch rechtzeitig in die Küche, um Kaffee zu trinken, und eilte dann im Sturmschritt zum Bahnhof, aber trotzdem schaffte er es immer wieder, seinen Zug zu verpassen.

Dieselben Informationen gibt uns mein Freund und Nachbar John Cheever in seiner vielgepriesenen Kurzgeschichte »The Country Husband« mit folgenden Worten:

> Er wusch sich gründlich, rasierte sich das Kinn und verpaßte den Siebeneinundvierziger.

Indem er zwei Drittel des Textes streicht, beschleunigt der Autor das Tempo auf raffinierte Weise. Ich bezeichne diese Technik als »Springen um des Effekts willen«.

Eine Methode der Tempobeschleunigung, die beim Schreiben zu wenig beachtet wird, ist das Überspringen einer ganzen Szene, *die im Buch nie auftaucht.*

Vor nur wenigen Jahrzehnten war es noch so: Wenn die Schlafzimmertür hinter einem Liebespaar zuklappte, war das Kapitel zu Ende. Zu Beginn des nächsten Kapitels hatte der Liebesakt längst stattgefunden. Die Bettszene spielte sich nur in der Fantasie des Lesers ab. Das hatte zur Folge, daß sich das Tempo für das Empfinden des Lesers steigerte. Auch in der heutigen weniger prüden Zeit kann ein solcher Effekt bewußt erzielt werden.

In meinem Roman *Der junge Zauberer* gibt es eine Szene, in der sich vier ziemlich üble Halbwüchsige mit einem älteren Mädchen treffen, um sich an Bier und Sex zu berauschen. Das

Kapitel endet mit der Frage des Mädchens: »Also, wer ist der erste?« Das nächste Kapitel spielt sich an einem anderen Schauplatz und mit anderen Figuren ab. Die Szene, die der Leser eigentlich erwartet, *findet nicht statt.* Ich habe das nicht aus Prüderie so gestaltet, sondern um das Tempo zu beschleunigen. Von den sieben Millionen Menschen, die das Buch gelesen haben, hat sich kein einziger über die fehlende Szene beklagt. Der springende Punkt ist natürlich, daß der Leser Ihre Geschichte um so mehr zu schätzen weiß, je mehr sich in seiner Fantasie abspielt. Dieser Grundsatz gilt für jede beliebige Szene.

Wenn wir eine Szene weglassen, um das Tempo der Erzählung zu steigern, so hat dies noch einen positiven Nebeneffekt. Vielleicht stellen Sie bei der Überarbeitung Ihres Manuskripts fest, daß eine bestimmte Szene nicht die Wirkung hat, die Sie sich von ihr erhofft hatten. Prüfen Sie die Möglichkeit, diese Szene zu streichen und aus einem Mangel ein Plus zu machen, sofern diese Maßnahme zu einer Beschleunigung Ihrer Geschichte führt.

Im neunten Kapitel haben wir gesehen, wie wir den Spannungsbogen ein ganzes Buch hindurch aufrechterhalten können, indem wir jedes Kapitel im spannendsten Moment enden lassen und das nächste an einem anderen Schauplatz oder mit anderen Charakteren beginnen. Diese Technik dient zwar vor allem dem Ziel, mehrere Spannungsbögen gleichzeitig zu schaffen, sie hat aber nebenbei auch den Effekt, daß sie das Tempo der Geschichte erhöht.

Ich habe an früherer Stelle die beim Film weit verbreitete Technik des »harten Schnitts« erwähnt. Sie läßt sich sehr wirkungsvoll auch in der Praxis des Schreibens einsetzen. Die Technik dient dazu, von Szene zu Szene zu springen, ohne in überleitenden Textpassagen darauf einzugehen, daß und wie man von einem Schauplatz zum nächsten gelangt. Im wirklichen Leben verlassen wir unsere Wohnung, gehen die Treppe hinunter, steigen ins Auto, steuern unser Ziel an und betreten dann ein Restaurant. Das alles in einem Film zu zeigen oder in einem

Roman zu beschreiben, würde beim Zuschauer oder Leser gähnende Langeweile bewirken.
Beim sogenannten harten Schnitt sieht der Zuschauer vielleicht, wie ein Akteur die Tür eines Hauses hinter sich zuzieht und im nächsten Augenblick in einem Restaurant steht oder gar schon am Tisch sitzt und zu essen begonnen hat. Für den Zuschauer ist der harte Schnitt kein Problem. Er gewinnt dadurch lediglich den Eindruck, daß sich die Ereignisse temporeicher abwickeln.
Im Roman würde der Akteur die Haustür hinter sich schließen, dann würde eine Leerzeile folgen, und in der nächsten Szene befände er sich in einem Restaurant.
Auch beim Schreiben nichtfiktionaler Texte kann man sich der Technik des harten Schnitts bedienen. Durch die Auslassung entbehrlicher Informationen gewinnt das Geschriebene ein für den Leser angenehmes Tempo, das zum Weiterlesen animiert.
Es gibt noch drei weitere Methoden der Temposteigerung, die sich zwangsläufig ergeben, wenn wir ein langatmiges Manuskript straffen. Um dieses Thema geht es im nächsten Kapitel.

21
Wie wird man überflüssiges Fett los?

Jeffrey Zaleski, Redakteur bei *Publishers Weekly*, war es, der im Zuge der Besprechung einer Neuerscheinung den Begriff des notwendigen Fettabsaugens geprägt hat. Der Begriff bringt auf den Nenner, was ein wichtiger Aspekt bei der Überarbeitung eines Buches ist. Schwabbeliges Fettgewebe ist nicht nur das Problem aller Übergewichtigen, es ist auch der Feind eines jeden Autors. Überflüssige Worte und Sätze lassen einen Erzähltext schwammig werden. Zum Glück gibt es aber ein Gegenmittel.

Die Entfernung von schlaffem Gewebe bringt fiktionale wie nichtfiktionale Literatur auf Trab. Die willkommene Nebenwirkung eines solchen Eingriffs ist die, daß der verbleibende Textkörper an Kraft gewinnt.

Wiederholte Durchhänger, die nicht entfernt werden, haben auf den ungeduldigen Leser den Effekt, daß seine Aufmerksamkeit nachläßt und er beginnt, die entsprechenden Passagen zu überspringen. Ein solches flüchtiges Überfliegen, bei dem die besten Textstellen herausgepickt werden, ist ähnlich unbefriedigend wie der Versuch, die Kerne aus der Himbeermarmelade herauszusuchen.

Um das Tempo einer Geschichte zu steigern und gleichzeitig ihre Stärken herauszustellen, empfiehlt es sich, sämtliche Adjektive und Adverbien herauszunehmen und nach sorgfältiger Prüfung nur die wenigen notwendigen wieder einzufügen. Einer meiner Studenten, der eine besondere Vorliebe für ausufernde Adjektivbeschreibungen hatte, kam zu folgendem Ergebnis: Nachdem er alle überflüssigen Adjektive und Adverbien aus seinem Manuskript verbannt hatte, war das gesamte Buch um dreiundsiebzig Seiten geschrumpft und erheblich stärker geworden!

Von Mark Twain stammt der Ausspruch: »Wenn Sie ein Adjektiv erwischen, machen Sie ihm den Garaus!« Nehmen Sie seine Anstiftung zum Mord als Ausdruck seiner Überzeugung. Seine heftige Attacke gegen das Adjektiv ist begreiflich. Er versucht damit, die Widerstände des Autors zu brechen, der eine chinesische Mauer errichtet, um sich gegen die Ausmerzung aller nicht unbedingt notwendiger Adjektive und Adverbien zu panzern. Ich will versuchen, Ihnen in dieser Frage Mittel der Selbstprüfung an die Hand zu geben, wohl wissend, daß Mark Twain Sie an dem einen Arm zieht, während ich den anderen gepackt habe.

Die meisten Adjektive und Adverbien sind entbehrlich, allen voran die Worte »sehr« und »ziemlich«. Textverarbeitungsprogramme erleichtern den Prozeß der Ausmerzung erheblich. Suchen und löschen Sie jedes *sehr* und *ziemlich*, das sich in Ihren ersten Entwurf eingeschlichen hat.

Überflüssige Adjektive sind zu nichts nütze. Der folgende Satz enthält beispielsweise ein überflüssiges Adjektiv, das gestrichen werden muß:

> Die verdächtige Ausbuchtung in seinem Jackett war zweifellos eine Waffe.

Das Wort »verdächtig« wird nicht benötigt, und der Satz ist ohne es wesentlich prägnanter.

Die Amputation von Adjektiven kann schmerzvoll sein, bis Sie die Resultate des radikalen Eingriffs unter die Lupe nehmen. Wenden wir uns einigen weniger schmerzhaften voroperativen Maßnahmen zu.

Gehen Sie Ihren Text durch und suchen Sie alle Stellen, an denen Sie einem einzigen Substantiv zwei Adjektive zugeordnet haben, wie zum Beispiel »Er war ein scharfzüngiger, streitbarer Reporter«. Streichen Sie eines der Adjektive, und lassen Sie das stärkere stehen. Im genannten Beispiel würde ich das »scharfzüngig« stehenlassen, weil es mehr aussagt als das Wort »streitbar«. Die Erfahrung zeigt, daß ein Text an Kraft gewinnt, wenn wir eines von zwei nebeneinander benutzten Adjektiven streichen. Dabei sollte dem Adjektiv, das die konkretere Aussage beinhaltet, der Vorzug gegeben werden. Oder aber demjenigen, das besser geeignet ist, das beabsichtigte Bild zu verdeutlichen. Werfen wir einen kritischen Blick auf den folgenden Satz:

> Er war ein starker, einfallsreicher Krieger.

Wenn wir das »einfallsreich« streichen, bleibt uns ein starker Krieger. Wenn wir das »stark« weglassen, haben wir einen einfallsreichen Krieger. Die Bedeutung weicht in beiden Fällen voneinander ab. Ein starker Krieger ist ein Gemeinplatz. Der einfallsreiche Krieger wäre vielleicht die interessantere Variante, aber unsere Wahl wird bestimmt durch die Aussage, die wir machen wollen. In jedem Fall gewinnt der Satz durch die Entfernung eines der Adjektive an Stärke, und das Tempo des gesamten Textes wird beschleunigt. Zusammen mit einem von sechs Worten verschwindet nebenbei auch das Komma aus dem Satz, und Kommata haben im allgemeinen eine die Lektüre bremsende Wirkung.

Auch im folgenden Beispiel wird ein einzelnes Substantiv von zwei Adjektiven begleitet:

> Er war ein sehr starker, sehr kraftvoller Tennisspieler.

Im ersten Schritt müssen wir selbstverständlich das zweimalige »sehr« eliminieren. Übrig bleibt dann

> Er war ein starker, kraftvoller Tennisspieler.

Immer noch zu viel. Welches Adjektiv streichen Sie, um einen prägnanteren Satz zu erhalten? Sie haben die Wahl:

> Er war ein starker Tennisspieler.
> Er war ein kraftvoller Tennisspieler.

Beides ist besser als die ursprüngliche Version. Das Wort »kraftvoll« hat im Tennissport eine spezifische Bedeutung – es bezeichnet einen Spieler, der den Ball hart übers Netz bringt und einen schnellen Aufschlag hat. Ein »starker« Tennisspieler ist einer, der über eine hervorragende Schlagtechnik und Ballbeherrschung verfügt. Beide Qualitäten vereinigen nur die wenigsten Spieler auf sich. Sie sollten Ihre Wahl nicht willkürlich treffen.

Der gute Autor zeichnet sich dadurch aus, daß er nicht nur überflüssige Adjektive streicht, sondern daß er es versteht, präzise Worte zu gebrauchen.

Das folgende Beispiel stellt uns vor eine schwierigere Wahl. Was würden Sie aus dem folgenden Satz herausnehmen?

> Als er sich entfernte, schien er zu schwanken, von einer Seite zur andern zu pendeln wie Charlie Chaplin.

Sie haben mehrere Möglichkeiten. Sie können »schwanken« streichen, aber auch »pendeln« oder »von einer Seite zur anderen«. Wenn Sie entweder »schwanken« oder »pendeln« herausnehmen, empfiehlt es sich vielleicht, »von einer Seite zur anderen« stehenzulassen, weil es anschaulicher ist, auch wenn es bereits in jedem der beiden Verben enthalten ist. Achten Sie beim Streichen überflüssiger Worte darauf, daß diejenigen erhalten bleiben, die das Bild, das sie dem Leser vor Augen führen wollen, verdeutlichen.

Das folgende Beispiel harrt der Verbesserung:

> Was für ein hübscher, farbenprächtiger Garten!

Welches der beiden Adjektive würden Sie streichen, »hübsch« oder »farbenprächtig«?

Am besten wären Sie beraten, wenn Sie *keines* der beiden Adjektive stehenlassen. Wenn Sie sich jedoch entschließen würden, »hübsch« zu übernehmen und »farbenprächtig« zu streichen, hätten Sie eine schlechte Wahl getroffen, weil »hübsch« eine ganz allgemeine Aussage ist, während »farbenprächtig« etwas Spezifisches ausdrückt und damit vor den Augen des Lesers ein deutlicheres Bild entstehen läßt.

Wenn Sie den Gebrauch der Adjektive in Ihrem Manuskript

unter die Lupe nehmen, gibt Ihnen das Gelegenheit, zu überprüfen, ob nicht ein ganz anderes Adjektiv als das zuvor von Ihnen gewählte die Neugier des Lesers stärker reizen könnte. Welche Adjektive kämen im oben genannten Beispiel anstelle von »hübsch« und »farbenprächtig« in Frage?
Es bieten sich eine Reihe von Adjektiven an, die den Leser neugierig machen könnten:

> Was für ein ungewöhnlicher Garten!
> Was für ein seltsamer Garten!
> Was für ein unheimlicher Garten!
> Was für ein bemerkenswerter Garten!
> Was für ein fantastischer Garten!

»Hübsch« oder »farbenprächtig« läßt uns nicht aufhorchen, weil wir von einem Garten erwarten, daß er hübsch oder farbenprächtig ist. Wenn wir dagegen hören, daß ein Garten, ungewöhnlich, seltsam, unheimlich, bemerkenswert oder fantastisch ist, wollen wir wissen, warum. Ein Adjektiv, das die Neugier des Lesers anstachelt, hält die Geschichte in Bewegung.
Natürlich ist nicht unbedingt ein Adjektiv erforderlich, um das Interesse des Lesers zu wecken. Zum Beispiel:

> Einen Garten wie diesen hatte sie noch nie gesehen.

Wenn ein Wort oder eine Wortgruppe bewirken, daß der Leser wissen will, »warum« oder »auf welche Weise«, dann sind sie immer auch ein Anreiz für ihn, weiterzulesen.
Der Grundsatz, lieber ein Adjektiv zu benutzen als deren zwei aneinanderzureihen, hat wie jede Regel seine Ausnahmen. Manchmal ist es notwendig, zwei Adjektive oder ein Adverb und ein Adjektiv zu kombinieren, um eine bestimmte Vorstellung zu wecken:

> Meryl Streep wirkte wie eine Frau mit schwerem schwangerem Leib, wie sie sich vom Stuhl erhob und dann in einer zweiten Bewegung aufrichtete.

Das Wort »schwanger« allein, hätte nicht ausgereicht, um das beabsichtigte Bild zu erzeugen.

Welche Adjektive sollen wir nun beibehalten? Einige Regeln helfen uns bei dieser Entscheidung:

- Ein Adjektiv, das im Kontext unverzichtbar ist. Beispiel: »Er zwinkerte unaufhörlich mit dem rechten Auge.« Wenn Sie verschweigen, daß es das »rechte« Auge ist, klingt es so, als sprächen Sie von einem Einäugigen.
- Ein Adjektiv, das die Neugier des Lesers anstachelt und dadurch die Geschichte in Bewegung hält. Beispiel: Der Satz »Er warf einen gehetzten Blick um sich« wäre ohne das Adjektiv völlig belanglos. Darüber hinaus animiert das Adjektiv den Leser zu der Frage nach der Ursache dieses gehetzten Blickes.
- Ein Adjektiv, das dem Leser hilft, genau das Bild vor sich zu sehen, das Sie ihm zeigen möchten. »Der Löffel hinterließ einen Schaumrand in seinem traurigen Schnurrbart.« Ohne das Adjektiv ist dies eine bloße Beschreibung. Mit dem Wort »traurig« wird dagegen nicht nur die betreffende Figur charakterisiert, sondern es sagt, indem es wertet, auch etwas über den Sprechenden aus.

Durch ein Adjektiv wird ein Substantiv differenziert, eine adverbiale Bestimmung sagt etwas Näheres über ein Verb aus. Der Umgang mit Adverbien erfordert dieselbe konsequente Sorgfalt.

> Leona hoffte, daß er bald anrufen würde.

Das Wort »bald« ergibt sich aus dem Satzzusammenhang von selbst. Die adverbiale Ergänzung ist überflüssig, und der Satz ist prägnanter ohne sie. Immer wieder machen Autoren den Fehler, zwei Adverbien aneinanderzureihen. Welches der beiden würden Sie im folgenden Satz streichen?

> Sie hatte ihn wirklich aufrichtig gern.

Beides ist möglich, Sie können entweder »wirklich« oder »aufrichtig« herausnehmen. »Sie hatte ihn wirklich gern« ist in Ordnung. Gegen »Sie hatte ihn aufrichtig gern« ist auch nichts einzuwenden. Die beste Variante wäre allerdings »Sie hatte ihn gern«. Das ist direkter und beschleunigt das Tempo.

So geringfügig diese Änderungen auch auf den ersten Blick scheinen mögen, in ihrer Gesamtheit haben sie eine gewaltige Wirkung.
Der Gebrauch mehrerer Adverbien in rascher Folge ist eine weit verbreitete Schwäche. Das folgende Beispiel ist einem derzeitigen Bestseller entnommen:

> John erhob sich hastig und trat ruhelos ans Fenster. Plötzlich wandte er sich um und lächelte zuversichtlich. Dann setzte er sich wieder, langsam und schwerfällig.

Hier haben wir sechs Adverbien in drei Sätzen! Sehen wir uns an, was passiert, wenn wir auf fünf von ihnen verzichten:

> John erhob sich und trat ans Fenster. Plötzlich wandte er sich um und lächelte. Dann setzte er sich wieder.

Das Tempo wird nicht nur durch die Streichung der fünf Adverbien gesteigert, sondern auch durch die Straffung der Sätze.
Bevor Sie aber nun darangehen, alle Adverbien mit Stumpf und Stiel auszurotten, bedenken Sie, daß diese in manchen Fällen durchaus nützlich sind. Im folgenden kurzen Satz tauchen zwei Adverbien auf, die jedes für sich eine ganz bestimmte Funktion haben:

> Er aß herzhaft, genüßlich.

Mit »herzhaft« ist gesagt, daß er viel ißt, das Wort »genüßlich« drückt aus, daß er Spaß daran hat. Wenn es in der Absicht des Autors liegt, beide Sachverhalte zu vermitteln, kann er auf keines der Adverbien verzichten. Der Satz »Er aß«, ohne weitere adverbale Ergänzung, sagt uns wenig.

> Ich kritzelte die Nummer hastig auf meinen Block.

Warum ist das »hastig« in diesem Fall überflüssig? Es ist bereits in dem Verb »kritzeln« enthalten.
Worauf läuft die ganze Übung hinaus, wenn wir nicht sämtliche Adverbien über Bord werfen wollen? Sie soll Ihr Urteil darüber schärfen, ob ein Wort Ihre Intention beim Schreiben unterstützt oder sich ihr entgegenstellt. Grundsätzlich gilt, daß zwei

aneinandergereihte Adverbien das Tempo bremsen und sich selten vorteilhaft auf den Satz auswirken, in dem sie stehen. Dennoch sollten solche Veränderungen nicht mechanisch vorgenommen werden.

Zwei Regeln können Ihnen helfen, zu entscheiden, ob es ein Adverb wert ist, im Text stehenzubleiben:

- Behalten Sie diejenigen Adverbien bei, die eine notwendige Information vermitteln. Beispiel: »Er versuchte, schneller zu rennen und fiel hin.« Wenn er schon vorher gerannt ist, müssen Sie das »schneller« stehenlassen. Wenn Sie das Adverb herausnehmen, sagen Sie mit diesem Satz, daß er in dem Augenblick hinfällt, in dem er zu rennen versucht.
- Behalten Sie diejenigen Adverbien bei, die dem Leser helfen, genau das Bild vor sich zu sehen, das Sie ihm zeigen möchten. Beispiel: »Sie fuhr so kopflos, daß sie den Gegenverkehr in Angst und Schrecken versetzte.«

Vergessen Sie trotz dieser Ausnahmen nicht, daß Adverbien in den allermeisten Fällen verzichtbar sind.

Auch Verben können das Tempo verlangsamen. Hier ein Beispiel:

> Er ächzte und schnaufte, als er die steile Straße hinaufstieg.

Das eine Adjektiv des Satzes, »steil«, sollte nicht gestrichen werden, denn wenn die Straße nicht steil ist, warum dann das Ächzen und Schnaufen? Es ist dieses »Ächzen und Schnaufen«, das den Satz verdirbt, weil es ein Klischee ist, eine überstrapazierte, nur allzu vertraute Wortkombination. Es genügt vollkommen, zu schreiben:

> Schnaufend stieg er die steile Straße hinauf.

Erkennen Sie das überschüssige Fett im folgenden Satz? Zwei Worte können bedenkenlos gestrichen werden:

> Dieser Gedanke ist ein höchst interessanter.

Wäre es nicht einprägsamer, zu sagen:

> Dieser Gedanke ist interessant.

»Ein« und »höchst« sind überflüssige Wortwucherungen.

Es mag Ihnen einfach erscheinen, solche Wucherungen zu entfernen, und das ist es auch, wenn Sie sich erst einmal angewöhnt haben, wie ein strenger Lektor nach den überflüssigen Wörtern zu fahnden. Was würden Sie im folgenden Beispielsatz streichen?

> Nichts wäre mir lieber, als einen interessanten Menschen kennenzulernen, der mir ein neuer Freund werden könnte.

Ich will Ihnen einen Tip geben. Konzentrieren Sie sich auf das Wesentliche. Geben Sie sich nicht mit Kompromissen zufrieden. Seien Sie so streng mit sich selbst, wie ich es Ihrer Meinung nach vielleicht sein würde, wenn ich Ihr Manuskript zu redigieren hätte. Die besten unter den vielen hundert Autoren, mit denen ich es im Laufe der Jahre zu tun hatte, waren diejenigen, die am strengsten mit ihrem eigenen Werk verfuhren. Wenn Ihnen nicht alle überflüssigen Wörter auf den ersten Blick ins Auge springen, versuchen Sie es so lange, bis Sie es geschafft haben.

Und so sieht der Satz aus, wenn er von allem überflüssigen Ballast befreit ist:

> Ich würde liebend gern einen interessanten neuen Freund kennenlernen.

Der Satz ist auf weniger als die Hälfte geschrumpft!

Bestimmte Worte und Formulierungen werden immer wieder benutzt, um einen Text aufzublasen, und sollten daher tunlichst gemieden werden: »allerdings«, »fast«, »gänzlich«, »eigentlich«, »beziehungsweise«, »vielleicht«, »immer«, »es gibt«. Jeder Autor kann für den eigenen Gebrauch eine Liste der Worte zusammenstellen, die er gelegentlich benutzt und die dem Text nichts als überschüssigen Ballast hinzufügen. Eine solche nach individuellen Präferenzen geordnete Liste wird Ihnen ein hilfreicher Leitfaden sein.

Sicher haben Sie schon einmal gehört, daß bei den wirklich guten Schriftstellern jedes Wort Gewicht hat. Aber dem ist nicht immer so. Auch ihnen kann, wie jedem von uns, gelegentlich ein Ausrutscher passieren. Ich will Ihnen das anhand einer

Textstelle aus Pete Dexters großartigem Roman *Paris Trout* demonstrieren, der 1988 mit dem *National Book Award* für Prosaliteratur ausgezeichnet wurde:

> In dem Moment jedoch, als die Lichter aufflammten, sah er ihn. Buster Devonne, der sein Geld zählte.

Sehen Sie sich die zwei Sätze genau an. Entdecken Sie den überflüssigen Ballast? Versuchen Sie, ihm auf die Spur zu kommen, bevor Sie weiterlesen.

Vielleicht sind Sie auf dieselbe Lösung gekommen wie ich. Die überflüssigen Worte sind hervorgehoben:

> In dem Moment **jedoch**, als die Lichter aufflammten, sah er **ihn**. Buster Devonne, der sein Geld zählte.

Und schon haben wir eine kürzere Version, die wirkungsvoller ist als die ursprüngliche:

> In dem Moment, als das Licht aufflammte, sah er Buster Devonne, der sein Geld zählte.

Achten Sie darauf, wieviel zügiger sich diese Version liest als die unnötig aufgeblähten zwei Sätze der ursprünglichen Fassung. Und diese steht in einem preisgekrönten Buch, dessem Autor hier ein Ausrutscher unterlief, den Sie umgehen werden, wenn Sie das befolgen, was ich Ihnen in diesem Kapitel ans Herz lege.

Sehen wir uns nun ein paar Textpassagen an, die der Straffung bedürfen. Der Protagonist der Geschichte ist stolz auf sein Haus, in dem er zahlreichen wichtigen Menschen begegnet ist. Der Mann ist außerdem ein begeisterter Heimwerker und Bastler. Wir sehen hier einen ersten Entwurf der Gedanken, die ihm eines Tages bei seiner Heimkehr durch den Kopf gehen:

> Die besten Episoden meines privaten und gesellschaftlichen Lebens haben sich hier abgespielt. Jedes Zimmer im Haus habe ich im Laufe der letzten fünfzehn Jahre mit meiner Hände Arbeit verschönert.

Welche Wörter empfinden Sie als überflüssig? Entscheiden Sie, was Sie streichen würden, bevor Sie weiterlesen.

> Die besten Episoden meines [privaten und gesellschaftlichen] Lebens haben sich hier abgespielt. Jedes Zimmer im Haus habe ich [im Laufe der letzten fünfzehn Jahre] mit meiner Hände Arbeit verschönert.

Ist Ihnen aufgefallen, wie sehr sich das Tempo beschleunigt hat, nachdem der Autor die in Klammern gesetzten Stellen herausgenommen hat?

> Die besten Episoden meines Lebens haben sich hier abgespielt. Jedes Zimmer im Haus habe ich mit meiner Hände Arbeit verschönert.

Das Wort »Leben« beinhaltet bereits den privaten und den gesellschaftlichen Bereich. Und »im Laufe der letzten fünfzehn Jahre« gibt uns eine völlig überflüssige Information, die dem Satz insgesamt nur schadet.
Der nächste Satz stammt aus demselben Roman. Ein erfolgreicher Kredithai hat die Absicht, einen Anwalt namens Bert Rivers zu engagieren:

> Ich suchte ihn auf, um ihm ein bißchen auf den Zahn zu fühlen. Das war mein letzter Besuch in Bert Rivers Kanzlei. Von da an kam Bert Rivers zu mir ins Büro.

Was ich bei der Überarbeitung tat, war ganz einfach. Ich strich kurzerhand den gesamten mittleren Satz, der keinerlei Funktion hatte. Der verbleibende Text gewann durch die Kürzung an Gewicht, und sein Tempo beschleunigte sich:

> Ich suchte ihn auf, um ihm ein bißchen auf den Zahn zu fühlen. Von da an kam Bert Rivers zu mir ins Büro.

Besonders am Ende eines Kapitels kann es wichtig sein, den Text zu straffen. Die folgende Passage ist aus der Sicht einer Mutter geschrieben, die gerade erfahren hat, daß ihr sechzehnjähriger Sohn bei einem Straßenkampf ums Leben gekommen ist. Die ursprüngliche Version liest sich so:

> Ich sah zur Decke hoch und wußte, daß über der Decke das Dach und über dem Dach der Himmel war und daß es irgendwo dort im Himmel eine Macht gibt, die unsere Geheimnisse kennt, eine Macht, die die Tage vergehen läßt und unsere

> Kinder den Maden zum Fraß gibt. Was fängt eine Mutter mit ihrer Liebe an? Es war nicht gerecht. Warum tat Gott nichts dagegen?

Als ich den Text überarbeitete, empfand ich den Satz »Was fängt eine Mutter mit ihrer Liebe an?« als übertrieben sentimental. Und die Frage »Warum tut Gott nichts dagegen?« schien mir zu abstrakt, um den Leser am Ende des Kapitel emotional so zu bewegen, wie es wünschenswert ist. Also nahm ich beide Sätze heraus. Und das Kapitelende liest sich jetzt folgendermaßen:

> Ich sah zur Decke hoch und wußte, daß über der Decke das Dach und über dem Dach der Himmel war, und daß es irgendwo dort im Himmel eine Macht gibt, die unsere Geheimnisse kennt, eine Macht, die die Tage vergehen läßt und unsere Kinder den Maden zum Fraß gibt. Es war nicht gerecht.

Der Mann, mit dessen Werk ich mehr Zeit verbracht habe als mit dem irgendeines anderen Autors, ist der zweimal mit dem Oscar und fünfmal mit dem Pulitzerpreis ausgezeichnete Stückeschreiber Elia Kazan, der später als Romanschriftsteller zum Bestsellerautor Nummer eins avancierte. In seiner Autobiografie schreibt Kazan: »Ich mußte mich jetzt in einem neuen Metier zurechtfinden. Mein Verleger Sol Stein war mein Produzent, und mein Lektor Sol Stein war mein Regisseur. [...] Er hatte bald erkannt, [...] daß ich mich darin erging, dasselbe immer und immer wieder zu sagen und so die Wirkung des Gesagten zu verringern (›Eins plus eins ist die Hälfte‹, würde Sol dazu sagen).«

Die Entfernung allen überflüssigen Ballasts war einer der wichtigsten Aspekte bei der Überarbeitung seines Romans *Das Arrangement*, der siebenunddreißig Wochen lang in Folge die Bestsellerlisten anführte.

Die etwas merkwürdig anmutende Gleichung »Eins plus eins ist die Hälfte« habe ich jahrelang gepredigt. Sie hat auch den begabtesten und erfolgreichsten Schreibern unter meinen Schülern etwas gebracht. Sie ist ein Leitsatz, der Anfängern begreiflich macht, was ihre Chancen auf Veröffentlichung schmälert.

Es ist Aufgabe eines gründlichen Lektorats, Fehler vom Typ »Eins plus eins« aufzuspüren. Sollte sich ein Autor nicht darauf verlassen können, daß sein Lektor Fehler dieser Art entdeckt? Die bittere Wahrheit ist jedoch, daß Lektoren heute wesentlich weniger sorgfältige Arbeit leisten, als es früher üblich war. Ein Romanmanuskript, das aufwendige Bearbeitung erfordert, wird von den Verlagen wegen der damit verbundenen Kosten eher abgelehnt. Und das ist der Grund, warum Autoren gezwungen sind, letzten Endes ihre eigenen Lektoren zu werden. Das gilt für die Autoren von Sachliteratur und von Film- und Fernsehdrehbüchern gleichermaßen.

Ein leuchtendes Paradebeispiel für einen Fehler der Kategorie »Eins plus eins« hat die Serie *In the Heat of the Night* geliefert, als Virgil Tebbs Frau den denkwürdigen Satz von sich gab: »Meine Eltern, Mom und Dad ...«

Wer sonst sollten ihre Eltern sein als »Mom und Dad«? Der Drehbuchautor hätte entweder das eine oder das andere stehenlassen sollen, nicht aber beides.

Häufig erscheinen die redundanten Wiederholungen in leicht abgewandelter Form. Das folgende Beispiel ist einem Klassiker der nordamerikanischen Literatur entnommen:

> Er war schmutzig. Alles an ihm war unsauber. Sogar das Weiße in seinen Augen war fleckig.

Was hätte der Autor hier streichen müssen? Versuchen Sie sich einmal als sein Lektor, und setzen Sie in Klammern, was Sie für überflüssig halten.

Einen der beiden ersten Sätze hätten Sie streichen können. Ich würde es vorziehen, den zweiten Satz herauszunehmen, weil der kürzere erste Satz die Wirkung des letzten unterstreicht:

> Er war schmutzig. Sogar das Weiße in seinen Augen war fleckig.

Die Textstelle stammt aus Sherwood Andersons berühmtem Roman *Winesburg, Ohio*.

Und gleich noch ein Beispiel:

> Es war eine grauenhafte Situation, ein Augenblick der tiefsten Erniedrigung.

Hier liegt die Entscheidung klarer auf der Hand. Die erste Aussage ist allgemein gehalten und klingt vertraut. »Es war ein Augenblick tiefster Erniedrigung« ist wesentlich präziser. Sie brauchen nichts weiter zu tun, als das Satzfragment »eine grauenhafte Situation« zu streichen, und schon haben Sie einen aussagekräftigen Text, in dem nicht dasselbe zweimal gesagt wird.

Der folgende Satz stammt aus dem kürzlich erschienenen Buch eines erfolgreichen Romanautors, und auch er ist ein Beispiel dafür, wie schnell man der Versuchung des »Eins plus eins« erliegen kann:

> Er hatte Zeit, sich Gedanken zu machen, Zeit, ein alter Mann in Aspik zu werden, in Seife gepreßt, sonderbar altmodisch und weiß.

Sehen wir uns jetzt diesen Satz einmal genau an. Er enthält zwei Bilder, das eines alten Mannes »in Aspik« und das eines alten Mannes, »in Seife gepreßt«. Wo liegt der Fehler?

Beide Bilder sagen dasselbe aus. Ein Mensch in Aspik ist bewegungsunfähig. Ein in Seife gepreßter Mensch ist bewegungsunfähig. Wenn derselbe Inhalt in zwei Bildern vermittelt wird, so bringt das dem Leser die Bilder ins Bewußtsein, anstatt diese unmittelbar auf ihn wirken zu lassen. Hätte sich der Autor entschlossen, nur das zweite Bild stehenzulassen, wäre der Zusatz »sonderbar altmodisch und weiß« überflüssig. Mit Seife assoziieren wir ohnehin die Farbe Weiß, sofern nicht ausdrücklich eine andere erwähnt wird. Und die Adjektive »sonderbar« und »altmodisch« tragen nicht dazu bei, das Bild in seinem Zusammenhang zu verdeutlichen. »Ein alter Mann, in Seife gepreßt« ist ein eindrucksvolles Bild. »Ein alter Mann, in Seife gepreßt, sonderbar altmodisch und weiß« ist nicht annähernd so stark. Wenn der Autor das Gefühl hat, das Bild des in Seife gepreßten Mannes ausschmücken zu müssen, damit es deutlicher wird, wäre er vielleicht besser beraten, sich statt dessen für den »alten Mann in Aspik« zu entscheiden.

Oft sind es völlig unnötige Wiederholungen, die eine Aussage um ihre Wirkung bringen:

> Mir fiel auf, wie gekonnt Mr. Brethson die Bügelfalten seiner Hose festhielt, als er sich setzte. Ich fand es schon immer faszinierend, was Menschen alles tun, um ihre feinen Kleider in Form zu halten.

Dem Ich-Erzähler fällt auf, wie penibel Brethson auf seine Bügelfalten achtet. Die dann folgende Verallgemeinerung dessen, was er sieht, lenkt vom Wesentlichen ab. Bei der Bearbeitung des Textes müßte der zweite Satz gestrichen werden.

Ich habe in diesem Buch bei mehr als einer Gelegenheit meine Bewunderung für die Werke der Autorin Nanci Kincaid geäußert, deren Roman *Am anderen Ende der Straße* im Herbst 1992 in den Vereinigten Staaten erschienen ist. Die Art, wie sie oft mit einem einzigen kühnen Strich ihre Figuren charakterisiert, verdient höchstes Lob. Was sie offensichtlich bisher nicht gelernt hat, ist das Erkennen und Ausmerzen von Doppelungen. Sie geht im Gegenteil noch einen Schritt weiter und erbringt den Beweis: Eins plus eins plus eins ergibt ein Drittel! Sehen wir uns an, was die Autorin mit einem einzigen Satz alles anstellt:

> Manchmal wünschte ich, ich wäre meinem Vater nachgelaufen und hätte seine Beine umklammert wie eine Boa constrictor.

Nicht schlecht, wenn auch das Bild einer Boa constrictor einen negativen Beigeschmack haben mag, der von der Autorin, wenn man dem Kontext folgt, nicht beabsichtigt war.

> Manchmal wünschte ich, ich wäre meinem Vater nachgelaufen und hätte mich an ihn geheftet wie ein Pflaster.

Ein nettes Bild.

> Manchmal wünschte ich, ich wäre meinem Vater nachgelaufen und hätte mich an ihn gehängt wie eine bleischwere Fußkette, als wäre ich das Gesetz und er der Gefangene.

Auch gut. Das Problem ist nur, daß Nanci Kincaid *alle drei Bilder* in einen einzigen Satz gepackt hat. Die Stelle liest sich so:

> Manchmal wünschte ich, ich wäre meinem Vater nachgelaufen und hätte seine Beine umklammert wie eine Boa Constrictor, mich an ihn geheftet wie ein Pflaster, mich an ihn gehängt wie eine bleischwere Fußkette, als wäre ich das Gesetz und er der Gefangene.

Jedes der drei Bilder für sich allein wäre wirkungsvoller, als sie es in dieser Aneinanderreihung sein können. Und das Tempo würde sich natürlich auch beschleunigen. Die Bilder verstärken sich nicht gegenseitig. Zusammen bewirken sie, daß wir aus dem Erlebnis herausgerissen und uns bewußt werden, daß wir nur Worte auf Papier vor uns haben.
Meine Vorschläge zur Vermeidung des »Eins plus eins« gelten natürlich nicht generell und uneingeschränkt, unter anderem dann nicht, wenn es um die bewußte Anhäufung von Worten um einer bestimmten Wirkung willen geht. Das folgende Beispiel für eine solche gezielte Worthäufung habe ich in einem kürzlich erschienenen Sachbuch gefunden:

> Ihr Ziel ist es, die Person in den Augen des Gerichts herabzusetzen, sie abzuwerten, zu demontieren, zu verunglimpfen, unglaubwürdig zu machen und zu schmähen und auch noch das letzte bißchen Ansehen, das diese genossen haben mag, in den Schmutz zu ziehen. Sie bezwecken, daß sie am Ende demoralisiert, erledigt, mutlos, geschlagen und erschüttert am Boden liegt.

Hier wird deutlich, daß die Häufung von Verben und Adjektiven gezielt um einer bestimmten Wirkung willen eingesetzt wird und daher nicht vergleichbar ist mit dem »Eins-plus-eins«-Effekt, der die Wirkung des Gesagten eher abschwächt, als sie zu verstärken.

Wir haben in diesem Kapitel gelernt, jede Formulierung genau unter die Lupe zu nehmen, uns bei jedem Wort und jedem Satz zu fragen, ob sie treffend und notwendig sind. Wir haben auch gelernt, daß die Mehrzahl aller Adjektive und Adverbien überschüssiger Ballast sind, den es loszuwerden gilt. Und wir haben erfahren, daß auch anerkannten Autoren der Fehler unterlaufen

kann, daß sie durch unnötige Wiederholungen viel von der Wirkung eines Werks vergeben.
Indem wir unsere Texte von solchem Ballast befreien, beschleunigen wir das Tempo und geben dem Leser das Gefühl, daß »die Geschichte zügig vorangeht«.
Ich bin sicher, daß es Ihnen Spaß gemacht hat, dem Rhythmus von Klassikern und Bestsellern ein wenig auf die Sprünge zu helfen und dabei zu wissen, daß Ihnen dieselben Fehler nicht unterlaufen werden.

22
Entdecken Sie das Einmalige in sich

Es gibt für einen Autor kaum etwas Wichtigeres, als im Laufe seines Schaffens seine individuelle Stimme, seinen ureigenen Stil und seine ganz spezielle Weltsicht herauszukristallisieren, sei es nun in der fiktionalen oder in der nichtfiktionalen Literatur. Die »Stimme« eines Autors ergibt sich aus den vielen Faktoren, die diesen Autor von allen seinen Kollegen unterscheidet. Die Stimme eines Autors erkennt man in seinen Werken wie die Stimme eines vertrauten Menschen am Telefon. Viele Autoren entdecken ihre individuelle »Stimme« im Laufe des Lernprozesses, den sie durchmachen, wenn sie jedes Wort einer Geschichte auf seine Notwendigkeit, Genauigkeit und Klarheit hin überprüfen, wie wir es in diesem Buch tun. Bei einigen Autoren, mit denen ich zusammengearbeitet habe, war die Originalität ihrer Sprache auf den ersten Blick offensichtlich: James Baldwin und Bertram Wolfe fallen mir in diesem Zusammenhang ein. Kürzlich saß in einem meiner Seminare ein junger Mann namens Steve Talsky, der seine Arbeit folgendermaßen einleitete:

> Ich bin der Weg, die Antwort und das Licht, durch mich sind alle Dinge möglich.

Diese Worte hatte er irgendwann einmal im Scherz auf das Kopfteil seines Betts geschrieben.

Ich kenne keinen zweiten Autor, der einen solchen Romananfang hätte schreiben können. Als ich kürzlich einen gerade vollendeten Roman von Anne James Valadez in die Hände bekam, war ich zuversichtlich, daß er das Versprechen der ersten Seiten bis zum Ende würde einlösen können. Auf diesen ersten Seiten war zutiefst glaubwürdig die Geschichte zweier Bäume beschrieben, die einmal Liebende gewesen sind und nun, da sie an ihrem Platz Wurzeln geschlagen haben, nur noch berichten können, was unter ihren Zweigen geschieht. Obwohl die Bäume fest an ihrem Platz verwurzelt sind, ist die Geschichte alles andere als statisch. Es ist eine Arbeit von bemerkenswerter Kreativität.

Nur sehr wenige Autoren lassen schon zu Beginn ihrer Karriere eine individuelle Stimme erkennen. Diese entwickelt sich im allgemeinen erst im Laufe der Zeit, und sie wird von zwei Aspekten bestimmt: der Originalität des Inhalts und der Originalität der Form.

Mir sind Autoren begegnet, die meinten, mit ihrem Werk kein individuelles Zeichen setzen zu können, weil sich ihr Produkt nicht genügend von dem anderer unterschied. Vor diesem Hintergrund erarbeitete ich eine Strategie, eine Technik, mit deren Hilfe ein Autor seine Eigenheiten und Stärken entdecken kann. Die Übung selbst erfordert nur Minuten, aber sie verlangt eingehendes Nachdenken und Beharrlichkeit. Wenn sie Ihnen aber gelingt, kann Sie Ihnen helfen, das Geheimnis Ihrer Einmaligkeit zu erschließen.

Stellen Sie sich dazu vor, Sie stehen auf einem Hausdach, unter Ihnen die versammelten Einwohner der Stadt. Ihnen wird Gelegenheit gegeben, einen letzten Satz in die Menge hinunterzurufen. Dieser Satz ist es, durch den Sie der Welt auf ewig in Erinnerung bleiben werden. Wenn Sie ihn laut genug ausrufen, wird ihn jeder vernehmen, egal in welchem Winkel der Welt er sich befindet. Stellen Sie sich vor, daß Sie den Satz hinausschreien, auch wenn Sie normalerweise selten laut werden. Was werden Sie verkünden? Wenn Sie die Übung jetzt durchführen wollen, notieren Sie den Satz, der Ihnen einfällt.

Ist es ein Satz, den jeder Ihrer Bekannten auch hätte sagen können? Wenn ja, ändern Sie ihn so lange, bis Sie überzeugt sind, daß keinem Menschen außer Ihnen dieser Satz in den Sinn kommen würde.

Und dann stellen Sie sich folgende Fragen:
Schlägt Ihr Satz wie eine Bombe ein? Könnte er das? Ist Ihr Satz als Frage formuliert? Wäre er als Frage wirkungsvoller?
Ändern Sie, was immer Sie wollen. Ich habe noch mehr Fragen: Würde die Menge Ihren Satz bejubeln? Können Sie ihn so ändern, daß er den Leuten etwas gibt, das sie bejubeln würden?
Wie Sie sehen, stelle ich Ihnen Fragen über Fragen, die Ihnen helfen sollen, Ihrem Satz mehr Kraft und Originalität zu verleihen. Und weiter geht's:
Angenommen, der Mensch, den Sie auf der ganzen Welt am meisten lieben, reagiert mit starker Ablehnung auf Ihren Satz. Können Sie in einem zweiten Satz auf diese Ablehnung antworten? Bitte notieren Sie auch Ihre Erwiderung.
So mancher Autor wird die Mühe scheuen und versichern, daß der Mensch, den er liebt, seinen Satz bejahen würde. Aber die Menschen agieren nach verschiedenen Drehbüchern. Wenn Ihr Satz wirklich Ausdruck Ihrer Einmaligkeit ist, stehen die Chancen äußerst gering, daß ein anderer – auch ein von ihnen innig geliebter Mensch – dem ohne Einschränkung zustimmt.
Hat Ihr zweiter Satz den ersten abgeschwächt? Im allgemeinen ist es so. Wenn ja, ändern Sie ihn so, daß er eine stärkere Wirkung hat als der erste.
Wenn das getan ist, können Sie entweder den einen oder den anderen Satz wählen. Es kann durchaus von Nutzen sein, beide zu kombinieren und zu verdichten.
Fertig? Stellen Sie sich nun vor, Sie blicken nach unten und sehen, daß sich die Menge zerstreut hat – bis auf einen einzigen Menschen. Dieser ist Ihr erbittertster Feind, der jetzt zu Ihnen sagt: »Ich habe dich nicht verstanden. Würdest du es noch einmal wiederholen?«
Wenn man noch einen letzten Satz sagen darf, kann es die Fantasie ungemein beflügeln, ihn vor einem persönlichen Feind statt vor einer namenlosen Menge sagen zu müssen. Sie wollen Ihr Abschiedswort nicht zu einem Feind sagen, und Sie wollen nicht, daß er Gelegenheit hat, etwas Vernichtendes darauf zu

erwidern. Können Sie Ihren Satz so verändern, daß er auch vor Ihrem ärgsten Feind bestehen würde?

Nun kommt der schwierigste Teil der Übung, in dem der Autor einen originellen und aussagekräftigen, die Grenzen seiner Fähigkeit ausschöpfenden und scheinbar unanfechtbaren Satz kreiert.

Angenommen, Sie stellen nunmehr fest, daß Sie Ihre Botschaft nur an den Mann bringen können, indem Sie Ihren Satz flüstern. Wie würden Sie ihn verändern, damit er sich für eine geflüsterte Botschaft eignet? Es ist nicht immer leicht, einen laut auszurufenden Satz in eine Formulierung zu bringen, die im Flüsterton vorgetragen werden soll, aber es fördert manchmal faszinierende Resultate zutage. An dieser Übung zeigt sich, daß geflüsterte Worte eine wesentlich stärkere Wirkung haben können als solche, die laut herausgeschrien werden.

Und nun kommt der letzte Schritt. Sehen Sie sich alle Satzvarianten an, die Sie im Verlauf der Übung notiert haben. Gibt es darunter einen Satz, der Ihnen stärker erscheint als der letzte? Können die starken Aspekte eines Satzes in eine der anderen Versionen einfließen? Und – was das wichtigste ist – welcher der Sätze ist in Ihren Augen der originellste, derjenige, der in dieser Form höchstwahrscheinlich von keinem anderen Menschen geschrieben worden wäre?

Vielleicht finden Sie beim ersten Versuch nicht die Quintessenz Ihres individuellen Ausdrucks. Heben Sie die Ergebnisse auf und versuchen Sie es gegebenenfalls noch einmal. Aus Erfahrung weiß ich aber, daß bei dieser Übung der erste Anlauf häufig zu einem originellen Thema oder zu einer sehr individuellen Themengestaltung führt. Sie haben den ersten Schritt dazu getan, das Einmalige in sich zu entdecken, Ihre Stimme zu finden. Und Sie haben dabei eine weitere Lektion in der Kunst erhalten, dem ersten Satz, der Ihnen in den Sinn kommt, zu mißtrauen, die Worte eines Satzes so lange zu verändern, zu feilen und zu polieren, bis Sie sich alle seine Möglichkeiten erschlossen haben. Genau das ist schließlich die Aufgabe des Schriftstellers.

23
Das Tor zum Buch: Ein Titel, der ins Auge springt*

Im Jahre 1962 stand einmal eine ältere Dame mit ausgeprägtem griechischem Akzent vor meiner New Yorker Wohnung. Es war Elia Kazans Mutter, und sie hielt ein Vorausexemplar von *Amerika, Amerika!* in der Hand, dem von mir herausgegebenen ersten Roman ihres Sohns, der in wenigen Tagen ausgeliefert werden sollte. Sie erklärte mir, wobei sie ein leises Zittern in der Stimme nicht unterdrücken konnte, daß es ihre Freunde, Griechen wie sie selbst, nicht beeindruckte, wenn die Inszenierungen ihres Sohnes mit dem Pulitzerpreis ausgezeichnet wurden oder wenn ihm für seine Filme ein Oscar verliehen wurde, weil sie weder ins Kino zu gehen noch die Broadway-Theater zu besuchen pflegten. Aber jetzt, sagte sie und hob dabei triumphierend das Buch in die Höhe, habe sie etwas, das sie ihren Freunden zeigen könne!

Der Roman, der anfangs in niedriger Auflage erschien, wurde vom Reader's-Digest-Buchclub ausgewählt, als Taschenbuch für ein breites Publikum nachgedruckt, in viele Sprachen übersetzt, zum Filmstoff verarbeitet und von der Kritik als das beste Werk bezeichnet, das je über das uramerikanische Thema der Immi-

* Ein Titel ist fast so schwierig zu übersetzen wie Lyrik. Er kann eine Alliteration oder eine Anspielung enthalten, die nur in der Originalsprache wirkt. Titel werden in vielen Fällen nicht übersetzt, sondern sehr willkürlich und oftmals vollkommen abweichend vom Original gewählt. Die vom Autor angeführten Titelbeispiele haben in ihrer wörtlichen Übersetzung oft keinen beeindruckenden Klang, und würden so vom Verlag auch nicht ausgewählt. (A. d. Ü.)

gration geschrieben worden sei. Es hätte auch anders kommen können. Als ich das Manuskript zum ersten Mal in Händen hielt, trug es den Titel, den Elia Kazan seinem Buch geben wollte, nämlich *Das anatolische Lächeln*, und mit diesem Titel, so fand ich, hätte das Buch keine breite Leserschaft gefunden. *Das anatolische Lächeln* war weder ein Titel, der dem Leser ins Auge gesprungen wäre, noch stand es im Einklang mit dem Thema des Romans, in dem es um einen jungen Mann geht, der entschlossen ist, das harte Leben in der alten Welt hinter sich zu lassen und nach Amerika auszuwandern und der, um sein Ziel zu erreichen, vor nichts zurückschreckt - nicht einmal vor Mord.
Bei dem Ruf, den Elia Kazan als Regisseur genoß, und angesichts der Vehemenz, mit der er im allgemeinen jede Kritik vom Tisch wischte, hätten andere vielleicht den von ihm ursprünglich gewählten Titel akzeptiert. Aber Kazans erster Roman war zufällig auch das erste Buch, das unter dem Verlagsnamen Stein and Day erscheinen sollte, und ich hatte mir das ehrgeizige Ziel gesetzt, aus jedem unserer Bücher einen Renner zu machen. *Das anatolische Lächeln* würde uns nicht weit bringen. Mein Beitrag zum Buch war ein einziges, verdoppeltes Wort, der Titel *Amerika, Amerika!*

Ich kenne viele begabte Autoren, deren Bücher kein Publikum finden, weil die Titel nicht geeignet sind, beim Leser Interesse und eine positive Erwartung zu wecken. Aber sie beharren eigensinnig auf ihren Fehlern. Als Kazans Erstlingsroman schon lange nicht mehr meiner Zuständigkeit unterlag, belebte der Autor seinen ursprünglichen Titel wieder und brachte bei einem anderen Verleger, dessen Widerspruchsgeist vielleicht weniger ausgeprägt war, den Roman *Der Mann aus Anatolien* heraus. Es war das erste Mal, daß einer von Kazans Romanen den Sprung in die Bestsellerlisten nicht schaffte. Es war derselbe Autor mit denselben schriftstellerischen Qualitäten. Vielleicht hatte sich sein sonst so treues Millionenpublikum durch den Titel, der ein vermeidbarer Fehler war, abschrecken lassen. Der Roman verschwand bald in der Versenkung, die Tür zu den Lesern war zugeschlagen.

Das Leben eines Buches hängt von Kritikern, Buchhändlern und Lesern ab. Stellen Sie sich einen Kritiker hinter Stapeln von Rezensionsexemplaren vor, die ihm allwöchentlich zu Dutzenden von Verlagen ins Haus geschickt werden. Er kann aber nur eines der Bücher besprechen. Welches wird er aus dem Stapel ziehen, um zu prüfen, ob es sich lohnt, gerade dieses zu rezensieren? Würde seine Wahl auf ein Buch mit dem Titel *Argghocker* fallen? Und woher sollen die Leute wissen, daß *Argghocker* ein großartiger Roman ist, wenn er nirgendwo rezensiert wird?
Schlendern Sie einmal durch eine Buchhandlung, und sehen Sie sich die Titel auf den Tischen mit den Neuerscheinungen an. Achten Sie besonders darauf, wie Sie auf die Titel von Autoren reagieren, die Ihnen nicht bekannt sind. Sie werden feststellen, wieviele Titel Sie nicht reizen, das betreffende Buch zur Hand zu nehmen, und welche Titel Ihnen so interessant erscheinen, daß Sie Lust haben, den Klappentext zu lesen.
Auch in der Sachliteratur kommt dem Titel entscheidende Bedeutung zu. Im allgemeinen reicht beim Sachbuch bereits das Thema aus, um das Interesse eines bestimmten Leserkreises zu wecken, aber mit einem attraktiven Titel läßt sich praktisch jeder Ratgeber unter die Leute bringen. Bei einem qualitativ anspruchsvolleren Sachbuch ist der Titel jedoch ebenso wichtig wie beim Roman. Einer der Autoren, mit denen ich jahrelang eng zusammengearbeitet habe, ist Bertram D. Wolfe, dessen Werke zum Teil zu Klassikern avancierten. Wolfe plante eine Biografie über Diego Rivera, einen der großen Maler des zwanzigsten Jahrhunderts, den der Autor gut gekannt hatte. Das Problem war, daß Wolfe zwei Jahrzehnte zuvor schon einmal eine Biografie über den Maler geschrieben und damals bei Alfred A. Knopf, einem der renommiertesten amerikanischen Verleger, herausgebracht hatte. Der Titel dieses Buches lautete kurz und bündig *Diego Rivera.* Obwohl es in wunderschöner Aufmachung erschienen war, hatte es sich nicht besonders gut verkauft. Wolfe führte für eine neuerliche Biografie das Argument ins Feld, daß der Maler nach Erscheinen des ersten Buches

noch achtzehn Jahre lang gelebt hatte und daß die Ereignisse dieser Jahre nirgendwo dokumentiert waren. Darüber hinaus hatte Wolfe selbst in diesen Jahren noch tiefere Einsicht in das Leben und Werk des Künstlers gewonnen. Also wagte er den Versuch einer zweiten Biografie und gab ihr diesmal den Titel *Das wunderbare Leben des Diego Rivera.*

Und nun stellen Sie sich vor: Der Autor war derselbe. Das Thema war dasselbe. Der Titel jedoch besaß genau die Kraft und die Resonanz, die dem Titel des ersten Buchs gefehlt hatten. Die zweite Biografie wurde von einem Buchclub ausgewählt, schaffte es in die Auswahlliste für einen namhaften Literaturpreis, verkaufte sich ausgezeichnet und wurde zu einem Standardwerk. Der Erfolg dieses Buches war meiner Meinung nach zu einem großen Teil seinem hervorragenden Titel zu verdanken. *Das wunderbare Leben des Diego Rivera* versprach dem Leser einfach mehr als der erste Titel.

Wie stellen Sie es an, den richtigen Titel für ein Buch zu finden? Sehen wir uns ein abschreckendes Beispiel an und verfolgen wir dann, was daraus gemacht wurde. Anfang der achtziger Jahre brachte mir einer meiner Lektoren ein Manuskript von Cecil B. Currey, einem Absolventen der US-Militärhochschule und Professor für Militärgeschichte, der bereits acht Bücher veröffentlicht hatte. In dem Buch wird in teilweise quälender Detailgenauigkeit die Vernichtung einer US-Infanteriedivision während des Zweiten Weltkriegs beschrieben. Gestützt auf ehemals geheime Militärdokumente und Augenzeugenberichte amerikanischer und deutscher Überlebender, dokumentierte das Manuskript die tragischen Folgen der Entscheidungsirrtümer unfähiger Kommandanten. Obwohl ich das Thema des Buches für außerordentlich wichtig hielt, war ich der Meinung, daß es sich mit dem vom Autor gewählten nüchternen Titel nicht verkaufen würde. Er hatte das Buch *The Battle of Schmidt* (Schmidts Schlacht) genannt.

Erstens hatte in den Vereinigten Staaten noch niemand von einem Menschen namens Schmidt gehört, geschweige denn von einer Schlacht, die er geschlagen hätte; und zweitens brach beim Klang dieses Namens jeder Amerikaner, einschließlich die Mitglieder unseres Lektorats, unweigerlich in Gelächter aus, was sicherlich nicht die gewünschte Reaktion auf ein Buch mit einem so ernsten Inhalt war. Was wir brauchten, war ein interessanter Titel mit entsprechender Resonanz.

Nicht selten bildet eine Zeile aus einem Gedicht oder Liedtext die Vorlage für einen gelungenen Titel, und mir fiel in diesem Zusammenhang ein Lied ein, von dem ich annahm, daß es zumindest einem Teil der potentiellen Leserschaft, nämlich den Zigtausend Infanterieoffizieren des Zweiten Weltkrieges, ganz sicher noch in den Ohren klang. In Fort Benning, dem Ausbildungslager für Offiziere in Georgia, pflegten die jungen Männer manchmal, um sich aufzumuntern, ein Liedchen zu singen, das ein Unbekannter nach der Melodie der Universitätshymne von Cornell »High Above Cayuga's Waters« gedichtet hatte. Finden Sie die Zeile heraus, die wir als Titel für Cecil Curreys Buch wählten?

Hoch oben überm Chattahoochee
Nah bei Upatoy
Steht einsam da ein altes Scheißhaus
Die Benning Kadettenanstalt.

Vorwärts stets und nie zurück
Mir nach und in den Tod
Hinunter jetzt zum Abgangshafen
Ihr Lieben lebet wohl.

Wie Sie vielleicht erraten haben, wurde aus *Schmidts Schlacht* der Titel *Mir nach und in den Tod*, der Untertitel lautete *Die Vernichtung einer amerikanischen Division im Zweiten Weltkrieg*. »Follow me« (»Mir nach«) war das Motto der jungen amerikanischen Infanteristen während ihrer Ausbildung, und der sarkastische Gebrauch dieses Leitmotivs im Lied spiegelte auf ideale Weise den Inhalt des Buchs, das seinen Weg in den Buchclub des Militärs fand und sowohl als Hardcover als auch in der späteren Taschenbuchausgabe eine beachtliche Auflagenzahl hatte, die es unter seinem ursprünglichen Titel möglicherweise nicht erreicht hätte.

Im allgemeinen ist es leichter, einen Sachbuchtitel zu finden, weil sich der Autor meist auf eine kurze Definition dessen, wovon es handelt, beschränken kann und dies auch tut. Wenn Henry Kissinger ein Buch schreibt und ihm den Titel *Diplomatie* gibt, dann ist das vollkommen ausreichend. Aber derselbe Titel von einem Autor, den niemand kennt, wäre mit Sicherheit schwer an den Kunden zu bringen.

Sachbuchautoren lassen allzu oft außer acht, welche Anziehungskraft ein einfallsreicher Titel für die Leser besitzt. Nehmen Sie den einfachen Fall, daß Sie ein Buch mit Auszügen aus bereits veröffentlichten Werken der Sachliteratur herausbringen möchten. Saul Bellow, der mit seinen Romanen immer ein bewundernswertes Gespür für den richtigen Titel bewiesen hat, veröffentlichte 1994 eine Sammlung von Essays und nannte sie *It All Adds Up (Wie es war, wie es ist)*. Einige der Aufsätze gehören zum Besten, was Bellow geschrieben hat, aber würden Sie, wenn Ihnen Bellow nicht als Autor hervorragender Sachtexte bekannt wäre, begierig darauf sein, ein Buch mit dem Titel *Wie es war, wie es ist* in die Hand zu bekommen? (Der Untertitel ist im übrigen auch nicht besser: »Von der dunklen Vergangenheit zur unsicheren Zukunft«.) John Updike veröffentlichte eine Aufsatzsammlung unter dem Titel *Picked-Up Pieces (Fundstücke)*, der vom Inhalt des Buches wenig erwarten läßt. Vor langer Zeit habe ich eine Aufsatzsammlung von Lionel Trilling herausgebracht, die der Autor mit dem liebenswerten Titel *A Gathering of Fugitives* (Eine Versammlung von Flüchtigen) versehen hatte. Es gibt keinen Grund, einen Titel zu wählen, der für das Buch ein Handicap ist.

Akademiker geben ihren Büchern manchmal absichtlich einen langweiligen Titel, um die wissenschaftliche Seriosität des Werkes zu unterstreichen. Allan Bloom dagegen, Professor an der Universität von Chicago, war sich sicher bewußt, daß er mit einem typisch akademischen Titel Gefahr laufen würde, den

Kreis seiner Leser auf seine Wissenschaftskollegen zu reduzieren. Als er ein Buch darüber schrieb, in welchem Maße »die höhere Bildung demokratische Züge vermissen und die Studenten unserer Tage seelisch verkümmern ließ«, wählte er dafür den Titel *The Closing of the American Mind* (Der Untergang des amerikanischen Bewußtseins), der sicher seinen Teil dazu beigetragen hat, daß aus dem Buch ein Bestseller wurde.

Kann ein origineller Titel für einen Ratgeber verkaufsfördernd sein? Aber sicher kann er das. Ich erinnere mich noch genau an den Widerstand, der dem Titel des ersten Buches von Jo Coudert, *Advice from a Failure* (Ratschläge einer Versagerin), entgegengebracht wurde. »Wer will sich denn Ratschläge von einem Versager anhören?« war der am häufigsten geäußerte Einwand bei unseren Überlegungen zur Titelgebung. Ich unterstützte die Autorin darin, ihren provokativen Titel beizubehalten. *Ratschläge einer Versagerin* erwies sich als langlebiger Verkaufsrenner.*

Einen noch besseren Titel hatte ein Kinderarzt gefunden, der uns ein humorvoll geschriebenes Manuskript mit praktischen Ratschlägen zur Kindererziehung vorlegte. Sein Titel lautete: *Wie ich in meiner Freizeit zu Hause Kinder aufziehe.* Achtundzwanzig Buchclubs nahmen den Ratgeber in ihr Programm auf, und das war sicher auch seinem Titel zu verdanken.

Eine gute Artikelüberschrift bewirkt, daß der Leser beim Überfliegen der Zeitung bei diesem Artikel hängenbleibt. Eine interessante Überschrift reicht manchmal aus, um einen Artikel auf die Titelseite einer Zeitschrift zu befördern. James Thurber hat eine seiner Kurzgeschichten *The Secret Life of Walter Mitty* (Walter Mittys Geheimleben) genannt. Geheimnisse wirken auf die Leser so anziehend wie ein Termitenbau auf einen Ameisenbären. Edward Hoagland köderte seine Leser mit der Artikelüberschrift: »Der Mut der Schildkröten«. Die meisten Leser wür-

* Ähnliches ist auf dem deutschen Buchmarkt zu beobachten. Als Beispiel aus jüngerer Zeit wäre unter anderem Ute Erhards *Gute Mädchen kommen in den Himmel, böse überallhin* zu nennen, an dessen enormem Erfolg der Titel sicher nicht unschuldig ist. A.d.Ü.

den das Wort Mut nicht mit einer Schildkröte assoziieren. Der Titel macht neugierig. Und vor vielen Jahren schrieb William Hazlitt einen Aufsatz mit dem Titel »Über die Lust am Hassen«. Hassen als Lustgewinn? Die Neugier des Lesers ist geweckt, er möchte wissen, was der Autor zu sagen hat.

Manchmal kann ein ansprechender Titel die Vollendung eines Werkes beschleunigen. Ich hatte jahrelang halbherzig an einer Autobiografie geschrieben, als ein paar meiner Freunde den von mir geplanten Titel, *Passing for Normal* (Angeblich normal), erfuhren und mit Begeisterung reagierten, obwohl sie kein einziges Wort des Texts gelesen hatten. Erst jetzt begann ich ernsthaft an dem Buch zu arbeiten.

In einem meiner Wochenendseminare für kreatives Schreiben fragte ich die Teilnehmer nach dem Titel ihrer jeweiligen Arbeit. Zwei davon gefielen mir so gut, daß ich hoffte, die Autoren würden einen Verleger für ihre Romanmanuskripte finden: *Driving in Neutral* (Fahren im Leerlauf) und *Scenes from a Life in the Making* (Szenen aus einem noch unfertigen Leben).

Einen guten Titel zu finden ist nicht einfach; auch die berühmtesten Schriftsteller tun sich manchmal schwer damit. Was halten Sie von einem Buch mit dem Titel *Die Teile, die keiner kennt*? Handelt es sich vielleicht um ein medizinisches Lehrbuch? Der Autor änderte den Titel in *Gut lieben und schreiben*, was irgendwie unbeholfen klingt, obwohl der Autor zu dieser Zeit bereits weltberühmt war. Immer noch krampfhaft auf der Suche nach einem Titel für das Buch, versuchte er es diesmal mit *Wie anders es war*. Das reizt den Leser vielleicht zu der Frage, was »es« wohl sein mag, ein schwacher Titel ist und bleibt es aber allemal. Der Autor grübelte weiter und machte die Sache nur noch schlimmer: *Mit gebührender Hochachtung* war die neue Variante.

Bei aller gebührenden Hochachtung, dieser Titel ist einfach scheußlich. Schließlich traf der Autor seine letzte Entscheidung und betitelte das Buch *Das Auge und das Ohr*. Das mußte sein letztes Wort sein, denn Ernest Hemingway starb, bevor seine Autobiografie veröffentlicht wurde.

Seine Witwe Mary hatte ein besseres Gespür für Buchtitel. Sie entlehnte den endgültigen Titel einem anderen Manuskript. Die Autobiografie erschien unter dem Titel *A Movable Feast* (*Paris, ein Fest fürs Leben*).

Wenn es um die Titelgebung ging, zeigte Ernest Hemingway, einer der großen Erneuerer des amerikanischen Romans im zwanzigsten Jahrhundert, oft eine wenig glückliche Hand. Einem seiner Romane gab er nacheinander die verschiedensten Titel: *Wie die anderen sind*, *Der Raum der Welt*, *Die erschossen werden* und *Die fleischliche Erziehung*. Später änderte er den Titel in *Eine italienische Chronik*, dann wiederum in *Die Seelenbildung des Frederick Henry*. Inzwischen haben Sie vielleicht erraten, daß aus dem Titel schließlich *A Farewell to Arms (In einem anderen Land)* wurde, eine klangvolle Metapher, die sich ins Gedächtnis einprägt. Und das gibt uns den ersten Hinweis darauf, was viele Werke der großen Literatur in ihrem Titel gemein haben: Sie bedienen sich einer Metapher.

Ein anderer nordamerikanischer Autor und Nobelpreisträger hatte sich für einen seiner Romane den Titel *Zwielicht* ausgedacht. Nicht gerade ein packender Titel, der dazu einlädt, das Buch aufzuschlagen. Der Autor ist William Faulkner. Hat *Zwielicht* auch nur eine annähernd so kraftvolle Wirkung wie *The Sound and the Fury (Schall und Wahn)*?

Ein Titel, mit dem Sie versuchen, Ihre Leser zu gewinnen, könnte beispielsweise den Namen der Hauptfigur Ihres Romans und ein zusätzliches, verstärkendes Element enthalten. *Die Abenteuer des Augie March*, der Titel eines Romans von Saul Bellow, weckt beim Leser größere Erwartungen als der Name Augie March allein. Ein anderer Roman desselben Autors heißt *Henderson the Rain King (Der Regenkönig)*, ein Titel mit Resonanzkraft, die der Name Henderson allein nicht gehabt hätte. D.H. Lawrence verwarf den ungeeigneten Titel *Zärtlichkeit*, bevor aus dem Buch dann *Lady Chatterley's Lover (Lady Chatterley)* wurde. Man wird es kaum für möglich halten, daß Scott Fitzgerald für seinen Roman *Der große Gatsby* zuerst den

Titel *Hurra für Rot, Weiß und Blau* ins Auge gefaßt hatte. In diesem Fall ist es das Attribut »groß«, das den Titel interessant macht.
Wenn es einem Autor gelingt, sich mit einem Werk einen weiten Leserkreis zu erschließen, wird man von da an sein nächstes und alle folgenden Bücher mit seinem Namen »betiteln«. Alles, was Norman Mailer nach *Die Nackten und die Toten* geschrieben hat, wurde als »Norman Mailers neues Buch« verkauft und nicht unter dem jeweiligen Titel.
Die Zeitschrift *New York* ließ sich einmal einen Wettbewerb einfallen, der den Lesern die Aufgabe stellte, aus einem guten Buchtitel einen schlechten zu machen. Ein Teilnehmer schlug vor, aus *Die Nackten und die Toten* den Titel *Die Unbekleideten und die Verstorbenen* zu machen. Obwohl die einzelnen Wörter dieselbe Bedeutung haben, hätte der zweite Titel vermutlich alle Verkaufschancen des Romans zerschlagen.

Wir glauben immer, daß der Autor bestimmt, wie sein Buch heißt, aber in Wahrheit können die Mitarbeiter seines Verlags in der Titelfrage erheblichen Druck auf ihn ausüben. Der Verlag hat die Macht und das Geld. Nicht jedem Autor wird das Recht zugestanden, über die Wahl seines Titels zu entscheiden.
Ich habe in dieser Hinsicht einmal den kürzeren gezogen. Ich hatte mir für einen Roman den Titel *Eine Haltestation* ausgedacht. Das markanteste Element des Umschlagbildes war ein Hakenkreuz. Zusammen mit dieser Abbildung hatte der Titel genau die leise schwingende Resonanz, die mir für das Buch vorschwebte. Kurz vor der Drucklegung wurde jedoch in *Publishers Weekly* der Roman eines indischen Autors mit demselben Titel, *Eine Haltestation*, angekündigt. In den USA kann man einen Titel nicht durch ein Copyright schützen (diese Möglichkeit besteht lediglich für Kinofilme). Ich hatte nicht die Absicht, den geplanten Titel zu ändern, aber mein Verleger befürchtete, daß die Titelübereinstimmung zu beträchtlicher Verwirrung auf dem Markt führen würde. Widerwillig und nur, weil alle es

eilig hatten mit der Titeländerung, stimmte ich dem Vorschlag des Verlegers zu, den Roman *The Resort* (*Die Zuflucht*) zu nennen, obwohl mir der Titel absolut nicht gefiel. Er hatte einfach keine Resonanz.

Ein Romantitel – und das dürfen wir nicht aus den Augen verlieren – hat vor allem die Funktion, das Interesse des Lesers zu erregen, nicht aber, Informationen über den Standort einer Geschichte zu vermitteln. Können Sie sich vorstellen, daß Carson McCullers' Roman *The Heart is a Lonely Hunter* (*Das Herz ist ein einsamer Jäger*) ursprünglich einmal *Der Stumme* heißen sollte? Oder daß Stephen Cane für seinen Roman *The Red Badge of Courage* (*Das Blutmal*) ursprünglich den unmöglichen Titel *Gefreiter Fleming, seine verschiedenen Schlachten* vorgesehen hatte?

Gibt es einen Aspekt, der mehr als alle anderen dazu beiträgt, daß ein Titel interessant klingt und sich dem Leser einprägt? Ich habe die zeitgenössischen Titel, die beim Publikum besondere Resonanz gefunden haben, genau unter die Lupe genommen. Fügen Sie den beiden oben genannten Buchtiteln, *The Heart is a Lonely Hunter* und *The Red Badge of Courage*, die unten folgenden hinzu, die jedem auf Anhieb zu gefallen scheinen, und überlegen Sie, was alle gemein haben:

Tender is the Night (*Zärtlich ist die Nacht*)
A Movable Feast (*Paris, ein Fest fürs Leben*)
The Catcher in the Rye (*Der Fänger im Roggen*)
The Grapes of Wrath (*Die Früchte des Zorns*)

Alle diese Titel sind *metaphorisch.* Sie kombinieren zwei Elemente, die normalerweise nicht zusammengehören. Sie sind spannend, klangvoll und regen die Fantasie des Lesers an.

Sie, die Sie vielleicht noch am Anfang Ihrer Karriere als Autor stehen, werden mir nun vorhalten: »Stein, das sind alles Bücher von berühmten Schriftstellern. Was können wir tun?«

Eine ganze Menge. Ein guter Titel kann, wie ich schon sagte, die Arbeit eines Autors beflügeln. Ein Student in einem meiner

Fortgeschrittenenseminare tat sich so lange schwer mit dem Schreiben, bis ihm ein interessanter Titel einfiel: *Der leidenschaftliche Priester*. Er untermauerte ihn noch durch ein vorzügliches erstes Kapitel, das zu dem Titel paßte. Nachdem wir dann über die metaphorische Resonanz vieler guter Romantitel diskutiert hatten, präsentierte er einen noch besseren Titel, der ihm die Anerkennung aller seiner Kommilitonen einbrachte: *Ein Herz ist voller leerer Räume*.

Gibt es Fragen, mit denen Sie Ihre Suche nach einem guten Titel unterstützen können? Ja.

Klingt der von mir gewählte Titel frisch und originell?

Verbindet er wie eine Metapher zwei Dinge, die im allgemeinen nicht in Verbindung gebracht werden? Wenn nicht, ist es möglich, diesen Effekt durch eine Änderung zu erzielen? Können Sie den Namen der Hauptfigur in einen interessanten Rahmen setzen?

Mit dem Titel soll nicht der Sinn und Zweck des Buches vermittelt werden, sondern er soll vor allem verlockend klingen und Resonanz besitzen.

Manchmal ist man versucht, das lästige Thema Buchtitel mit Zynismus wegzufegen. Raymond Chandler hat einmal gesagt: »Ein guter Titel ist der Titel eines erfolgreichen Buchs.« Sein Satz wird zweifellos von einem Buch bestätigt, das 1993 mit dem National Book Award for Poetry ausgezeichnet wurde. Sein Titel war *Garbage* (Müll). Von Zeit zu Zeit schafft ein Buch mit einem unpassenden oder schlechten Titel den Sprung auf den Markt. Da es mein Ziel ist, meinen Lesern den Weg zur Veröffentlichung zu ebnen, greife ich auf meine Erfahrung als Verleger zurück: Ein guter Titel ist so, als würden Sie zu einem Haus kommen, in dem Sie noch nie waren, und der Besitzer würde Ihnen die Tür öffnen und sagen: »Willkommen.« Ein guter Titel beeinflußt die erste Reaktion auf ein Buch in hohem Maße.

IV
Nichtfiktionale Literatur

24
Erzähltechniken können bereichern

Für Journalisten, Biografen und die Verfasser anderer Sachtexte ist es von unschätzbarem Nutzen, sich die Techniken der Roman- und Kurzgeschichtenschreiber genau anzusehen. Als Lektor hatte ich es mit zahllosen Artikeln und Hunderten von Büchern, mit Sachliteratur jeder nur erdenklichen Art zu tun, vom Ratgeber für Kinderpflege bis zum philosophischen Text, von Büchern, die, im nachhinein betrachtet, wohl besser nicht veröffentlicht worden wären, bis hin zu denjenigen, die kometenhaft an die Spitze der Bestsellerlisten schnellten oder sich langfristig als Standardwerke etablierten. Für unsere Zwecke werde ich den gesamten nichtfiktionalen Bereich in nur zwei Kategorien unterteilen: in die praxisorientierten und die literarischen Texte. Natürlich gibt es da Überschneidungen, aber grundsätzlich sind folgende Unterscheidungen festzustellen:

Mit dem praxisorientierten Sachtext wird das Ziel verfolgt, Informationen in einem Rahmen zu vermitteln, in dem die Form als weniger wichtig erachtet wird als der Inhalt. Praxisbezogene Sachtexte finden wir hauptsächlich in Unterhaltungszeitschriften, Sonntagsbeilagen und Thementeilen der Tageszeitungen sowie in Selbsthilfe- und Heimwerkerratgebern. Ihr Inhalt besteht im allgemeinen aus Anleitungen, Ratschlägen, Tips, Faktenwissen, »Insidergeschichten« über einen bestimmten Unternehmenszweig, eine Lokalgröße oder eine berühmte Person, aus populärwissenschaftlichen Berichten aus dem psychologischen und medizinischen Umfeld und anderen Selbsthilfebereichen. Das Vokabular solcher Sachtexte ist gewöhnlich so einfach, wie es das behandelte Thema zuläßt.

Der literarische Sachtext legt Wert auf einen präzisen und stilsicheren Umgang mit der Sprache, und er geht von der Voraussetzung aus, daß der Leser ebenso intelligent ist wie der Schreibende. Texte dieser Art vermitteln zwar auch Informationen, aber oft spielen tiefere Einsichten zu diesen Informationen und die originelle Form, in der sie präsentiert werden, die weitaus wichtigere Rolle. Es kann durchaus vorkommen, daß sich der Leser eines literarischen Sachtexts, obwohl er anfangs an dem behandelten Thema nicht sonderlich interessiert ist, durch den Stil für den Inhalt erwärmt.

Literarische Sachtexte erscheinen in Büchern, in überregionalen Zeitschriften wie *New Yorker*, *Harper's*, *Atlantic*, *Commentary* und *New York Review of Books*, in vielen regionalen Zeitschriften mit niedriger Auflage und einem ganz bestimmten Leserkreis, in Tageszeitungen regelmäßig oder von Zeit zu Zeit, gelegentlich in Sonntagsbeilagen und in den Publikationen, in denen Buchrezensionen erscheinen.

Die Leser dieses Buches wird es nicht überraschen, daß ich persönlich Texten den Vorzug gebe, in denen der Autor sein Können, nicht seine Schnelligkeit unter Beweis stellt, deren Sprache nicht wiedergibt, was dem Autor auf der Zunge liegt, sondern sein sorgfältiges Abwägen präziser, eindeutiger, klangvoller und abwechslungsreicher Formulierungen zeigt.

Ein Bericht kann so akkurat sein wie eine Fotografie, die aus rein dokumentarischem Interesse aufgenommen wurde. Aber eine wirklich gute Reportage stellt das, was das Auge sieht, in den Rahmen vorausgegangener oder anderswo stattfindender Ereignisse. Während das Geschehen vor dem Leser abläuft, hebt sich ein Vorhang und gibt den Blick auf andere Dimensionen frei; aus Sicht wird Einsicht, aus der Reportage wird Kunst.

Ein Text erfüllt seine Aufgabe besser, wenn er beim Leser Gefühle hervorruft, das gilt für den nichtfiktionalen Bereich ebenso wie für den fiktionalen. Auch wenn wir es vielleicht lieber hätten, wenn alle Menschen dieser Welt vernunftbestimmt wären, bleibt die Tatsache bestehen, daß uns das, was wir fühlen, stärker bewegt als das, was wir verstehen. Die großen Redner und Verfasser theoretischer Abhandlungen haben das schon immer gewußt.

Sachliteratur befaßt sich mit Menschen, Orten, Ideen und Gedanken. Ideen und Gedanken sind interessanter für den Leser, wenn sie im Zusammenhang mit Menschen und ihnen zugeschriebenen Anekdoten vermittelt werden. Manche Sachbuchautoren beneiden die Romanschriftsteller, die ihre eigenen Figuren erfinden können; sie selbst müssen sich an die Wirklichkeit halten, an die Menschen in den Nachrichten, an ihre Interviewpartner. Aber die Techniken, um die Akteure so zu charakterisieren, daß sie glaubwürdig und lebendig wirken, gleichen sich.

Wenn ein Sachbuchautor über eine lebende Person berichtet, hat er zwei Möglichkeiten. Er kann die Person nüchtern und sachlich beschreiben, und er kann sich bemühen, den Menschen in seinem Text lebendig werden zu lassen. Wenn es um eine Biografie geht, liegt die Entscheidung auf der Hand. Das bloße Zusammentragen von Fakten aus dem Leben der betreffenden Person mag vielleicht für den Wissenschaftler von Interesse sein, aber sicher nicht für den gewöhnlichen Leser. Wenn es darum geht, den Menschen, über die wir schreiben, Leben einzuhauchen, sind die hierzu geeigneten Techniken für alle Sachbuchautoren von Bedeutung, nicht nur für Biografen und Historiker. Was uns in Zeitungen und Zeitschriften präsentiert wird, ist jedoch allzu oft nicht mehr als der Name und die gesellschaftliche Position des besagten Menschen, wenn wir Glück haben, noch ein Foto oder eine Zeichnung. Dann wissen wir zwar, wie die Person aussieht, aber wir kennen sie nicht. Auf die Charakterisierung kommt es an. Das Interesse des Lesers an einem Artikel und das Vergnügen, das ihm die Lektüre bereitet, mißt sich unter anderem daran, wie lebendig die beschriebenen Personen wirken, und das wiederum hängt natürlich vom Können des Porträtierenden ab.

Um Menschen auf dem Papier lebendig werden zu lassen, bedarf es keiner umständlichen Beschreibungen. Der Romanautor lernt, einer Nebenfigur mit wenigen Sätzen Farbe zu verleihen, indem er einen nicht alltäglichen Charakterzug dieser Person hervorhebt. Sicher erinnern Sie sich an den weiter oben zitierten Anfang von Budd Schulbergs Roman *Lauf, Sammy, lauf!*, in dem der sechzehnjährige Protagonist als »Frettchen« beschrieben wird. In unseren Lexika wimmelt es von Säugetieren, Fischen, Vögeln und Insekten, die zur Charakterisierung eines Menschen als Vergleich herangezogen werden können: der gefräßige Wolf, das ungestüme und verspielte Fohlen, der hakennasige Tukan, der Falke, der sich hoch in die Lüfte schwingt, die Fledermaus, deren Ultraschall-Orientierung effektiver ist als die meisten elektronischen Instrumente militärischer Systeme. Auch der Vergleich mit einer Pflanze, vom stacheligen Kaktus bis zur abweisenden Brennessel, kann zur Charakterisierung einer Figur dienen. Das langlebige Immergrün, das unverwüstliche Unkraut, der wuchernde Klee, Wald- und Wiesenblumen – das alles sind Metaphern, die der Autor nutzen kann, um seine Figuren treffend und lebendig zu charakterisieren.

Um einer Figur Leben zu verleihen, reicht oft der Hinweis auf ein einziges spezifisches Charakteristikum ihrer äußeren Erscheinung. Ich habe ein paar Beispiele aus Zeitungsartikeln, neueren Kurzgeschichten und Büchern zusammengetragen. Versuchen Sie, die Schlüsselwörter oder -sätze herauszufinden, mit denen die beschriebene Person charakterisiert wird:

> Der Hut des Werkstattmeisters war wacklig auf einem üppigen Haarwust geparkt.

Daß der Hut des Werkstattmeisters auf seinem Kopf »geparkt« ist, bringt ein humoristisches Element in die Charakterisierung. Das Bild, das wir vor Augen haben, ist das eines Hutes, der jeden Moment herunterzufallen droht. Die kurze Beschreibung genügt, um diese Nebenfigur lebendig werden zu lassen.

Im nächsten Beispiel geht es um einen Buchhalter:

> Sein Buchhalter ist ein Uhu von einem Mann, dessen eines Augenlid stets halb geschlossen ist, nicht aus irgendeinem Küm-

> mernis heraus, sondern weil es so vieles gibt in dieser Welt, das er nicht sehen will.

Achten Sie auf die Schlüsselwörter und Formulierungen. Das Bild des »Uhus« charakterisiert die physische Erscheinung des Mannes, der Rest des Satzes ist eine Beschreibung seines inneren Wesens.
Für John Updike, der neben seinen berühmten Romanen auch viele Sachtexte verfaßt hat, genügt ein Satz, um eine Person zu charakterisieren:

> Sein Gesicht ist so sauber und rosig, daß es wie gehäutet aussieht.

Ein Mensch ohne schriftstellerische Ambitionen würde einen Mann vielleicht als schwarz gekleidet beschreiben. Das Bild ist sehr allgemein, es vermittelt eine Tatsache, spricht aber das Gefühl nicht an. Die Beschreibung könnte von jedem kommen. Das folgende Beispiel stammt ebenfalls aus einem Sachtext von John Updike:

> Er sitzt neben dem kleinen Klubhaus in einem Golfwagen, und er trägt Schwarz. Er ist Grieche. Wo kauft er, nach all den Jahren in Amerika, diese schwarzen Kleider? Sein Hut ist schwarz. Sein Hemd ist schwarz. Seine Augen, wenn auch inzwischen ein bißchen alterstrübe, sind schwarz, ebenso seine Schuhe und die Schnürsenkel darin. Schwarze Pünktchen sind über sein Gesicht verstreut wie eine Interpunktion.

Merkmale, die etwas über die Herkunft eines Menschen aussagen, sind für die Verfasser von Sachtexten ebenso nützlich wie für Romanautoren, auch wenn sie nur von wenigen als methodisches Hilfsmittel erkannt werden. Sie werden eher von Autoren benutzt, die Themenaufsätze, Reportagen und Bücher schreiben, als von Journalisten, die ihre Texte unter ständigem Zeitdruck produzieren. Wenn sich Journalisten allerdings ein paarmal bemühen, in ihrer Arbeit bewußt auf solche Symbole zurückzugreifen, kann daraus schnell eine Gewohnheit werden, die sich auszahlt.

Als Beispiel für die Verwendung von Merkmalen in journalistischen Texten habe ich Auszüge aus der Titelgeschichte der *New York Times* vom 11. Dezember 1994 gewählt. Sie befaßt sich mit Robert L. Citron, dem glücklosen Schatzmeister von Orange County, Kalifornien.

> Er gehörte zu den Typen, die neben Kunstlederschuhen und -gürtel zu Weihnachten eine rote Polyesterhose und ein grünes Jackett, zu Ostern Pastellfarben und zu Halloween Orange und Schwarz tragen.
>
> Auf dem Nummernschild von Mr. Citrons Wagen prangt LOV USC; und bis sie ihren Geist aufgab, war die Hupe so programmiert, daß sie das Schlachtlied der Universität spielte.

Die Merkmale, mit denen hier nicht gespart wird, unterstreichen die zentrale Aussage der Geschichte, daß nämlich der Schatzmeister von Orange County, der Milliarden verwaltet und verspekuliert hat, kein aalglatter, eleganter Börsentyp war, sondern ein bodenständiger »Mann von nebenan« mit ziemlich gewöhnlichem Geschmack. Später wird der Elks Club in Santa Ana beschrieben, in dem Citron täglich zwischen zehn nach zwölf und zehn vor eins zum Mittagessen einzukehren pflegte. Selbst bei der Beschreibung des Restaurants im Elks Club kommen Erkennungsmerkmale zum Einsatz:

> Üppiges Dekor aus Laminat und Styropor beherrscht das Bild. Den einzigen Blickfang auf den Tischen bilden Keno-Coupons, Heinz-Ketchupflaschen und McIlhenny's Tabascosoße.

Die Attribute, mit denen sich Citron in seiner Freizeit umgibt, stehen in schroffem Gegensatz zu seiner Rolle des »gewieften, aggressiven und risikofreudigen Investors«, der durch seine »hohen Gewinne ... nicht nur zur Legende in den Finanzkreisen der ganzen Nation wurde, sondern auch zum Helden für die Lokalpolitiker, die sich verzweifelt darum bemühten, aus weniger mehr zu machen«. In kurzen Fernsehausschnitten und den üblichen Zeitungsnachrichten wurde zwar über die Finanzkrise von Orange County berichtet, aber sie sagten nichts aus über die menschliche Tragödie des Mannes, der hinter dem wirtschaftlichen Zusammenbruch stand. Der eindrucksvolle Bericht des Journalisten David Margolick, aus dem ich hier zitiere, endet mit dem Kommentar eines Mannes namens Fred Pendergast, der »häufig mit an Mr. Citrons Tisch im Elks Club saß«:

> »Am Sonntagnachmittag zu einem Menschen nach Hause zu gehen, in sein Privatleben einzudringen und ihn praktisch zum Rücktritt zu zwingen, ist das Feigste, was man überhaupt tun konnte«, sagte er bitter. »Sie brauchten nichts weiter zu tun, als bis acht Uhr, oder in Bobs Fall bis sieben Uhr am nächsten Morgen zu warten, dann hätten sie ihn wie immer an seinem Platz im Büro angetroffen. Sie haben ihn behandelt wie ein Tier.«

Durch genaue Beobachtung und die Verwendung von Merkmalen machte Margolick den Menschen Robert L. Citron sichtbar, wie es keine Fotografie könnte. Er zeigte damit in einem Zeitungsartikel das Gesicht und die Tragödie eines Menschen. Wenn sich ein Autor bewußt macht, welche emotionalen Reaktionen gesellschaftliche Unterschiede hervorrufen, kann er sich dieses Wissen zunutze machen, indem er Menschen anhand von gut gewählten Klassenmerkmalen charakterisiert.

Oft steht ein Autor vor der Aufgabe, eine Person des öffentlichen Lebens umfassend charakterisieren zu müssen. Ich habe ein Beispiel aus einem geschichtlichen Werk gewählt, einem Klassiker, von dem mehr Exemplare über den Ladentisch gingen als von manch einem Romanbestseller.

Die meisten Menschen haben zumindest eine Vorstellung, wie Lenin aussah. Durch Gemälde und Statuen wird uns ein oftmals romantisiertes Bild von ihm vermittelt. Manche Fotografien bringen uns die Wahrheit schon näher, aber ein guter Schriftsteller kann nicht nur ein wirklichkeitsgetreues Bild zeichnen, sondern uns auch ein Gefühl für die Persönlichkeit des Porträtierten vermitteln. Der folgende Absatz enthält eine Beschreibung Wladimir Iljitsch Lenins und seines älteren Bruders Aleksandr Uljanow:

> Alexander hatte ein längliches, schmales Gesicht, dem ein träumerischer Ausdruck anhaftete. Seine Haut war schneeweiß. Das dichte Kraushaar war kaum zu bändigen. Die Stirn war niedrig. Die tiefliegenden, schräggestellten Augen unter den vorstehenden Brauen schienen ihren Blick nach innen zu richten: Es war das stark ausgeprägte Gesicht eines Träumers, eines Heiligen, eines Asketen - eines Fanatikers.
>
> Wladimirs Kopf hingegen hatte die Form eines Eies. Der dünne rötliche Haarschopf begann schon in der Schulzeit immer mehr aus der Stirn zu weichen, um - genau so wie beim Vater noch in jungen Jahren, bis auf einen spärlichen Haarkranz, ganz zu verschwinden. Die Hautfarbe wechselte zwischen grau und Vollblütigkeit. Die Augen schienen klein, blinzelnd, mongolisch. Wladimirs ganzes Wesen war - ausgenommen in Augenblicken intensiver Gedankenarbeit oder aufwallenden Zorns - jovial, doch zugleich auch selbstsicher und kampflustig. Er zeigte auch Sinn für Humor und Ausgelassenheit. Wenn man nicht gewußt hätte, wer er war, hätte man Lenin in späteren Jahren für einen schwer arbeitenden Kulaken oder einen ehrgeizigen Provinzbeamten, vielleicht auch für einen mit allen Salben geschmierten Geschäftsmann halten können.

Der Auszug stammt aus *Lenin, Trotzkij, Stalin. Drei, die eine Revolution machten* von Bertram D. Wolfe. Eine seiner Stärken bezieht dieser Text aus der Tatsache, daß er Lenin in jungen Jahren und als älteren Menschen beschreibt. Dieser Technik kann sich jeder Autor bedienen, wenn es der Kontext erlaubt. Achten Sie auf die Freiheiten, die sich der Autor des eben zitierten Texts nimmt.

Alexanders krauses Haar ist kaum zu bändigen, womit, kontrastierend zu Wladimirs Glatzkopf, der Eindruck eines dauerhaft dichten Haarwuchses erzeugt wird. Wladimir wird mit drei verschiedenen Menschentypen verglichen: mit einem Kulaken (also einem Großbauern), einem Provinzbeamten und einem Geschäftsmann.

Ist es unverantwortlich, sich in der nichtfiktionalen Literatur aufs Glatteis zu wagen, wie es dieser Autor getan hat? Edmund Wilson, der einflußreichste Literaturkritiker unseres Jahrhunderts, hat das Buch, aus dem der oben zitierte Text stammt, als

das beste Buch bezeichnet, das »über dieses Thema je in irgendeiner Sprache geschrieben wurde«.
Es lohnt sich also, etwas zu wagen. Wenn es nichts taugt, werden Sie es bei der Überarbeitung merken.

Wenn nun die Person, über die Sie einen Artikel oder ein Buch schreiben möchten, einer breiten Leserschaft bekannt ist, wie es in den USA beispielsweise bei Franklin D. Roosevelt der Fall sein würde? Was kann ein Autor an Erfrischendem und Neuem hinzufügen, wenn er über eine Person schreibt, deren Lebensgeschichte bereits eingehend in Forschung und Literatur behandelt wurde? Ein Interview mit Betsey Whitney lieferte Doris Kearns Goodwin das Grundlagenmaterial für die hervorragende erste Passage ihres Buches *No Ordinary Time*:

> An Abenden voller Spannungen und Sorgen praktizierte Franklin Roosevelt ein Ritual, das es ihm leichter machte, einzuschlafen. Er schloß die Augen und stellte sich vor, wie er als kleiner Junge im Hyde Park mit seinem Schlitten oben an dem steilen Hang stand, der von der Südveranda seines Elternhauses bis zum baumgesäumten Ufer des Hudson River hinunter führte. Seine Fahrt bergab wurde immer rasanter, und er nahm jede vertraute Kurve mit geübter Eleganz, bis er unten angekommen war und sich langsam wieder an den Aufstieg zum höchsten Punkt des Hügels machte, wo von neuem seine rasende Abfahrt begann. Immer wieder ließ er diese Szene in seiner Fantasie ablaufen und vergaß dabei seine mageren, kraftlosen Beine unter der Bettdecke, verbannte das Wissen, daß er nie wieder einen Hang hinaufklettern, ja, nicht einmal aus eigener Kraft würde laufen können. Indem er sich durch die Kraft seiner Vorstellung von seiner Lähmung befreite, gelang es dem Präsidenten der Vereinigten Staaten, einzuschlafen.
> Der Abend des 9. Mai 1940 war einer dieser Abende. Roosevelt saß um elf Uhr in seinem gemütlichen Arbeitszimmer im ersten Stock des Weißen Hauses, als der lange erwartete Anruf kam …

Die Textpassage, wie auch das gesamte Buch, ist reich an differenzierten Bildern und Handlung. Es lohnt sich, Goodwins Buch genau zu lesen und besonders auf die Technik zu achten, mit der sie sich wissenschaftlich belegter Fakten bedient, um Personen der Geschichte zu charakterisieren und ihren Lesern ein lebendiges Erlebnis zu bereiten.

Die folgende Checkliste soll Ihnen helfen, sich die für eine Charakterisierung historischer Persönlichkeiten notwendigen Fragen zu stellen:

- Wäre der Leser in der Lage, die Person, über die Sie schreiben, aus einer Gruppe von zehn Menschen herauszufinden?
- Sind Sie in irgendeiner Weise auf die Augen der Person eingegangen, auf die Art, wie sie andere anzusehen oder wie sie wegzuschauen pflegt?
- Haben Sie dem Leser eine Ahnung davon vermittelt, was die Person empfindet, und zwar im Rahmen einer Handlung und nicht durch eine bloße Beschreibung ihrer Gefühle?
- Hat die Person irgendeine besondere Angewohnheit: Trommelt sie ungeduldig mit den Fingerspitzen, deutet sie mit der Brille auf Menschen oder Dinge, lacht sie zu laut oder zieht sie die Aufmerksamkeit auf sich, indem sie auffällig gestikuliert?
- Fällt am Gang oder an der Körperhaltung der Person etwas Besonderes auf?
- Können Sie Ihrer Charakterisierung Resonanz verleihen, indem Sie auf ansonsten weniger beachtete Lebensbereiche der Person eingehen?
- Hat sich die Person im Laufe ihres Lebens sehr verändert? Können Sie auf diese Veränderungen zurückgreifen?

Hand in Hand mit der Charakterisierung geht die Gestaltung des szenischen Rahmens. Stellen Sie sich vor, die Beschreibung einer historischen Szene liest sich so:

> Maria Stuart betrat in Begleitung ihres Gefolges den Prunksaal. Sie schritt die Stufen zu ihrem Thron hinauf, wandte sich zu der Zuschauermenge um und lächelte.

Der Leser erhält die Information, er erfährt die Fakten, aber er erfaßt nicht die Atmosphäre, die dem Geschehen innewohnt und es real werden läßt. Warum soll der Autor eines Sachbuchs Szenen nicht ebenso lebendig gestalten können wie der Romanschreiber? Es gibt keinen Grund dafür. Sehen Sie sich an, wie Garrett Mattingly in *Die Armada* Maria Stuart einführt:

> Sie trat durch eine Seitentür ein, und bevor sie gesehen wurde, war sie mitten im Saal und schritt, paarweise gefolgt von sechs Mitgliedern ihres Hofstaates, auf die Empore zu, ohne das Gescharre und Gemurmel der die Hälse reckenden Zuschauer eines Blickes zu würdigen, ohne, so schien es, den Beamten, auf dessen Arm ihre Hand ruhte, zu beachten. Sie ging so ruhig einher, wie fromme Seelen denken mochten, als wäre sie auf dem Weg zur Andacht. Nur einen Augenblick, als sie die Stufen erklomm und ehe sie in den schwarzbespannten Sessel sank, schien sie des stützenden Armes zu bedürfen, und wenn ihre Hände zitterten, bevor sie sie im Schoß faltete, so blieb es unbemerkt. Dann, wie um das Beifallsklatschen einer Menge zu beantworten, wenngleich völlige Stille im Saal herrschte, hob sie zum ersten Mal den Kopf der Zuschauerschaft entgegen und lächelte, wie einige nachher wissen wollten.

Was packt Mattingly nicht alles in diesen einen Absatz, um für den Leser eine Szene lebendig werden zu lassen, deren Zeuge er selbst nicht gewesen ist.

Der Unterschied zwischen einem gewöhnlichen Sachtext und einem schriftstellerisch anspruchsvollen Werk, wie es Mattinglys Buch ist, liegt in der Resonanz des Geschriebenen:

> Fast verschmolz ihre in schwarzen Samt gekleidete Gestalt mit dem Schwarz von Sessel und Podium. Das graue Licht des Wintermorgens dämpfte den Schimmer der weißen Hände, das goldene Glimmen ihres Kopftuches und das rotgoldene Leuchten ihres voll aufgesteckten bräunlichen Haares. Doch vermochte die Versammlung den feinen Spitzensaum an ihrer Kehle und darüber – herzförmiges Blütenblatt gegen den düsteren Hintergrund – das Antlitz mit seinen großen dunklen Augen und dem zarten nachdenklichen Mund deutlich zu unterscheiden. Das war die Frau, für die Rizzio gestorben war, und Darnley, der junge Narr, und Huntley, und Norfolk, und Babington, und tausend Namenlose, die in den Hochmooren und an den Galgen des Nordens ihr Leben hatten lassen müssen. Sie war es, deren sagenhafte Geschichte wie ein Schwert über England geschwebt

> hatte, seit sie, verfolgt von ihren Untertanen, die Landesgrenze im Galopp überquert hatte. Sie war die letzte gefangene Prinzessin der Ritterromanzen, die Königinwitwe von Frankreich, die verbannte Königin von Schottland, die Erbin des englischen Throns und - wie manch einer der stummen Zeugen des Schauspiels denken mochte - in eben diesem Augenblick war sie Englands rechtmäßige Herrscherin, wenn es nach dem Recht ginge. Sie war Maria Stuart, Königin der Schotten. Einen Augenblick lang hielt sie alle Blicke gefangen, dann sank sie in die Düsternis ihres Sessels zurück und wandte ihre ernste Unaufmerksamkeit den Richtern zu. Es war ihr nicht unangenehm, daß die Versammlung für niemanden sonst ein Auge hatte.

Achten Sie darauf, wie Mattingly in den letzten Zeilen des Absatzes die Kraft und Ausstrahlung ihrer Persönlichkeit vermittelt. Er beschreibt eine starke Königin, für die viele ihr Leben gelassen haben. Erfindet er etwas hinzu? Der Text selbst - nicht nur das Ansehen, das Mattingly als Historiker genießt - überzeugt uns davon, daß der Autor jeden zeitgenössischen Bericht und jedes Gemälde, in denen die Geschehnisse belegt sind, ausgeschlachtet hat, um diese Szene entstehen zu lassen.

Damit Sie nun nicht dem Trugschluß erliegen, Resonanz sei nur dann herstellbar, wenn es um eine historische Persönlichkeit geht, möchte ich eine Passage aus einem Essay James Baldwins über seinen Vater zitieren, der unter dem Titel *Notes of A Native Son* als seine erste Veröffentlichung eines nichtfiktionalen Textes erschien. Sehen Sie sich an, wie aus der Fahrt zum Friedhof ein sprachliches Feuerwerk wird:

> Wenige Stunden vor dem Begräbnis meines Vaters, während er in seinem Sonntagsstaat in der Kapelle des Bestattungsunternehmens aufgebahrt war, brachen in Harlem Rassenkrawalle aus. Am Morgen des dritten August fuhren wir meinen Vater durch eine Scherbenwüste zum Friedhof.
>
> Der Tag, an dem mein Vater begraben wurde, war auch mein neunzehnter Geburtstag. Als wir ihn zum Friedhof brachten, waren überall um uns herum die Überreste von Ungerechtigkeit, Anarchie, Unzufriedenheit und Haß. Mir schien es, als hätte Gott selbst, um dem Ende meines Vaters ein Zeichen zu setzen, den

getragensten und dissonantesten aller Schlußakkorde ersonnen. Und mir schien es auch, als sollte die Gewalt, die sich um uns herum erhob, während mein Vater die Welt verließ, ein Korrektiv für den Stolz seines ältesten Sohnes sein. Ich hatte es abgelehnt, an jene Apokalypse zu glauben, die in der Weltsicht meines Vaters eine zentrale Rolle gespielt hatte; nun gut, schien das Leben zu sagen, hier hast du etwas, das ganz sicher als Apokalypse durchgeht, bis es wirklich ernst wird. Ich hatte dazu geneigt, meinen Vater für seine Lebensumstände, für unsere Lebensumstände zu verachten. Als sein Leben zu Ende gegangen war, begann ich mir Gedanken über dieses Leben zu machen und auch mein eigenes mit größerer Sensibilität zu betrachten.

25
Konflikt, Spannungsbogen und Höhepunkte

Kann ein Autor nichtfiktionaler Literatur von den Techniken des Handlungsaufbaus profitieren?

Seit den Anfängen der Geschichtsschreibung hat das Geschichtenerzählen ein immer wiederkehrendes Grundmuster: Jemand will etwas, sieht sich an der Erfüllung seiner Wünsche gehindert, bekommt nicht, was er will, bemüht sich, es zu bekommen und die Hindernisse zu überwinden, die ihm im Wege stehen, und bekommt schließlich, was er wollte, oder auch nicht. Das, woran Zuhörer, Leser und Zuschauer seit Jahrhunderten interessiert sind, erschließt sich im nichtfiktionalen Bereich durch den bewußten Einsatz des Sehnsuchtselements.

Im Leben gehen wir Konflikten lieber aus dem Weg. Aber bei der Lektüre erscheinen fehlende Konfliktsituationen als ein Mangel an belebenden Reizen. Man kann sich kaum etwas Langweiligeres vorstellen, als einer unangefochtenen Zeugenaussage vor Gericht zuzuhören. Dagegen gibt es kaum etwas Interessanteres als eine lautstarke Konfrontation im Gerichtssaal. Wenn Marjorie und Richard glücklich bis ans Ende ihrer Tage lebten, würde der Leser mit einem gleichgültigen »Na und?« reagieren. Oft erlahmt das Interesse bei der Lektüre eines Zeitungsartikels, einer Reportage oder eines Buches, weil der Autor nicht daran gedacht hat, daß der dramatische Konflikt schon immer die Grundlage des Erzählens war und ist.

Ein Konflikt muß nicht zwangsläufig mit Gewalttätigkeit einhergehen. Er kann auf ganz kleiner Flamme gehalten oder nur angedeutet werden. Wichtig ist ein bestimmtes Konzept bei der

Festlegung der Charaktere, ob es sich nun um Figuren in einem Zeitschriftenbeitrag oder in einer Romanszene handelt. Kommen darin zwei Menschen, zwei Parteien, zwei Organisationen oder sonstige Personengruppen vor, die miteinander in Konflikt stehen? Und sofern der Konflikt dem Leser nicht gleich ins Auge springt, kann dann der Autor die widersprüchlichen Elemente dieses bestehenden oder latent in der Luft liegenden Konflikts näher zusammenbringen und hervorheben?

Eine unerfüllte Sehnsucht kann Auslöser für einen Konflikt sein, aber sie muß vorher im Handlungsgerüst angelegt sein. Nehmen wir dafür ein einfaches Beispiel:

> Terence McNiece, 14, mußte sich gestern vor dem Amtsgericht wegen des Vorwurfs verantworten, das Fahrrad eines Nachbarn gestohlen zu haben.

Hören Sie sich an, wie es klingt, wenn das Element der Sehnsucht hinzukommt:

> Der Zeugenaussage seiner Mutter zufolge wünschte sich Terence McNiece nichts auf der Welt sehnlicher als ein Fahrrad, aber sie konnte es sich nicht leisten, ihm eines zu kaufen. Terence, 14, mußte sich gestern vor dem Amtsgericht wegen des Vorwurfs verantworten, das Fahrrad eines Nachbarn gestohlen zu haben.

Im ersten Zitat erscheint die Tatsache, daß ein Junge wegen eines Fahrraddiebstahls verhaftet wurde, dem Leser als nüchterne Information. In der überarbeiteten Fassung, in der wir erfahren, daß sich der Junge nichts auf der Welt sehnlicher wünschte als ein Fahrrad, das ihm seine Mutter aber nicht kaufen konnte, wird an die Gefühle des Lesers appelliert. Hier kommt die Sehnsucht des Jungen ins Spiel, die stärker wirkt als der Diebstahl. Eine Reportage oder ein anderer nichtfiktionaler Text kann den Leser emotional besser erreichen, wenn der Autor einen Wunsch, eine unbändige Sehnsucht als wirksames Element in den Text einbringt.

Je bedeutender das begehrte Objekt oder das angestrebte Ziel ist, um so schwerwiegender erscheint dem Leser der Konflikt, wenn sich der Erfüllung seines Wunsches ein Hindernis in den

Weg stellt. Möglicherweise ist das Gewollte nicht zu verwirklichen. Dennoch wird dieser unrealistische und unerfüllbare Wunsch den Leser emotional berühren.
Sobald der Autor sein Material zusammen hat und mit dem Schreiben beginnen will, muß er entschei den, ob er einer seiner Figuren irgendeinen sehnlichen Wunsch zuschreiben will. Stellen Sie diesen Wunsch an den Anfang der Geschichte, und Sie schaffen eine Situation, an der sich die emotionale Anteilnahme des Lesers entzünden kann.

In der Planungsphase für einen nichtfiktionalen Text empfiehlt sich besonders die Technik des Actors Studio, die ich weiter oben beschrieben habe. Sie dient der Erzeugung dramatischer Spannung im Handlungskontext und basiert darauf, daß jedem der beteiligten Akteure einer Szene ein anderes Drehbuch vorgegeben wird. Diese Technik kann auch vom Sachtextautor bedenkenlos übernommen werden. Wenn er beispielsweise eine Szene entwirft, in der zwei Akteure auftreten, und sich dabei auf ihre unterschiedlichen Ziele und Absichten (oder »Drehbücher«) konzentriert, wird er schnell feststellen, wie sehr es die dramatische Spannung steigert, wenn der Konflikt in einer Vielzahl gegensätzlicher und ihren Umständen nach in sich schon konfliktgeladenen Situationen angesiedelt ist.
In ihrem hervorragenden Buch *No Ordinary Time* berichtet Doris Kearns Goodwin über die Heimatfront in den Vereinigten Staaten während des Zweiten Weltkriegs und über das Leben von Franklin und Eleanor Roosevelt. In allen partnerschaftlichen Beziehungen gibt es Dinge, in denen die Meinungen und Wünsche auseinandergehen; ein Paradebeispiel dafür sind die Roosevelts. Eleanor ließ sich von sozialen Interessen lenken, Franklins Handeln war politisch motiviert. Aufgrund der Verschiedenheit ihrer Ziele und Absichten kam es immer wieder zu heftigen Zusammenstößen, die durch ihre jeweiligen außerehelichen Freundeskreise noch kompliziert wurden. Aber als Ehepaar im Scheinwerferlicht der Öffentlichkeit waren sie, besonders nach-

dem Franklin zum Gouverneur ernannt und dann zum Präsidenten gewählt worden war, in einem Schmelztiegel gefangen. (Sie werden sich erinnern: Der Schmelztiegel ist in der Literatur ein emotionales oder materielles Umfeld, das zwei Menschen in einer Konfliktsituation miteinander verbindet, in der es beiden unmöglich ist, einfach auszusteigen. Sie harren aus bis zum bitteren Ende. Ihre Motivation, den Konflikt fortzusetzen, ist stärker als der Wunsch, wegzulaufen.) Die Geschichte der Roosevelts, von einem Könner erzählt, ist ebenso bewegend wie die Romane der Weltliteratur, die eine solche Konfliktbeziehung zum Gegenstand haben.

Obwohl die Methode zur Darstellung einer unausweichlichen Konfliktsituation in der nichtfiktionalen Literatur ebenso sinnvoll angewendet werden kann wie in der fiktionalen, ist mir nie ein Sachbuchautor begegnet, der den Schmelztiegel bewußt als literarisches Mittel eingesetzt hätte. Dieses läßt sich jedoch in zahllosen Historienberichten und Biografien ausmachen, die geradezu nach Szenen verlangen, in denen zwei Gegner in einer für sie unentrinnbaren Situation auf Gedeih und Verderb miteinander verbunden sind. Es würde der dramatischen Spannung und der emotionalen Wirkung auf den Leser zugute kommen, wenn die Verfasser nichtfiktionaler Texte schon im Planungsstadium ihrer Arbeit dem Aspekt des Schmelztiegels mehr Beachtung schenken würden.

Für den Autor, der seinen Lesern eine fesselnde Lektüre bieten möchte, ist die Technik der Spannungsverzögerung ungemein wichtig. Sie entsteht, wenn ein vom Leser erwartetes Ereignis noch nicht eintritt, weil der Autor damit hinterm Berg hält. Beispielsweise droht einem Akteur Gefahr, der auf interessante Weise charakterisiert worden ist, und der Leser möchte wissen, wie diese Person die gefährliche Situation meistert. Wird dem Leser diese Information vorenthalten, löst sich seine gespannte Erwartung nicht.

Autoren nichtfiktionaler Texte denken im allgemeinen nicht

daran, das Moment der Spannungsverzögerung einzusetzen, um das Interesse des Lesers an ihrem Werk zu steigern, obwohl sich einige unter ihnen ganz instinktiv dieser Technik bedienen. Sehen wir uns am Beispiel einer Zeitungsnachricht an, wie Spannung in einem journalistischen Text erzeugt werden kann:

> Gestern kam ein mit dreizehn Fahrgästen besetzter Bus mit Ziel Mount St. Vincent von der Straße ab und stürzte in einen Graben. Einer der Fahrgäste, Henry Pazitocki, starb, bevor der Rettungswagen am Unfallort eintraf. Sechs weitere Personen, von denen zwei noch in Lebensgefahr schweben, mußten in Krankenhäuser gebracht werden.

In diesem Absatz gibt es keinen Spannungsaufbau. Die Geschichte geht folgendermaßen weiter:

> Drei der Leichtverletzten berichteten dem Polizisten George Francese bei der Unfallaufnahme, daß der Fahrer möglicherweise betrunken gewesen sei. Ein Sprecher des Busunternehmens wies diese Behauptung zurück.

Wiedergabe einer Beschuldigung und deren Zurückweisung, keine Spannung. Ein Verfasser, der sich der Bedeutung des Spannungsmoments bewußt ist, hätte dieselbe Geschichte vielleicht so geschildert:

> Gestern kam ein mit dreizehn Fahrgästen besetzter Bus mit Ziel Mount St. Vincent von der Straße ab und stürzte in einen Graben. Für einen der Fahrgäste endete die Fahrt zum Mount St. Vincent mit dem Tod.
> Ein Sprecher des Busunternehmens erklärte: »Der Fahrer ist Antialkoholiker. Es gibt im Gegensatz zu den Aussagen einiger Fahrgäste keinerlei Hinweise darauf, daß er getrunken hatte. Es war ein tragischer Unfall.«

Im ersten Satz erfahren wir, was mit dem Bus passiert ist. Der zweite Satz weckt unsere Neugier, um wen es sich bei dem Fahrgast gehandelt hat, der die Fahrt zum Mount St. Vincent nicht überlebt hat. Die bewußte Wiederholung der Ortsangabe »Mount St. Vincent« trägt zur Spannungserzeugung bei. Auch im zweiten Absatz erfahren wir nicht, wer der tödlich Verunglückte ist. Der Wechsel zu einem anderen Beteiligten (dem Sprecher des Busunternehmens) erhöht die Spannung. Der Leser möchte mehr erfahren. Zuvor wird aber ein weiteres Spannungselement eingeführt: War der Fahrer nun betrunken oder nicht? Der letzte Absatz des Berichts liest sich folgendermaßen:

> Der Polizist George Francese, der den Unfall aufnahm, erklärte: »Drei der leichtverletzten Fahrgäste gaben zu Protokoll, daß der Fahrer ihrem Eindruck nach etwas getrunken hatte. Rosella Carew, die auf dem Platz hinter Henry Pazitocki, dem tödlich verletzten Fahrgast, gesessen hatte, sagte: ›Ich wußte nicht, ob ich einsteigen sollte, als ich sah, daß der Fahrer seine Brille im Schoß liegen hatte und es offensichtlich noch nicht einmal merkte.‹«

Auf diese Weise wird nicht nur im Interesse des Lesers ein Konflikt aufgezeigt, sondern es bleibt dem Leser am Ende auch überlassen, seine eigenen Schlüsse zu ziehen.

Die folgende Geschichte einer wahren Begebenheit zeigt, wie in einem nichtfiktionalen Text die Spannung durch eine gleichbleibende Erzählperspektive aufrechterhalten wird, weil der Leser nur das erfährt, was der Erzähler weiß, und weil er alle Informationen gleichzeitig mit diesem erhält:

> Eine Freundin überließ uns während einer Kälteperiode an der Ostküste ihr Apartment in Florida. Es war eine gemütliche, voll eingerichtete Wohnung, aber es gab ein Problem. Der Geschirrspüler setzte den ganzen Küchenboden unter Wasser.
>
> Meine Frau ging hinunter zur Wohnung des Hausmeisters – er hieß Roger – und klopfte an seine Tür. Nichts tat sich. Es war ein Freitag, vielleicht war das sein freier Tag?
>
> Ich hatte Roger am Tag unserer Ankunft kennengelernt. Er half uns, das Gepäck hochzutragen. Ich wollte ihm ein Trinkgeld für seine Hilfe geben, aber er lehnte es mit einer abwehrenden Geste ab. Ich schätzte Roger auf Ende dreißig, vielleicht auch ein paar Jahre älter. Später sah ich ihn durch das Fenster, wie er die Wagen der Hausbewohner wusch. Er hatte offensichtlich großes Vergnügen an der Arbeit. Kein Wagenwäscher der Welt wäre mit solcher Sorgfalt zu Werke gegangen wie Roger. Ich sah ihn auch kleinere Reparaturarbeiten im Haus verrichten. Wenn ich ihm begegnete, blieb ich immer stehen und wechselte ein paar Worte

mit ihm. Ich vermute, daß Roger ein bißchen zurückgeblieben war, ein netter Mann mit einem angenehmen Charakter, angenehmer als die meisten Menschen um ihn herum, die alle Tassen im Schrank haben.

Am Samstagmorgen ging meine Frau wieder zu Rogers Wohnung hinunter. Immer noch keine Reaktion. Ich blätterte in den Gelben Seiten und schaffte es nach vier Anläufen, einen Installateur zu finden, der am Samstag arbeitete und mir versprach, in einer Stunde vorbeizukommen. Er tauchte drei Stunden später auf und hatte den Geschirrspüler im Nu repariert, meinte aber, daß die Zulaufpumpe erneuert werden müsse und riet uns, den Hausmeister zu informieren.

Ich bekam Roger den ganzen Samstag über nicht zu Gesicht.

Am Sonntag warf ich einen Blick aus dem Fenster und sah, daß sich mehrere Polizeibeamte vor Rogers Wohnungstür zu schaffen machten. Ich eilte nach unten, wo mich ein Nachbar aufhielt.

»Roger ist gestorben«, sagte er.

»Wo?«

»In seiner Wohnung.«

Mein einziger Gedanke war: »Er ist noch so jung!« So, wie er unsere Taschen hochgewuchtet hatte, war er mir gesund und kräftig erschienen.

Von den Polizisten erfuhren wir nichts, außer daß sich die Leiche noch in der Wohnung befand und sie auf den Gerichtsmediziner warteten.

Stunden später sah ich vom Fenster aus, wie die Leiche in einem Plastiksack hinausgetragen wurde. Als ich unten ankam, waren die Polizisten schon verschwunden.

Als ich zwei Tage später gerade im Begriff war, aus der Tiefgarage zu fahren, sah ich, wie Roger zusammen mit einem kleinen Mädchen Sachen aus seiner Wohnung schaffte. Ich hatte ihn für tot gehalten! Wer hatte sich in dem Leichensack befunden?

Ich stellte den Wagen ab und stieg aus, um Roger zu sagen, wie sehr ich mich freute, ihn lebendig zu sehen und um ihn zu fragen, was passiert war. Der Mann stotterte leicht. Ich konnte mich nicht erinnern, daß Roger stotterte.

Es stellte sich heraus, daß der Mann Rogers Zwillingsbruder war, der von weit her angereist war und nun zusammen mit seiner Tochter Rogers Besitztümer auf einen Transporter lud.

»Das Bett nicht«, sagte der Bruder und schüttelte den Kopf.

Von ihm erfuhr ich, daß Roger einen stummen Infarkt erlitten

> hatte, vermutlich in der Nacht zum Freitag, da er auf das Klopfen meiner Frau am Freitagmorgen nicht reagiert hatte. Wahrscheinlich, weil ihm kalt gewesen war, hatte sich Roger eine elektrische Heizdecke untergelegt und mit einer zweiten zugedeckt. Drei Tage lang, Freitag, Samstag und Sonntag, war er langsam und qualvoll verbrannt.
> »Wir werden«, sagte der Zwillingsbruder, »ihn vor der Beerdigung im geschlossenen Sarg aufbahren.«

Hätte ich den Bericht der Ereignisse mit dem Satz eingeleitet: »Der Hausmeister des Hauses, in dem ich mich aufhielt, verbrannte am vergangenen Wochenende«, hätte ich durch die telegrammstilartige Information über den Ausgang die ganze Geschichte verdorben. So gehen wir im richtigen Leben vor. Instinktiv wollen wir gleich mit dem Schluß herausplatzen. Aber als Autor muß man geduldig sein und die Geschichte aus einer gleichbleibenden Perspektive – in diesem Fall meiner – erzählen und die Geschehnisse in der Reihenfolge präsentieren, in der man sie erlebt hat. Ich habe von Roger nicht als »dem Hausmeister« gesprochen, sondern ihn beim Namen genannt. Und ich habe einige Dinge von ihm berichtet, um ihn als Menschen zu zeigen. So oft wie möglich bin ich dabei auf differenzierende Einzelheiten eingegangen. Aber das wichtigste von allem ist, daß ich bei einer Perspektive geblieben bin. Ich habe nie mehr gesagt, als ich selbst jeweils in Erfahrung brachte. In der chronologischen Reihenfolge, in der ich selbst die Dinge erlebte, habe ich sie an meine Leser weitergegeben und so über die gesamte Geschichte hinweg eine bestimmte Erzählperspektive beibehalten.

Anhand der folgenden Liste von Fragen können Sie überprüfen, wie es in Ihrem Text um den Spannungsbogen bestellt ist:

- Wecken Sie im ersten Absatz die Neugier des Lesers, indem Sie irgendeine Information zurückhalten?
- Wird in Ihrer Geschichte eine Frage oder eine Kontroverse aufgeworfen und nicht prompt beantwortet oder aufgelöst?
- Packen Sie gleich in den Anfang des Textes eine Fülle von Informationen, so daß kaum Spannung aufkommen kann?

- Haben Sie eine Handlung eingeführt, die den Leser neugierig machen kann, die aber nicht im selben Absatz erklärt wird?
- Können Sie irgendeinen Satz in eine Frage umformulieren, die den Leser aufhorchen läßt, anstatt seine Neugier zu befriedigen?

Der Effekt einer hingehaltenen Spannung unterscheidet sich von dem eines plötzlich eintretenden Spannungshöhepunkts. Der Spannungsbogen erzeugt im Leser eine Stimmung ängstlicher Erwartung angesichts dessen, was vielleicht passieren wird. Ein Spannungshöhepunkt geht dagegen mit einem plötzlich eintretenden Gefühl von Angst, Unruhe oder unerträglichem Druck einher. Wie ich schon an früherer Stelle ausgeführt habe, meiden wir im wirklichen Leben solche Spannungssituationen, genießen sie aber beim Lesen.

Die bloße Erwähnung eines bestimmten Datums oder einer Uhrzeit genügt manchmal, um Spannung zu erzeugen. Die Aussage **»Es war vier Uhr morgens«** erzeugt beispielsweise Spannung, weil dies eine Stunde ist, zu der die Menschen im allgemeinen in tiefem Schlaf liegen. Demnach besitzt alles, was um vier Uhr morgens passiert, per se ein Spannungspotential. Und dieses potentielle Spannungselement ist es, das im Leser Unruhe entstehen läßt, weil er ein spannendes Leseerlebnis erwartet.

Gordon Thomas und Max Gordon Witts, zwei Autoren, die ich als Lektor betreute, haben gemeinsam eine Reihe erfolgreicher Bücher über historische Katastrophen verfaßt. Zu ihren Werken, in denen sie die kataklystischen Ereignisse in detailgenauen Momentaufnahmen beschreiben, gehören Titel wie *Der Tag, an dem die Welt unterging*, *Das Erdbeben von San Francisco*, *Schiffbruch* und *Das Schiff der Verdammten*. In *Das Schiff der Verdammten* wird die Irrfahrt des Luxusliners St. Louis beschrieben, der als eines der letzten Passagierschiffe vor Ausbruch des Zweiten Weltkrieges aus einem deutschen Hafen auslief. Von der ersten Seite an wissen wir, daß die 937 jüdischen Passagiere, die buchstäblich in letzter Sekunde aus Deutschland fliehen, in großer Gefahr sind. Wenn Kuba nicht bereit ist, sie aufzunehmen, wird das Schiff sie in das nationalsozialistische Deutschland zurückbringen, und viele werden ihr Leben verlieren. Das erste Kapitel trägt die Überschrift **Mittwoch, 3. Mai 1939**. Dieses Datum, kurz vor dem drohenden Kriegsausbruch, genügt, um ein Gefühl der Spannung auszulösen. Das zweite Kapitel beginnt mit der Überschrift **Donnerstag, 4. Mai 1939**. Die Spannung steigert sich. Jedesmal, wenn ein solches Datum erscheint, beschleunigt sich der Puls des Lesers. Die Spannung verläuft von einem Höhepunkt zum nächsten.

Sehen wir uns einmal an, wie ein einfacher Satz durch das Hinzufügen von Spannung aufgewertet werden kann. Der ursprüngliche Text lautete folgendermaßen:

> Der Verdächtige weigerte sich, der Aufforderung des Polizisten, aus dem Wagen auszusteigen, Folge zu leisten.

Keine Spannung. Und nun dieselbe Begebenheit in der redigierten Version:

> Der Polizist forderte den Verdächtigen auf, aus seinem Wagen auszusteigen.
> Der Verdächtige rührte sich nicht.

Hier entsteht dadurch Spannung, daß die beiden Handlungselemente voneinander getrennt werden. Wenn die kritische Situation, oft eine Konfrontation zwischen zwei Personen oder Gruppen, hingehalten wird, bleibt die Spannung über mehrere Absätze oder Seiten hinweg erhalten. Sehen wir uns an, wie es zwischen dem Polizisten und dem Verdächtigen weitergeht:

> Der Polizist forderte den Verdächtigen auf, aus seinem Wagen auszusteigen.
> Der Verdächtige rührte sich nicht.
> Augenzeugenberichten zufolge zog der Polizist daraufhin seine Waffe und sagte mit lauter Stimme: »Steigen Sie aus, auf der Stelle!«
> Der Verdächtige schüttelte den Kopf und blieb sitzen.

Sie sehen an diesem Beispiel, wie durch die Ausdehnung einer Handlungssequenz Spannung entsteht, die der Leser als angenehmen Kitzel empfindet. Die Spannung wird durch kurze Sätze und Absätze noch verstärkt. Der Autor darf der Versuchung nicht nachgeben, die Spannung möglichst rasch aufzulösen. Im Leben genießen wir ein angenehmes Erlebnis und wünschen uns, daß es lange anhält. Ein solches angenehmes Erlebnis so schnell wie möglich zu Ende zu bringen, ist kontraproduktiv. Ein Autor muß genügend Selbstdisziplin aufbringen, sich zurückzuhalten.

26
Wörtliche Rede

Der Dialog ist ein Gebiet, auf dem sich die Wege von Romanschreibern und Sachbuchautoren scheiden. Im Roman verleiht der Dialog einer Szene Unmittelbarkeit und macht das Leseerlebnis lebendiger. In Sachbüchern, Essays und journalistischen Texten sind Dialoge eine heikle Sache, es sei denn, die Äußerungen werden so zitiert, daß sie echt und glaubhaft klingen.

Eine genaue Wiedergabe dessen, was Menschen sagen, liest sich nicht besonders gut. Gesprochene Sätze sind fast immer holprig, mit überflüssigen Worten und Wiederholungen gespickt und letztlich langweilig, wie wir am Beispiel von Gerichtsprotokollen sehen. Aber dem Sachbuchautor stehen Mittel und Möglichkeiten der Verbesserung zur Verfügung.

Wenn Sie mehr als drei Sätze zitieren, haben Sie eine Rede. Unterbrechen Sie diese durch etwas bildlich Vorstellbares. Es muß nichts Aufwendiges sein:

> Craig Marshall ergriff als erster das Wort. »Wir haben es – darauf können Sie sich verlassen – mit drei Problemen zu tun«, sagte er. »In zwei Bezirken der Stadt hat das Wasser, das aus den Leitungen kommt, die Farbe von – nennen wir's beim Namen – Schlamm. So ist es schon seit dreißig Jahren, und die Verantwortlichen haben nichts dagegen unternommen.« Marshall hustete hinter vorgehaltener Faust.
>
> »Punkt zwei«, fuhr er fort, »ist das Verkehrschaos rund um das Sportzentrum. Wenn in unserer Stadt in der Zeit, in der dort Stoßverkehr ist, jemand einen Herzinfarkt erleidet, muß er damit rechnen, daß der Notarzt innerhalb von sage und schreibe zwei bis drei Stunden bei ihm eintrifft.« Er bedachte den Bürgermeister mit einem bohrenden Blick. »Für irgend

> jemanden wird das ein Todesurteil, denn soviel ich weiß, hat der Allmächtige unserer Kommune keine Absolution von Herzinfarkten erteilt.«

Der Autor hat die wörtliche Rede durch scheinbar belanglose Dinge, ein Husten und einen Blick auf eine bestimmte Person, aufgelockert. Die erste Unterbrechung - das Husten - bringt uns den Sprechenden als Menschen aus Fleisch und Blut näher und läßt ihn für uns realer werden. Die zweite - der Blick zum Bürgermeister - läßt einen sich anbahnenden Konflikt ahnen, weil damit angedeutet wird, daß der Bürgermeister die Schuld an den angesprochenen Mißständen trägt.

Der erste Textentwurf, der mir vorlag, enthielt zwei aufgeblähte Bandwurmsätze, die absolut nichts besagten und den Sprechenden klingen ließen wie Dwight Eisenhower, wenn er nicht wußte, wie er einen angefangenen Satz zu Ende bringen sollte. Der Reporter strich sie, aber nicht um den guten Ruf von Mr. Marshall zu wahren, sondern um zu verhindern, daß sein Text langweilig wurde. Ein Autor ist nicht verpflichtet, Aussagen wortwörtlich wiederzugeben, solange er den Sinn nicht verfälscht.

Die wenigsten Menschen sprechen in vollständigen und grammatikalisch fehlerfreien Sätzen. Überdies empfindet der Leser perfekt formulierte Sätze in der wörtlichen Rede oft als unecht. In unserem Beispiel ist es dem Reporter gelungen, den Tonfall der Rede einzufangen. Der Autor muß sich davor hüten, die gesprochenen Sätze in bereinigter Form wiederzugeben.

1975, dreißig Tage vor seinem spurlosen Verschwinden, kam der legendäre Gewerkschaftsführer Jimmy Hoffa zu mir zum Mittagessen. Auf meinen Vorschlag hin brachte er den Mann mit, der ihm als Ghostwriter beim Schreiben seiner Biografie zur Seite stand. Hoffa hatte sein gesammeltes Material auf Tonband gesprochen, es war spannend und lebendig. Aber ohne die derbe Sprache Hoffas wirkte das nunmehr in glatte Sätze verpackte Material gekünstelt und langweilig. Ziel unseres Treffens war es, den Ghostwriter zu bewegen, daß er Hoffas Worte wieder in ihre ursprüngliche Form brachte, einschließlich der

Kraftausdrücke und grammatikalischen Schnitzer. Ich plädierte nicht für eine wortwörtliche Niederschrift der Tonbänder, sondern dafür, daß deren *Lebendigkeit erhalten bleiben sollte*, was ich auch erreichte. Jeder Autor, der es mit den gesprochenen Worten anderer zu tun hat, sollte sich darum bemühen.

Wenn Sie auf der Grundlage eines Interviews einen Bericht schreiben, werden Sie am Ende vermutlich mit viel zu vielen Zitaten dastehen. Sie müssen aber nur das übernehmen, was den Charakter des Interviewten offenbart oder etwas Wichtiges zum Thema beiträgt, was provozierend, lebendig oder besonders passend ist, den Rest können Sie vergessen.

Damit kommen wir zum zweiten Punkt. Fälschen Sie niemals ein Zitat. Und legen Sie niemals jemandem etwas in den Mund, das er nicht gesagt hat.

Aus der Luft gegriffene Dialoge sind meist ein sichtbares Zeichen unredlichen Schreibens. Manche Sachbuchautoren begehen den Fehler, der uns im Historienroman gelegentlich begegnet: Sie schreiben Dialoge, die unmöglich dokumentiert sein können. Ich kenne Fälle, in denen ein Buch von Verlagen abgelehnt wurde, weil irgendein Dialog so offensichtlich erfunden war, daß das Vertrauen in die Verläßlichkeit des Autors insgesamt erschüttert war.

Das Risiko, von den Verlagen eine Absage zu bekommen oder von einem Menschen, den Sie falsch zitiert haben, vor den Kadi gezerrt zu werden, lohnt sich nicht. Wenn Sie feststellen, daß Sie gern Dialoge erfinden, dann schreiben Sie ein Theaterstück, einen Roman oder ein Drehbuch.

27

Mut zur Provokation: Die entscheidende Zutat

Vor langer Zeit habe ich mir geschworen, niemals etwas Harmloses zu schreiben.

Aufgrund meiner langjährigen Erfahrung mit Hunderten von Autoren bin ich zu der Erkenntnis gekommen, daß es vor allem ein Aspekt ist, der über den Erfolg eines Artikels oder eines Sachbuchs entscheidet: der Mut des Autors, Dinge über sich selbst oder die Gesellschaft auszusprechen, die normalerweise verschwiegen werden. Zum Schreiben braucht man Mut. Es ist die Aufgabe des Schriftstellers, die Wahrheit spannend zu erzählen. Die Wahrheit ist, daß Ehebruch, Raub, Heuchelei, Neid und Langeweile Sünden sind, denen wir überall dort begegnen, wo sich die menschliche Natur entfaltet.

Im täglichen Leben unterhalten sich die Menschen über all das, worüber man sprechen kann, ohne ein Tabu zu brechen. Was aber einen geschriebenen Text gut und interessant macht, ist die Bereitschaft des Autors, Dinge auszusprechen, über die man gewöhnlich Stillschweigen bewahrt. Es sind im allgemeinen die Besten und Schöpferischsten unter den Schriftstellern, die die deutlichste Sprache sprechen.

Kann ein introvertierter Mensch ein großer Schriftsteller werden? Ja, sofern es ihm gelingt, seine natürliche Scheu zu überwinden und das auszusprechen, was er denkt. Der wirklich gute Schriftsteller braucht kein Feigenblatt, weder für seinen Körper noch für seinen Geist. Eine Bemerkung von Red Smith hat es mir besonders angetan: »Schreiben ist ganz leicht. Man setzt sich einfach an eine Schreibmaschine und öffnet eine Ader.«

Gibt es im Hinblick auf den Mut zur Offenheit etwas, das ein Sachbuchautor von den Romanautoren lernen kann? Aber sicher. Denn von allen geheimen, manchmal boshaften, grausamen, gemeinen, verbrecherischen, tollkühnen und glorreichen Taten und Gedanken der Menschen gibt es kaum etwas, das uns in den Romanen der letzten Jahrzehnte nicht begegnet wäre. Und es gibt nur weniges aus dem Privatleben der Menschen, das der Berichterstattung entgangen wäre - nicht nur in der Regenbogenpresse. Der Romanautor hat es einfacher. Er macht uns etwas vor mit der Behauptung, alles, was er schreibt, zu erfinden. Wir alle wissen, daß gerade in den besten Romanen die wahrhaftigsten Stellen nicht der Fantasie entspringen. Sie verdanken sich der genauen Beobachtung und tiefen Menschenkenntnis des Autors. Der Sachbuchautor, der dieselbe Kühnheit riskiert, steht ungeschützter da. Seine Leser gehen davon aus, daß er über Fakten schreibt. Möglicherweise muß er seine Behauptungen einem Lektor oder - schlimmer noch - vor Gericht beweisen. Er braucht den Mut eines Kämpfers, denn je mehr Dinge er enthüllt, die für seine Leser von Interesse sind, um so mehr gerät er in die Schußlinie. Die Leser sind neugierig auf die verborgensten Geheimnisse der anderen. Das Objekt eines Tatsachenberichts möchte auf keinen Fall, daß peinliche Einzelheiten aus seinem Leben öffentlich zur Schau gestellt werden - sofern es sich nicht um einen publicitysüchtigen Menschen handelt. Es ist kein Zufall, daß die beste nichtfiktionale Literatur aus der Feder von Autoren stammt, die sich auch als Romanschreiber einen Namen gemacht haben.

Mary McCarthy, die durch ihre Romane berühmt wurde, erwarb sich mit ihren kritischen Aufsätzen schon früh den Ruf einer unbestechlichen und scharfzüngigen Beobachterin. George Orwells nichtfiktionale Schriften sind in ihrer außergewöhnlichen Schärfe und Direktheit seinem Romanwerk weit überlegen. Er wurde von einigen Kritikern als der beste Sachbuchautor und Essayist unseres Jahrhunderts gefeiert. Eine Kostprobe von V. S. Naipauls nichtfiktionalem Werk genügt, um zu zeigen, daß er den Mut besitzt, das zu sehen und auszusprechen, worüber beispielsweise die meisten Politiker nicht reden. Seine Reportagen schlagen hohe Wellen, weil sie scharf beobachten und die Wahrheit über Dinge offenbaren, vor denen weniger begnadete Autoren zurückschrecken. Rebecca West, die in der *Time* einmal als »die Nummer eins unter den Autorinnen der Welt« bezeichnet wurde, begann ihre schriftstellerische Karriere als Romanautorin und schrieb auch sechs Jahrzehnte später noch Erzählwerke. Aber ihre Reputation erwarb sie sich vor allem durch ihre scharfsichtigen, mutigen und klugen Aufsätze und Reportagen. Fast jeder Autor kennt Scott Fitzgeralds *Der große Gatsby*, aber nur wenige haben seine Sammlung von Essays, Notizbüchern, Briefen und vermischten Schriften gelesen, die posthum unter dem Titel *Der Knacks* erschienen sind.

Autoren lesen die Bücher anderer Autoren, und wenn es Ihnen schwerfällt, direkt und offensiv zu schreiben, rate ich Ihnen, sich in die Werke der hier erwähnten Schriftsteller zu vertiefen und sich auch die Schriften zeitgenössischer Kollegen wie Gore Vidal und Joan Didion vorzunehmen, und sei es nur, um zu schauen, wie sie es mit der Freimütigkeit halten.

Gore Vidal, dem es wahrhaftig nicht an Schärfe und Offenheit mangelt, reicht in einem Text über Tennessee Williams den Kelch der Bosheit an Williams weiter, indem er ihn gleich zu Beginn mit den Worten zitiert: »Besonders gut gefällt mir New York in den heißen Sommernächten, wenn all die ... äh, überflüssigen Menschen von den Straßen verschwunden sind.« Auch Joan Didion beherrschte die Technik, sich die Provokation eines anderen zu eigen zu machen, perfekt. Ich zitiere aus ihrem Buch *Goodbye to All That*, in dem sie die Erlebnisse beschreibt, die sie als Dreiundzwanzigjährige auf ihren Irrwegen durch New York hatte:

> Ich erinnere mich, wie ich einmal an einem kalten, klaren Dezemberabend in New York einem Freund, der sich darüber beklagte, daß er schon zu lange hier herumhing, vorschlug, mich zu einer Party zu begleiten, wo er, wie ich ihm mit der heiteren Zuversicht der Dreiundzwanzigjährigen versicherte, auf »neue

> Gesichter« treffen würde. Er lachte so haltlos, daß ich das Taxifenster herunterkurbeln und ihm auf den Rücken klopfen mußte, damit er nicht erstickte. »Neue Gesichter«, sagte er endlich, »erzähl mir nichts von *neuen Gesichtern.*« Es stellte sich heraus, daß er bei der letzten Party, für die man ihm »neue Gesichter« versprochen hatte, auf fünfzehn Leute getroffen war, und er hatte mit fünf der Frauen schon geschlafen, und schuldete bis auf zweien allen männlichen Anwesenden Geld.

Das nächste Beispiel stammt aus der Feder einer weniger bekannten Autorin. Gayle Pemberton, eine schwarze Autorin, die in Harvard promoviert hatte, verdiente sich in Los Angeles mit gelegentlichen Schreibarbeiten den Lebensunterhalt, und als ihr einmal das Geld auszugehen drohte, verdingte sie sich für drei Wochenenden als Aushilfe bei einem Partyservice. Was sie später darüber schrieb, ließ ihre dort gemachten Erfahrungen lohnend erscheinen:

> Unsere Chefin gehörte zu einer neuen Generation von Gourmetköchen, die alles, was serviert wird, im Haus des Kunden zubereiten – nicht zu der Sorte, die mit kalten Platten und Gulaschkanone anrollen. Dementsprechend verfügte ihre Kundschaft in aller Regel über einen Haufen Geld und noch mehr Platz in der Küche.
>
> Normalerweise servierten ihre Angestellten nicht das Essen, aber in diesem Fall taten wir es. Ich wurde angewiesen, in Nylons und schwarzen Schuhen zu erscheinen, und bekam ein blaugemustertes Schürzenkleid mit aufwendigem Rüschenbesatz. Meine hochhackigen Managerinnenschuhe waren eindeutig unpassend, und so opferte ich das Geld für ein modisches Paar schwarzer Turnschuhe – die mich fünf Dollar weniger kosteten als ich für meinen gesamten Einsatz bei dem Partydienst verdiente. Die Turnschuhe waren eine teure Anschaffung, aber ich sagte mir, daß es eine notwendige Investition war. Was mir weniger behagte, war die Aussicht, in der Aufmachung des kleinen französischen Dienstmädchens erscheinen zu müssen. Ich fühlte mich rundum unwohl damit, aber ich hatte einen Vertrag unterschrieben, und es wäre unfair und ausgesprochen unhöflich von mir gewesen, jetzt einen Rückzieher zu machen.
>
> Was mir an meiner Chefin gefiel, war die Bestimmtheit, mit der sie darauf bestand, daß ihre Angestellten nicht als Dienstboten

> behandelt wurden – das heißt, wir arbeiteten für sie und nahmen Anweisungen von ihr entgegen, nicht aber von ihren Kunden, die es vielleicht als persönliche Aufwertung empfunden hätten, uns herumkommandieren zu können. Sie zog es auch vor, Gläser und Geschirr aus ihren Beständen zu stellen, um ihre Angestellten und sich selbst vor dem Zorn des Kunden zu schützen, falls irgendein Familienerbstück zu Bruch ging. Aber diesmal bestand ihr Kunde darauf, daß wir seine Baccarat-Kristallgläser benutzten. Sein Ton machte uns ausgesprochen nervös. Es war derselbe Ton, den ich während meines Schreibjobs bei einem widerlichen Geldprotz gehört hatte: eine kalte, arrogante, gleichgültige »Du-bist-Dreck«-Attitüde, die jeder Krankenschwester und Sekretärin bekannt ist.

Als Pemberton eines der Gläser abtrocknete, zerbrach es ihr in der Hand, eine glückliche Fügung zumindest für ihren Text, weil sie dieses Ungeschick zum Dreh- und Angelpunkt ihres Berichts machte.

Charakteristisch für eine andere Art von Freimütigkeit in der nichtfiktionalen Literatur sind die Texte von Seymour Krim, der ein bedeutender Romanschriftsteller werden wollte und statt dessen feststellte, daß er zum begnadeten Sachbuchautor berufen war. »Ein Leben war mir nie genug für das, was ich im Sinn hatte«, sagt er und meint es auch so, wenn er sein Leben vor uns ausbreitet. Lauschen Sie seiner unverwechselbaren Stimme:

> Vielleicht denkst du manchmal, alle würden dieser Tage im Zentrum des Lustprinzips leben, außer dir selbst, aber damit bist du nicht allein, Kumpel. Ich stehe genauso unter Druck wie du. Letztendlich ist es immer noch deine Arbeit oder deine Rolle, die deinen Platz in der Gesellschaft definiert, und die zigtausend Menschen, die, wie ich glaube, so sind wie ich, haben nicht die berufliche Haut gefunden, in die der Aufruhr ihrer Seele hineinpaßt. Viele werden sie auch nie finden. Ich glaube, daß das, was ich hier zu sagen habe, für einen Winkel ihres geheimen Lebens spricht und für jenes andere traurige Amerika, über das man nicht allzu viel hört. Das ist weniger eine Vermutung, als eine Stimme der Narben und Sterne, die da spricht. Ich habe es gelebt und werde es sicher weiter leben, bis man mir den Löffel aus der Hand nimmt.

Die Stimme beschleunigt das Tempo:

> In jüngerem Alter als bei den meisten war Amerika mein Karneval, und ich wollte darin alles sein, was mich antörnte, wie ein Junge, der in wildem Taumel auf einer Strandpromenade herumspringt. Und ich meine wirklich alles. Ich war als Junge so sprunghaft, wie man es sich nur vorstellen kann, ein offener Sicherungskasten voll blinder Sehnsucht, und aus einer, aus meiner heutigen Sicht, unvorstellbaren Einsamkeit und einem unbändigen menschlichen Verlangen heraus probierte ich gierig die Rolle einer jeden Figur auf der Bühne des Landes aus, die ich in Zeitungen und Zeitschriften, im Kino und im Radio und beim ziellosen Herumstreifen nur aufspüren konnte.

Inzwischen sollte uns klar geworden sein, daß provozierende Offenheit beim Schreiben nichts mit der Sensationsmache zu tun hat, von der die Regenbogenpresse lebt. Aber sie setzt eine Ehrlichkeit voraus, wie sie in der Allgemeinheit unterdrückt wird. Ärzte sind Teil eben dieser Allgemeinheit, es sei denn, sie könnten nebenbei auch noch gut schreiben. Hören Sie sich das Kapitel »Das Messer« aus Richard Selzers Buch *Tödliche Lektionen: Notizen zur Kunst der Chirurgie* an. Er tut, was noch kein Chirurg vor ihm getan hat, präzise, klar, elegant, fantasievoll und freimütig:

> Man hält das Messer wie einen Cellobogen – am Griff. Nicht krampfhaft, fest umklammert, sondern leicht, mit den Fingerspitzen. Das Messer wird nicht aufgedrückt. Es wird über den Hautbereich gezogen. Wie ein schlanker Fisch liegt es wartend auf der Lauer, dann los! Es schießt los, in seinem Kielwasser eine dünne rote Spur. Das Fleisch teilt sich, fällt klaffend auseinander und gibt gelbe Fettkügelchen frei. Auch nach so vielen Malen noch staune ich über seine Kraft – kalt, glänzend, stumm. Mehr noch, ich bin immer noch von einer Art Ehrfurcht betroffen, daß ich es bin, in dessen Hand sich die Klinge bewegt, daß meine Hand die Klinge führt, daß dieses schreckliche stahlbäuchige Ding und ich uns ein weiteres Mal zu einem höchst unnatürlichen Zwecke verschworen haben: den Körper eines Menschen zu öffnen.

Sind die Leser bereit für diese Art von Offenheit und Direktheit? 1994 brachte Sherwin B. Nuland, ebenfalls ein Arzt, der sich als

Autor einen Namen gemacht hat, ein Buch unter dem Titel *Wie wir sterben* heraus. Es wurde in das Programm eines Buchclubs aufgenommen, avancierte zum Bestseller und wurde mit dem National Book Award für Sachliteratur ausgezeichnet.

Ich mußte nicht meine gesamte Bibliothek durchkämmen, um die hier zitierten Beispiele für provozierende Offenheit in der nichtfiktionalen Literatur zu finden. Sie stammen alle aus einer von Phillip Lopate herausgegebenen Anthologie, die ich Ihnen ans Herz lege: *Die Kunst des persönlichen Essays*. Das Buch beginnt bei den Vorvätern Seneca und Plutarch, greift unterwegs Samuel Johnson und Hazlitt auf und führt uns schließlich ins Amerika unseres Jahrhunderts, und diese Reise zeigt uns den Weg der Entwicklung auf bis hin zu der Offenheit, mit der uns unsere heutigen Schriftsteller sagen, wie es ist.

Das Publikum ist bereit. Die Frage ist: »Sind Sie es auch?«

V
Literarische Werte

28
Trivialliteratur? Unterhaltungsliteratur? Dichtung?

Der Trivialschriftsteller ist ein Geschichtenerzähler, dessen Hauptanliegen dem Plot und den Tricks und Kniffen gilt, mit denen ein möglichst hohes Maß an Spannung und Action erzielt wird. Der Trivialroman bezieht seinen Erfolg daraus, daß er sich auf einem Gebiet wie Abenteuer, Liebe, Spionage oder was sonst gerade angesagt ist, bewegt, wobei der Autor die Akteure so überzeugend charakterisieren muß, daß der Leser bereit ist, seine Skepsis zurückzustellen und dem Helden bis zu seinem triumphalen Sieg über die zutiefst schurkischen Antagonisten zu folgen.

John Grishams Erfolgsroman *Die Firma* beispielsweise ist eine pubertäre Fantasie, die Geschichte eines jungen Anwalts, dem unmittelbar nach Beendigung seines Jurastudiums eine hochbezahlte Stellung, ein teures Auto und ein Haus geboten werden und der bald darauf erkennen muß, daß er – was sonst – für die Mafia arbeitet, die ihn nun nicht mehr aus ihren Fängen läßt. Der Rest ist eine einzige Verfolgungsjagd. Der Markt für pubertäre Fantasien ist nachweislich gewaltig, und er schert sich wenig um die Qualität des Geschriebenen. Mitch ist der in Bedrängnis geratene Held dieser Fantasie:

> Mitch hatte fast Mitleid mit ihr, aber seine Augen ruhten auf dem Tisch.

In einer Schachtel? Was auf dem Tisch ruhte, war vermutlich sein Blick.

> Er starrte Royce McKnight an und ließ damit erkennen, daß er da einen Riesenklotz am Bein hatte.

Das ist kein Holzklotz, es ist eine Haltung.

> Mitch riß zwei Rippchen auseinander und spritzte Sauce in seine Augenbrauen.

Hat seine Frau Abby, die ihm am Restauranttisch gegenübersitzt, nichts gemerkt? Sie sagt:

> »Wir sind doch erst heute morgen eingezogen.«

Eine Tatsache, die Mitch bekannt ist, also erwidert er:

> »Ich weiß.«

Während einer Geschäftsreise wird Mitch, der glücklich mit Abby verheiratet ist, Objekt der Verführungskünste einer Frau namens Julia. Das liest sich so:

> Julia himmelte ihn mit offenem Mund an und rückte noch näher heran.
> Sie rieb ihre Brüste an seinem Bizeps und bedachte ihn mit ihrem verführerischsten Lächeln, aus allernächster Nähe.

Über eine bestimmte Privatschule erfahren wir:

> Wohlhabende Eltern schrieben sich kurz nach der Geburt in die Warteliste ein.

Nicht nur reich, sondern vielleicht auch ein bißchen frühreif? Grisham zufolge verfügen die Menschen, deren Bekanntschaft Mitch macht, über interessante, wenn auch ein wenig eintönige Eigenschaften:

> Er runzelte ernst die Stirn, als würde es ihm Schmerzen bereiten.
>
> Er war untersetzt und hatte einen leichten Bauchansatz, breite Schultern, einen mächtigen Brustkorb und einen großen, vollkommen runden Kopf, der nur sehr widerwillig lächelte.
>
> Als er sprach, tropfte das Wasser von seiner Nase und machte seine Aussprache undeutlich.
>
> Als Tammy von ihrem dritten Trip zurückkam, war sie völlig außer Atem, und Schweiß tropfte von ihrer Nase.

In dieser Art von Trivialliteratur ist der Mangel an Präzision nicht die einzige Nachlässigkeit:

> Kaffee? Ja, sagte er, schwarz. Sie verschwand und kehrte mit Tasse und Untertasse zurück.

Den Kaffee selbst hat der Autor wohl vergessen. Und so geht es immer weiter. Die Leser waren nachsichtig – oder haben die Mängel, was wahrscheinlicher ist, gar nicht bemerkt, denn *Die Firma* setzte sich an die Spitze der Bestsellerlisten.
Was den literarisch anspruchsvollen Autor von Trivialschriftstellern wie Grisham vor allem unterscheidet, ist die Sorgfalt, die der besonderen Bedeutung und Resonanz von Worten gewidmet wird und der Respekt vor der Intelligenz des Lesers. Ich befasse mich in diesem Kapitel mit der Kunst derjenigen Autoren, die Wert auf die Dauerhaftigkeit ihrer Werke legen und für die das Schreiben nicht nur Beschäftigung, sondern Berufung ist.
Verlage, deren Aktivität sich darin erschöpft, gedruckte Worte auf den Markt zu bringen, zeigen sich eher nachlässig, wenn es darum geht, Bücher mit einem gewissen Niveau von den Alltagsprodukten zu unterscheiden, deren einziges Ziel hohe Verkaufszahlen sind. Letztere bezeichnen wir als »populär« und »kommerziell«, obwohl auch Bücher mit höherem Qualitätsanspruch populär sein können und, sofern ihr Erfolg von Dauer ist, ihren kommerziellen Wert unter Beweis stellen, indem sie sich noch verkaufen, wenn ihre trivialen Konkurrenten schon längst vom Markt verschwunden sind. Beide Buchtypen können unterhaltend und lehrreich sein, auch wenn sie sich an unterschiedliche Leserkreise wenden.
Oft wird der Unterschied dadurch ausgedrückt, daß man ein erfolgreiches Trivialwerk als »guten Schmöker«, ein literarisch anspruchsvolleres Buch dagegen als »gutes Buch« bezeichnet. Damit wird impliziert, daß ersteres dem Leser ein kurzfristiges, das heißt einmaliges Vergnügen bereitet, letzteres aber für die Dauer geschaffen ist und daher einen soliden Einband und einen Platz im Bücherregal verdient, wo es uns an eine angenehme Lektüre erinnert oder darauf wartet, ein zweites Mal gelesen zu werden.
Ich habe aus praktischen Gründen besonderen Wert auf diese

Unterscheidung gelegt. Wenn Sie gern anspruchsvolle Prosaliteratur lesen, werden Sie versuchen, ebensolche zu schreiben. Wenn Ihnen Thriller oder Liebesromane lieber sind, werden Sie aller Wahrscheinlichkeit nach für den Leserkreis schreiben, zu dem sie selbst gehören. Dasselbe gilt für die nichtfiktionale Prosa, nicht nur in bezug auf das Interessengebiet, über das Sie schreiben, sondern auch in bezug auf das sprachliche Niveau und die Erkenntnistiefe, die Sie - ob als Leser oder als Autor - von einem Buch erwarten.

Dem Autor anspruchsvoller Romane geht es vor allem um die Vielschichtigkeit und Tiefe von Charakteren, in deren Handlungen sich die Zwiespältigkeiten, Ängste und Probleme des Lebens spiegeln. Die hochwertige Romanliteratur bezieht ihre Kraft und ihren Reichtum aus der Darstellung von Charakteren, die in der Erinnerung des Lesers noch weiterleben, wenn er die Lektüre längst beendet hat. Romanschriftsteller und Sachbuchautoren, die danach streben, Werke von Dauer zu schaffen, haben ein gemeinsames Interesse: Sie bemühen sich um eine präzise und erfrischende Wortwahl, um tiefere Einsichten in das Wesen der Menschen und die Beschaffenheit der materiellen Welt und um Resonanz. Diese Autoren entwickeln im allgemeinen eine individuelle »Stimme«, einen eigenen Stil.

Der Autor kommerzieller Sachprosa ist oft ein Fachmann auf seinem Gebiet, der unter dem Druck von kurzfristigen Abgabeterminen auf Hochtouren produziert und sich die Energie, die er in seine Arbeit investiert, angemessen bezahlen läßt. Er schreibt nicht für die Ewigkeit, sondern um die Butter aufs Brot zu verdienen. Einen Text so zu perfektionieren, daß er die Anforderungen des Redakteurs übertrifft, bedeutet für ihn mehr Anstrengung für dasselbe Geld, eine Anstrengung, die er besser in einen anderen Text für einen anderen Auftraggeber stecken und so versilbern kann. Qualitätsansprüche bringen ab einem bestimmten Punkt seine Kosten-Nutzen-Rechnung ins Minus.

Romanautoren, die ihr Werk nicht über das von Verlegern und

Lesern geforderte Maß hinaus feilen und verbessern wollen, haben kein Interesse daran, sich zu vervollkommnen, sie sind taub für den Klang von Worten und es fehlt ihnen am nötigen Instinkt und an der Übung, sich um präzise Akzentuierung zu bemühen. Sie sind, was sie lesen.

Ich habe die Bücher von Autoren beider Kategorien redigiert und publiziert. Ich habe mit Autoren, die Millionen an einem einzigen Buch verdient haben, eng zusammengearbeitet. Was ich aber nie erlebt habe, war ein Autor, der einen nennenswerten Erfolg in einem Genre aufzuweisen hätte, das er nicht selbst zu seinem Vergnügen liest.

Diktion ist ein Begriff, mit dem viele Nichtliteraten eine klare und deutliche Aussprache verbinden. Für Autoren ist der andere Aspekt des Wortes von entscheidender Bedeutung. Diktion bezeichnet die Wortwahl, die sich am präzisen Sinn und Klang der Worte orientiert, diese gezielt arrangiert und um ihrer Wirkung willen einsetzt. Gutes Schreiben zeichnet sich vor allem durch eine hervorragende Diktion aus.

Die präzise Bedeutung von Worten ist ein ungemein wichtiger Aspekt, eine Erkenntnis, an der es den meisten Menschen, ihre selbsternannten Lehrer nicht ausgenommen, bedauerlicherweise mangelt. Mißachtung der Diktion ist eine um sich greifende Krankheit, die sich in den erstaunlichsten Bereichen eingenistet hat.

Als ich dieses Kapitel gerade fertig geschrieben hatte, las ich am Morgen in der *New York Times* eine Rezension zur Biografie von General H. Norman Schwarzkopf, dem Kommandeur der Operation Wüstensturm. Autoren des Buchs waren zwei Journalisten. Aus der Rezension erfahren wir etwas über die Ziele der beiden Autoren: Sie wollten nach ihren eigenen Worten das Porträt eines Mannes zeichnen, »der menschlich, geradlinig und klar ist, Ideale hat und schnell und effektiv handelt«.

Ich blieb schon beim ersten Adjektiv hängen: menschlich. Ich hatte mir den General auch vorher nicht als Pflanze, Mineral oder irgendeiner Tiergattung angehörend vorgestellt. Was schwebte den beiden Autoren vor, als sie den Text mit dem Wort »menschlich« einleiteten?

Wir sind aufs Raten angewiesen. Höchstwahrscheinlich meinten sie es nicht in der Bedeutung von »human«, denn das hätte einen ganz anderen Sinn ergeben. Wollten sie damit ausdrücken, daß Schwarzkopf das ist, was wir im allgemeinen Sprachgebrauch als einen »patenten Kerl« bezeichnen? Und wenn ja, was wollten sie damit sagen? Es ist ein verbaler Behälter, in den hundert Leser je nach ihren eigenen Erfahrungen hundert verschiedene Bedeutungen stopfen würden.

Auch die besten Zeitungen zwingen ihre Starjournalisten gewöhnlich, Texte schnell zu produzieren – sie sozusagen »aus dem Ärmel zu schütteln« –, und genau da liegt die Ursache für solche Ungenauigkeiten des Ausdrucks: Schnelligkeit und mangelnde Sorgfalt beim Überlegen, denn die beiden Autoren der Schwarzkopf-Biografie verfügten über genügend Erfahrung und hätten es eigentlich besser wissen müssen.

Lyrische Dichtung und Romanliteratur haben einige Gemeinsamkeiten. Ein Fehler, den der noch unerfahrene Dichter häufig begeht, besteht darin, Gefühle auszudrücken, anstatt sie hervorzurufen, seine eigenen Empfindungen zu vermitteln, anstatt beim Leser eine emotionale Reaktion auszulösen. Worte zusammenzubringen, die in dieser Kombination nirgends zuvor aufgetaucht sind, ist eine Methode, die Gefühle des Lesers anzusprechen. In der Dichtung wird Präzision eher dadurch erzielt, daß neue Wortverbindungen geschaffen werden, als daß die einzelnen Worte um ihrer exakten Bedeutung willen plaziert werden. Dichterische Präzision wird durch den Wortklang befördert, was mit dazu beiträgt, daß Dichtung manchmal nur schwer in andere Sprachen zu übersetzen ist. Die Werke von Dylan Thomas, dem vielleicht besten englischsprachigen Dichter unseres Jahrhunderts, sind reich an Innovationen, an nie zuvor gesehenen und einen neuen Sinn schöpfenden Wortkombinationen. In einem seiner besten Gedichte, »Fern Hill«, spricht er beispielsweise von »*the lilting house*«: das trällernde Haus. Mit Trällern bezeichnet man ein fröhliches Vor-sich-hin-Singen. Ein weniger begabter Dichter hätte vielleicht die direkte und offensichtliche Formulierung »das fröhliche Haus« gewählt. »Das trällernde Haus« ist ein Bild, das diese Fröhlichkeit beschwört. Es ist nicht leicht, sich sein Urteil anhand eines aus dem Zusammenhang genommenen Fragments zu bilden, gönnen Sie sich daher irgendwann einmal ein paar Mußestunden mit den Gedichten von Dylan Thomas.

Lyrik impliziert im allgemeinen eine strenge Verdichtung der Sprache. In Delmore Schwartz' berühmtestem Gedicht, *In the Naked Bed, in Plato's Cave*, mischt sich gewöhnliche Beschreibung (Eine Lastwagenflotte quälte sich knirschend den Hang hinauf) mit erfrischender Metaphorik (Die Nachtwache der Straßenlaternen). Mit einem einzigen Wort erhält die Straßenlaterne einen menschlichen Zug – Wachsamkeit. In der Prosadichtung können die Wortgruppierungen, die beim Leser eine emotionale Reaktion hervorrufen, aus wenigen Worten bestehen wie in der Lyrik, sie können aber auch mehrere Absätze oder Textpassagen umfassen.

In der Trivialliteratur spielt der Wortklang nur eine untergeordnete Rolle, sie beschränkt sich auf ein gelegentlich eingestreutes und unpräzises »Platsch« oder »Ra-ta-tat-tat«. In der anspruchsvolleren Prosadichtung kann der Klang von Worten zur Wirkungsverstärkung herangezogen werden, obwohl das von den Lesern nur selten bemerkt wird. Der Wert der Prosadichtung mißt sich an ihrer komplexen Hintergründigkeit und am individuellen Blick fürs Detail.

Dieser individuelle Blick fürs Detail ist ein Aspekt, den meine Studenten immer wieder von mir zu hören bekommen. Von Seiten der Verlage wurde lange Zeit an die Autoren die Forderung gestellt, »konkret« zu sein. Aber das Wort »konkret« drückt die Sache nicht ganz präzise aus. Das schöpferische Element des Schriftstellers liegt im besonderen, in der Einmaligkeit seiner Betrachtung. Diesem Aspekt ist das folgende Kapitel gewidmet.

29
Der Blick fürs Detail

John Gardner hat in seinem Buch *On Becoming a Novellist* geschrieben: »Im Detail liegt die Lebenskraft des Romans.« Ich habe gegen diese Bemerkung nur einen einzigen Einwand: Auch der Sachtext lebt vom Detail. Und ich möchte einen Schritt weitergehen. Gutes Schreiben zeichnet sich nicht durch Detailgenauigkeit allein aus, sondern durch Detailgenauigkeit, die von einer ganz persönlichen Note geprägt ist. Ich nenne das den »individuellen Blick fürs Detail«. Wenn Sie ihn erst einmal entdeckt haben – und erkennen können, wo er fehlt – haben Sie eine der wirkungsvollsten Techniken an der Hand, die Sie als Schriftsteller weiterbringen wird.

Was mich als Lektor und Verleger an einem Text immer am stärksten beeindruckt hat, ist der präzise Blick für die richtigen Details, für die Besonderheiten, die einen Charakter vom anderen unterscheiden, eine Handlung unter vielen hervorheben und einen Ort anders wirken lassen als jeden auch noch so ähnlichen anderen.

Sehen wir uns anhand einiger Textbeispiele diesen individuellen Blick fürs Detail beim Entwurf von Figuren, Handlungen und Schauplätzen einmal genauer an. Das heißt für die Charakterisierung handelnder Figuren, daß ohne Rückgriff auf Klischees und Verallgemeinerungen beschrieben wird, wie diese aussehen, sich kleiden oder reden.

Im ersten Teil des Romans *Ein Hauch von Verrat* kommt es zu einer Begegnung zwischen dem Anwalt Thomassy und dem vornehmen Staatsanwalt Roberts. Achten Sie auf die Formulierungen, die das spezielle Bild dieses Menschen ergeben:

> Thomassy konnte den Händedruck über die ganze Länge des Korridors auf sich zukommen sehen, und darüber dieses sommersprossige Gesicht, das verkündete, ich kann zu jedem freundlich sein, ich bin reich geboren.
> Roberts' Lächeln, dachte Thomassy, ist ein Implantat.

Das leichteste wäre gewesen, zu sagen, daß Roberts ein falsches Lächeln zur Schau trug. Das ist eine abgenutzte Formulierung und eine Verallgemeinerung, die kein spezielles Bild entstehen läßt. Dieses spezielle Bild wird in zwei Schritten erzeugt. Als erstes **das sommersprossige Gesicht mit dem Ausdruck: Ich kann zu jedermann freundlich sein, ich bin reich geboren**. Und dann Thomassys Gedanke, daß das Lächeln **ein Implantat** ist. Richten Sie Ihr Augenmerk auf diese spezifizierende Metapher. Sie besagt nicht, daß Roberts' Lächeln *wie ein Implantat* ist, sondern für Thomassy *ist* es ein Implantat. Natürlich glaubt Thomassy das nicht im wörtlichen Sinne. Wir erfahren hier in wenigen Sätzen, daß Roberts in Thomassys Augen ein eingebildeter Angeber ist. Die Spezifizierung, so kurz sie auch ist, reicht aus, um den Leser zu überzeugen. Dadurch wird das Feld für die Konfrontation bereitet, die gleich darauf folgt. Sehen wir uns nun eine Handlung an, die ein ganz spezielles Bild erzeugt:

> Thomassy ließ den Blick von Roberts' arroganten Augen zu Roberts' blondem Haar, dann zu Roberts' Kinn, dann zu Roberts' linkem Ohr, dann zu Roberts' rechtem Ohr wandern. Die vier Punkte des Kreuzes. So etwas machte Zeugen nervös. Sie konnten sich nicht vorstellen, was man tat. Man tat gar nichts, außer sie nervös zu machen.

Der Leser erkennt sofort, daß Thomassy seine Opponenten verunsichert. Roberts muß Thomassy, diesen arroganten Sohn eines armenischen Einwanderers, aus tiefstem Herzen verabscheuen. Wenn sich die beiden im Gerichtssaal gegenüberstehen, ist der Leser auf ein erbittertes Wortgefecht vorbereitet, dessen Ursachen sehr viel tiefer liegen als der Fall, der gerade verhandelt wird.

Kommen wir nun zur Beschreibung eines Schauplatzes, dessen Bild sich aus der Detailbeobachtung ergibt:

> Der Makler sagte, daß dies die absolut beste Gelegenheit sei, in dieser Gegend eine Wohnung zu finden, die nicht so beengt war wie ihre jetzige. Elizabeth und Joe eilten die Steinstufen zum Wohnzimmer hinauf. Der Makler trat zur Seite, um ihnen den Vortritt zu lassen. Ihr erster Eindruck war der einer gewaltigen Leere, in der die Stimme des Maklers widerhallte.
> »Es ist vier Meter zwanzig hoch.«
> Sie folgten dem Blick des Maklers zur Decke mit ihrer Randverzierung aus winzigen Stuckengeln.
> Joe sagte: »Hier ist Platz für ein Astronautentraining. Wie sollen wir die Glühbirnen wechseln?«
> Elizabeth lachte. »Mit einer Leiter, Dummchen.«
> Der Makler registrierte mit Genugtuung das Staunen in ihren Gesichtern und sagte: »Warten Sie, bis Sie das Schlafzimmer sehen.«
> »Ist es hier in derselben Stadt?« erkundigte sich Joe, während er Elizabeths Hand drückte.

Ein nachlässiger Autor hätte vielleicht geschrieben: »Die Wohnung war viel größer, als sie erwartet hatten.« Das Staunen über die Größe der Wohnung wäre dem Leser in diesem Fall allerdings entgangen. Durch die ausgedehnte Beschreibung der spezifizierenden Details (die widerhallende Stimme des Maklers, die Höhe des Raums, die Stuckengel an der Decke) erlebt der Leser den Ort und die darin agierenden Personen zugleich. Darüber hinaus entsteht durch den Dialog das individuelle Bild eines der Akteure. Wir erfahren darin, daß Joe über einen gewissen Sinn für Humor verfügt.
Wenn ein ganz gewöhnlicher Gegenstand für die Geschichte von Bedeutung ist, kann man durch spezifizierende Beschreibung die Aufmerksamkeit darauf lenken. Sehen wir uns dazu ein Beispiel an:

> »Hast du einen Umschlag?«
> Er legte einen vor sie hin.

In dieser Interaktion fehlt jegliche Detailbeschreibung. Derselbe Vorgang liest sich bei John le Carré so:

> »Hast du einen passenden Umschlag? Natürlich hast du einen.«
> Die Umschläge waren in der dritten Schublade seines Schreib-

> tischs, linke Seite. Er wählte einen gelben DIN-A4-Umschlag und schob ihn über den Tisch zu ihr hinüber, aber sie ließ ihn liegen.

So unspektakulär die Details der Beschreibung scheinen mögen, bewirken sie doch, daß dem, was in den Umschlag gesteckt werden soll, nun eine gewisse Bedeutung beigemessen wird. Die Details sind keine überflüssigen Worte; sie machen die Interaktion glaubhaft.

Inzwischen dürfte klar sein, daß der Blick für das Besondere manchmal mehr Worte erfordert als eine dahingeworfene Verallgemeinerung. Jahrzehntelang herrschte im Bereich der Sachliteratur ein Zwang zur knappen Formulierung und zu einfachen Sätzen vor. Dieser Trend wurde 1946 mit dem Buch *The Art of Plain Talk* (Die Kunst der schlichten Rede) von Rudolf Flesch eingeleitet. Vereinfachung kann durchaus nützlich und sinnvoll sein für diejenigen Experten und Wissenschaftler, die dazu neigen, ihre Texte mit ausufernden Formulierungen und einem schwülstigen Stil aufzubauschen. Sie ist dagegen nicht unbedingt das richtige Mittel, wenn der Autor das Leseerlebnis des Publikums im Auge hat. »Die Wohnung war groß« reicht nicht. Und es ist auch nicht genug, einen Umschlag vor jemanden hinzulegen. Das Mehr an Worten ist keine verschwendete Mühe, weil es die Handlung glaubwürdig macht und es dem Leser ermöglicht, diese mitzuerleben.

Der geübte Blick fürs Detail verrät dem Lektor, daß er es mit einem echten Schriftsteller zu tun hat. Ich habe oft erlebt, daß ein Artikel über ein ganz banales Thema durch treffende Detailbeschreibungen zum Singen und Klingen gebracht wurde. Alle von mir herausgegebenen Sachbücher, die in die Liste der Klassiker eingingen, zeigen diese Qualität der detaillierten Beobachtung. In der Belletristik ist dagegen der Blick fürs Detail eine unabdingbare Voraussetzung, weil selbst der trivialste Roman ein Mindestmaß davon braucht, um beim Publikum anzukommen.

Mein Lieblingsbeispiel für eine gelungene Detailbeobachtung ist der erste Satz aus *Das Herz aller Dinge*, einem der Meisterwerke von Graham Greene. Drei Worte aus diesem Satz sollte sich jeder Autor gut einprägen:

> Wilson saß auf dem Balkon des Grand Hotel und preßte seine kahlen, rosigen Knie fest gegen das eiserne Gitter.

Die entscheidenden Worte sind natürlich die »kahlen, rosigen Knie«, ein Detail, das die Figur und den Ort augenblicklich sichtbar und in den Augen des Lesers einmalig werden läßt. Wie sehr würde es diesen Satz beschneiden, wenn wir die Worte »kahl« und »rosig« weglassen würden:

> Wilson saß auf dem Balkon des Grand Hotel und preßte seine Knie fest gegen das eiserne Gitter.

Wenn wir die zwei charakteristischsten Worte streichen, machen wir aus dem Satz eine ganz banale Aussage. Und obwohl wir das Bild immer noch vor uns sehen, hat es nichts besonders Erinnernswertes mehr an sich. Auch der Balkon und das Grand Hotel sind, ebenso wie das schmiedeeiserne Geländer, Details, aber das Bild der »kahlen, rosigen Knie« ist erfrischend und originell und bewirkt, daß wir Wilson augenblicklich vor uns sehen. Die an das Eisengeländer gepreßten Knie machen auch das Hotel für uns sichtbar. Und das alles wird mit einem einzigen Satz erreicht. Eine spezifizierende Beschreibung empfiehlt sich auch dann, wenn Sie etwas Bestimmtes – das Lachen einer Figur beispielsweise – wiederholen und dabei vermeiden wollen, den Leser damit zu langweilen, daß dieselbe Formulierung auf den nächsten Seiten gleich mehrmals auftaucht.

> Sie sah aus, als würde sie sich köstlich amüsieren.
>
> Wenn er in einem dunklen Raum unvermittelt hinter dir lachte, würdest du erschrecken.
>
> Er strahlte über das ganze Gesicht wie ein Honigkuchenpferd. Sein mächtiger Brustkorb hob und senkte sich, aber ich hörte ihn nicht lachen.
>
> Sie sah aus, als wollte sie gleich losgickeln wie ein Schulmädchen, aber sie beherrschte sich. Die Schulzeit lag schon lange hinter ihr.

> Seine Erwiderung klang wie eine Mischung aus schallendem Gelächter und fröhlichem Glucksen. Später erfuhr ich, daß es eine Art Markenzeichen für ihn war. Kein Mensch lachte so, außer ihm.

Die Versuchung ist immer groß, sich eines Klischees oder einer Verallgemeinerung zu bedienen. In diesem Kapitel geht es um die Kunst, Sätze so zu formulieren, daß sie ein interessantes und differenziertes Bild entstehen lassen. Folgendes ist eine »aus dem Ärmel geschüttelte« Beschreibung, die uns nicht allzu viel sagt:

> Cecilia trug kurze Röcke.

Es ist keine große Kunst, aus dieser banalen Aussage einen Satz zu machen, der diese spezielle Figur lebendig werden läßt:

> Cecilias Röcke waren zehn Zentimeter kürzer, als es ihr Alter erlaubte.

Und hier kommt noch ein banaler – um nicht zu sagen schlampiger – Satz:

> Vernon war ein starker Raucher.

Es gibt mehrere Möglichkeiten, dieselbe Aussage durch ein spezielles Bild zu vermitteln:

> Vernon hustete sich die Eingeweide aus dem Leib.
>
> Sobald eine Kellnerin Vernons Stimme hörte, führte sie ihn, ohne zu fragen, zu den Rauchertischen.
>
> Vernon sah aus wie einer dieser Typen mit einer rechteckigen Brust, wo sie ihr Päckchen Marlboro im Hemd stecken haben.

Der folgende Satz läßt vor dem Auge des Lesers nicht einmal ansatzweise ein Bild entstehen; dazu ist er viel zu verallgemeinernd:

> Er wußte nicht, was er mit seinen Händen anfangen sollte.

Wenn Sie sich über die Hände einer Figur auslassen, geben Sie ihnen, wie in der folgenden Passage, etwas zu tun:

> Alle paar Minuten prüfte seine rechte Hand, ob seine Fortpflanzungsorgane noch an Ort und Stelle waren.

Wenn es darum geht, im Roman oder Sachtext eine Figur, eine bestimmte Persönlichkeit oder einen Schauplatz zu beschreiben, kann man sich der Technik bedienen, den Menschen oder den Ort zuerst aus der Ferne zu betrachten und dann näher heranzuholen. Der Leser erlebt das so, als würde er eine Person zuerst in voller Größe und dann in einer Nahaufnahme sehen, in der sich ihm weitere Einzelheiten offenbaren:

> Corrigans massiger Körper füllte den Türrahmen aus.
> Ich sagte: »Hallo«, und erhob mich eilig von meinem Stuhl hinter dem Schreibtisch, um ihm die Hand zu schütteln.
> Ich hielt inne. Sein rechter Arm steckte in einer Schlinge. Er fuchtelte mir mit den Fingern entgegen.
> »Gebrochen?« fragte ich.
> Seine Lippen zitterten in einem gequälten Lächeln.
> »Was ist passiert?« erkundigte ich mich und winkte ihn zu einem Stuhl.
> Er wandte das Gesicht zum Fenster. Ich sah die frisch genähte Schnittwunde, die sich von der rechten Wange bis hinunter in den Hemdkragen zog.

Wenn eine Figur zum ersten Mal ins Blickfeld tritt, ist der Autor versucht, sie sofort ausführlich zu beschreiben. Wirkungsvoller ist es aber, die vollständige Beschreibung ein wenig hinauszuzögern. Betrachten Sie die Figur erst aus einer gewissen Entfernung, dann rücken Sie näher heran und gehen auf Einzelheiten ein. So steigern Sie die Spannung. Die Technik, die Detailbeschreibung in mehreren Schritten zu entwickeln, ist sowohl für Personen als auch für Schauplätze anwendbar.

Elmore Leonard, der für seine hervorragenden Dialoge bekannt ist, hat auch einen sicheren Blick für das besondere Detail:

> Robbie Daniels war auch einundvierzig. Er hatte sich vor dem Eintreffen der Polizeibeamten umgezogen und trug nun, um sechs Uhr morgens, einen leichten marineblauen Kaschmirpullover auf der nackten Haut, die Ärmel bis zu den Ellbogen hochgekrempelt, und eine Baumwollhose von undefinierbarer Farbe, die um die Hüften spannte, aber in der Taille nicht eng saß. Während er vor dem Haus stand und mit dem Streifen-

> beamten sprach, strich vom Meer her aus dem diesigen Morgengrauen eine Brise herüber; beiläufig, sich erinnernd, schob er eine Hand unter den Pullover und ließ sie über seine Haut wandern, mit der anderen deutete er zum Schwimmbecken und zur Terrasse hinüber, wo gelbe Blumen und Tische mit gelben Sonnenschirmen standen.

Was mir in diesem Absatz besonders gut gefällt, ist die Detailbeobachtung in der Passage »beiläufig, sich erinnernd, schob er eine Hand unter den Pullover und ließ sie über seine Haut wandern, mit der anderen deutete er zum Schwimmbecken und zur Terrasse hinüber, wo gelbe Blumen und Tische mit gelben Sonnenschirmen standen.« Rudolf Flesch hätte Elmore Leonard wahrscheinlich geraten, so etwas zu schreiben wie: »Er kratzte sich unter dem Pullover«, aber zusammen mit den Worten wäre dann auch der besondere Reiz des Textes entschwunden.

In der Literatur bezieht sich der Begriff »Diktion« auf die Wahl der Formulierungen, mit denen der Autor seinen spezifischen Blick für Details in Worte faßt. Hier ist eine besondere Präzision der Bedeutung gefordert, *le mot juste*, das die Sache exakt treffende Wort. Das folgende Beispiel ist einer kürzlich erschienenen Zeitungsreportage entnommen:

> Taschendiebe besteigen einen U-Bahnzug, warten bis zur äußersten, ultimativ letzten Sekunde und springen dann ab. Wenn irgend jemand sonst dies tut, ist es ein Polizist.

Der nachlässige Journalist hätte sich mit dem gängigen Klischee begnügt: »Taschendiebe warten bis zur letzten Sekunde.« Der Autor dieser Reportage hat das Klischee vermieden und die Aussage des Satzes verstärkt, indem er von der »äußersten, ultimativ letzten Sekunde« gesprochen hat. Durch diese Wortwahl hat er den Text mit Leben erfüllt.

In anspruchsvollen Sachbüchern, die den Sprung in die Bestsellerlisten schaffen und ihren Autoren beachtliche Summen einbringen, findet sich fast ausnahmslos ein überdurchschnittliches Maß an präziser und innovativer Detailbeschreibung. Solche Texte verdienen eine eingehendere Betrachtung. Es kann überaus lehrreich sein, sich einmal eine Stunde lang in eine Bibliothek zu setzen und nur die ersten Seiten einiger erfolgreicher Sachbücher jüngeren Datums zu lesen. Die folgende Textpassage ist der erste Absatz eines Buches zum fünfzigsten Jahrestag der alliierten Landung in der Normandie am 6. Juni 1944, dem ein größerer Erfolg beschieden war als allen anderen Büchern, die aus diesem Anlaß geschrieben wurden. Es trägt den Titel *D-Day, June 6, 1944. The Climactic Battle of World War II*, und der Autor ist Stephen E. Ambrose:

> Am 6. Juni 1944 um 00:16 Uhr setzte der Horsa-Gleiter seitlich des Kanals von Caen, kaum fünfzig Meter von der Hängebrücke, die den Kanal überquerte, mit einer Bruchlandung auf. Lt. Den Brotheridge, der die achtundzwanzig Männer des ersten Zuges anführte, D Company, Infantrieregiment Oxfordshire and Buckinghamshire, 6. Britische Luftwaffendivision, kroch aus dem Gleiter. Er zog Sgt. Jack »Bill« Bailey, einen Untergruppenführer, zu sich heran und flüsterte ihm ins Ohr: »Setzen Sie Ihre Leute in Bewegung.« Bailey zog mit seiner Gruppe los, um den Bunker, der sich bekanntermaßen am Rand des Kanals befand, mit Maschinengewehrschützen unter Granatenbeschuß zu nehmen. Lieutenant Brotheridge sammelte den Rest seines Zuges um sich, sagte mit unterdrückter Stimme: »Los jetzt, Jungs«, und begann zur Brücke zu rennen. Die deutschen Verteidiger der Brücke, etwa fünfzig Mann hoch, hatten keine Ahnung, daß in diesem Augenblick die seit langem erwartete Invasion begonnen hatte.

Achten Sie auf die Detailbeobachtungen, mit denen Ambrose das Interesse des Lesers gewinnt. Der sichere Blick für das Detail ist nicht nur die Quintessenz des guten Schreibens, er wird auch manchmal von den Rezensenten und Lesern belohnt, an denen es liegt, aus den Büchern derjenigen Autoren Bestseller und Klassiker zu machen, die auf sorgfältigen und präzisen Umgang mit Form und Inhalt der Sprache achten.

Man kann von einem Buch sagen, daß es eine Aneinanderreihung von einzelnen Absätzen ist. Man erarbeitet einen Absatz nach dem anderen. Wenn Sie einen einzelnen Absatz vervollkommnen, haben Sie ein Vorbild für das ganze Buch. Einen solchen vorbildlich gestalteten Absatz möchte ich Ihnen jetzt vorstellen. Er stammt nicht aus der Feder eines berühmten Autors, sondern von Linda Katmarian, einer meiner Studentinnen, die bisher noch nichts veröffentlicht hat. Achten Sie darauf, wie kreativ sie ihre Detailbeobachtungen einbringt:

> Hohe Gräser und die tiefhängenden Zweige von verwilderten Bäumen schürften und trommelten gegen die Karosserie, Steine polterten laut unter den Reifen. Als der Wagen weiterrumpelte, schoß ein Schwarm erschrockener Amseln explosionsartig aus dem Gehölz auf. Einen Augenblick lang flatterten und wirbelten sie durch die Luft wie verkohlte Papierfetzen im Sog von Flammen, dann waren sie verschwunden. Elizabeth blinzelte. Die Fantasie konnte einem merkwürdige Streiche spielen.

Was geht hier vor? Die Autorin verstößt gegen die Regeln. Es wimmelt von Adjektiven und Adverbien, die man normalerweise meiden sollte. Aber hier haben sie eine wunderbare Wirkung, weil sie um ihres speziellen Wortklangs willen benutzt werden. Die tiefhängenden Zweige *schürften* und *trommelten* gegen die Karosserie. Die Steine *polterten.* Erschrockene Amseln *schossen explosionsartig* aus dem Gehölz auf. Sie *flatterten* und *wirbelten* durch die Luft. Wir können den Zustand der Straße nachempfinden, weil der Wagen darüber *rumpelt.* Welch ein großartiges Bild - die Vögel flatterten und wirbelten durch die Luft *wie verkohlte Papierfetzen im Sog von Flammen.* Und das alles kulminiert in der Wahrnehmung der Figur: *Elizabeth blinzelte. Die Fantasie konnte einem merkwürdige Streiche spielen.*

Viele Autoren, deren Bücher längst veröffentlicht sind, wären froh, wenn sie einen so gelungenen Absatz geschrieben hätten. Dieser nahezu perfekte Text kam mit einem geringfügigen Aufwand an Überarbeitung zustande. Für die Autorin war er in zweierlei Hinsicht wichtig: Zum einen bewies sie sich selbst damit, daß sie schreiben konnte, zum anderen lieferte er ihr einen Anhaltspunkt, an dem sie sich bei der Überarbeitung des gesamten Buches orientieren konnte.

Eine gute Gelegenheit, unseren individuellen Blick für das Detail zu schärfen, sind Briefe, die wir an unsere Freunde schreiben. In früheren Zeiten war das Briefeschreiben einmal eine Kunstform. Heute schreiben die meisten Menschen ihre Briefe schnell und oberflächlich, mit Verallgemeinerungen und Klischees gespickt. Viele von uns halten Klischees für ein Thema, das schon in der Schule erschöpfend behandelt wurde. Aber die Wahrheit ist, daß selbst die gebildetsten Autoren beim Reden wie beim Schreiben viel häufiger in Klischees abrutschen, als ihnen selbst bewußt ist. Der Romanautor, der sich bewußt darin übt, sie zu vermeiden und aufzuspüren, wo immer sie sich eingeschlichen haben, kommt einem der wichtigsten Aspekte des kreativen Schreibens ein gutes Stück näher, nämlich der Notwendigkeit, jedes Wort auf seine genaue Bedeutung hin zu betrachten und zu fragen, wie die einzelnen Wortgruppen den Leser emotional beeinflussen.

Für den Autor ist jede Form von Oberflächlichkeit beim Schreiben gefährlich, auch wenn es nur um einen Brief geht, weil die Gewohnheit auch auf seine professionelle Arbeit abfärben könnte. Wenn Sie auch in Ihrer persönlichen Korrespondenz auf den Blick für das besondere Detail achten, werden die Empfänger Ihrer Briefe viel mehr Freude an dem haben, was Sie schreiben - und Sie üben sich in dem, was Sie beherrschen müssen, damit Ihre Bücher veröffentlicht werden und Sie ein möglichst zahlreiches Publikum für sich gewinnen.

An früherer Stelle habe ich, wie Sie sich sicher erinnern werden, darauf hingewiesen, daß auch der kommerzielle Unterhaltungsroman von der präzisen Detailbeobachtung profitieren kann. Wenn Sie sich das Vergnügen machen wollen, zu testen, ob Sie die Kunst der Detailbeobachtung beherrschen, müssen Sie Papier und Bleistift bereitlegen oder Ihren Computer einschalten.

Das folgende sind die ersten beiden Absätze eines Romans, und Ihre Aufgabe ist es, sie zu verbessern:

> Um halb sieben an einem Freitagabend im Januar wurde der Betrieb auf dem Lincoln International Airport noch aufrechterhalten, wenn auch mit erheblichen Schwierigkeiten.
> Auf dem Flughafen herrschte, wie im gesamten Mittleren Westen der Vereinigten Staaten, ein unüberschaubares Chaos nach dem heftigsten und bedrohlichsten Wintersturm seit mehr als einem halben Jahrzehnt. Der Sturm hatte drei Tage angehalten. Jetzt taten sich, wie Pusteln auf einem zerschundenen, geschwächten Körper, ständig neue Schwachstellen auf.

Diesem Text fehlt es an der sorgfältigen Detailbeobachtung. Der »heftige und bedrohliche Wintersturm« und die »Schwachstellen« sind Verallgemeinerungen. Der Vergleich »wie Pusteln auf einem zerschundenen, geschwächten Körper« ist erstens unpräzise und wirkt zweitens im ersten Absatz eines Romans eher abstoßend. Wie würden Sie, vor dem Hintergrund Ihrer möglichen eigenen Erfahrungen mit Flughäfen und dessen, was allgemein über langanhaltende Schneestürme bekannt ist, diese beiden Absätze verändern, um den Romananfang durch präzise Detailbeobachtung zu beleben? Es steht Ihnen frei, so viel zu verändern oder zu streichen, wie Sie wollen. Ihre überarbeitete Fassung kann nach Ihrem eigenen Belieben länger oder kürzer sein als das Original. Denken Sie an John Gardners Worte: »Im Detail liegt die Lebenskraft des Romans.« Führen Sie, wenn möglich, Handlungselemente ein. Wenn in Ihrem Romananfang Akteure auftreten, spezifizieren Sie diese Figuren durch das, was sie sagen oder denken. Geben Sie dem Leser eine differenzierte und bildliche Vorstellung von Schauplätzen, Dingen und Menschen. Bedienen Sie sich da, wo es paßt, anderer Sinneseindrücke. Und bringen Sie ein Element des Geheimnisvollen hinein, wenn Sie können. Machen Sie Schluß, wenn Sie ganz sicher sind, daß Ihre Überarbeitung eine Verbesserung der zitierten Textpassage ist.

Wenn Ihnen die eigene Version besser gefällt als das Original, dann machen Sie sich jetzt auf eine Überraschung gefaßt. Sie haben gerade den Anfang eines der erfolgreichsten Bestseller unserer Tage, nämlich *Airport* von Arthur Hailey, überarbeitet. Ich habe mich an einer mehr ins Detail gehenden Fassung von Arthur Haileys Romananfang versucht und mich dabei an die Informationen gehalten, die der Autor selbst auf den ersten drei Seiten des Buches einstreut. Sehen Sie sich an, welche Spannung durch Detailbeobachtung und die Einführung eines Akteurs in dieser einleitenden Passage erzeugt wird:

> Die Landebahn drei null des Lincoln International war außer Betrieb, blockiert von einer 707 der Aereo Mexico, deren Räder sich im aufgeweichten Boden am Ende der Bahn festgefahren hatten. Maschinen aus Minneapolis, Cleveland, Kansas City, Indianapolis und Denver, denen der Treibstoff allmählich knapp wurde, zogen ihre Warteschleifen am Himmel. Am Boden vereisten die Flügel der vierzig Maschinen, die ungeduldig auf ihre Starterlaubnis warteten.
>
> Hoch oben im gläsernen Kontrollturm am Wetterkontrolltisch stand Mel Bakersfield, der Flughafendirektor, trommelte mit den Fingern gegen die Scheibe und starrte in die Dunkelheit hinaus, als könnte er den United-Flug Nummer 111 aus Los Angeles mit seiner Willenskraft herbeizwingen. Die Maschine sollte planmäßig um halb fünf eintreffen. Jetzt war es halb sieben.

30
Vergleiche und Metaphern

Vergleiche und Metaphern sind die Wundermittel des Schreibens, und wie alle wunderbaren Dinge haben sie ihren Preis. Wenn man die sprachlichen Bilder übertreibt, geht der Schuß nach hinten los. Das sehen wir am Beispiel von Martin Cruz Smith, der sich in seinem Bestseller *Polar Star* krampfhaft bemüht, eine Metapher und einen Vergleich in zwei aufeinanderfolgenden Sätzen unterzubringen:

> Im Lichtschein der Lampe wirkte Volovois Bürstenschnitt wie eine strahlende Dornenkrone. Karp, der die ganze Schwerarbeit leistete, schwitzte natürlich wie Vulcanus am Schmiedefeuer.

Was wir hier sehen, ist weder Volovois Bürstenschnitt noch Karps Schweiß, sondern die vergebliche Mühe des Autors, sich Vergleiche aus den Rippen zu schneiden. An einer Stelle setzt er eine Schlägerei in Szene, in deren Verlauf Arkady, der Held, gegen ein Bücherregal geschleudert wird, was den Autor zum folgenden Vergleich inspiriert:

> Taschenbücher flatterten auf wie Vögel.

Aber sicher. Dieser Vergleich ist unpräzise. Smith kann sich nicht in Zaum halten. Hier schlägt er wieder zu:

> Ihre schwarzen Augen balancierten ängstlich auf hohen Wangenknochen.

Die Vorstellung von schwarzen Augen, die auf Wangenknochen balancieren, wird unweigerlich mit schallendem Gelächter quittiert, wenn man den Satz laut vorliest. Das ist weder ein Vergleich noch eine Metapher, sondern schlichte Übertreibung. Und hier möchte ich den Autoren, die ihr Werk so farbig wie möglich gestalten wollen, einen grundsätzlichen Ratschlag geben. Lassen Sie Ihrer Fantasie Flügel wachsen, probieren und experimentieren Sie, aber wenn das Ergebnis erzwungen wirkt, wenn es kein stimmiges Bild ist, streichen Sie's.

Ein schiefer Vergleich oder eine unpassende Metapher haben den Effekt, daß die Aufmerksamkeit des Lesers von der Geschichte auf die Worte auf dem Papier abgelenkt wird. Aber wenn der Autor seine Sache gut gemacht hat, wenn seine Vergleiche originell sind und seine Metaphern im Leser widerhallen, gibt es nichts Herrlicheres im Umgang mit der Sprache.

In der Schule haben wir gelernt, daß ein Vergleich eine Gegenüberstellung zweier ungleicher Dinge ist, die im allgemeinen mit den Vergleichswörtern »so – wie« verbunden werden. Vielleicht lassen sich Autoren durch den Aspekt des »Ungleichen« in die Irre führen. Gemeint ist, daß der Autor im Vergleich die Ähnlichkeit zweier Dinge aufzeigt, die vorher nicht miteinander in Verbindung gebracht wurden:

> *Vergleich*: Sie sprang auf wie ein Schachtelmännchen, als es an der Tür läutete.

Wir erkennen das Bild des Schachtelmännchens, das plötzlich aus seiner Kiste hervorspringt, aber wenn da stehen würde: »Sie sprang plötzlich auf«, wäre der Reiz des Vergleichs verlorengegangen.

In einer Metapher wird ein Wort oder eine Formulierung auf etwas angewandt, das eher im übertragenen als im wörtlichen Sinne gleich ist. Ein solches sprachliches Bild entsteht, wenn Begriffe oder Formulierungen miteinander verbunden werden, die normalerweise nicht zusammengehören, in ihrer Kombination aber einen neuen Sinn ergeben.

> *Metapher*: Sein Fahrrad hatte Flügel.

Das Fahrrad war so schnell, daß es aussah wie ein Vogel im Flug, oder der Radfahrer trat mit solchem Schwung in die Pedale, daß es zu fliegen schien.

Wie wir schon an früherer Stelle gesehen haben, sind die Titel einiger der besten Romane Metaphern. *Das Herz ist ein einsamer Jäger*. Die Treffsicherheit solcher Analogien erschließt sich dem Leser auf Anhieb.
In der Trivialliteratur begegnen uns häufig nachlässig und ohne großes Nachdenken aus dem Ärmel geschüttelte Vergleiche und Metaphern:

> *Vergleich*: Er fühlte sich wie der König von Frankreich.
>
> *Metapher*: Das war ein gefundenes Fressen für ihn.

Beides sind Klischees, fad und überstrapaziert. Einen wirklichen Könner unter den Autoren erkennen wir meist an seiner sorgfältigen Auswahl von präzisen und manchmal originellen Vergleichen und Metaphern:

> *Vergleich:* Er fühlte sich wie ein Teenager, für den Krankheit und Tod abstrakte Begriffe sind.
>
> *Metapher:* Der Gedanke hing in der Luft und wartete auf die Erlaubnis, herunterzukommen.

Gefährlich wird es natürlich, wenn zwei oder mehr Metaphern in einem Satz zusammengebracht werden. Dieser Versuch führt selten zum Erfolg:

> Er war hundemüde, aber der Hafer stach ihn immer noch.

Nanci Kincaid weiß die richtige Metapher für ihre barfüßigen Kleinen zu finden:

> Melvinas wilde Sprößlinge liefen den lieben langen Tag barfuß. Meistens hatten sie kein Hemd an. Bloß zerlumpte Shorts und *kugelsichere* Füße ...

»Kugelsichere Füße« ist eine eindrucksvolle Metapher; wir sehen die Jungen förmlich vor uns, wie sie barfuß herumtoben, als könnte nichts auf dem Boden ihnen etwas anhaben.
Meine Studenten wissen, daß ich liebend gern Vergleiche und Metaphern aus einer von John Cheevers besten Geschichten zitiere, nämlich aus »The Country Husband«. Das erste ist ein wirklich ausgefallener Vergleich:

> Das Wohnzimmer war geräumig und wie Gallien in drei Teile aufgeteilt.

Der nächste Vergleich ist sowohl überaus präzise als auch originell:

> Francis setzte sich ein Limit von zwei Partynächten pro Woche, wobei sie den Freitag flexibel auslegte, und sie trieb durch das Wochenende wie ein Bötchen im Sturm.

Cheevers setzt das Mittel der Metapher ein, um eine bestimmte Stimmung zu erzeugen:

> Der Himmel war bewölkt und tauchte die unbefestigten Sträßchen in ein beunruhigendes Licht.

Auch in journalistischen oder anderen nichtfiktionalen Texten können Metaphern Wunder wirken. Sehen Sie sich diesen Satz an:

> An manchen Stellen, besonders im Umkreis von öffentlichen Gebäuden wie dem Weißen Haus und dem Außenministerium, war der Sicherheitsgürtel so fest gezogen wie ein indischer Sari.

Eine meiner Lieblingsmetaphern ist ein Satz, den Clive James in der Fernsehserie *Fame* zu sagen hat:

> Hirohito war eine 15-Watt-Birne.

Diese Metapher verdient eine nähere Betrachtung. Es ist ein himmelweiter Unterschied zwischen dem japanischen Kaiser und einer Glühbirne, aber man versteht auf Anhieb, was gemeint ist.

Ich habe Ihnen an früherer Stelle den Rat gegeben, Ihr Manuskript nach Vergleichen und Metaphern zu durchsuchen, die zu sehr an den Haaren herbeigezogen sind. Ich möchte dem noch etwas hinzufügen. Können Sie bei der Überarbeitung Ihres Werks Stellen ermitteln, an denen das »nackte Gerippe« Ihrer Geschichte durchscheint, und können Sie diesem Gerippe durch Vergleiche und Metaphern, die Ihnen bei der Niederschrift des ersten Entwurfs noch nicht eingefallen sind, zu Fleisch und Blut verhelfen?

31
Resonanz

Der Begriff der *Resonanz* ist aus der Welt der Musik entlehnt und bezieht sich dort auf die Verlängerung und Verstärkung eines Klangs durch Schwingung. In der Literatur bezeichnen wir damit das Element einer tieferen Bedeutung, die über die Bausteine einer Geschichte hinausgeht. Resonanz kann durch Anspielung auf Bibelinhalte erzielt werden. »So nennt mich denn Ismael«, mit diesem Satz erzeugt Melville gleich am Anfang seines Romans *Moby Dick* einen Widerhall. In diesem Kapitel zeige ich die vielen Möglichkeiten, ein Werk mit Resonanz zu erfüllen – durch Namen, religiöse Bezüge, Beschwörung von Leben und Tod, durch eine kühne Prämisse, eine Hyperbel, durch die Überschriften, die wir einzelnen Teilen eines Buchs zuordnen, durch Aphorismen und Leitsprüche, und natürlich im Idealfall durch das Können des Autors selbst, seinen geschickten Umgang mit Vergleichen und Metaphern. Ich greife dabei mit meinen Beispielen auf wichtige Werke des zwanzigsten Jahrhunderts aus dem Bereich der nichtfiktionalen Literatur und der Belletristik zurück.

Auch Autoren, die Resonanz erkennen, wenn sie ihnen beim Lesen begegnet, haben manchmal Schwierigkeiten, in ihren eigenen Werken Resonanz zu erzeugen. Aber dem kann abgeholfen werden. Untersuchen wir einmal, wie wir aus unseren eigenen Quellen schöpfen können, um beim Schreiben Resonanz zu schaffen.

Wir haben gesehen, wie die einleitenden Worte in *Moby Dick* durch ihren Bezug zum biblischen Namen Ismael auf der Stelle einen Widerhall erzeugen. Derselbe Effekt könnte durch jeden anderen bekannten Namen aus der Bibel erzielt werden, ob auf eine handelnde Figur bezogen oder geschickt in eine Formulierung eingeflochten.

In der Unterhaltungsliteratur wird manchmal durch eine reale politische oder historische Figur Resonanz erzeugt. Lassen Sie einen Eisenhower oder einen Kennedy in einer Geschichte auftreten, und schon haben Sie einen Widerhall, zumal wenn die Auftritte solcher Figuren sparsam dosiert und flüchtig sind. Sparsam und flüchtig deshalb, weil der Versuch, historische Persönlichkeiten in aller Ausführlichkeit und vielleicht sogar mit eingestreuten Dialogen vorzustellen, meist zum Scheitern verurteilt ist. Auf diesem Gebiet kommt ein einziger falscher Ton einem Fehltritt am Rande eines Abgrunds gleich. Jack Higgins' Erfolg setzte zum Höhenflug an, als er begann, historische Figuren flüchtig in seine Romane einzubauen.

Religiöse Bezüge. Evan Hunter, besser bekannt unter seinem Pseudonym Ed McBain, ist ein Meister seines Fachs. Sein Roman *Abendbrevier* bezieht bereits aus dem Titel eine gewisse Resonanz, aber ich rate Ihnen nachdrücklich, wenigstens die ersten viereinhalb Seiten dieses Buchs zu lesen und sich anzusehen, wie hier in einer Szene, in der ein Mord geschieht, mit liturgischen Anspielungen eine verblüffende Resonanz erzeugt wird.

Beschwörung des Todes. In seinem 1987 erschienenen Roman *World's End* verleiht T. Coraghessan Boyle einem bestimmten Tag Gewicht durch eine Metapher, die den möglichen Untergang der Erde andeutet:

> Es war einer der Apriltage, die für das Hudson-Tal typisch sind, rauh und naßkalt, und von der Erde stiegen diesige Schwaden auf, als würde sie in den letzten Zügen liegen.

Im vierten und letzten Band seiner »Rabbit«-Serie, *Rabbit in Ruhe*, gibt John Updike gleich zu Beginn einen Hinweis auf den Tod seines Protagonisten:

> Harry Armstrong steht inmitten der braungebrannten, aufgeregten nachweihnachtlichen Menschenmenge im Southwest Florida Regional Airport und hat ganz plötzlich das eigenartige

> Gefühl, daß das, was da auf ihn zukommt, was da ungesehen einschwebt und gleich landen wird, nicht sein Sohn Nelson mit Ehefrau Pru und den beiden Kindern ist, sondern etwas Schicksalhafteres, etwas viel Persönlicheres: sein Tod, in Gestalt eines Flugzeugs.

Kühne Prämisse. Um zu sehen, wie V. S. Naipaul, eine der herausragenden Gestalten der englischsprachigen Literatur unserer Zeit, dem Anfang seines Romans *An der Biegung des großen Flusses* durch eine kühne philosophische Betrachtung Resonanz verleiht, werfen wir zuerst einmal einen Blick auf den zweiten Satz:

> Nazruddin, der mir das Geschäft billig verkauft hatte, glaubte nicht, daß ich es leicht haben würde, wenn ich es übernahm.

Keine Resonanz. Aber diesem Satz geht ein anderer voraus:

> Die Welt ist, was sie ist; Menschen, die nichts sind, die sich erlauben, nichts zu sein, haben in ihr keinen Platz

Dieser erste Satz verleiht allen folgenden Sätzen, vielleicht sogar dem ganzen Roman, Resonanz.

Beschreibung eines Handlungsorts, der das Leben einer Persönlichkeit stark beeinflußt hat. Es gibt Biografen, die den Geburtsort der von ihnen beschriebenen Person bis ins kleinste Detail nachzeichnen, dabei aber die Gelegenheit versäumen, Resonanz zu schaffen. Bertram Wolfe beginnt seine Biografie des Malers Diego Rivera mit der Beschreibung einer Landschaft, die viel aussagt über die Quelle, aus der Riveras schöpferisches Werk gespeist wurde:

> Guanajuato ist von Licht durchflutet. Die Sonne brennt mit gleißender Schärfe auf die Flachdächer der Häuser herunter, füllt ihre Fenster und Türen mit tiefroter Dunkelheit, gibt ihren festen Formen Masse, zeichnet klar die Linie ab, die das umliegende Bergland vom lichtgebadeten Himmel trennt. Das Tal, in das sich die verträumte Stadt schmiegt, liegt zweitausend Meter über dem Meeresspiegel. Enge Kopfsteinsträßchen winden sich durch den alten Stadtkern und steigen dann in die Berge hinauf. An der Peripherie geben die Bäume klein bei; Bergkämme ragen kahl und braun in einen tiefen, weiten,

> dunstlosen Himmel und zeichnen sich scharf vor der lichterfüllten Leere des Raums ab.
> Wessen Augen sich an diesen klaren Umrissen, den massiven Formen und dem lichterfüllten Raum geweidet haben, der wird sich nie ganz zu Hause fühlen im fahlgelben Sonnenlicht mit den weichen Silhouetten der Baumwipfel und Türme von Paris, wo das Licht durch einen Dunst gefiltert wird, der immerwährend Regen verkündet. Ein Junge, der hier geboren ist, mag sich vielleicht für eine Weile in den Pariser Moderichtungen verlieren und unbeholfen mit flüchtigen Lichtflecken und verwaschenen Dunstschwaden experimentieren, in denen die Umrisse wabern, die Flächen miteinander verschmelzen und Objekte ihren festen Körper verlieren; aber er wird den Maler in sich niemals wirklich entdecken, solange er nicht zurückfindet zu den scharf umrissenen Formen, den reinen Farben, der klaren Atmosphäre und der allgegenwärtigen Lichtflut, die allen Objekten Volumen verleiht, ohne selbst sichtbar in Erscheinung zu treten.

Sie können sich vorstellen, wie wohltuend es für mich war, Zeile für Zeile das Werk eines Autors zu lektorieren, der seinen Worten Resonanz verleiht, um dem Leser Freude zu machen und ihm gleichzeitig Wissen zu vermitteln, wie es der Schriftsteller Bertram Wolfe tut.

Hyperbel. Eine Hyperbel ist Übertreibung des Ausdrucks, die selbstverständlich nicht wörtlich verstanden werden soll. Sie gibt dem Romanautor Gelegenheit, einen Sachverhalt mit Resonanz zu füllen, der ansonsten vielleicht banal klingen würde. *Der Brunnen fließt über* von Rebecca West beginnt mit dem folgenden Satz:

> Das Schweigen dauerte so lange, daß ich mich fragte, ob Mama und Papa je wieder miteinander reden würden.

Am Ende des Absatzes bittet der Vater die Mutter um Entschuldigung, aber die Wahrnehmung des scheinbar endlosen Schweigens durch die kindliche Erzählerin hat die Bedeutung dieses Augenblicks verstärkt. Kinder können das geringste Zeichen von Spannung zwischen den Eltern so beängstigend empfinden wie einen heftigen Gewittersturm.

Titel der einzelnen Teile eines Buchs. Ein Omen ist ein böses Vorzeichen. Der Hinweis darauf genügt, um Spannung zu erzeugen. Der Roman *Act of Darkness* des ideenreichen britischen Autors Francis King besteht aus fünf Teilen. Der erste ist mit dem schlichten Titel »Omen« überschrieben. Damit ist beim Leser Resonanz geschaffen, noch bevor er den ersten Satz liest.
Im Sachbuch bietet die Betitelung einzelner Kapitel noch vielversprechendere Möglichkeiten. Orville Schell hat in *Das Mandat des Himmels*, einem 1994 erschienenen Buch über China, einige Kapitelüberschriften gewählt, die sowohl im Inhaltsverzeichnis als auch am Kapitelanfang für Resonanz sorgen:
»Laßt hundert Blumen welken« weckt natürlich die Assoziation mit dem bekannten Mao-Zitat: Laßt hundert Blumen blühn.
»Das Ergrauen der chinesischen Kultur« ist eine Metapher, die Resonanz erzeugt.
»Shanghai im Konsumrausch« bedient sich ebenfalls einer Metapher, um Resonanz zu erzeugen.
Gedanken und Worte einer Figur. In *Die blaue Stunde*, einem großartigen und vielgepriesenen Roman von William Boyd, läßt der Autor in einem der ersten Kapitel die Architektin Kay Fischer als Ich-Erzählerin auftreten. An einer Stelle legt er ihr die folgenden Worte in den Mund:

> In der Architektur, wie in der bildenden Kunst, gilt: Je stärker man reduziert, um so höher sind die Qualitätsanforderungen. Je mehr man abstreift und entfernt, um so größer der Druck und die Bedeutung dessen, was bleibt. Wenn ein Raum nur ein Fenster und eine Tür haben soll, müssen diese beiden Öffnungen exakt auf das Raumvolumen abgestimmt sein, das die vier Wände, der Fußboden und die Decke umfassen.
> Mein künstlerischer Lehrmeister, meine Inspiration in diesen Dingen war der deutsche Architekt Oscar Kranewitter (1891–1929). Er war mit Gropius befreundet und stand wie dieser stark unter dem Einfluß des strengen Formenkanons von Johannes Itten.

Der Leser bezweifelt nicht im geringsten, daß Kay Fischer Architektin ist. Sie ist natürlich eine Erfindung des Autors. Ihre

Gedanken über die Architektur schaffen die Resonanz, die sie wirklich erscheinen lassen.

Vor Jahren habe ich eine Figur namens Gunther Koch, einen aus dem Ausland stammenden Psychiater, erfunden. In *Der junge Zauberer* lasse ich ihn seine Theorie über die drei Kategorien von Menschen entwickeln: diejenigen, die sich ihre eigenen Ziele setzen; diejenigen, die sich damit zufriedengeben, den Anweisungen anderer Folge zu leisten; und schließlich diejenigen, die von ohnmächtiger Wut zerrissen sind, weil sie weder zu folgen bereit sind, noch führen können und letztlich nicht wissen, was sie eigentlich wollen. Als das Buch herauskam, meldeten sich bei mir etliche Psychiater, die wissen wollten, in welcher Fachliteratur ich diese Theorie gefunden habe. Ich hatte sie nirgendwo gefunden. Ich hatte die Theorie als den Resonanzkörper erfunden, der dem Psychiater Doktor Koch in seiner beruflichen Eigenschaft Authentizität verleihen sollte. In ähnlicher Weise werden in der heutigen kommerziellen Unterhaltungsliteratur die abenteuerlichsten technischen Erfindungen beschrieben. Einer meiner Studenten, der sich auch mit Erfolg als Erfinder betätigt, vergleicht das, was ein Autor in solchen Fällen tut, mit der Arbeit eines Erfinders, nur daß seine Erfindungen lediglich den Anschein der Funktionsfähigkeit erwecken müssen.

Aphorismen. Die Verwendung von Aphorismen ist eine Technik, mit der ich gern operiere, die ich aber nicht jedem empfehlen kann. Ich verwende Aphorismen gern in den Dialogen meiner Akteure. Die folgenden Beispiele stammen aus meinem Roman *Um Leib und Leben*, und zwar aus dem Munde von Louie, einem Mann, der am Anfang der Geschichte bereits tot ist, was ihn aber nicht daran hindert, gute Ratschläge zu erteilen:

> »Selbstverständlich wurde die Bibel von Sündern geschrieben. Woher sollten sie es sonst wissen?«

> »Erfahrung ist das, was dich befähigt, ein schlechtes Gewissen zu haben, wenn du etwas tust, von dem du weißt, daß es falsch ist, weil du es schon einmal getan hast.«

> »Wenn du denkst, irgend etwas sei durch Zufall geschehen, dann weißt du nichts über die Wirkungsweise Gottes. Gib acht. Er hat keine Zeit, dir Privatunterricht zu erteilen.«
>
> »Die beste Art, sich zu bewegen, ist wie eine Ente, ruhig an der Oberfläche und unter dem Wasser wie der Teufel paddeln.«
>
> »Spar dir deinen Atem. Der Teufel ist es, der verhandelt. Gott hat sich noch nie auf einen Handel eingelassen.«

Wenn Sie Aphorismen benutzen möchten, sollten Sie sich zwei Dinge merken: Sofern sie die Stimme des Autors wiedergeben, müssen Sie sich entweder der dritten Erzählperson oder der auktorialen, allwissenden Perspektive bedienen, auf keinen Fall dürfen Sie einen Ich-Erzähler einführen. Wenn die Aphorismen in Form einer wörtlichen Rede auftauchen, wie es in den soeben zitierten Beispielen der Fall ist, dann stellen Sie unbedingt sicher, daß Sie diese Weisheiten einer Person in den Mund legen, der man auch glaubt, daß sie bei passender Gelegenheit Aphorismen von sich geben würde.

Leitsprüche. Während Sie in Aphorismen Ihre eigenen Einsichten und Erkenntnisse wiedergeben, können Leitsprüche durchaus die Aphorismen und Gedanken anderer Leute sein, mit deren Hilfe Sie Ihrem Werk Resonanz verleihen. Ein passender Leitspruch kann den tieferen Sinn eines Romans vermitteln, ohne daß der Text selbst einen schulmeisternden Ton anzunehmen braucht. Ich habe beispielsweise meinem Roman *Der junge Zauberer* zwei Leitsprüche - einen kurzen und einen langen - vorangestellt, die beide den Grundstoff des Erzählens, die menschliche Natur, zum Thema haben und der Geschichte Resonanz verleihen sollen, bevor sie richtig losgeht.

Quellen, aus denen wir Leitsprüche schöpfen können, gibt es zu Hauf. Es gibt eine ganze Reihe von Zitatesammlungen in Buchform, einige davon sind heute auch als Software erhältlich. Wenn Sie noch nie eine solche Zitatesammlung benutzt haben, empfehle ich Ihnen einen Besuch in der nächsten Bücherei. Schauen Sie in das eine oder andere der dort verfügbaren Nachschlagewerke. Vielleicht entschließen Sie sich dann, sich ein entsprechendes Buch zu kaufen. Ich habe oft erlebt, daß sich durch die Suche nach passenden Leitsprüchen in meiner aktuellen kreativen Arbeit ganz unerwartete neue Perspektiven aufgetan haben.

Manchmal hat man das Gefühl, daß ein Autor die Resonanz seines Buches nach allen Seiten absichern will. Am Anfang des Romans *Die Bekenntnisse des Nat Turner* von William Styron, einem wirklich bewundernswerten Autor, finden wir:

1. eine »Anmerkung des Autors«, in dem Styron kurz den historischen Hintergrund seines Romans erläutert
2. ein dreiseitiges Vorwort zu einem 1832 in Richmond veröffentlichten Pamphlet, dessen Überschrift Styron als Titel seines Romans aufgegriffen hat
3. einen Untertitel, »Tag des Jüngsten Gerichts«
4. ein fünf Zeilen langes Epigraph

Ein allzu umfangreicher Vorspann könnte als Abwehrhaltung ausgelegt werden. Übertreiben Sie es also nicht.

Im Idealfall wird die Resonanz durch den Schreibstil selbst erzeugt. Der in Brooklyn geborene Bertram D. Wolfe, aus dessen Werken ich bereits zitiert habe, war ein Meister der Sprache, der nie auch nur einen einzigen belletristischen Text geschrieben hat. Dennoch habe ich gelegentlich als beispielhaftes Anschauungsmaterial für Romanautoren Passagen aus seinen Büchern gewählt. Sein Meisterwerk, *Lenin, Trotzkij, Stalin. Drei, die eine Revolution machten*, beginnt folgendermaßen:

> Für Frost, Wind und Dürre findet sich kaum ein Hindernis im großen eurasischen Flachland. Keine unüberwindlichen Gebirgszüge hemmen den Zug nomadisierender Völker oder den Vormarsch von Armeen. In früheren Jahrhunderten stand die Ebene unter der Herrschaft asiatischer Völker - Iranier, Türken, Mongolen -, deren Machtsphären eine ungeheure Ausdehnung besaßen. Als mit dem Zerfall des Reichs der »Goldenen Horde« die tatarische Periode zu Ende ging, gewann das Fürstentum Moskau an Territorium und Einfluß, um schließlich im Laufe der Jahrhunderte die Führung in diesem Raum zu übernehmen und zur größten zusammenhängenden Landmacht der Welt zu werden. Gleich einer Sturmflut, die sich über ebenes Land

> ergießt, faßte Moskau nach den endlosen Weiten der Wälder und Steppen. Rückständige Hirtenvölker bildeten die spärliche Besiedlung jener Landstriche. Wo immer man auf Widerstand stieß, wurde innegehalten – gleichsam um Kräfte zu sammeln –, bis sich dann erneut die Fluten des Eroberers über den berstenden Damm ergossen.
> Nur an ihren entfernten Ausläufern wird die eurasische Ebene von hohen Gebirgswällen umsäumt: im Süden von den schneeigen Gipfeln des Kaukasus und vom Hochland von Pamir, dem Dach der Welt: zwei Bergspitzen, die tausende Meter in die Höhe ragen, wurden hier zu Ehren Lenins und Stalins benannt. Im Osten aber türmen sich das Altai-, das Sajanische und das Stanowoi-Gebirge, die natürliche Schutzmauer Chinas. Wie kann ein Volk, dessen Horizont so weit ist wie der der eurasischen Ebene, denn anders als groß sein und nach Großem streben?

Der weit ausschweifende Blick leitet diesen historischen Bericht mit einer Resonanz ein, die sich aus dem schriftstellerischen Können des Autors ergibt. Vielleicht ist eine solche Erwartung für einen Anfänger in seinem Fach etwas zu hoch gegriffen, aber ich habe schon Arbeiten von relativ unerfahrenen Autoren gelesen, in denen der Zauber der Resonanz bereits anklang.

VI
Die Redaktion

32
Triage: Überarbeitung in der Belletristik

An seiner Einstellung zur Revision eines Textes kann man den echten Schriftsteller vom Möchtegernautor unterscheiden. Ein guter Autor, ob Amateur oder Profi, empfindet die Überarbeitung seines Texts als *willkommene Gelegenheit*, Worte, Sätze, Absätze oder ganze Kapitel zu streichen, die nicht den gewünschten Effekt haben, und andere, gelungenere, noch zu verbessern. So mancher Möchtegernautor hält das Geschriebene wohl für unauslöschlich, sobald er es erst einmal zu Papier gebracht hat.

Hemingway hat es kurz und bündig auf den Punkt gebracht: »Der erste Entwurf ist immer Mist.« Judith Applebaum zufolge sagte Hemingway einmal in einem Interview: »Ich habe den Schluß von *In einem anderen Land* neununddreißig Mal umgeschrieben, bevor ich zufrieden war.« Auf die Frage, was sein Problem dabei gewesen sei, antwortete er: »Die Worte richtig zu setzen.« Unter den wirklich erfolgreichen Autoren, mit denen ich gearbeitet habe, gab es nach meiner Erinnerung nur einen, der sich mit Händen und Füßen gegen eine Überarbeitung wehrte – jeden Morgen, wenn wir uns zusammensetzten, eine halbe Stunde lang. Am Widerwillen, das einmal Geschriebene zu überarbeiten, erkennt man im allgemeinen den Amateur.

A. B. Guthrie erzählt die Geschichte eines noch unerfahrenen Autors, der ihn bat, sein Manuskript zu beurteilen. Das Manuskript schien vielversprechend, und einer Veröffentlichung standen nur wenige Schwachpunkte entgegen, so daß Guthrie eine Liste mit sorgfältig überdachten Verbesserungsvorschlägen anfertigte. Drei Monate später lief er besagtem Autor über den Weg und erkundigte sich, wie es mit seinem Manuskript vorangehe. »Ach das«, entgegnete der Mann, »dafür hatte ich noch keine Zeit. Ich bin jetzt fast fertig mit einem neuen Roman.« Guthrie wußte zu berichten, daß keines der Werke dieses Mannes je veröffentlicht wurde.

Es ist völlig normal, wenn man sich gegen eine Überarbeitung wehrt. Jeder Autor sehnt sich danach, die Sache endlich abzuschließen. Wenn Sie dem Umfang der Überarbeitung von vornherein eine bestimmte Grenze setzen, schmälern Sie lediglich die Chancen, mit Ihrem Werk den ersehnten Erfolg zu erzielen. Mir ist nie ein Autor begegnet, der im ersten Anlauf ein perfektes Manuskript zustande gebracht hätte. Vielmehr wimmelt es in den Erstentwürfen der meisten Autoren von sprachlichen Fehlgriffen und stilistischen Peinlichkeiten im Vergleich zu der Version, die schließlich in den Druck geht. Diese Autoren wissen, daß im Umschreiben die wahre Kunst des Schreibens liegt.

Auch unter den erfahrensten Autoren gibt es einige, die sich keine bessere Methode der Überarbeitung vorstellen können, als immer wieder den Blick auf Seite eins zu heften und die Sache dann bis zum Ende durchzugehen. Diese Vorgehensweise von der ersten bis zur letzten Seite bedeutet, daß der Autor sein Manuskript noch einmal nach verbesserungswürdigen Stellen durchforsten muß. Nach dieser Prozedur wird der Autor höchstwahrscheinlich ein wenig die Begeisterung an seinem Manuskript verloren haben, besonders, wenn er es bald darauf erneut von vorne bis hinten durchlesen muß. Er hat sich selbst der Fähigkeit beraubt, das Manuskript noch einmal objektiv durchzusehen.

Ich bezeichne meine Revisionsmethode als »Triage«. Der Begriff ist aus der Katastrophenmedizin entlehnt und steht dort für das Auswahlsystem, auf dessen Grundlage bei nur beschränkt zur Verfügung stehender Kapazität die größtmöglichen Rettungschancen zu erzielen sind. Ärzte und Krankenpfleger treffen dabei vor Ort die Entscheidung, welche Verletzten bei sofortiger medizinischer Versorgung gerettet werden können, welche so schwer verwundet sind, daß ihr Leben ohnehin nicht gerettet werden kann, und welche sich aller Wahrscheinlichkeit nach auch ohne Behandlung erholen werden. Die konventionelle Art der chronologischen Überarbeitung von der ersten bis zur letzten Seite ist ein Prozeß, in dem sich geringfügige Korrekturen, massive Änderungen und dann wieder kleinere Eingriffe in den Text je nach Bedarf ergeben. Bei dieser Art der Überarbeitung, die ausschließlich in eine Richtung verläuft, kann es passieren, daß durch einen massiveren Texteingriff nun an vorhergehenden Stellen des Manuskripts Änderungen und damit ein mühseliges Zurückverfolgen der Geschichte notwendig werden. Wenn neue Textpassagen eingefügt werden, handelt es sich bei diesen um einen Erstentwurf, der wiederum überprüft werden muß, das heißt, die veränderte Version muß in einem neuerlichen Durchgang komplett überarbeitet werden. Das ist so, als würde man in der Medizin die Verletzten ohne Rücksicht auf Prioritäten nach dem Prinzip »Wer zuerst kommt, mahlt zuerst« versorgen.

Das folgende ist eine Anleitung zur Anwendung der Triage-Methode, bei der an erster Stelle diejenigen Probleme ins Auge gefaßt werden, die der Annahme eines Manuskripts durch die Verlage am ehesten im Wege stehen.

Die von mir vorgeschlagenen methodischen Schritte sind kein ehernes Gesetz. Sie können ihre Reihenfolge ändern, solange Sie das Grundprinzip beachten: Die schweren Fälle müssen zuerst behandelt werden.

Auch wenn Sie am Computer arbeiten, empfehle ich Ihnen, einen Manuskriptausdruck zu machen, und zwar aus einem einfachen Grund: Sie sehen das Geschriebene in einem ganz neuen Licht, wenn es schwarz auf weiß auf dem Papier vor Ihnen liegt. Wenn Sie Schritt für Schritt so vorgehen, wie ich es vorschlage, dann drucken Sie die jeweiligen Passagen, an denen Sie größere Veränderungen vorgenommen haben, neu aus, damit Sie beim letzten Durchlesen vom Anfang bis zum Ende ein sauberes Manuskript vor sich haben. Die eigenen Korrekturanmerkungen könnten Sie sonst leicht ablenken.

Im ersten Schritt müssen Sie sich ein Urteil über Ihre Figuren bilden. Ertappen Sie sich dabei, daß Sie sich diese Figuren manchmal in Situationen vorstellen, die in Ihrem Buch nicht vorkommen? Wenn ja, um so besser! Das heißt schließlich, daß Ihre Figuren in Ihrer Vorstellung leben und folglich auch in der Vorstellung Ihres Publikums lebendig werden. Wenn es Ihnen schwerfällt, sich einen Ihrer Akteure auch außerhalb Ihrer Geschichte vorzustellen, muß diese Figur vielleicht noch stärker ausgearbeitet werden. Das Problem der Figuren sollte gelöst sein, bevor Sie sich an die allgemeine Überarbeitung Ihres Texts begeben. Ich stelle Ihnen jetzt eine Reihe von Fragen zu Ihrem Protagonisten, die Ihnen helfen sollen, zu entscheiden, ob die Figur noch der Ausgestaltung bedarf oder nicht:

- Was gefällt Ihnen an dieser Figur besonders gut? Ist es zufällig ein Zug, den Sie auch sich selbst zuschreiben würden? Wenn ja, könnte man es vielleicht als Symptom der autobiografischen Fußangel interpretieren, die Sie verführt, Ihren Protagonisten zu sehr nach Ihrem eigenen Vorbild zu zeichnen, wodurch Ihnen die zwischen dem Autor und seinen Geschöpfen notwendige Distanz verlorengeht? Dieses Problem können Sie in den Griff bekommen, indem Sie Ihrem Protagonisten einen - positiven oder negativen - Charakterzug zuschreiben, über den Sie mit Sicherheit nicht verfügen.
- Stellen Sie sich vor, Sie treten die einzige Urlaubsreise dieses Jahres an, und Ihr Protagonist will Sie begleiten. Was würden Sie davon halten? Sie würden eine Woche oder vierzehn Tage lang tagaus, tagein, von morgens bis abends ununterbrochen mit ihm zusammen sein. Sagen Sie ganz ehrlich, würde Ihnen diese Aussicht gefallen? Sie verlangen von Ihren Lesern immerhin, daß sie einige Stunden mit Ihrem Protagonisten verbringen. Vielleicht wäre es angebracht, ihm noch etwas mehr Pep zu geben, irgendeinen exzentrischen Zug, der ihn interessanter macht, eine persönliche Eigenschaft, die seine Gesellschaft zum einmaligen Erlebnis werden läßt.
- Wie gut kennen Sie Ihren Protagonisten? Um das herauszufinden, können Sie sich beispielsweise vorstellen, Sie hätten

drei Millionen im Lotto gewonnen. Ihr Protagonist weiß nicht, daß Sie Lotto gespielt haben, aber er wird wahrscheinlich aus den Medien von Ihrem Gewinn erfahren. Die meisten Menschen stehen dem plötzlichen Glück ihrer Freunde mit gemischten Gefühlen gegenüber. Wäre es besser für Sie, wenn Sie Ihrem Freund persönlich die Neuigkeiten erzählen? Was glauben Sie, wie Ihr Freund die Nachricht von Ihrem plötzlichen Reichtum aufnehmen wird? Würde seine Reaktion vielleicht dazu beitragen, ihn interessanter zu machen?

Die oben genannten Fragen helfen Ihnen, Ihre Figuren zum Leben zu erwecken, indem Sie ihnen die Art von Gedanken zuschreiben – und es müssen nicht immer »nette« Gedanken sein –, wie sie die Menschen im wirklichen Leben haben. Sie laufen dann weniger Gefahr, Menschen zu porträtieren, mit denen niemand seine Zeit vergeuden möchte. Als ich den ersten Entwurf meines Romans *Der junge Zauberer* einem renommierten Lektor zur Beurteilung vorlegte, sagte er mir – das will ich nicht leugnen –, mein sechzehnjähriger Protagonist sei ein so netter, langweiliger, uninteressanter Junge, daß er kaum vorhanden sei. Und das nach all der Mühe, die ich mir gemacht hatte! Mein Selbstvertrauen war schwer angeschlagen. Aber ich nahm mich zusammen und machte mich wieder an die Arbeit. Am Ende gab ich der Figur des Ed Japhet schärfere Konturen durch eine Szene am Anfang des Buches, in der er seinem Vater verbietet, sich eine Tanzaufführung in seiner High School anzusehen. Der Vater möchte die Vorstellung seines Sohnes miterleben, aber der Sohn verwehrt es ihm. An einer späteren Stelle im Buch weigert sich Ed, den Staatsanwalt bei der Strafverfolgung des Jungen zu unterstützen, der ihn überfallen hat; er möchte nichts mit dem Justizapparat zu schaffen haben. Nun hatte er eigene Ansichten und Überzeugungen und war nicht länger ein langweiliger Sechzehnjähriger. Ich führe den langanhaltenden Erfolg des Buches und seine Übersetzung in zahlreiche Sprachen auf die Ausgestaltung dieser zentralen Figur zurück. Nehmen Sie Ihre Protagonisten genau unter die Lupe.

Verändert sich Ihre Hauptfigur im Verlauf des Romans? In *Der junge Zauberer* zeigt sich in der Szene, die den Höhepunkt der Ereignisse bildet, daß Ed eine persönliche Veränderung durchgemacht hat, eine Veränderung, die so verblüffend ist, daß die Lektorin, die das Manuskript zum ersten Mal las, an dieser Stelle aufschrie, so daß die Kollegen aus den angrenzenden Büroräumen herbeigeeilt kamen, weil sie dachten, ihr sei etwas zugestoßen. Für eine Geschichte von der Länge eines Romans ist es von wesentlicher Bedeutung, daß der Protagonist Veränderungen durchläuft. Wenn dies bei Ihrem Protagonisten bisher nicht der Fall ist, verzweifeln Sie nicht: Es ist nicht zu spät.

Der nächste Schritt der Überarbeitung gilt der Figur des Schurken oder Antagonisten. Sicher fällt Ihnen auf, daß ich mich hier des Singulars bediene. Wenn Sie mehr als einen »Schurken« oder »Antagonisten« haben, schwächen Sie möglicherweise die Wirkung dieses Charakters ab, indem Sie seine negativen Eigenschaften auf mehrere Figuren verteilen. Ist Ihr Antagonist ein Mensch mit zutiefst verwerflicher Moral, oder hat er nur schlechte Manieren? Macht es Ihrem Antagonisten Freude, anderen zu schaden? Ist diese Person nicht nur ein bißchen boshaft, sondern richtiggehend bösartig? Worauf es mir ankommt, ist der Grad seiner Verwerflichkeit. Ist die betreffende Figur nur ein bißchen ungehobelt, oder hat sie einen richtig miesen Charakter? Die Entscheidung liegt natürlich bei Ihnen. Aber im allgemeinen ist ein durch und durch verderbter Charakter für den Leser interessanter.

Gehen wir die Sache nun von der anderen Seite an. Hat Ihr Bösewicht Eigenschaften, mit denen er die Menschen bezaubert oder umgarnt? Für den schnurrbärtigen Finsterling von Vorvorgestern haben wir heute nur noch ein müdes Lächeln. Wenn der Böse nicht faszinierend, interessant, lebensecht und glaubwürdig ist, taugt er vielleicht nicht für seine Rolle. Der Schurke zieht seine Opfer nur an, wenn er über Charme, Charisma, Reichtum oder Macht und Einfluß verfügt.

Wenn mir einer meiner Antagonisten wirklich gefällt, stelle ich immer fest, daß ihn auch meine Rezensenten und Leser mögen. Einen meiner Bösewichter mochte ich so sehr, daß er den Protagonisten der Geschichte in den Hintergrund drängte, und ich mußte lange Zeit an meinem Helden herumfeilen, bis er sich zum Format des Antagonisten aufgeschwungen hatte!

Falls es Ihnen schwerfällt, einen reizvollen und interessanten Schurken zu entwerfen, versuchen Sie ihn mit den Augen einer Person zu sehen, die ihn liebt oder der er zumindest am Herzen liegt. Der Bösewicht wird sich als wesentlich effektiverer Gegner erweisen, wenn er menschliche Züge annimmt.

Auch im Falle des Antagonisten müssen wir unsere persönlichen Vorlieben äußerst kritisch unter die Lupe nehmen. Beim Schreiben sind wir – bewußt oder unbewußt – leicht versucht, den Bösewicht unserer Geschichte nach dem Vorbild eines persönlichen Feindes zu gestalten. In diesem Fall fehlt es uns möglicherweise an der nötigen Distanz zu der Figur, um einen Antagonisten zu porträtieren, der sowohl richtig schlecht, als auch interessant und vielleicht sogar eine charismatische und anziehende Persönlichkeit ist. Ein Roman ist nicht der richtige Ort, alte Rechnungen zu begleichen. Betrachten Sie es als Ihre Aufgabe als Profi, Charaktere zu zeichnen, die interessanter sind als die kleinen Widerlinge in ihrem persönlichen Lebensumfeld.

Der nächste Schritt der Überarbeitung gilt den Nebenfiguren Ihrer Geschichte, die gar nicht so nebensächlich sind, wenn beispielsweise die Glaubwürdigkeit einer Szene davon abhängt, daß sie lebendig und lebensecht wirken. Ein einziges charakteristisches Detail kann hier den Ausschlag geben. Leichtes Spiel haben Sie mit der Charakterisierung von Nebenfiguren, wenn Sie sich dabei auf Sinnesempfindungen stützen, die Sie ansonsten vernachlässigt haben.

Als nächstes müssen Sie überprüfen, ob Sie eine glaubwürdige Konfliktsituation zwischen Protagonist und Antagonist geschaffen haben. Seit Menschengedenken werden Geschichten um einen Helden gesponnen, der allen Widrigkeiten und mächtigen Feinden zum Trotz schier unüberwindbare Hindernisse meistert. Sofern Sie einen anderen Kurs eingeschlagen haben, ist Ihr Handlungsgerüst vielleicht nicht tragfähig genug, um das Interesse des Lesers bis zum Schluß aufrechtzuerhalten. Wenn Ihr Handlungsentwurf Schwächen offenbart, werden Ihnen die Hinweise helfen, die ich in Kapitel 6, 7 und 8 gegeben habe.

Als nächster Schritt folgt die genaue Bewertung der einzelnen Szenen. Welches ist die eindrucksvollste Szene in Ihrer Geschichte? Ziehen Sie jetzt nicht Ihr Manuskript zu Rate. Wenn Sie erst lange überlegen müssen, welche es ist, dann ist diese Szene eben nicht eindrucksvoll genug, um sich ins Gedächtnis einzuprägen! Überlegen Sie nun, welche Szene den schwächsten Eindruck hinterläßt. Vielleicht müssen Sie diesmal Ihr Manuskript durchblättern, um darauf zu stoßen. Dagegen ist nichts einzuwenden, aber halten Sie sich nicht damit auf, sie Wort für Wort zu lesen, denn sonst verlieren Sie das Interesse am Buch.

Was zeichnet die Szene aus, die Sie als die eindrucksvollste Ihrer Geschichte empfinden? Was schließen Sie daraus in bezug auf die schwächste Szene? Vielleicht reicht schon ein solcher Vergleich, um Sie auf die richtige Idee für das Umschreiben zu bringen. Seien Sie nicht enttäuscht, wenn Ihnen keine wirklich radikale Verbesserung für Ihre schwächste Szene einfällt. Das Mittel, das hier Wunder wirkt, heißt im allgemeinen: Streichen! Sollten durch eine Streichung Informationen verlorengehen, die für den Leser notwendig sind, dann suchen Sie nach einer Möglichkeit, diese in einer anderen Szene einzuflechten.

Sobald Sie die schwächste Szene umgeschrieben oder ganz gestrichen haben, tut sich die *nächste* schwächste Szene auf! Diese müssen Sie einer ebenso kritischen Prüfung unterziehen. Würde das Buch an Kraft gewinnen, wenn man sie wegläßt?

In den Jahren meiner Zusammenarbeit mit unzähligen Autoren hat es sich für mich als ratsam erwiesen, einen gewissen Standard zu setzen. Wenn eine Szene diesen Standard nicht erfüllt, fliegt sie raus. Und dieser Prozeß wird so lange fortgesetzt, bis nur noch solche Szenen übrig bleiben, die für die Geschichte als ganzes wesentlich sind.

Schmerzt es, eine ganze Szene zu streichen? Und wie! Warum also sollten Sie es tun? Weil Sie wie ein Chirurg darauf bedacht sein müssen, das Gesamtsystem Ihres Werkes zu erhalten, indem Sie diejenigen Teile herausschneiden, die sich als nicht funktionstüchtig oder gar schädlich erweisen. Was ist, wenn Sie blind für die Schwachstellen Ihres Werkes sind und keine untauglichen Szenen finden können? Lassen Sie das Manuskript eine Woche, einen Monat oder länger liegen (je länger, desto besser), und nehmen Sie es sich dann noch einmal vor. Die schwächste Szene wird Ihnen geradezu entgegenspringen und Ihnen so lange ins Auge stechen, bis Sie entschieden haben, ob sie leben oder sterben soll.

Nachdem Sie nun alle schwachen Szenen bereinigt haben, wenden Sie sich dem Aspekt der Motivation zu. Notieren Sie zuerst aus dem Gedächtnis die drei Handlungselemente, die Sie als entscheidend für Ihre Geschichte empfinden. Ist die Handlung in allen drei Fällen so begründet, daß Sie Ihnen auch in einer Geschichte als annehmbar erschiene, die ein anderer geschrieben hat? Die Glaubwürdigkeit Ihrer Geschichte hängt davon ab, daß die drei wichtigsten Handlungssequenzen zufriedenstellend motiviert sind. Wenn Ihnen das schwerfällt und Sie Hilfe benötigen, denken Sie an das, was ich an früherer Stelle gesagt habe: Eine Handlung muß entweder durch die besonderen Umstände des Augenblicks ausgelöst werden, oder die Grundlagen dafür müssen im Vorfeld gelegt sein. Die Motive für eine bestimmte Handlungsweise lassen sich meist schon in der dieser Handlung vorausgehenden Szene anlegen.

Wenn im ersten Akt jemand mit einer Pistole auftritt, weiß das Publikum, daß sie im dritten Akt abgefeuert werden wird. Diese Bemerkung hat Tschechow einmal gemacht. Unter Stückeschreibern gilt dies als obligatorischer Szenenablauf. Wenn in der Hand eines Akteurs, von dem man nicht weiß, daß er bewaffnet ist, plötzlich eine Pistole auftaucht und unmittelbar darauf abgefeuert wird, wittern wir die grobe Hand des Autors hinter dieser Aktion. Wenn die Pistole aber schon früher eingeführt wird, ist es fast unvermeidlich, daß sie auch zum Einsatz kommt. Tatsächlich kann erhebliche Spannung entstehen, wenn sie *nicht* benutzt wird, obwohl das Publikum erwartet, daß sie jeden Moment losgeht.

Nur allzu oft wird in den Nachrichten über Serien- und Massenmorde berichtet, ohne daß wir irgend etwas über die Tatmotive erfahren. In späteren Medienbeiträgen wird dann der Hintergrund von Tätern und Opfern erforscht, *weil wir die Beweggründe wissen wollen*, die zu einer solchen Tat führen, aber nicht nur, weil wir daran interessiert sind, daß der Mörder seiner gerechten Strafe zugeführt wird, sondern um menschliches Verhalten überhaupt zu begreifen, besonders wenn es von den als normal angesehenen Mustern abweicht.

Wichtige Handlungselemente einer Geschichte müssen begründet sein, daran führt kein Weg vorbei. Die Autoren von sogenannter kommerzieller Unterhaltungsliteratur bringen dabei oft den Zufall ins Spiel. Sie gehen davon aus, daß ihre Leser eher bereit sind, Zweifel beiseite zu schieben, als die Leser anspruchsvollerer Literatur. Es ist mit Arbeit verbunden, Handlungen in einer Geschichte zu begründen. Den Zufall zu Hilfe zu nehmen ist der leichtere Weg. Aber das Mittel des Zufalls kennzeichnet im allgemeinen die kurzlebige Trivialliteratur, und mir sind nur wenige Romanautoren begegnet, die sich damit zufriedengeben, ihre Werke als Wegwerfartikel mit Unterhaltungswert zu betrachten.

Nachdem Sie sich mit den drei wichtigsten Handlungselementen Ihres Buches befaßt haben, wenden Sie sich nun im nächsten Schritt allen weiteren Handlungen zu und spüren all jene Aktionen auf, die nicht ausreichend begründet sind oder nur stattzufinden scheinen, weil sie dem Autor in den Kram passen. Tauchen in Ihrem Manuskript Handlungen auf, die nicht mit dem jeweiligen Akteur in Einklang zu bringen sind? Gibt es Handlungen, die bei näherer Betrachtung allzu sehr an den Haaren

herbeigezogen wirken? Vielleicht können Sie Abhilfe schaffen, indem Sie in einer früheren Szene ein Motiv einflechten. Tun Sie dies, bevor Sie die allgemeine Überarbeitung in Angriff nehmen, denn dann können Sie beim Lesen der gesamten Geschichte die Wirkung dieser Änderung beurteilen.
Wenn Ihnen die Überprüfung der Motivation in Ihrer Geschichte noch nicht mühelos von der Hand geht, empfehle ich Ihnen, Kapitel 15 noch einmal zu lesen. Das wird Ihnen helfen, sich die Methoden einzuprägen, mit denen Glaubwürdigkeit erzeugt wird. Die in diesem Kapitel angeführten Beispiele werden Ihnen in Erinnerung rufen, daß die Handlungsmotivation mit ganz einfachen Mitteln eingeführt werden kann.

Nun sind Sie fast so weit, daß Sie sich an die Generalüberholung des gesamten Manuskripts machen können. Nehmen Sie die erste Seite, und legen Sie den Rest in die Schublade. Als nächstes tun Sie etwas anderes, irgend etwas. Gehen Sie spazieren. Unternehmen Sie eine Autofahrt. Spielen Sie Tennis oder Golf. Machen Sie Ihrem Nachbarn einen Besuch. Trinken Sie eine Tasse Kaffee. Was Sie auch tun, vermeiden Sie es, an Ihr Manuskript zu denken. Dann setzen Sie sich wieder an Ihren Schreibtisch und entwerfen Sie eine neue Titelseite, die so aussieht:

Titel Ihres Buches
von
[schreiben Sie hier den Namen eines Gegenwartsautors hin,
den Sie bewundern]

Lesen Sie jetzt die erste Seite, als hätten Sie das Manuskript dieses anderen Autors vor sich. Würden Sie zur nächsten Seite weiterblättern, nachdem Sie die erste Seite gelesen haben?
Wenn es Sie nicht drängt, sich die zweite Seite vorzunehmen, heißt das im allgemeinen, daß Ihr Text die Neugier des Lesers nicht anstachelt. Wenn das der Fall ist, müssen Sie zum zweiten

Kapitel dieses Buches zurückgehen und sehen, ob es Ihnen gelingt, mit Hilfe der darin gegebenen Richtlinien den Anfang Ihres Manuskripts zu verbessern.
Wenn die erste Seite aber so, wie Sie sie geschrieben haben, das Bedürfnis in Ihnen weckt, weiterzulesen, dann herzlichen Glückwunsch! Sie können jetzt beginnen, Ihr Manuskript komplett zu überarbeiten, woran ich Sie bisher mit der Beschreibung aller zuvor notwendigen Schritte gehindert habe.

Diese letzte Revision, bei der das Manuskript in einem Zug von der ersten bis zur letzten Seite durchgegangen wird, verlangt von Ihnen, daß Sie Ihren Text mit den Augen des Lesers oder des Lektors betrachten, nicht aus der Sicht des Autors. Wenn ein solches Vorgehen für Sie ungewohnt ist und wenn Sie durch den Spaß, den wir uns mit der Titelseite gemacht haben, nicht genügend Abstand gewonnen haben, versuchen Sie sich das Manuskript so vorzustellen: Es wurde Ihnen von einem Freund empfohlen, aber Sie trauen dem Urteilsvermögen dieses Freundes nicht. Er hat Ihnen schon etliche Bücher empfohlen, die Sie nicht überzeugt haben. Vielleicht stellt sich heraus, daß es sich mit diesem Manuskript ebenso verhält. Sie werden es kritisch lesen, mit den Augen eines strengen Lektors.
Bevor Sie anfangen, möchte ich Sie vor jeder »Verschlimmbesserung« warnen. *Wenn Sie bezüglich einer Änderung unsicher sind, verzichten Sie darauf.* Machen Sie sich statt dessen eine Notiz, und denken Sie später noch einmal darüber nach. Ich habe oft festgestellt, daß sich viele dieser Verbesserungsideen, deren man sich selbst nicht ganz sicher ist, von ganz allein erledigen, wenn man sich seine Notizen Tage oder Wochen später noch einmal anschaut.
Oberstes Ziel der letzten Überarbeitung ist es, das Manuskript zu straffen. Mir ist nur ein einziger Romanautor bekannt, dessen erste Entwürfe so knapp ausfallen, daß sie in der Überarbeitung ausgepolstert werden müssen. In den meisten Fällen muß gekürzt werden, und zwar mit radikaler Hand. Es ist vollkommen

normal, beim ersten Entwurf zu ausführlich zu schreiben. Das Können eines Autors mißt sich daran, ob er beim späteren Lesen erkennt, wo gestrichen werden kann, und ob er dies auch mit entschlossener Konsequenz tut.

Ein Student in meinem Autorenseminar für Fortgeschrittene hatte ein Manuskript, das sein Agent zwar annehmbar fand, er selbst aber nicht. Er wußte, daß es zu lang war, und machte sich die technischen Möglichkeiten seines Computers zunutze. Er markierte all diejenigen Passagen, von denen er nicht sicher war, ob sie seiner Geschichte zuträglich waren, und verschob sie ans Ende des Gesamttexts. Als er damit fertig war, stellte er fest, daß er Dutzende von Absätzen herausgenommen hatte, von denen nur einige wenige, in überarbeiteter Form, einen Platz im Text verdienten. Eine solche Strategie ist durchaus empfehlenswert. Ich habe sie ausprobiert und für nützlich befunden.

Als zweites richten Sie Ihr Augenmerk auf den Text zwischen den Szenen, besonders auf diejenigen Stellen, an denen über Ereignisse hinter den Kulissen berichtet wird, die für den Leser nicht sichtbar sind. Versuchen Sie, so viele wie nur möglich zu streichen, oder lassen Sie diese Ereignisse lebendig und aus sich heraus interessant werden. Wenn Sie dazu noch weitere Erläuterungen benötigen, lesen Sie das dritte Kapitel noch einmal.

Wenn Sie nicht darin geübt sind, einen Text gründlich zu überarbeiten, haben Sie vielleicht das Gefühl, auf zu viele Dinge gleichzeitig achten zu müssen. Ich versichere Ihnen, daß es Ihnen mit der Zeit leichter fallen wird. Bis dahin tun Sie einfach, was Sie können, und redigieren Sie die übrigen Aspekte in einem nächsten Durchgang. Indem ich die Anzahl der notwendigen Durchgänge so niedrig wie möglich halte, möchte ich lediglich verhindern, daß Sie das Interesse an Ihrem Text verlieren.

Streichen Sie bei der Gesamtdurchsicht Ihres Manuskripts alle Wörter, Formulierungen, Sätze, Absätze, Seiten oder Szenen, die Ihnen nicht unbedingt notwendig erscheinen. Achten Sie besonders auf die Stellen, an denen Ihre Aufmerksamkeit nachläßt.

Das ist im allgemeinen ein Zeichen dafür, daß etwas am Text geändert oder herausgenommen werden muß.

Wenn alle Sätze in etwa dieselbe Länge haben, wirkt dies monoton. Variieren Sie die Länge Ihrer Sätze. Besonders effektiv ist es, wenn auf einen sehr langen Satz ein kurzer, fast abgehackter folgt. Das sollte sich allerdings nicht ständig wiederholen. Ein Kurz-lang-kurz-lang-Muster kann ebenso schnell eintönig werden wie der ausschließliche Gebrauch von langen oder von kurzen Sätzen. Eine meiner Studentinnen hat die Gewohnheit, in sanftem, einschmeichelndem Rhythmus zu schreiben. Darin liegt ihre größte Schwäche. Ein bruchlos weich dahinschwingender Rhythmus, so angenehm er für ein paar Sätze sein mag, wirkt einschläfernd auf den Leser, wenn er sich über längere Passagen hinweg zieht.

Treiben Sie Ihre Geschichte bedingungslos voran, es sei denn, Sie wollen das Tempo zwischen zwei rasanten Szenen bewußt verlangsamen. Wenn Sie das Gefühl haben, daß sich die Geschichte an irgendeinem Punkt festgefahren hat, kann das vielerlei Gründe haben: Vielleicht ist das Tempo zu langsam geworden, es passiert nicht genug. Sofern Ihnen nicht auf Anhieb eine Lösung einfällt, markieren Sie die Stelle, schreiben Sie auf, wo Ihrer Meinung nach der Fehler liegt, und nehmen Sie sich das Problem später noch einmal vor.

Wenn Sie eine Stelle entdecken, an der der Autor spricht oder an der die Perspektiven durcheinandergeraten, markieren Sie die entsprechende Passage, und suchen Sie noch einmal Rat in Kapitel dreizehn.

Stehen Ihre Akteure von Zeit zu Zeit unter Spannung? Wird diese Spannung gesteigert? Denken Sie immer daran, daß sich das Augenmerk des Erzählers auf die Spannungshöhepunkte im Leben einer Figur richtet.

Werfen Sie im Zuge Ihrer Überarbeitung alle überflüssigen Adjektive und Adverbien raus. Streichen Sie »sehr«. Streichen Sie das Wort »einfach« überall da, wo Einfachheit nicht zur Debatte steht. Sorgen Sie dafür, das jedes Wort zählt.

Wenn Sie zweimal dasselbe gesagt haben, nur mit verschiedenen Worten, dann wählen Sie die gelungenere Formulierung und streichen Sie die andere. Wenn innerhalb weniger Seiten dasselbe ungebräuchliche Wort zweimal auftaucht, ziehen Sie Ihr Synonymwörterbuch oder Ihr Thesaurusprogramm zu Rate und suchen Sie eine Alternative. Und markieren Sie beim Durchlesen alle Klischees zur späteren Streichung.

Eine der Änderungen, die beim gründlichen Redigieren der Manuskripte meiner Autoren am häufigsten vorkommen, ist die Umstellung einzelner Wörter oder Teilsätze innerhalb eines Satzgefüges. Ein ganz einfaches Beispiel ist die Einführung der wörtlichen Rede. Sage ich besser:

> George fragte: »Behandeln sie dich gut?«

Oder:

> »Behandeln sie dich gut?« fragte George.

Sofern der Leser an dieser Stelle nicht unbedingt weiß, wer der Sprecher ist, sollte die Einführung vorangestellt werden. Ist jedoch klar, wer hier spricht, kann der Hinweis auf den Sprecher auf die wörtliche Rede folgen oder ganz weggelassen werden.

In meinen eigenen Romanmanuskripten nehme ich Hunderte von Umstellungen vor. Das dient in manchen Fällen dem Zweck, die Betonung eines Satzes zu verschieben. Folgendes ist die unredigierte erste Version eines Satzes:

> Josephine Japhet wußte natürlich, warum ihr Sohn so gern las in einer Welt der Rockmusikhörer.

Hier liegt die Betonung auf der Rockmusik. Da ich die Betonung aber auf der Aussage haben wollte, daß »ihr Sohn so gern las «, verschob ich diesen Teil des Satzes ans Ende:

> Josephine Japhet wußte natürlich, warum, in einer Welt der Rockmusikhörer, ihr Sohn so gerne las.

Eine andere Szene zeigt Ed Japhet in der Schule vor dem Klassenzimmer, in dem sein Vater gerade eine Unterrichtsstunde beendet hat und nun versucht, einen Schüler loszuwerden, der ihn nach dem Unterricht noch mit allen möglichen Fragen aufhält. Eds Ungeduld äußert sich in folgender Weise:

> Schlimm genug, wenn dein alter Herr Lehrer an deiner eigenen Schule ist. Mit der Heimfahrt auf ihn angewiesen zu sein, war die Hölle. *Mach schon, Dad, komm in die Gänge.*

Dadurch, daß ich den letzten der drei Sätze an den Anfang des Absatzes verschob, gewann die Aussage an Kraft. Die Passage lautete jetzt so:

> *Mach schon, Dad, komm in die Gänge.* Schlimm genug, wenn dein alter Herr Lehrer an deiner eigenen Schule ist. Mit der Heimfahrt auf ihn angewiesen zu sein, war die Hölle.

Nach einer Schlägerei liegt ein Junge schwer verletzt im Schnee. Versuchen Sie, die Schwachstelle in folgendem Satz zu finden:

> Der andere Polizist stieg aus dem Wagen, kniete sich neben Urek auf den Boden und tastete nach dem Puls am Hals.

Da wahrscheinlich jeder schon einmal am Handgelenk den Puls gemessen hat, ist dies die Assoziation, die sich wahrscheinlich augenblicklich beim Lesen des Wortes »Puls« einstellt. Gleich darauf lesen wir aber »am Hals« und müssen unseren ersten Eindruck revidieren. Ein solcher Schnitzer kann unser Leseerlebnis für einen Augenblick empfindlich stören. Um das zu vermeiden, habe ich lediglich ein paar Wörter umgestellt:

> Der andere Polizist stieg aus dem Wagen, kniete sich neben Urek auf den Boden und tastete am Hals nach dem Puls.

Es zahlt sich aus, Sätze um ihrer besseren Akzentuierung willen umzustellen. Im folgenden Beispiel geht es um eine Frau, die sich nicht besonders gut ausdrücken kann und die in einem Telefongespräch mit einem Anwalt ihre Sorge darüber äußert, was aus ihr werden soll, wenn ihr Mann verurteilt wird:

> »Wenn Paul ins Gefängnis muß, weiß ich nicht wohin. Ich kann die Miete nicht allein aufbringen. Er hört auf Sie. Bitte kommen Sie vorbei.«

Meiner Ansicht nach ist die Aussage »ich weiß nicht wohin« an dieser Stelle nicht ohne weiteres verständlich. Das ändert sich sofort, wenn wir sie anders plazieren:

> »Wenn Paul ins Gefängnis muß, kann ich die Miete nicht mehr aufbringen. Dann weiß ich nicht wohin. Er hört auf Sie. Bitte kommen Sie vorbei.«

Der Begriff »verkitschte Prosa« steht für einen schwülstigen und aufgeblähten Schreibstil, von dem sich jeder Lektor und jeder Leser mit Grausen abwendet. Hier sind ein paar schaurig schöne Textbeispiele dieser Sorte:

> Der Schrei einer Seele in Aufruhr, hinweggefegt von einer Welle der Wut und Empörung.
>
> Angst zerrte an ihren angespannten Nerven.
>
> Ein krampfhaftes Lachen zerriß ihre Kehle.
>
> Häßliche rote Spritzer, zähflüssige, rotgestreifte Brocken seines Gehirns.
>
> Wilder, gellender Triumph.

Genug? Kein Mensch würde so schreiben? All diese Sätze stammen aus dem Bestseller *Scarlett* von Alexandra Ripley, der Fortsetzung des Klassikers *Vom Winde verweht.*

Ein Satz muß nicht »schwülstig« oder »blumig« sein und den Leser um jeden Preis auf sich aufmerksam machen wollen, das heißt, er braucht Ihnen nicht jedesmal, wenn er Ihnen begegnet, ins Auge zu springen und Sie zu erfreuen. Bilder oder Sätze, über die Sie ins Schwärmen geraten, sind nicht selten so aufdringlich, daß sie die Geschichte selbst stören. Wenn es so ist, bewahren Sie diese Juwelen geschliffener Sätze in einem Schmuckkästchen auf, in das Sie in fünf Jahren einen Blick werfen können, worauf Sie mir danken werden, daß ich Ihnen geraten habe, sie aus Ihrem Manuskript zu verbannen, auch wenn es Ihnen zum damaligen Zeitpunkt weh getan haben mag.

Befreien Sie Ihr Manuskript von Sentimentalitäten, denn sie sind Symptom einer Überreaktion auf einen Reiz. Sie bewirken einen »blumigen« Stil. Ihre Aufgabe ist es, Gefühle beim Leser zu aktivieren. Ein Überschwang an Gefühlen hat in der Literatur, wie im wirklichen Leben auch, eher eine abschreckende Wirkung:

> »Oh Fred, ich kann es nicht ertragen, so aufgeregt bin ich, dich zu sehen.«

Solche übertriebenen Gefühlsausbrüche sind in der Literatur nicht glaubwürdiger als im realen Leben. Wenn Sie bei Ihren Lesern Gefühle hervorrufen wollen, ist *Untertreibung* das geeignetere Mittel:

> Ich sah in ihre Augen. Sie waren ohne Tränen.

Im entsprechenden Kontext würde diese scheinbar nüchterne Aussage mehr auslösen als ein geschwollener Satz der Sorte: »Sie sah aus, als würde sie sich gleich die Seele aus dem Leib weinen.«

Achten Sie beim Durchlesen Ihres Manuskripts auf jede Ungenauigkeit des Ausdrucks, auf Wörter, die nicht exakt das treffen, was Sie sagen wollen. Ziehen Sie ein Wörterbuch oder Ihr Thesaurusprogramm zu Rate.

Solange es Ihnen noch nicht in Fleisch und Blut übergegangen ist, darauf zu achten, daß jede Seite irgendein visuelles Bild enthält, setzen Sie beim Redigieren immer dann, wenn Ihnen ein solches begegnet, ein kleines V in die untere rechte Ecke der entsprechenden Seite. Damit erziehen Sie sich selbst dazu, Ihr Manuskript mit den Augen eines Lektors zu lesen. Setzen Sie auf alle Seiten, denen ein visuelles Element fehlt, die Bemerkung VF und kehren Sie später an diese Stellen zurück, um den Mangel zu beheben. Wenn über mehrere Seiten hinweg kein einziges visuelles Bild auftaucht, ist das Problem vielleicht grundsätzlicher Natur und sollte behoben werden. Es könnte in diesem Fall sein, daß Sie sich zu weitschweifig mit einer narrativen Zusammenfassung aufgehalten haben, wo eigentlich ein szenisches Ereignis angebracht wäre.

Ändern Sie Dialogpassagen, in denen Ihre Figuren nur in vollständigen Sätzen sprechen und streuen Sie ein paar abgehackte

Redewendungen ein. Haben Sie genügend Dialoge eingeflochten? Denken Sie daran, daß Dialoge den Vorzug haben, eine Szene für den Leser sichtbar werden zu lassen. Sind Ihre Dialoge kontrovers genug? Wenn die wörtliche Rede einer Figur länger ist als drei Sätze, schaffen Sie eine Unterbrechung. Das kann ein Einwurf eines anderen Akteurs, ein Gedanke oder ein Handlungselement sein. Achten Sie darauf, daß Fragen im Dialog nicht immer direkt beantwortet werden. Wenn Ihnen ein Wortwechsel im Vergleich zu anderen Passagen schwach oder irgendwie schräg erscheint, markieren Sie die Stelle, um sie später noch einmal zu überarbeiten oder ganz zu streichen.
Suchen Sie beim Redigieren des Gesamtmanuskripts alle Stellen heraus, an denen Sie die wörtliche Rede statt mit »er sagte« mit »er murmelte«, »er brüllte« oder ähnlich eingeleitet haben. Ersetzen Sie »er sagte«, »sie sagte« durch eine Formulierung innerhalb der wörtlichen Rede, aus der hervorgeht, in welchem Tonfall gesprochen wird.
Verstehen Sie nun, warum ich Ihnen dazu rate, den Text nach bestimmten Kriterien zu sondieren, bevor Sie sich das Manuskript im ganzen vornehmen? Wenn Sie noch nicht viel Übung mit dem Redigieren eines Manuskripts haben, hilft es Ihnen möglicherweise, eine Art Checkliste der Punkte anzulegen, die ich Ihnen für den Gesamtdurchgang ans Herz gelegt habe. Vielleicht stellen Sie fest, daß Ihnen ein Durchgang nicht genügt, um auf alle Punkte zu achten. In diesem Fall heben Sie sich einige Aspekte für einen zweiten Durchgang auf. Je mehr Sie sich mit der Zeit daran gewöhnen, schon im Vorfeld möglichst viel Probleme nach der von mir vorgeschlagenen Prioritätenliste zu lösen, um so leichter wird es Ihnen fallen, alle noch verbliebenen Mängel innerhalb eines einzigen Durchgangs zu beseitigen.
Ist das Werk nun endlich vollbracht? Die Überarbeitung ist erst dann wirklich beendet, wenn Sie die Fahnenabzüge erhalten. Vielleicht fallen Ihnen dann immer noch wichtige Änderungen ein, aber Profis bemühen sich, die endgültige Fassung ihres Textes gefunden zu haben, *bevor* das Manuskript in den Druck geht

(denn die Kosten für alle Änderungen in den Fahnen, die ein bestimmtes Mindestmaß übersteigen, müssen vom Autor selbst getragen werden). Wenn Sie sämtliche Schritte der »Triage« und die Gesamtredaktion Ihres Manuskripts abgeschlossen haben, bleibt Ihnen immer noch einiges zu tun. Sie könnten sich beispielsweise die Frage stellen, ob es die Neugier des Lesers mehr reizen würde, wenn Sie den bisherigen Anfang durch eine andere, besonders starke Szene ersetzen. Nachdem Sie das gesamte Manuskript überarbeitet haben, ist Ihnen alles so lebendig in Erinnerung, daß es Ihnen nicht schwerfallen dürfte, eine Szene herauszupicken, die eindrucksvoll und interessant genug ist, einen guten Anfang für Ihre Geschichte abzugeben.
An diesem Punkt kommt Ihnen vielleicht auch die Überlegung, ob der Schluß Ihres Buches den Leser wirklich zutiefst befriedigen wird. Wenn Sie sich dessen nicht ganz sicher sind, finden Sie vielleicht eine Szene oder eine Wendung der Dinge, die sich besser als Schluß eignet.

Lassen Sie Ihr Manuskript, nachdem Sie die Überarbeitung beendet haben, ein paar Tage oder länger ruhen. Zeigen Sie es nicht auf der Stelle Ihrem besten Freund oder nächsten Verwandten. Lassen Sie es »abkühlen«, wenden Sie sich einer anderen Arbeit zu, dann nehmen Sie das Manuskript wieder zur Hand und lesen es in seiner redigierten Form noch einmal durch. Je geübter Sie in der Kunst des Redigierens werden, um so besser können Sie Ihre Arbeit beurteilen, besser als jeder Laie, der vielleicht Ihr Freund ist, aber keine Ahnung vom Handwerk des Schreibens hat.
Nehmen Sie für dieses letzte Durchlesen ein sauberes Manuskript, in dem die Änderungen, die Sie vorgenommen haben, nicht als solche ins Auge springen. (Einer der großen Vorzüge des Computers!) Achten Sie diesmal beim Lesen darauf, ob irgendwo die Wörter selbst sich in den Vordergrund drängen und Sie aus dem Erleben der Geschichte herausreißen. Ihr Ziel ist das *vollkommene Eintauchen* des Lesers in Ihre Geschichte.

Sie sollten in der Lage sein, solche Schwachstellen aufzuspüren, nachdem Sie, meiner Anleitung folgend, alle anderen Probleme gelöst haben.

Finden Sie all dieses Prüfen und Sondieren übertrieben aufwendig? Dann überlegen Sie einmal, ob Sie sich in ein Flugzeug setzen würden, dessen erfahrener Pilot so sehr von sich überzeugt ist, daß er es für überflüssig hält, die Routinechecks vorzunehmen, die zu unser aller Sicherheit beim Start vorgeschrieben sind.

Vielleicht liegt Ihnen jetzt die Frage auf der Zunge: »Mal ehrlich, Stein, diesen ganzen redaktionellen Aufwand, treiben Sie den bei Ihren eigenen Büchern auch?« Darauf kann ich Ihnen nur sagen, daß das Manuskript meines Romans *Um Leib und Leben*, aus dem ich hier häufig zitiert habe, dem Verlag in seiner elften überarbeiteten Fassung vorgelegt wurde. Der Verlag akzeptierte es so, wie es war, und nahm keine einzige Korrektur vor. Aber ich selbst lieferte, meinem eigenen Urteil folgend, noch zwei weitere überarbeitete Entwürfe.

33
Die Gnadenfrist: Überarbeitung eines Sachtextes

Wie oft wünschen wir uns im Laufe unseres Lebens, wir könnten eine bestimmte Unterhaltung, ein bestimmtes Ereignis rückgängig machen und noch einmal von vorn und ganz anders beginnen. In der Textüberarbeitung haben wir diese Möglichkeit. Der erste Entwurf eines Sachtextes kann strukturelle, qualitative, inhaltliche und stilistische Mängel aufweisen. Zum Glück für uns Autoren wird uns in diesem einen Fall Gelegenheit gegeben, unseren Fehler wieder gutzumachen.

Gäbe man uns im richtigen Leben eine zweite Chance, so würden wir vielleicht prompt denselben Fehler wiederholen und die Karre wieder in den Dreck fahren. Dasselbe kann uns bei der Textredaktion passieren, sofern wir keinen Plan haben, nach dem wir vorgehen. Ich will versuchen, Ihnen hier einen solchen Plan an die Hand zu geben.

Ihre Einstellung spielt eine entscheidende Rolle. Wenn Sie beim Überarbeiten Ihres Manuskripts den Stoßseufzer zum Himmel schicken: »Mein Gott, was für ein schrecklicher Mist!« dann kann Sie dies nur entmutigen. Der erfahrene Autor weiß, daß sein erster Entwurf Mängel aufweisen wird und daß ihm die Überarbeitung Gelegenheit gibt, seine redaktionellen Fähigkeiten unter Beweis zu stellen. Mir ist in den Jahrzehnten meines Berufslebens nur ein einziger Autor begegnet, der überzeugt war, daß seine Produkte schon in ihrer ersten Fassung mit Vollkommenheit gesegnet seien. Und wer würde mit einem Menschen über dessen Credo streiten, solange er seine Manuskripte nur zu einem anderen Verlag trägt?

Auch für den Sachbuchautor ist die Gefahr groß, daß er das Interesse an seinem Werk verliert, wenn er gleich beim ersten Redaktionsdurchgang seinen Text Absatz für Absatz, vom ersten bis zum letzten Wort durcharbeitet. Um dies zu vermeiden, empfiehlt es sich, zuerst die schwerwiegendsten Mängel zu beseitigen, bevor Sie den Text von der ersten Seite bis zum Schluß in einem Zug überarbeiten. Bei einem solchen Vorgehen schlagen Sie zwei Fliegen mit einer Klappe. Erstens werden Ihnen wahrscheinlich, wenn Sie massiv in den Text eingreifen, einige für den Erstentwurf typische Fehler unterlaufen, die Ihnen dann bei der zweiten systematischen Revision sofort ins Auge fallen. Zweitens werden Sie, indem Sie sich erst einmal speziellen Einzelproblemen widmen, die Überarbeitung des gesamten Texts mit ungebrochener Motivation in Angriff nehmen können.

Einen erfolgversprechenden ersten Schritt können Sie tun, indem Sie eine Episode um einen bestimmten Menschen an den Anfang stellen, was dem behandelten Stoff eine persönliche Note gibt. Eine solche Anekdote kann im Keim schon an irgendeiner anderen Stelle des Entwurfs angelegt sein. Wenn dem so ist, prüfen Sie, ob die entsprechende Passage so verstärkt werden kann, daß sich ein wirklich guter Anfang daraus machen läßt.
Prüfen Sie auch genau, ob in dem von Ihnen gewählten Anfang ein visuelles Element enthalten ist. Sie werden sich vielleicht erinnern, daß ich im dritten Kapitel unter der Überschrift »Willkommen im zwanzigsten Jahrhundert« den Unterschied zwischen den drei Hauptkomponenten der Erzählprosa – Beschreibung, narrative Zusammenfassung und unmittelbare Szene – erklärt und darauf hingewiesen habe, daß diese Unterscheidung auch für den Sachbuchautor von entscheidendem Nutzen sein kann. Vor allem wird der Verfasser von Sachprosa feststellen, daß seine Texte erheblich an Lesbarkeit gewinnen, wenn er sich angewöhnt, unmittelbare Szenen einzuflechten. Der beste Platz für eine solche szenische Handlung ist auf der ersten Seite.

Bevor Sie sich mit einem Textanfang zufriedengeben, stellen Sie sich die Frage, ob er wirklich geeignet ist, die Neugier des Lesers zu wecken. Wie lange dauert es, bis der Leser vom »Motor« Ihres Artikels oder Buchs mitgerissen wird? Wo befindet sich die Stelle, an der sich entscheidet, daß er die Lektüre nicht gelangweilt aus der Hand legen wird?

Wenn es sich um einen Artikel handelt, verläuft die Argumentation gleichmäßig Schritt für Schritt auf einer gleichbleibenden Ebene, oder entwickelt sie sich zu einem Höhepunkt hin? Wenn es ein Buch ist, deutet ein Kapitelende jeweils auf das nächste Kapitel hin?

Gibt es in Ihrem Text zusammenfassende Passagen, deren Inhalt für den Leser interessanter wäre, wenn Sie ihm statt der Zusammenfassung eine visuelle Szene vor Augen führen würden? Falls Sie eine Zusammenfassung aus irgendeinem Grund nicht zu einer szenischen Handlung umgestalten wollen, können Sie diese vielleicht straffen, um Ihre Leser nicht durch allzu langatmige Schilderungen zu vergraulen? Der Leser wird Ihnen auch »harte Schnitte« danken.

Ist es Ihnen gelungen, an manchen Stellen Spannung und Neugier zu erzeugen, indem Sie Fragen aufwerfen, deren Beantwortung eine Weile auf sich warten läßt? Fällt Ihnen eine Stelle in Ihrem Text ein, an der Sie ein solches Spannungselement nachträglich einbauen könnten?

Klingen in Ihrem Werk andere Zeiten, andere Schauplätze, wichtige historische Ereignisse oder Persönlichkeiten an? Der banalste Stoff wird aufgepeppt, wenn darin Resonanz mitschwingt. Es gibt eine Reihe von zeitgeschichtlichen Nachschlagewerken, in denen die wichtigsten Zahlen, die einflußreichsten Persönlichkeiten sowie die bedeutendsten politischen und kulturellen Ereignisse chronologisch aufgelistet sind. Sie werden sicher die eine oder andere Information darin finden, auf die Sie zurückgreifen können, um Ihrem Werk Resonanz zu geben. In Kapitel einunddreißig sind die Quellen erläutert, aus denen Sie Resonanz beziehen können.

Haben Sie sich bewußt darum bemüht, dem Leser ein paar Momente knisternder Spannung zu verschaffen? Würde es Ihnen helfen, noch einmal in das zehnte Kapitel zu schauen, in dem es um das Thema Spannungserzeugung im Roman geht? Vielleicht kommt Ihnen dabei eine zündende Idee, wie Sie mehr Spannung in Ihren Text bringen können. Einige der dort unterbreiteten Vorschläge sind für den Sachbuchautor ohne weiteres verwertbar.

Welche Stelle Ihres Texts würden Sie als schwächsten Punkt bezeichnen, wenn Sie der Lektor wären und das Manuskript so lesen, als stamme es von einem anderen Autor? Sehen Sie sich diese Passage genau an und prüfen Sie, ob es möglich ist, sie zu streichen oder zumindest auf das Wesentliche zu reduzieren. Können Sie dem Anfang dieser Passage irgend etwas hinzufügen, das den Leser neugierig macht? Denken Sie an die eindrucksvollste Passage. Was macht sie so gut? Gibt Ihnen das einen Hinweis darauf, wie Sie mit der schwächsten Stelle verfahren könnten?

Welche Überraschung! Kaum haben Sie die schwächste Passage herausgenommen, rückt die nächstschwächere an ihre Stelle. Ist Ihnen rückblickend klar, warum sie so sehr zu wünschen übrig läßt? Können Sie etwas tun, um sie zu verbessern? Können Sie die Stelle streichen und das, was davor und danach steht, problemlos zusammenfügen?

Nachdem Sie sich alle diese Fragen gestellt und das ausgebessert haben, was der Reparatur bedurfte, ist es an der Zeit, das Ganze gezielt zu lesen, das heißt, das Manuskript nicht wie ein Leser durchzugehen, sondern mit den Augen des unerbittlichen Jägers Fehler und Nachlässigkeiten aufzuspüren. Benutzen Sie dazu einen Papierausdruck, nicht den Bildschirm. So wirkt das Geschriebene lebendiger, und es springen Ihnen Fehler ins Auge, die Ihnen sonst vielleicht entgangen wären.

Wird auf jeder Seite ein visuelles Bild vermittelt? Kennzeichnen Sie jede Seite Ihres Manuskripts, die ein solches enthält, in einer der unteren Ecken mit einem V und versuchen Sie da, wo es fehlt, ein Bild zu erzeugen, und wenn es nur ein Blatt ist, das vom Baum fällt.

Haben Sie Adjektive und Adverbien gestrichen, wo immer dies möglich war, und allen überflüssigen Wortballast abgeworfen? Suchen Sie mit den Augen des Lektors, nicht mit denen des Autors.

Werfen Sie alle Klischees über Bord, die Ihnen begegnen. Formulieren Sie die betreffende Stelle um, oder sagen Sie die Dinge unverschnörkelt und ohne Floskeln.

Können Sie Vergleiche und Metaphern entdecken, die irgendwie an den Haaren herbeigezogen oder aufgesetzt wirken und es darum verdienen, gestrichen zu werden?

Wer noch nie ein Manuskript redigiert hat, dem fällt es vielleicht schwer, auf alle diese Dinge gleichzeitig zu achten. Wenn Sie wenig Übung darin haben, sollten Sie ab und zu die folgende Checkliste zu Rate ziehen:

- visuelle Elemente einfügen
- Adjektive und Adverbien nach Möglichkeit streichen
- alle Klischees streichen
- schwache Vergleiche und Metaphern ersetzen oder ganz streichen

Können Sie aus der Sicht des Lektors irgendwelche Stellen in Ihrem Manuskript entdecken, die Ihnen mit überflüssigen Abschweifungen des Autors aufgeplustert zu sein scheinen, allzu sehr in die Länge gezogene Beschreibungen beispielsweise oder irgend etwas, das auf Sie den Eindruck macht, als diene es lediglich als Füllsel? Es wertet Ihren Text immer auf, wenn Sie überschüssige Luft herauslassen.

Zum Schluß noch eine kleine Anekdote. Vor langer Zeit sprach mich auf einer Party in New York ein Journalist an, den ich dem Namen nach kannte, der mir aber noch nie begegnet war. Er hatte schon ziemlich tief ins Glas geschaut und fragte mich, ob er einmal mit einem Manuskript zu mir kommen könne, das er bisher noch niemandem gezeigt hatte. Dergleichen bekommt man auf Parties oft zu hören. Nur selten kommt es daraufhin

wirklich zu einer Verabredung. Dieser Autor rief mich jedoch an, und nachdem wir einen Termin vereinbart hatten, kreuzte er mit einem dicken Papierstoß unter dem Arm bei mir auf. Was war das für ein »geheimes« Manuskript, auf das er mich so neugierig gemacht hatte?
Der Journalist veröffentlichte regelmäßig Beiträge in einer Zeitschrift, die ihm eine großzügige monatliche Abschlagszahlung auf seine zu liefernden Arbeiten zukommen ließ. Diese Summe wurde dann, ähnlich wie bei einem Guthabenkonto in einem firmeneigenen Geschäft, mit einem festgelegten Betrag für jedes abgedruckte Wort verrechnet. Der Papierstoß enthielt seine gesammelten Beiträge, die in dieser Zeitschrift veröffentlicht worden waren. Farbig hervorgehoben waren darin all diejenigen Stellen, die er aufgeplustert hatte, um möglichst viele Wörter zu schinden und so das Konto zu seinen Gunsten auszugleichen. Nun war er daran interessiert, aus den gesammelten Beiträgen nach Abzug der aufgeblähten Passagen ein Buch zu machen. Aus Gründen, die mir nach all den Jahren entfallen sind, wurde das Projekt nicht weiter verfolgt, was ich mir aber gemerkt habe und was Ihnen hoffentlich auch im Gedächtnis bleiben wird, ist die Lektion über das Aufbauschen von Texten, die mir dieser Autor erteilt hat.
Nachdem Sie nun die größeren Mängel beseitigt und die kleineren Schadstellen aufgespürt und ausgebessert haben, legen Sie Ihr Manuskript ein Weilchen beiseite und nehmen Sie es später noch einmal zur Hand. Diesmal dürfen Sie es mit den Augen des Lesers, nicht des Lektors, sehen, aber haben Sie für alle Fälle einen Korrekturstift griffbereit.

34
Ein Wort zum Schluß

Welchen Nutzen Ihnen dieses Buch auch immer gebracht haben mag, eines hat es ganz bestimmt erreicht: Sie werden von nun an ein scharfsichtigerer Leser sein und bleiben.
Ich hoffe sehr, daß Sie sich die Techniken zunutze machen können, die ich nun seit fast vierzig Jahren an Autoren weitergegeben habe. Mit der Zeit werden einige dieser Techniken dazu beitragen, daß Ihre Chancen auf Veröffentlichung Ihrer Werke steigen oder, sofern Sie bereits publiziert haben, daß Sie in Ihrer Arbeit noch effektiver werden. Hemingway hat einmal gesagt: »Wir sind alle Lehrlinge in einem Gewerbe, in dem es niemand je zum Meister bringen wird.« Wir wissen, daß diese Aussage nicht wörtlich zu nehmen ist. Viele von Hemingways Geschichten und einige seiner Romane sind Meisterwerke.
Was er sagen wollte, ist, daß wir nie auslernen. Sie können mit Ihren Fragen immer wieder Rat in diesem Buch finden wie bei einem guten Freund.
Während Sie dieses Buch gelesen haben, sind Sie vielleicht zu der zutreffenden Erkenntnis gekommen, daß der Autor ein Manipulator ist, dem der Zweck die Mittel heiligt, ein rechtschaffener Lügner, ein Illusionist zum Wohl seines Publikums. Er ist auch ein Schöpfer, der das Geschick der Figuren gestaltet, die er zum Leben erweckt, der Erbauer des goldenen Kalbs, das einige seiner Leser anbeten werden, sofern er seine Sache gut macht. Daher auch die Form, in der ich meine letzten Ratschläge zusammenfasse.

Die zehn Gebote des Autors

1

Du sollst keine Figuren in ein vorhandenes Handlungsgerüst einstreuen, denn sonst erntest du Stückwerk. Am Anfang war die Figur und dann das Wort, und die Worte der Figur brachten die Handlung hervor.

2

Du sollst deinen Helden Fehler und deinen Schurken Tugenden anhaften, denn es sind die Fehler, die den Helden zum Leben erwecken, so wie die Tugenden des Schurken der Honig sind, mit dem er die Unschuldigen verführt.

3

Deine Figuren sollen stehlen, töten, Vater und Mutter nicht ehren, falsches Zeugnis ablegen und ihres Nächsten Haus, Weib, Knecht, Magd, Ochsen und Esel begehren, denn die Leser gieren nach solchen Dingen und gähnen vor Langeweile, wenn deine Figuren demütig, unschuldig, verzeihend und friedfertig sind.

4

Du sollst keine Abstraktionen säen, denn wie ein Liebender fühlt sich der Leser zum Besonderen hingezogen.

5

Du sollst nicht murmeln, flüstern, grollen, fauchen oder brüllen, denn die Wörter selbst und nicht ihre Beschreibungen sind das Transportmittel ihrer Lautstärke.

6

Du sollst deinen Leser mit Unruhe, Angst und nervöser Spannung anstecken, denn dieselben Zustände, die ihm im Leben verhaßt sind, bereiten ihm im Roman die allerhöchste Freude.

7

Deine Sprache soll präzise, klar und auf Engelsflügeln daherkommen, denn alles Geringere gehört in die Welt der Krämer und Gelehrten, nicht der Schreibenden.

8

Du sollst nicht am siebten Tage ruhn, denn deine Figuren leben in deiner Fantasie und in deinem Gedächtnis jetzt und in alle Ewigkeit.

9

Du sollst nicht vergessen, daß der Dialog eine fremde Sprache ist, ein Ebenbild der Sprache, aber nicht ihr Chronist, eine Sprache, in der das Direkte schwindet und das Indirekte widerhallt.

10

Vor allem aber sollst du deine Gefühle nicht an deinem Leser auslassen, denn deine Aufgabe ist es, die Gefühle des Lesers zu wecken, und darin liegt vor allem anderen die wahre Kunst des Schriftstellers.

Wenn Sie einen Buchvertrag abschließen, leiten Sie die frohe Botschaft an mich weiter, damit ich Ihre Freude teilen kann.

Sol Stein

Personen- und Titelregister

Dank

Patricia Day und Elizabeth Day Stein möchte ich danken für ihre kompetenten Ratschläge zu diesem wie zu vielen anderen meiner Bücher. Tom McCormack und Marian Lizzi, mein Lektor und meine Lektorin bei St. Martin's Press, und Loretta Hudson motivierten und unterstützten mich mit ihren Anregungen und Vorschlägen in meiner Arbeit.
Dank schulde ich auch denjenigen Autoren – bekannten wie unbekannten oder noch nicht bekannten –, die mich an ihrem Wissen und ihren Einsichten teilhaben ließen, sowie den Professoren, Lesern und Studenten, die ein Leben der schriftstellerischen Arbeit und der Freude mit mir teilten und von denen ich vieles, was in diesem Buch zu lesen ist, gelernt habe.

Bücher und Software für das Schreiben von Büchern. Nur bei Zweitausendeins.

SOL STEIN

Aufzucht und Pflege eines Romans

Die häufigsten Fehler beim Schreiben. Und wie man sie vermeidet

Haben Sie schon einmal davon geträumt, einen erfolgreichen Roman zu schreiben? Haben Sie den Traum nicht verwirklicht, weil Sie glauben, als Autor/in muss man zuallererst ein Genie sein? Sol Stein sagt: Sie irren sich. Es geht zuerst einmal um das Vermeiden einer kleinen Anzahl von Kardinalfehlern, die den Bucherfolg verhindern. Sol Stein nennt die Fehler und zeigt, wie man sie vermeidet. Stein beweist: Dass eine Geschichte ihre Leser fesselt, beruht nicht allein auf Genie und Intuition, sondern vor allem auf Fertig- und Fähigkeiten, die sich erlernen lassen. Er vermittelt sie systematisch, leicht nachvollziehbar und dazu auch noch kurzweilig. Er zeigt uns den Text als Werkstück, das sich hobeln, feilen und schmirgeln lässt, bis aus dem Rohstoff ein feines Meisterwerk geworden ist. Man »erfährt eine Menge über das Verlagsgeschäft. Auch Dinge, die einem das Autorenleben retten können … dieses Buch ist ein Augenöffner und vor allem Autoren zu empfehlen, die mit ihren Romanen keine literarische Nische, sondern ein Massenpublikum erreichen wollen« (Autorenmagazin Federwelt).
Deutsche Erstausgabe. Deutsch von Sebastian Gavajda und Waltraud Götting. 270 Seiten. Fadenheftung. Fester Einband.
16,95 €. Nummer 18360.

SOL STEIN

WritePro®. Die Erfolgsprogramme auf CD-ROM für Autoren und Texter

Mit einem Computerprogramm zum Erfolgsautor? Das klingt zu schön, um wahr zu sein. Aber es ist wahr. Und schön ist es auch. Sie wollen Beweise? Sol Stein hat das Computerprogramm geschrieben. Durch seine Hilfe erreichte Jerry B. Jenkins mit »The Indwelling« Platz 1 der New York Times Sellerliste (zum Vergleich: Potter zu dem Zeitpunkt auf Platz 4). Jenkins bedankte sich bei Sol Stein, dem Autor des Programms: »Software gekauft. 6 ½ Seiten Entwurf geschrieben. Erster Verleger, der es sah, gab mir sechsstelligen Vorschuss. Erfolg geht auf Ihr Konto.« Dieser Erfolg ist keine Eintagsfliege. »Über 80000 Autoren verwenden mein Programm«, sagt Stein, »98 Prozent mit Erfolg.« Die New York Times bestätigt: »Man kann sich nichts Einfacheres vorstellen als die Arbeit mit dieser Software.« Und Writer's Digest meint: »Sie merken Ihren Fortschritt sofort. Schon nach der zweiten Übung haben Sie eine runde Geschichte mit einem spannenden Plot, mit Durchschlagskraft und ohne Klischees.«

Sol Stein hat drei Programme geschrieben (zu jeder CD-ROM gibt's ein deutsches Handbuch). Für alle drei Programme gilt: Sie trainieren mit der eingebauten Textverarbeitung. Mit dem Texttrainer üben Sie das gnadenlose Kürzen. Weg mit den überflüssigen Pfunden: Dichter und Denker schreiben dichte Texte, Geschäftsleute sparen Zeit. Systemvoraussetzungen: Die deutschen Versionen der Programmfamilie WritePro® von Sol Stein laufen auf Windows-PC (ab Windows® 95), auf Apple-Macintosh-Rechnern (ab OS 8) und sind unter Linux lauffähig. Alle Programme können Sie gratis ausprobieren unter:

www.zweitausendeins.de/WritePro.

WritePro® Fiction. Das Erfolgswerkzeug für Autoren von Romanen und Kurzgeschichten. Es hilft, die Figuren des Romans zu finden, den packenden Plot zu entwickeln, den Leser zu fesseln, spannende Dialoge zu schreiben, es hilft sogar beim Schreiben erotischer oder komischer Szenen. Fiction hat einen eingebauten »Dialog Doktor« der auch einem kranken Dialog auf die Sprünge hilft. Ein Trainingsprogramm auf CD-ROM mit Handbuch. 35 €. Nummer 14648.

WritePro® FictionMaster. Das Profi-Programm für Autoren von Romanen, Kurzgeschichten, Theaterstücken, Filmscripts. WritePro® für Fortgeschrittene. Mit ihm entwickeln Sie Figuren, die niemand vergisst. Plots, die niemand ungelesen weglegen kann. Viele Autoren tun sich schwer mit Dialogen, und die meisten

Lektoren lehnen ein Buch wegen schlechter Dialoge ab. Ein Trainingsprogramm auf CD-ROM mit Handbuch. 35 €. Nummer 14649.

WritePro® Business. Briefe, Memos, Präsentationen, an die man sich erinnert. Mit diesem Programm verbessern Sie Ihren Schreibstil innerhalb von Minuten (Garantiert!) schreiben Sie Briefe, die gelesen werden, Memos und Präsentationen, an die man sich erinnert. Klingen die Arbeiten Ihrer Kollegen so, als hätten Sie sie schon einmal gehört? Fast alle schreiben nur ab oder um. Mit WritePro® Business schreiben Sie frisch und originell. Wie zwingt man mit dem ersten Satz eines Briefes zum Weiterlesen? Wie verwandelt man einen verärgerten Kunden in einen treuen? Wie treibt man höflich, aber erfolgreich Geld ein? Ein Trainingsprogramm auf CD-ROM mit Handbuch. 25 €. Nummer 14650.

REBECCA McCLANAHAN

Schreiben wie gemalt

Die Kunst der Beschreibung

Viele Autor/inn/en halten Beschreibungen für Beiwerk, schenken ihnen wenig Beachtung, scheuen sich davor. Das Ergebnis sind trockene, oft langweilige Texte. Beschreibende Passagen sind die geheimen Kraftzentren eines jeden Romans – und auch der meisten Gedichte und Sachtexte. Sie malen Bilder in den Köpfen der Leser. Sorgfältig plazierte deskriptive Details führen Charaktere und Schauplätze schnell und organisch in den Erzählfluss ein, setzen sie bildrichtig in Szene. Sie lenken den Fortgang der Handlung und treiben ihn voran. Wer die Kunst der Beschreibung beherrscht, kann sie wie eine Art Gangschaltung einsetzen, über sie das Tempo einer Geschichte beschleunigen oder verlangsamen und so Dynamik und Spannungsaufbau steuern.

In ihrem außergewöhnlichen Handbuch erklärt Rebecca McClanahan, selbst preisgekrönte Autorin und Dozentin für Creative Writing, wie Schriftsteller/inn/en ihren Worten mehr Ausdruck und Wirkung verleihen und die Imagination ihrer Leser/innen unmittelbar ansprechen können. In durchdachten Anleitungen und anregenden Übungen zeigt sie, wie sich die eigenen Sinne nutzen, die Beobachtungsgabe schärfen und jene sinnlich ansprechenden Worte finden lassen, die die Bilder des inneren Auges treffend nachzeichnen. Anhand zahlreicher deskriptiver Passagen von klassischen und zeitgenössischen Schriftsteller/inne/n zeigt McClanahan, wie sich der eigene deskriptive Schreibstil weiterentwickeln lässt und wie der richtige Einsatz von Beschreibungen zur Geschlossenheit eines Werkes beitragen und seine Wirkung intensivieren kann.

Rebecca McClanahan hat Kurzgeschichten, Essays und Gedichte in einigen der bedeutendsten Literaturzeitschriften Amerikas veröffentlicht. Neben drei Gedichtbänden veröffentlichte sie einen Band mit Vorträgen und Lesungen. Rebecca McClanahan erhielt den PEN/Syndicated Fiction Award, den J. Howard and Barbara M. J. Wood Prize der Zeitschrift Poetry, den Carter Prize for Nonfiction der Zeitschrift Shenandoah und den Governor's Award for Excellence in Education. Sie lehrt seit über 25 Jahren Creative Writing und lebt zur Zeit in New York City.

»Ein hervorragender Ratgeber sowohl für Lyriker als auch für Prosaschriftsteller. Für McClanahan sind Beschreibungen der Schlüssel zu jeder guten schriftstellerischen Arbeit.«

Doris Betts, Autorin und Professorin der University of North Carolina Chapel Hill

»Rebecca McClanahans Ratgeber ist wie ihr Schreibstil: klar, prägnant, frisch und elegant.«

Clyde Edgerton, Autorin

»Zu viele Schriftsteller sehen Beschreibungen lediglich als Hintergrund oder Verzierung ihrer Geschichten an. McClanahan demonstriert nicht nur ihre organische Notwendigkeit, sondern zeigt auch, wie sie sich vitaler, spannender und einfach erfreulicher gestalten lassen.«

Fred Chappell, Autor

Deutsche Erstausgabe. Deutsch von Ulrike Bischoff. 250 Seiten. Fadenheftung. Fester Einband. 17,80 €. Nummer 18408.

DAVID MICHAEL KAPLAN

Die Überarbeitung. Ein Lehrbuch für Autoren

Wie Geschichten packender, Charaktere plastischer, Dialoge stärker und Beschreibungen anschaulicher werden

Die Überarbeitung seines Textes ist der letzte Arbeitsschritt eines Schriftstellers. Doch häufig ist dieser letzte Schritt auch das Letzte, woran Autoren denken. In den ersten Entwurf einer Erzählung oder eines Romans fließt viel kreative Energie. Ist der Text einmal fertig, glauben viele Autoren – besonders die Anfänger –, dass sie den wichtigsten Teil der Arbeit bereits hinter sich haben. Doch erfolgreiche Profis wissen: Erst in der Phase der Überarbeitung entsteht gute Literatur.

Flaubert schrieb »Madame Bovary« dreimal komplett neu, bevor er die stark überarbeitete vierte Version veröffentlichte. Tolstoi formulierte sogar acht vollständig neue Fassungen seines Riesenromans »Krieg und Frieden« und nahm in den Druckfahnen immer noch umfangreiche Änderungen vor. Joyce trieb seine Verlegerin (und die Setzer) mit unerschöpflichen Korrekturen an »Ulysses« in allen Stadien des Drucks fast zur Verzweiflung. Und in der ersten Ausgabe der berühmten »Essais« von Montaigne sind die Korrekturen für die Neuauflagen am Seitenrand oft umfangreicher als der gedruckte Text.

David Michael Kaplan, selbst preisgekrönter Autor und Professor für Creative Writing, weiß, dass die richtige Technik zur Überarbeitung literarischer Texte entscheidend ist für den Erfolg eines Autors. Er ist überzeugt, dass die meisten Schriftsteller erst in der Phase der Überarbeitung das Wesentliche, den wahren Kern ihrer Geschichte erkennen. In seinem praxisorientierten Buch begleitet Kaplan Autoren in jedem Stadium des Schreibprozesses, erklärt ihnen, wie man die Probleme des ersten Entwurfs angeht, wie man mit den Möglichkeiten spielt, etwa Charaktere, Handlungsabläufe und Erzählperspektiven ändert oder Konflikte neu definiert, wie man vermeidet, Überflüssiges zu erzählen oder abzuschweifen, er sagt ihnen, wie sie erkennen, wo in ihrem Text ein Dialog fehlt oder ein vorhandener falsch angelegt ist u.v.m.

Kaplan wird zu einem Privatlehrer, dessen Ratschläge Autoren vor den häufigsten Fehlern bewahren, der sie in allen Schaffensphasen

unterstützt und sie dazu anregt, sich niemals mit weniger als dem Besten zufrieden zu geben. Kaplans kreative Technik zur Überarbeitung literarischer Texte zeigt ihnen, wie sie dieses Ziel erreichen. Professor Otto Kruse, Leiter der Schreibschule Erfurt, empfiehlt: »Ich halte es für eines der nützlichsten Bücher zum Schreiben.«
Deutsche Erstausgabe. Deutsch von Andreas Simon dos Santos. 311 Seiten. Fadenheftung. Fester Einband. 15 €. Nummer 18424.

JACK M. BICKHAM

Short Story. Die amerikanische Kunst, Geschichten zu erzählen

Viele Autor/inn/en verlassen sich anfangs vor allem auf die Kraft ihrer inneren Eingebung. Völlig falsch, sagt Jack M. Bickham, erfolgreicher Autor von Kurzgeschichten und Romanen und Lehrer für Creative-Writing. Wer so arbeitet fällt meist von einer Schaffenskrise in die nächste und muss meist erst eine Reihe harter Rückschläge einstecken, bevor er einen Arbeitsstil findet, der eine kontinuierliche Produktion garantiert. Denn die Basis literarischer Qualität ist nicht glückliche Inspiration, sondern die konsequente und kontinuierliche Arbeit am eigenen Text. Bickham hat ein System entwickelt, das die kreativen Kräfte von Autor/inn/en anregt und in geordnete Bahnen lenkt. Er erklärt, wie ein gut funktionierender Arbeitsplan aussehen muss, mit dem sich quasi auf Kommando Ideen entwickeln lassen. Wie man richtig recherchiert und Vorräte an Material anlegt. Wie man die richtigen Schauplätze auswählt und hautnah gestaltet. Wie Geschichten am richtigen Punkt beginnen und effektvoll enden. Wie man Spannung erzeugt (»Eine packende Geschichte lebt von dramatischen Konflikten und Hindernissen, die es zu überwinden gilt«) und Dialoge in den Griff bekommt. Wie man seine eigenen Texte besser strukturieren und analysieren lernt, um so die Handlung besser steuern zu können (»Sie können alles immer wieder verändern. Aber es ist besser, eine Arbeitsgrundlage zu erstellen, von der sie später abweichen, als völlig ohne Konzept drauf los zu schreiben«). Wel-

chen Arbeitsrhythmus man einhalten sollte, um Schreibkrisen zu vermeiden. Welche Fehler man vermeiden sollte. Wie Figuren angelegt sein müssen, damit sie überzeugend wirken. Denn: Glaubhafte und lebendige Figuren sind das A und O einer guten Geschichte. Ihre innere Entwicklung und die sich daraus ergebenden Handlungen müssen nachvollziehbar und ehrlich sein. Bickham warnt: »Kurzgeschichten sind nichts für emotionale Feiglinge. Die Darstellung intensiver Gefühle ist für eine Geschichte unvermeidlich.« Alle Arbeitsschritte werden nicht nur ausführlich erläutert, sondern in praktischen Übungen trainiert und mit Hilfe von Checklisten kontrolliert. So begleitet Jack M. Bickham Ihre literarische Entwicklung und gibt auch Hinweise für eine Erweiterung Ihrer Pläne in Richtung Roman.
Deutsche Erstausgabe. Deutsch von Petra Post und Andrea von Struve. 221 Seiten. Fadenheftung. Fester Einband. 12,75 €. Nummer 18448.

ROBERT J. RANDISI

Krimis schreiben

Ein Handbuch der Private Eye Writers of America

Krimis und Thriller gehören zu dem mit Abstand meist gelesenen und auch kommerziell erfolgreichsten Genre der Literatur. Verbrechen lohnt sich eben doch! Zumindest theoretisch. In diesem Handbuch erfahren Sie alles über die unverzichtbaren Basics für einen soliden literarischen Mordplan – von Schreibtischtäter/-inne/n, die im Krimi-Geschäft bereits erfolgreich sind: Sie zeigen Ihnen, auf welch geniale Ideen, Verwicklungen und überraschende Auflösungen Sie kommen, wenn Sie über das schreiben, was Sie kennen – und noch ein bisschen dazu erfinden, gewähren Ihnen Einblick in ihre Story-Werkstatt, verraten, wie man sympathische Kommissare oder Detektive entwickelt, mit denen sich ganze Krimiserien bestreiten lassen, führen vor, wie man seine Leser vom Anfang bis zum Ende des Romans in Atem hält und schließlich auch die Lektoren mit seinen Krimis begeistert. »Behandelt gründlich, aber unterhaltsam alle Aspekte des Themas und macht

außerdem Lust auf die Lektüre der genannten Krimis« (Ekz-Infodienst). »Die hilfreichen Hinweise des Buches darf kein Krimi-Schreiber missachten« (Rheinische Post).
Deutsche Erstausgabe. Deutsch von Frank Kuhnke. 353 Seiten. Fadenheftung. Fester Einband. 12,75 €. Nummer 18290.

ROGER A. HALL

Mein erstes Stück

Hier erfahren Sie, wie Sie zu einer guten Idee oder einem spannenden Stoff kommen. Wie Sie eine Handlung effektvoll einsetzen lassen und dann überzeugend entwickeln. Wie Sie Dialoge schreiben, die lebendig und glaubwürdig sind. Wie Sie durch Konflikte die Handlung vorantreiben und den handelnden Personen einen Charakter geben können. Wie Sie die eigene Lebenserfahrung als eine wertvolle Ressource nutzen lernen. Und was Sie tun können, damit Ihr erstes Stück auch tatsächlich auf die Bühne kommt. »Der praktische Starter, um Schreiben fürs Theater zu lernen« (Lehrbuch für Autoren).
Deutsche Erstausgabe. Deutsch von Andreas Betten. 283 Seiten. Fadenheftung. Fester Einband. 12,75 €. Nummer 18317.

ROBERT BAHR

Spannender schreiben. Dramentechnik für Prosatexte

Robert Bahr zeigt, wie wir alle gut und noch besser schreiben können – sei es einen Artikel für die Zeitung, ein Sachbuch oder einen Roman. Wie sind die großen Autor/inn/en der Weltliteratur zu ihren ersten Ideen gekommen? Wie sahen die ersten Notizen aus, aus denen sie ihre großen Geschichten entwickelt haben? Wie haben sie ihre Lebenserfahrungen eingebracht und ihre Entwürfe bearbeitet? »Interessant wie eine Erzählung, lehrreich wie eine Vorlesung und praktisch wie eine Werkstatt« (Jahrbuch für Autoren).
Deutsche Erstausgabe. Deutsch von Hans J. Becker. 196 Seiten. Fadenheftung. Fester Einband. 12,75 €. Nummer 18273.

Fernost), um Genres, um Ästhetik (Farbe, Musik), um neue und wieder zu entdeckende Filme und natürlich um Hollywood. So wird das Lexikon zu einer wahren Film-Enzyklopädie.
Im Preis enthalten sind außerdem zwei kostenlose Online-Dienstleistungen im Werte von 49 €. Sie bekommen für ein Jahr den Kino- & TV-Butler dazu: Zusammen mit der film-dienst-Redaktion informieren wir Sie 14-täglich via E-Mail über die neuesten Kinofilme und die nach Ihren persönlichen Vorlieben ausgewählten Filme im Fernsehen. Im Preis enthalten ist außerdem für ein Jahr Ihr persönlicher Zugang zur 14-täglich aktualisierten Datenbank des Filmlexikons. Damit haben Sie Zugriff auf Informationen zu den letzten Kino-Novitäten und ein Textarchiv mit Tausenden von Filmrezensionen, das den Rahmen der Buchausgabe sprengen würde. Neu entwickelte Suchwerkzeuge machen die Recherche in diesen Profidaten komfortabel und kinderleicht. Alles was Sie dann noch brauchen, ist ein Internet-Anschluss und eine E-Mail-Adresse.
Für 99 € erhalten Sie das erweiterte »Lexikon des Internationalen Films« (Stand: Dezember 2001) mit rund 60000 Einträgen. Dazu 132 Berichte und Essays, die hier erstmals enthalten sind. 4891 Seiten mit 13000 Lexikon-Spalten. 4 Bände. Lexikon-Großformat 17 × 24 cm. Dünndruck. Fadenheftung. Leinen mit Schutzumschlag. 5 kg schwer. »Wirklich ein monumentales Werk. Eine unglaubliche verlegerische Offerte« (SFB): Nur 99 €. Nummer 18432.

SYD FIELD

Das Handbuch zum Drehbuch

Übungen und Anleitungen zu einem guten Drehbuch

Was ist die meistgehörte Klage der Filmbranche? »Es gibt keine guten Drehbücher mehr.« Ohne Drehbuch gibt's nichts zu filmen, zu sehen, zu verleihen. Aber wie wird man/frau Drehbuchschreiber/in? Da empfiehlt sich: Sie gehen zu Syd Field, dem lt. Hollywood-Reporter »meistgefragten Drehbuchlehrer der Welt«. Und für alle, die nicht zu seinen Seminaren kommen können, hat

des Filmbüros NRW entwickelt. Das Programm wurde umfangreichen Praxistests unterworfen und dabei ständig verbessert. Es eignet sich für das Schreiben von Drehbüchern und Treatments für Film und Fernsehen, Hörspiel- und Theater-Manuskripten, Dokumentar- und Industriefilmen, Werbespots, Radio-Moderationen, Fernsehreportagen und sogar Sketchen.

Wie Sie Moving Plot bekommen: Moving Plot gibt es in fünf Versionen zum Downloaden, je nach Microsoft Word Version. Für Windows: Moving Plot professional 95, Moving Plot professional 97 und Moving Plot professional 2000. Neu für *Macintosh*: Moving Plot professional 98, Moving Plot professional 2001.

Die **Probierversion** mit allen Funktionen ist gratis. Außer Ihren normalen Verbindungsgebühren entstehen Ihnen keine Kosten. Die Gratis-Probier-Version zum Downloaden enthält bereits alle Funktionen der Vollversion, ist aber auf 30 Tage Nutzung beschränkt.

Die **Vollversion** von Moving Plot kostet 65,95 €. Sie schlummert bereits in Ihrer gratis runtergeladenen Probierversion und wird mit einem »Schlüssel« freigeschaltet. In der Gratis-Probierversion von Moving Plot ist genau beschrieben, wie Sie Ihren Registrierungsschlüssel bekommen (Geht ganz einfach. Und ganz schnell).

Und für **Neueinsteiger** gibt es Moving Plot standard 97 und 2000 für nur 19,95 €. Alle Version gibt es nur über das Internet zum Downloaden unter: **www.Zweitausendeins.de/Moving-Plot**.

»Ich bin begeistert ... Inzwischen schreibe ich einen ›Fahnder‹ auf Moving Plot, und es hält, was es verspricht. Glückwunsch!« *Johannes Rotter* (Drehbuchautor von u.a. ARD/WDR-Produktion »Der Fahnder«)

»Alle Funktionen kann man nutzen, ohne die gewohnte Textverarbeitungs-Software Word zu verlassen, ohne sich in völlig neue Programmstrukturen einzuarbeiten oder sich mit englischen Fachbegriffen herumzuschlagen.« *Film & TV Kameramann*

»Dramatisch leicht.« *NRW Newsletter*

STEVEN D. KATZ

Die richtige Einstellung

Zur Bildsprache des Films

Katz, Filmemacher mit 20jähriger Hollywood-Erfahrung, erklärt in dieser »Enzyklopädie der Inszenierungs- und Erzähltechniken« (Taz), wie ein Film entsteht: »Inszenierung von Dialogszenen und Bewegung, Tiefe im Bild, Blickwechsel der Kamera, Kadrierung, Erzählperspektive, Schwenk, Kran, Fahrt ... alles mit anschaulichen Beispielen in Bildform illustriert«, lobt das Fachmagazin Plot Point die Qualitäten des »modernen Klassikers der Filmlehrbuch-Literatur« (Die Welt). Die Landshuter Zeitung kennt »keine andere deutsche Publikation, die derart anschaulich und trotzdem fast schon spannend, Filme nicht nur von der inhaltlichen, sondern auch von der technischen Seite her« analysiert. Das Fachmagazin Film & TV Kameramann bestätigt: »Solides, grundlegendes Handwerkszeug zur Inspiration der Kreativen.« »Über dieses Buch ins Schwärmen zu geraten, wäre angemessen. Lange in der amerikanischen Originalausgabe ein Geheimtip ... Endlich in deutscher Sprache zu kaufen, sicher ein neuer Standard in der Lehre« (Medienwissenschaft, Kiel).
Deutsche Erstausgabe. Originaltitel: *Film Directing Shot by Shot. Visualizing from Concept to Screen.* Deutsch von Harald Utecht. 520 Seiten. Großformat 17×24 cm. Fadenheftung. Lesebändchen. Leinen. 29,90 €. Nummer 18501.

CHRISTOPHER VOGLER

Die Odyssee des Drehbuchschreibers

Über die mythologischen Grundmuster des amerikanischen Erfolgskinos

Christopher Vogler hat für Hollywood-Studios Tausende von Stories und Drehbuchentwürfen auf ihre Tauglichkeit geprüft. Er wird laut Filmmagazin Fame längst zu den »100 wichtigsten Leuten Hollywoods« gezählt. Vogler entdeckte, dass fast allen großen Publikumserfolgen eine archetypische Struktur zugrunde liegt,

die seit dem Anfang der Welt die erfolgreichsten Märchen und Mythen bestimmt: die Heldenreise. Voglers Folgerung: Wenn wir alle immer wieder eine Geschichte in immer neuen Varianten erleben wollen, dann liegt das daran, dass wir in ihr Archetypen wieder finden, an denen wir alle teilhaben. Wenn Publikumserfolge seit Homers Odyssee nach ähnlichem Muster gestrickt sind, dann ist man gut beraten, den Faden weiterzuspinnen. In diesem Buch, das »in den letzten Jahren Furore gemacht hat« (Die Welt), legt Vogler seine Erkenntnisse nieder und verrät »den Geheimcode des Geschichtenerzählens« (Vogler). »Ein Lesespaß, ein Arbeitsbuch und ein Mittel zur Filmanalyse« (Plot Point). Jeff Arch, Drehbuchautor von »Schlaflos in Seattle«: Das Buch ist »die perfekte Anleitung für Filmstories mit dermaßen universell-menschlichen Inhalten, dass sie einfach überall in der Welt ihr Publikum in den Bann schlagen müssen.«
Neue, erweiterte Ausgabe. Originaltitel: *The Writer's Journey. Mythic Structure for Writers*. Deutsch von Frank Kuhnke. 485 Seiten. Fadenheftung. Leinen. 16,90 €. Nummer 18504.

DANIEL ARIJON
Grammatik der Filmsprache

»Das unverzichtbare Handbuch für Drehbuchautoren, Regisseure, Kameraleute und Cutter. Und für ganz normale Leser« (Generalanzeiger). Mit Hilfe von über 1.500 Skizzen erläutert Daniel Arijon die Grundstruktur der filmischen Handlung. Sein bewährtes Standardwerk, das mittlerweile in fünf Sprachen vorliegt, beschreibt anschaulich sämtliche Grundelemente, die die Basis für jede Form visuellen Erzählens darstellen, ganz gleich ob es sich um einen Spiel-, Zeichentrick- oder Dokumentarfilm handelt. Arijon zeigt, welche Positionen für Darsteller und Kamera optimal sind, wie sich Bewegungsabläufe wirkungsvoll inszenieren lassen, nach welchen Kriterien die gedrehten Einstellungen in eine sinnvolle Reihenfolge gebracht werden können und wie sich die Dynamik der Sequenzen durch unterschiedliche Rhythmen und

ein verändertes Tempo der Schnittfolge variieren lässt. Darüber hinaus erfahren Sie alles über Schwenks, Zooms, Kamerafahrten, Bildführung in Dialogszenen u.v.m.
Aus dem Inhalt: Visuelle Zäsuren, Sich kreuzende Blicke, Grundlegende Körperstellungen, Aufmerksamkeitsachse, Hervorhebung durch Komposition, Dialoge zwischen zwei Akteuren, Telefonierende Akteure, Wenn große Gruppen ins Bild gesetzt werden müssen, Spannungsbögen, Den Schnitt richtig plazieren, Schneiden auf Bewegung, Verfolgungs-Sequenzen, Verschlungene Bahnen, Visuelle Unterstützung der Dramaturgie, Action-Szenen, Subjektive Kamera, Fünf Strategien für die optische Aufwertung von Action-Szenen, Interpunktion im Film, Zeitsprung, Szenenanfänge u.v.m.
Deutsche Erstausgabe. Originaltitel: *Grammar of the Film Language*. Deutsch von Karl Heinz Siber. 708 Seiten. Fadenheftung. Fester Einband. 34 €. Nummer 18342.

LINDA SEGER

Vom Buch zum Drehbuch

Wie aus Romanen, Theaterstücken oder Biografien erfolgreiche Drehbücher werden

Die meisten Filme und Fernsehserien, die Oscars beziehungsweise Emmys gewonnen haben, basieren auf Stoffen aus der Literatur oder dem wahren Leben. Adaptionen sind der Lebensnerv des Film- und Fernsehgeschäfts. Vom Winde verweht, Doktor Schiwago, Casablanca, Zwölf Uhr mittags, Jenseits von Afrika, Zimmer mit Aussicht, Einer flog über das Kuckucksnest, Garp, Schindlers Liste, Der mit dem Wolf tanzt oder Der englische Patient wurden zu weltbekannten Erfolgsfilmen – oft viel bekannter als ihre mehr oder weniger stark bearbeiteten literarischen Vorlagen. Auch der Erfolgsfilm von Wolfgang Petersen, Der Sturm, erzählte von einer wahren Begebenheit, die zuvor bereits als Buch veröffentlicht worden war. Adaptionen sind nicht ausschließlich eine Domäne erfahrener Drehbuchschreiber und bekannter Produzenten. Viele junge Autoren haben ihre Karriere im Filmgeschäft begonnen, indem sie die Option auf ein Buch oder einen Stoff erworben haben und dann darauf bestanden, selbst das Drehbuch zu schreiben.

Die Verwandlung eines Stoffes in ein drehbuchreifes Skript ist ein schöpferischer Prozess. »Vom Buch zum Drehbuch« von Linda Seger schildert Schritt für Schritt, wie man dabei vorgehen sollte. Linda Seger hat es für Autoren, Produzenten, Verantwortliche des Filmgeschäfts und Regisseure geschrieben, die mit der Bearbeitung von Quellenmaterial für Filme beschäftigt sind – und für Romanautoren und Dramatiker, die hier erfahren, wie sie ihre eigenen Werke zu Drehbüchern gestalten. Ganz gleich, ob Sie ein alter Hase oder ein/e Einsteiger/in sind, in diesem praxisorientierten Handbuch finden Sie alles, was Sie für eine erfolgreiche Adaption wissen und beachten müssen. Konzepte, die für das Gelingen einer Adaption ausschlaggebend sind. Denn mit dem richtigen Konzept kann eine filmische Umsetzung sogar stärker und wirkungsvoller sein als das Buch. »Pflichtlektüre für alle, die planen, irgendwelche Stoffe für die Leinwand zu adaptieren. Klar, gründlich und außerordentlich hilfreich. Ich empfehle es wärmstens« (Richard Zanuck, Produzent).

Deutsche Erstausgabe. Originaltitel: *The Art of Adaptation: Turning Fact and Fiction into Film.* Deutsch von Dietmar Hefendehl. 319 Seiten. Fadenheftung. Fester Einband. 17,90 €. Nummer 18357.

ALAN A. ARMER

Lehrbuch der Film- und Fernsehdramaturgie

Für Spielfilm, Nachrichten, Interviews, Shows, Werbefilm

Es ist das erste (und einzige) systematische Regie-Lehrbuch für Kino- und Fernsehfilme in deutscher Sprache und vermittelt »kompetent ein Spektrum von der Entwicklung von Charakteren über Schauspieler- und Kameraführung bis zur Inszenierung von Interviews und Sachsendungen« (Die Welt). Armer gibt eine

praxisnahe Einführung in das tägliche Handwerk des Regisseurs auf dem Set und im Fernsehstudio. Er erklärt, wie Unterhaltung funktioniert und verdeutlicht die Grundsätze formaler Bildgestaltung, geht ausführlich auf die Bedeutung des Film-Drehbuchs ein und zeigt, wie Regisseure damit kreativ arbeiten können. Armer berücksichtigt auch die speziellen Bedürfnisse des Fernsehens und behandelt die Regie-Anforderungen in den grundlegenden Formaten: Interview, Nachrichten, Musik-Show, Werbespot. »Armers Studenten sind zu beneiden. Denn ihr Lehrmeister ist mit viel common sense und Humor gesegnet - beides Faktoren, die Stoffaufnahme und -verarbeitung wesentlich erleichtern« (Medienwissenschaft, Kiel). »Ein rundum wertvolles Buch: Sehr übersichtlich gegliedert und locker geschrieben ... Mit solcher Aktualität und breitem Themenspektrum gibt es derzeit auf dem deutschen Markt keine vergleichbare Konkurrenz. Gut investierte 30,65 €!« (Plot Point) und »ein Beispiel für klassisch schöne Buchkunst (gehört allein deswegen schon prämiert!). Uneingeschränkt empfehlenswert für alle, die schon immer mal einen Film machen wollten, für Profis ein Muss« (Stadtmagazin München).
Deutsche Erstausgabe. Originaltitel: *Directing Television and Film.* Deutsch von Gesine Flohr, Harald Utecht und Martin Weinmann. 78 Bilder. 477 Seiten. Großformat 19 × 24 cm. Fadenheftung. Lesebändchen. Fester Einband. 30,65 €. Nummer 18199.

MARCIE BEGLEITER

Storyboards. Vom Text zur Zeichnung zum Film

Das Storyboard-Zeichnen ist einer der wichtigsten Schritte im kreativen Prozess des Filmemachens. Es ist der aufregende Moment, an dem sich zum ersten Mal eine Idee in eine Folge von Bildern verwandelt. Die Worte des Drehbuchs mögen poetisch sein, aber das Storyboard ist die erste konkrete Realisierung dieser Poesie in Raum und Zeit. Regisseure von Eisenstein bis Spielberg haben diese Form der visuellen Kommunikation entwickelt und benutzt, um mit Kompositionselementen, Montagevarianten und

Perspektiven zu experimentieren und um sich mit Kameraleuten, Schauspielern und Cuttern zu verständigen. Das Storyboard hat sich als das zentrale Arbeitsinstrument für das gesamte Produktionsteam seit langem bewährt. Und es trägt als wichtigste Voraussetzung für eine optimale Planung zur Schonung des Filmbudgets bei.

Marcie Begleiter lehrt am Art Center College of Design und am American Film Institute. Seit mehr als zehn Jahren ist sie eine gefragte Dozentin für Workshops, in denen sie Handwerk, Tricks und die kleinen Geheimnisse erklärt, mit deren Hilfe sich eine Story in eine Folge von Einstellungen und Filmbilder auflösen lässt. Ihr Buch ist ein umfassender Leitfaden für alle, die, der das Denken in Bildern lernen wollen. »Dieses kluge und elegante Werk ist didaktisch und methodisch so klar strukturiert, dass es mir auf Anhieb ein Filmlehrbuch-Klassiker und ein Muss für jeden Filmemacher und jeden visuellen Künstler zu sein scheint«, lobt Produktionsdesigner Richard Hoover. Jedes Kapitel behandelt einen anderen Aspekt der visuellen Kommunikation und zeigt seine Bedeutung in der Herstellung von Kino- und Fernsehfilmen. Detailliert erklärt sie, wie man eine präzise Einstellungsliste anfertigt, eine Schemazeichnung entwickelt und seine Vision durch das einfache Skizzieren von Perspektiven und Figuren zum Ausdruck bringt. Ihr Buch enthält eine Fülle von Anschauungsmaterial: Storyboards und andere Vorproduktionsmaterialien aus der Film- und Fernsehgeschichte (aus alten und neuen Klassikern wie West Side Story, Quo Vadis, Panzerkreuzer Potemkin, Roland Emmerichs Godzilla, Luc Bessons Das fünfte Element, Coppolas Cotton Club u.a.). Dazu gibt sie einen Überblick über die neuesten Fachpublikationen, DVD-Titel mit Storyboards, Computerprogramme für das Storyboardzeichnen sowie Film- und Video-Sites im Internet.

»Ein wunderbar logisches Buch über ein präzises Werkzeug in einem unlogischen Medium« (Joan Tewkesbury, Drehbuchautorin und Regisseurin), »praxisorientiert und mit erfrischender Klarheit. Ihr Buch ist eine wundervolle Entdeckungsreise« (Robert W. Peterson, Vorsitzender der Filmabteilung des Art Center College of Design). »Beim Fernsehen, wo man nur selten ausreichend

Vorbereitungszeit hat, rettet einem die Arbeit mit einem Storyboard-Zeichner das Leben (und spart viel Geld)« (Nancy Malone, Mitbegründerin von Women in Film).
Deutsche Erstausgabe. Originaltitel: *From Word to Image. Storyboard and the Filmmaking Process.* Deutsch von Peter Robert.
237 Seiten. Großformat 18 × 24 cm. Fadenheftung.
Broschur. 28 €. Nummer 18469.

JUDITH WESTON

Schauspielerführung in Film und Fernsehen

Judith Westons berühmtes Handbuch zeigt Schritt für Schritt, wie Regisseure auf dem Set eine kreative und kooperative Beziehung zu ihren Schauspielern aufbauen und eine knappe, effektive Regieführung entwickeln können. Denn wirklich große Filme entstehen nur, wenn Schauspieler und Regisseure sich in ihrem Können und ihrer Fähigkeit zur Inspiration optimal ergänzen. »Schauspielerführung in Film und Fernsehen« ist ein Buch aus der Praxis für die Praxis, »ein gut strukturiertes, mit einer Unmenge von praktischen Tips gefülltes Lehrbuch« (Screenshot). Judith Weston schöpft aus über zwanzigjähriger Erfahrung als Schauspielerin, Schauspiellehrerin und Beraterin von Regisseuren. Ihre Workshops für Regisseure genießen in Hollywood hohes Ansehen. Sie erklärt, was Schauspieler, Routiniers wie Anfänger, von Regisseuren erwarten, aber häufig nicht bekommen. Sie beschreibt plausibel und nachvollziehbar, welche Regieanweisungen »ankommen« können und welche nicht. Und sie zeigt an Beispielen aus ihrem reichen Erfahrungsschatz, wie ein Schauspielerensemble aus festgefahrenen Situationen herausgeführt und Blockaden aufgelöst werden können. Aus dem Inhalt: Zehn Beispiele ergebnisorientierter Regie, Fünf Patentlösungen, Rolleninterpretationen, Abschnitte einer Szene, Der Feinschliff während der Dreharbeiten u.v.a. »Wohl das Wichtigste, das man in deutscher Sprache über das Schauspielen lesen kann ... Ein anregendes, oft überraschendes und immer kluges Buch« (Medienwissenschaft, Kiel). Judith Westons Buch gilt unter Profis als »Pflichtlektüre für jeden Regisseur, der mit

Schauspielern arbeitet«, bestätigt das DGA Magazin des Verbandes der US-Regisseure.
Deutsche Erstausgabe. Originaltitel: *Directing Actors. Creating memorable Performances for Film and Television.*
Deutsch von Waltraud Götting. 465 Seiten. Fadenheftung. Lesebändchen. Fester Einband. 19,90 €. Nummer 18270.

DOROTHEA NEUKIRCHEN

Vor der Kamera

Camera-Acting für Film und Fernsehen

Dies ist wohl das erste Buch, das Schauspielern erklärt, was sie bei der Arbeit auf dem Film- und Fernsehset erwartet. Es vermittelt dramaturgische Grundkenntnisse, gibt Hilfen zur Rolleneinschätzung und -vorbereitung, informiert über Produktionsabläufe bei Film und Fernsehen, macht mit der Technik des Spiels vor der Kamera vertraut, gibt Tipps zum Verhalten am Set, macht Vorschläge zum Training zwischen den Drehzeiten, bereitet auf das Casting vor u.v.m. »Ein kompletter Laie, der dieses Buch in die Finger kriegt, weiß allein nach der Lektüre schon mehr über die Herstellung von Kino und Fernsehen als mancher Burgschauspieler ... wenn das Buch sich durchsetzt, können wir uns auf eine neue Generation von exzellent vorbereiteten Filmdarstellern gefasst machen« (Kölner Stadtanzeiger).
Originalausgabe. 435 Seiten. Fadenheftung. Lesebändchen. Fester Einband. 22,50 €. Nummer 18352.

DOROTHEA NEUKIRCHEN

Mentales Training für Schauspieler. 2 CDs

Vorbereitung für das Casting und die Arbeit am Set

Schauspieler haben meist nur sehr wenig Zeit, sich auf ihre Fernsehrollen vorzubereiten. Oft können sie wegen der technischen Umbauten zwischen den Szenen nicht einmal am Set proben. Speziell für diese Bedürfnisse sind die aktiven Trancen »Rollen-

visualisierung« und »Mentale Probenarbeit« entstanden, die Dorothea Neukirchen in ihren Camera-Acting-Seminaren entwickelt hat und die bereits für viele Schauspieler zu einem unverzichtbaren, wirkungsvollen Bestandteil ihrer Rollenvorbereitung für das Casting und am Set geworden sind.
2 CDs mit Booklet. 90 Minuten Spielzeit. Produktion und Regie: Claudia Gehre/Hertzfrequenz. 19,90 €. Nummer 18353.

Im Paket billiger: Das Buch »Vor der Kamera« und die beiden Übungs-CDs »Mentales Training« statt einzeln gekauft 42,40 € zusammen nur 29,95 €. Nummer 18354.

PETER KERSTAN

Der journalistische Film. Jetzt aber richtig

Bildsprache und Gestaltung

Der kurze, berichterstattende journalistische Film, der Beitrag für Nachrichtensendungen und Magazine, »die kleine Story«, Länge eine bis fünf Minuten, das gehört zu den Brot-und-Butter-Beiträgen der meisten Autor/inn/en, Kamerafrauen und -männer. Der journalistische Film ist einer der Grundbausteine des Fernsehjournalismus. Aber wie und wo lernt man ihn? Peter Kerstan ist Fernseh-Profi und kennt das Geschäft von Grund auf. Er war als Cutter, Kameramann und Autor an der Produktion von TV-Beiträgen beteiligt, bevor er als Ausbildungsleiter beim ZDF seine Erfahrungen weitergab. Dabei fiel ihm auf: Während es zum längeren Dokumentarfilm unendlich viel Literatur gibt, wird der journalistische Film in der Fachliteratur ignoriert. Kerstan entwickelte deshalb aus der Praxis des Fernsehalltags die wesentlichen Grund-regeln für den berichterstattenden Film. Er verzichtet auf jeden medienästhetischen Überbau und fragt stattdessen: Wie funktioniert unsere Wahrnehmung, und wie müssen Kameraleute, Film-journalisten und Cutter ihre Filme gestalten, damit die Botschaft ankommt? Er zeigt, warum die gestalterische Optimierung auch meist der ökonomischere Weg für die TV-Produktion ist. Ein durchdachtes Konzept nutzt z.B. die vorhandene Sendezeit besser aus und schont sowohl Budget als auch Nerven des Teams.

Das Buch erklärt auch, welche Einstellungen Kameraleute drehen müssen, um ein Thema präzise zu bebildern. Wie sich aus einzelnen Einstellungen eine sinnvolle Sequenz von Bildern entwickeln lässt, die die Aufmerksamkeit der Zuschauer fesselt. Wie sich Statements oder Interview-Auszüge am wirkungsvollsten in einen Beitrag einfügen lassen u.v.m. »Der journalistische Film. Jetzt aber richtig« richtet sich an Producer, Kameraleute, Autoren, Redakteure, an Dokumentar-, Industrie- und Werbefilmer, an alle, die mit Bildern Informationen vermitteln wollen, aber auch an die, die journalistische Filmbeiträge in Auftrag geben und beurteilen müssen.
Originalausgabe. 110 Zeichnungen und 17 farbige Bildsequenzen.
269 Seiten. Fadenheftung. Lesebändchen. Fester Einband.
19,90 €. Nummer 18329.

CAMILLE LANDAU & TIARE WHITE
So machen Sie Ihren ersten Film

Jede/r kann Filme machen. Mit oder ohne Filmschule. Mit oder ohne Budget, Team, Schauspieler oder Publikum. Jetzt! »Wenn Sie so verrückt sind, einen Film zu machen, sollten Sie auch so klug sein, dieses Buch zu kaufen. Es ist ebenso informativ wie inspirierend – Pflichtlektüre, ganz gleich, ob Sie jemals eine Filmschule besucht haben oder besuchen werden« (Dan Mirvish, Filmemacher/Mitbegründer des Slamdance Film Festival). Warten Sie nicht darauf, dass Ihnen jemand die Erlaubnis zum Drehen gibt: Wenn Sie sich über Ihre Überzeugungen und Motive im Klaren sind, ist das die größte Motivation, mit dem Filmemachen zu beginnen. Ihre Vision trägt Sie zur Ziellinie. Sie bringt Sie auch dazu, weiter zu machen. Das Buch der beiden Filmemacherinnen Camille Landau und Tiare White kostet weit weniger als ein Jahr an der Filmschule, aber es kann wertvoller werden als ein komplettes Filmstudium. Es ist nicht nur ein zuverlässiger Ratgeber in allen Fragen der Filmproduktion, es erklärt vor allem die Dinge, die Sie auf keiner Filmschule lernen können. Sie bekommen Starthilfe für Ihr Drehbuch, erfahren, wie Sie mit den vielen Un-

wägbarkeiten des Filmgeschäfts umgehen, die schon so manches Filmprojekt torpediert haben. Landau und White fordern Sie auf: Beginnen Sie einfach mit den Vorbereitungen für Ihren ersten Film. Drehen Sie dann auch den nächsten und übernächsten, weil Sie nur in der konkreten Filmarbeit alles Erforderliche über das Wie und auch jede Menge über das Warum lernen. Die beiden erfolgreichen Filmemacherinnen zeigen Ihnen, wie Sie einen Film drehen, der ganz auf Ihr kreatives Potenzial zugeschnitten ist, ganz egal, welche Schwierigkeiten sich Ihnen in den Weg stellen.
Deutsche Erstausgabe. Originaltitel: *What They Don't Teach You at Film School.* Deutsch von Peter Robert. 273 Seiten. Fadenheftung. Fester Einband. 15 €. Nummer 18482.

DOMINIC CASE
Filmtechnik in der Postproduktion

Noch nie in der Geschichte des Films stand Filmleuten eine derartige Vielfalt an Techniken der Bildbearbeitung zur Verfügung. Wo früher nur eine mögliche Vorgehensweise existierte, herrscht heute ein breites Angebot alternativer Methoden für jede Stufe der Produktion. Oft bietet eine Kombination mehrerer Techniken die optimale Lösung sowohl fürs Budget wie für die künstlerische Aussage. Neueinsteiger/inn/en, aber auch zahlreiche traditionelle Filmemacher/inn/en fühlen sich von den immer komplexer werdenden technischen Strukturen verwirrt oder lernen auf Grund der immer schneller voranschreitenden Entwicklung nur Teilbereiche der neuen Filmtechnologie kennen. Viele andere, deren Erfahrungen eher in den Bereichen Video oder digitale Filmbearbeitung liegen, beginnen sich erstmals tatsächlich mit dem klassischen Film zu beschäftigen.
Dieses Buch wendet sich an beide Gruppen und basiert auf den langjährigen Erfahrungen des Autors als technischer Filmberater. Dominic Case beschreibt die manchmal auf den ersten Blick rätselhaft anmutenden Eigenheiten und Abläufe der Filmbearbeitung und beleuchtet besonders die Wechselwirkung der traditionellen Arbeitsmethoden mit den noch immer grundverschiedenen elek-

tronischen Medien. Er wägt die Vorteile der jeweiligen Technik (Benutzerfreundlichkeit, Bildqualität, Kosten) gegeneinander ab, erklärt die Stärken der unterschiedlichen Systeme und gibt Tipps fürs Krisenmanagement bei technischen Problemen. Er zeigt, wie man es heute macht, lenkt den Blick aber auch auf Alternativen und künftige Entwicklungen. Aus dem Inhalt: Film und Video – was sie unterscheidet; Traditioneller Schnitt am Tisch; Nichtlinearer Schnitt; Planung, Durchführung und Kontrolle der Postproduktion; Welches Format: Band oder Festplatte u.v.m. Mit einem Glossar und Index der Fachbegriffe.
Deutsche Erstausgabe. Originaltitel: *Film Technology in Post Production*. Deutsch von Anne Urban. 221 Seiten.
Format 22 × 21 cm. Fadenheftung. Fester Einband. 20 €.
Nummer 18512.

RÜDIGER STEINMETZ
Filme sehen lernen
Eine DVD erklärt die Sprache des Films anhand von Original-Filmsequenzen der Kinogeschichte

An exemplarischen Sequenzen aus mehr als hundert Jahren Geschichte des europäischen und amerikanischen Kinos werden die elementaren Ausdrucks- und Darstellungsmittel des Mediums Film, die Goldenen Gesetze filmischen Erzählens, analysiert und erklärt. Sie werden Filmklassiker neu entdecken und erfahren, was die Genialität berühmter Regisseure ausmacht. Warum gilt »Panzerkreuzer Potemkin« bis heute als Meisterwerk? Mit welchen Mitteln macht Stanley Kubrick die Verfilmung eines Romans aus dem 18. Jahrhundert (»Barry Lyndon«) zu einem großen, vielschichtigen Zeitporträt? Warum wirkt Jean-Luc Godards »Außer Atem« von 1959 noch immer so unerhört modern? Mit welchen Tricks gelingt es Alfred H. Hitchcock, seine Zuschauer in atemlose Spannung zu versetzen? Welche Lösungen finden so unterschiedliche Regisseure wie Jacques Tati oder Tom Tykwer, um aus brillanten Einzelszenen eine durchgängige Erzählhandlung zu schmieden.

Wie haben sie das gemacht, die Herren und Damen Beyer, Buñuel, Cassavetes, Coppola, Drew, Eisenstein, Fassbinder, Forman, Godard, Griffith, Hitchcock, Hopper, Jarmusch, Kubrick, Kurosawa, Lang, Leone, Mendes, Murnau, Riefenstahl, Röehler, Ruttmann, Scott, Staudte, Tarkowskij, Taiti, Tykwer, Welles, Wenders, Zhang Yimou, Zinnemann u.a.? Hier erfahren Sie es! Für alle, die Filme lieben und das einflussreiche Massenmedium besser verstehen wollen. Für Filmstudent/inn/en und -dozent/-inn/en, für Schüler/inn/en und Lehrer/inn/en, für Medienpraktiker/inn/en und passionierte Kinogänger/inn/en. »Filme sehen lernen. Grundlagen der Filmästhetik. Mit Original-Sequenzen von Lumière bis Kubrick und Tykwer«. Konzept, Skript und Projektleitung Prof. Rüdiger Steinmetz, Universität Leipzig. DVD-Entwicklung Kai Steinmann, Sebastian Uhlig und René Blümel. Sprecher Henrik Wöhler.
Originalausgabe. DVD. 25,90 €. Nummer 15018.

Dieses Buch, einschließlich Vorsatzpapier und Einband, wurde auf Recyclingpapier gedruckt, das zu 50 Prozent aus Altpapier besteht. Das Kapitalband und das Leseband wurden aus ungefärbter und ungebleichter Baumwolle gefertigt.